徐
作品

徐彻作品系列

黎元洪

LI YUAN HONG

徐彻◎著

中国文史出版社

图书在版编目(CIP)数据

黎元洪 / 徐彻著. -- 北京 : 中国文史出版社，2022.2

(徐彻作品系列 / 徐忱主编)

ISBN 978-7-5205-3309-6

Ⅰ. ①黎… Ⅱ. ①徐… Ⅲ. ①黎元洪(1864-1928)-传记 Ⅳ. ①K827=6

中国版本图书馆 CIP 数据核字(2021)第 215738 号

责任编辑：蔡晓欧

出版发行：中国文史出版社
社　　址：北京市海淀区西八里庄路 69 号院　邮编：100142
电　　话：010-81136606　81136602　81136603（发行部）
传　　真：010-81136655
印　　装：北京新华印刷有限公司
经　　销：全国新华书店
开　　本：720×1020　1/16
印　　张：26.25　　字数：423 千字
版　　次：2022 年 2 月第 1 版
印　　次：2022 年 2 月第 1 次印刷
定　　价：76.80 元

目　录

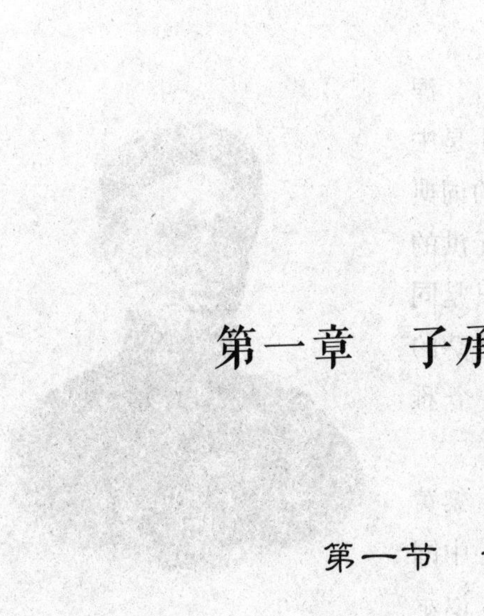

第一章　子承父业入军旅

第一节　黄陂菩萨

1864 年 10 月 19 日，即清同治三年九月十九日，伴随着一声清脆的哭声，一个肥头大耳的男婴降生在退伍军官黎朝相的家里。接生婆小心地把孩子交到母亲陈氏怀里，说了声："主菩萨保佑。"说来也巧，冥冥之中仿佛预示着什么，阴历九月十九日正是观音菩萨涅槃之日。这个男婴正是后来被称为"黎菩萨"的中华民国大总统——黎元洪。

黎元洪（1864—1928)，原名秉经，后改为元洪，字宋卿。黎元洪的父亲黎朝相时年 30 岁，母亲陈氏 24 岁。俩人还有一个女儿，即黎元洪的大姐，她长黎元洪 6 岁。《黎氏族谱》里记载，黎元洪还有一个哥哥元圣，早年过继给"万山为嗣"。①

很多人认为黎元洪出生那天和观音菩萨的涅槃是一天。就目前资料所见，最早持此说法的是黎元洪长子黎绍基。他在 1925 年出版的《黎元洪的一生》里这样描述："我父亲排行第二，他出生于 1864 年 10 月 19 日，也就是农历的九月十九日。这一天正是观音菩萨的生日。"其实，"农历九月十九日是观世音的生日"的这个说法是错误的。其后很多人以讹传讹，不断重复此错误说法。

黎元洪诞生日与观音菩萨涅槃日是同一天。上海辞书出版社出版的任继愈主编的《宗教词典》是这样解释"观世音"节日的："据称其生日是夏历

---

① 《黎氏族谱》，鲁永成主编：《民国大总统黎元洪》，中国文史出版社 1991 年版，第 370 页。

二月十九日，成道日是夏历六月十九日，涅槃日是夏历九月十九日。”[1] 任继愈先生是中国著名的哲学家、宗教学家，他主编的词典在学术界具有权威性。由上可知，黎元洪的阴历（夏历）诞生日与观音菩萨涅槃日是同一天，都是九月十九日，而不是观音菩萨的诞生日。正因如此，黎元洪得到一个雅号——黎菩萨。

黎元洪早期照片

黎元洪还有一个雅号——黎黄陂。黎黄陂的“黄陂”指的是籍贯。明清以来，中国官场流行以籍贯地代替人名相互称呼，以示尊重。如本书中提到的直隶南皮人张之洞，人称“张南皮”；河北项城人袁世凯，人称“袁项城”；直隶河间人冯国璋，人称“冯河间”；安徽合肥人段祺瑞，人称“段合肥”等。黎元洪的籍贯按照故宫档案兵部武选第0020（7）号案卷中《呈迭三品顶带尽先补用都司黎元洪履历清单》的记载：“黎元洪‘系湖北汉阳府黄陂县寄籍江夏县人’”。寄籍，就是长期居住外地，加入当地户籍。这句话的意思就是：“黎元洪，原籍湖北汉阳府黄陂县，现籍是江夏县。”这份原始档案肯定了黎元洪的籍贯是湖北省黄陂县，所以就有了“黎黄陂”这个称谓。

黎元洪籍贯是湖北黄陂，那么他出生在哪里呢？

黎元洪的出生地，一直是史学界争论的话题，主流的意见有两种：

一、黄陂。湖北黄陂县滠源乡（今武汉市黄陂区木兰乡东厂畈）。据《清史稿》记载，黄陂位于汉阳“府北一百二十里。雍正七年自黄州府来属”[2]。黄陂历史上名人辈出，有花木兰、程颢、程颐等。花木兰生于此葬于此，距木兰墓不远有一条一里河，河边有东厂畈，黎元洪就出生在这里。相传黄陂城东的鲁台山就是因北宋二程（程颢、程颐）于此筑台望鲁而得名。二程的祖父曾任黄陂县令，父亲程珦做过黄陂县尉，二程生于黄陂。薛民见著《黎元洪年谱》记载：黎元洪生于黄陂木兰乡东厂畈，一直住到八岁才离开。

黎元洪生于湖北黄陂还有以下资料佐证：

① 任继愈主编：《宗教词典》，上海辞书出版社1985年版，第473页。

② 赵尔巽等：《清史稿》，第8册，卷67，中华书局1977年版，第2172页。

1. 黎绍基著《黎元洪的一生》。黎绍基，黎元洪长子。此文用英文写成，出版于1925年。他说："……这便是我的祖籍黄陂。我的祖先并不是当地土著，而是一个外来户。到我祖父这一代，有一男一女两个孩子。我的姑母居长；我父亲排行第二……在著名的太平天国运动期间，中国正处于激烈的动荡之中，我的祖父弃田从戎，参加了清军。经过无数次的战斗，他被提升为游击。在他投身军界之后，我们全家便搬到汉阳。"① 黎绍基肯定黎元洪生于黄陂，汉阳是黎元洪的第二故乡。

2. 黎绍芬著《我的父亲黎元洪》。黎绍芬，黎元洪长女。该文第一句为"我父亲黎元洪，号宋卿，湖北黄陂人，人称'黎黄陂'"。通篇未出现汉阳字样。

3. 台湾湖北同乡会主办的《湖北文献》有《黎元洪传》一文。湖北文献社是由在台北的湖北籍人士刘先云、宋楷清等发起，于1966年10月武昌辛亥首义55周年之际正式成立。此传开篇即云："黎元洪，字宋卿，以洪秀全逝世之年（1864年）生于湖北黄陂县。"②

4. 薛民见著《黎元洪年谱》。"公元1864年（清同治三年，岁次甲子）谱主黎元洪育于湖北黄陂县。元洪于阴历九月十九日即公历10月19日辰时出生于黄陂木兰乡东厂畈沙地岗。是年元洪祖父51，父30，母24。"③

二、汉阳。清代湖北汉阳府，下设一州（沔阳州）、一厅（夏口厅）、四县（汉阳县、汉川县、孝感县、黄陂县）。黎父朝相为生活所迫，加入绿营军抵抗太平军。由于作战勇猛肯用头脑，很快升为游击。"游击为武职从三品官（低于参将，作者注），职守与参将同。"④ 1864年平定太平军后，黎父退伍，举家来到汉阳，用复员费用安了家。黎元洪也就在这一年出生在了汉阳。"1864年10月19日，黎元洪生于汉阳……他的童年和少年时代绝大多数时间是在汉阳度过的，仅在8岁时回原籍黄陂住过一年左右的光景。"⑤ 著名学者

---

① 黎绍基：《黎元洪的一生》，鲁永成主编：《民国大总统黎元洪》，中国文史出版社1991年版，第7页。

② 《湖北文献》资料室：《黎元洪传》，鲁永成主编：《民国大总统黎元洪》，中国文史出版社1991年版，第47页。

③ 薛民见：《黎元洪年谱》，鲁永成主编：《民国大总统黎元洪》，中国文史出版社1991年版，第322页。

④ 张德泽编著：《清代国家机关考略》，中国人民大学出版社1981年版，第247页。

⑤ 李书源：《柔暗总统黎元洪》，吉林文史出版社1995年版，第2页。

萧致治也说："黎元洪生于汉阳，应是比较可信的。"①

汉阳说，一般认为是指汉阳县。李根源的《雪生年录》记载，黎元洪曾亲口对其说："家本黄陂，生于汉阳。"学者裴高才先生指此处的汉阳应为汉阳府，笔者认为值得商榷。从前述引用的《清史稿》记载可知，汉阳县是汉阳府四个管辖县之一，其他三个分别是黄陂县、汉川县和孝感县。如果说"家本黄陂，生于汉阳"，按语言逻辑，此二地名，应该是同等并列的关系，或前者包含后者的关系，不应为后者包含前者的关系。比如：我是北京人，生于中国。这样后者包含前者的关系让人不知所云。而"我是中国人，生于北京"和"我原籍北京，生于上海"就非常容易理解。所以，《雪生年录》所说的"生于汉阳"，应该是指汉阳县，而不是汉阳府。

从目前掌握的史料看，两种说法各有根据，那么黎元洪到底出生在哪里呢？笔者认为是黄陂。理由如下：

黎氏父子的认定。前面提到的《黎元洪的一生》是黎元洪长子黎绍基在1925年用英文所写，并且经过黎元洪的亲自审定。黎绍基虽未明确说明黎元洪出生在黄陂，但是提到"我的祖籍是黄陂"，黎元洪父亲黎朝相"投身军界之后，我们全家便搬到汉阳……"这就是说汉阳只是黎元洪的第二故乡。

出生地址的认定。目前为止，只有薛民见先生的《黎元洪年谱》把黎元洪的具体出生地址记载得最详细：黄陂木兰乡东厂畈沙地岗。有人会说，萧致治先生也曾提及汉阳的一个地点："她指着屋前一片地段说，黎元洪就出生在前缘的报国庵。"② 这里的"她"是黎元洪大姐婆家邻居一个叫贾秀英的老婆婆。萧致治先生并没有明确说明这句话是贾秀英老婆婆亲自对他说的，还是引自某资料。如果是贾秀英亲自对他说的，那么可以肯定这是一条二手的口述历史，真实性值得怀疑。而且只说出生地即产院在报国庵，并未说当时黎元洪一家住在汉阳何处。薛民见先生的记载则清晰具体，黎元洪一家在黄陂的住址就在木兰乡东厂畈沙地岗。

衣锦还乡的认定。1912年春，黎元洪以临时政府副总统的身份回到家乡黄陂。当天，黄陂县城内锣鼓喧天、鞭炮齐鸣、万人空巷，争睹黎元洪的风

① 萧致治：《清朝时期的黎元洪》，鲁永成主编：《民国大总统黎元洪》，中国文史出版社1991年版，第65页。

② 萧致治：《清朝时期的黎元洪》，鲁永成主编：《民国大总统黎元洪》，中国文史出版社1991年版，第65页。

采。如果黄陂不是家乡，为什么黎元洪此行被称作“衣锦还乡”之旅？

黄陂县今为湖北大悟县。1933 年国民政府划河南省罗山，湖北省黄陂、黄安（今红安）、孝感四县边陲地带，建置礼山县，其中把原本属黄陂县的黎家老宅划归所在地新设置的礼山县管辖。1952 年礼山县改称大悟县。所以，黎元洪虽然是黄陂生人，但今天也可以称他为大悟人。

从出生到离开，黎元洪在黄陂县生活的时间并不长。六岁时，黎元洪全家迁居至汉阳县。

第二节 汉阳敬君

家乡黄陂虽然难舍，但连年的战事和频繁的灾害使黎父开始考虑外迁。据《清穆宗实录》记载，同治年间黄陂捻军战事 35 起，因水灾旱灾免黄陂额赋钱粮 16 次。可见 13 年的同治朝，黄陂县自然灾害不断，清军与捻军的战事不断。鉴于社会现实，黎父选择了从戎。黎父“早年参加鲍超的霆军；1867 年，鲍超因对李鸿章袒护淮军刘铭传部不满，愤而称病辞职。其部下三十营分别由宋国永、唐仁廉部仁字营，跟从李鸿章转战于河南、山东、直隶（今河北）、陕西等地”。[①] 由于有了稳定的收入，黎家迁居到了汉阳。然而，不幸却在那里等着黎家的到来。

黎父受牵入狱。太平天国军被清军消灭后，黎父就退伍了。他用遣散费置办了一处房产，打算一半自住，一半出租贴补家用。孰料租客因反叛被捕，黎父也因所谓窝藏被拘留。后来黎父虽然被释放，但房产却充公，一家人的生活自此跌入谷底。黎绍基回忆：“我祖父一家当时竟无家可归，而且也无力再盖新房子了。经过一番考虑，只好回归老家黄陂……在老家住了不久又迁回汉阳。全家住在我曾祖母的一个兄弟的房子里，一共住了八年，直到我祖父回来接他们。”[②]

黎父再次参军。为了生活，黎父决定重操旧业，这一次的目的地是天津北塘。北塘隶属于直隶东路厅宁河县，东临渤海，西接宝坻，南连天津，北

---

① 萧致治：《清朝时期的黎元洪》，鲁永成主编：《民国大总统黎元洪》，中国文史出版社 1991 年版，第 64 页。

② 黎绍基：《黎元洪的一生》，鲁永成主编：《民国大总统黎元洪》，中国文史出版社 1991 年版，第 8 页。

面遵化玉田。黎父参加的是练军。“（同治）二年，以直隶额兵酌改练军。四年，兵部、户部诸臣会议选练直隶六军，始定练军之名。各省练军乃踵行之。练军虽在额设制兵内选择，而营哨饷章，悉准湘、淮军制，与防军同。其绿营制兵，分布列郡汛地，练军则屯聚于通都重镇，简器械，勤训练，以散为整，重在屯防要地，其用兵亦与防军同，故练军亦防军也。”①

这是说，同治初年，各省督抚从绿营中挑选一部分人训练制兵。照勇营办法训练，不用刀矛弓箭，换用洋枪洋炮，称作练军。练军始于同治二年（1863 年）刘长佑编练直隶。再说早点则在咸丰十一年（1861 年）署步军统领文祥，已经挑选八旗精锐在北京创立神机营，使用洋枪，开始了练军训练。同治五年到光绪九年，各省也从绿营中挑选优秀将士开始练军训练。防军和练军于是成为清朝的正规军。黎父参加的练军是国家正规军。

黎父升职加薪。由于头脑聪明，以及过去的从军经验，黎父很快升至把总（武职正七品，相当于少尉排长）。稳定下来的黎父心里时常挂念远在汉阳的家人，他把大部分的饷银用来贴补家用，希望老婆孩子可以有稳定的生活。1877 年，家里来信说元洪染疾病重，黎父连夜告假还乡。黎父回到汉阳，元洪的病竟奇迹般地好了。黎父和妻子陈氏商量，与其两地分居，不如举家迁往北塘。陈氏一方面期待和丈夫团聚，永不分开；另一方面也厌倦了汉阳一带连年水灾，民不聊生的日子。夫妻俩很快达成一致，不自觉地幻想起未来的幸福日子。“临行前把元洪的婚事定下来吧。”黎父的一句话，又把陈氏拉回到现实。

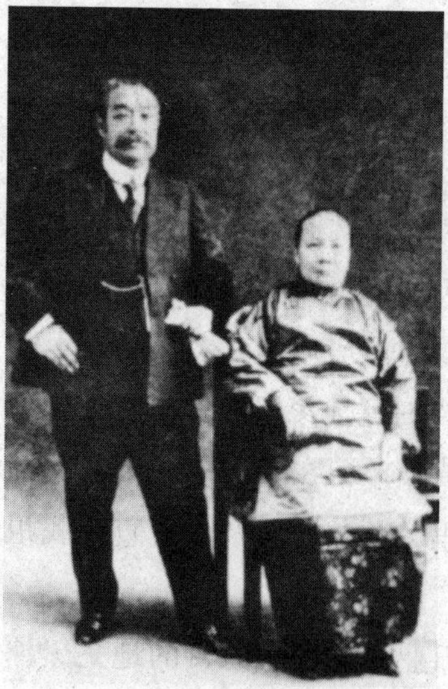

黎元洪与夫人吴敬君

与吴敬君定亲。这一年，黎元洪 14 岁。黎父深知到了北塘，人烟稀少，以黎家的条件，说亲是件困难的事。通过媒人说合，吴家八岁的女儿敬君进入了元洪父母的视线。“敬君原名汉杰，生于 1870 年 7 月 25 日”。② 吴家家境贫寒，与黎家还算门当户对。小敬君眉清

① 赵尔巽等：《清史稿》，第 14 册，卷 132，中华书局 1977 年版，第 3930 页。

② 萧致治：《清朝时期的黎元洪》，鲁永成主编：《民国大总统黎元洪》，中国文史出版社 1991 年版，第 66 页。

目秀，黎家父母非常喜欢。黎父认为此去北塘路途遥远，也许难再回到汉阳，恳请吴家允许小敬君与他们同去。吴家对黎家淳朴的家风素有耳闻，对这门婚事也颇为满意，虽然不舍，但很快就含泪允许了。父母带着黎元洪和这个小妹妹一样的媳妇上路了，一路上元洪颇为懂事，时刻关照小敬君，俩人的感情日益深厚。

从汉阳到北塘。年少的黎元洪对这段旅程充满了期待和好奇，这段旅程近2500里，据黎绍基说：

> 那时交通工具很不方便，从湖北到北塘要走40天，除了渡黄河时是乘坐用神妙的双桨划行的民间平底船外，交通工具只有手推车、老式的轿车或是骑马，每天很早起来赶路，直到太阳下山才是休息的时刻。到处都有小客店，旅客就在那里过夜。高山、小丘、树林、溪水、田地、珍禽和奇花异草，构成了一幅自然的景象。这对我父亲来说，不仅是一种享受，而且也是一种教育，在后来很长的一段时间里，他仍对这次旅程经历感兴趣。①

北塘，黎元洪新生活的开始。

第三节 天津水师

启蒙老师。父母是孩子最好的老师，黎父也不例外。黎父，名朝相，约生于1833年。两入清军，两任游击，颇有些军事头脑。黎元洪后来选择戎马，和父亲的影响是密不可分的。黎父工作之余，亲自教儿子习字。据薛民见《黎元洪年谱》记载：公元1869年（同治八年，己巳）元洪6岁，居黄陂。父朝相授方块字启蒙，元洪开始识字。方块字也称块头字，为学生初学时所用。“块头字系在切成一寸见方之红纸上各写一字之纸片。使之每天逐渐记忆一字、二字、三字，是谓之认字。例如第一日认三字，次日亦认三字，并杂以前日所认之字使之相认。”② 黎父从识字开始，一直讲到《左传》等名

---

① 黎绍基：《黎元洪的一生》，鲁永成主编：《民国大总统黎元洪》，中国文史出版社1991年版，第8页。

② ［日］中川忠英编著：《清俗纪闻》，中华书局2006年版，第286页。

篇。一方面使元洪没有因为家庭经济原因而耽误学业，另一方面又让年幼的元洪明白了许多人生道理。“甫髫令，父朝相，授读左氏春秋，至邲战，遂终身服膺：禁暴戢兵保大，定功安民、和众、丰财之武德。尝曰：‘武德之义大矣战！军事、文化、政治、外交、经济之大道，胥在是矣！武德昌明，国家安宁，武德大行，天下太平。’”①

私塾老师。举家迁居北塘后，黎父收入稳定，元洪始入私塾读书，师从李雨霖。古有八岁入学之说，如男童天资聪颖五六岁亦可。元洪因家境贫寒，直到14岁才入塾，已是大龄生。李雨霖先生非常喜欢元洪的浑厚朴实，元洪也非常刻苦。黎绍基《黎元洪的一生》记载：

> 他最大的嫌恶是偷懒，换言之，他喜欢钻研，而且学习异常刻苦。从这时起，他就养成了一种抓紧时间学习的好习惯。当时，煤油已输入中国，有钱人家用它来照明，而一般的老百姓则用蜡烛或菜籽油，这对在晚间学习的人的眼睛是没有好处的。我父亲经常学习到深夜，直到双眼疼痛，也不肯放弃读书。②

私塾五年，元洪读了《四书》《五经》《御批纲鉴辑览》，并开笔学习作文。元洪扎实的国文基础，对其日后工作帮助巨大。

和多数的男孩子一样，年轻的黎元洪对军旅的生活充满了好奇和憧憬。元洪常常跑去父亲的军营看骑马和操练，学武的愿望在元洪的心中越来越强烈。

水师学堂。1883年，20岁的黎元洪考入了天津水师学堂第一届管轮班。天津水师学堂是由直隶总督李鸿章倡办的。光绪七年（1881年）七月，校舍在天津卫城东三里天津机器局附近建成。按照水师学堂章程，年近20岁的黎元洪是没有资格入学的。因为该学堂只招收13—17岁的青年，而且为预防年龄作弊，还需要邻里、父母写保证具甘结。也许机遇确实偏爱有准备的头脑，由于出现无人报考的状况，水师学堂不得不放宽条件，以吸引更多人前来学

① 《湖北文献》资料室：《黎元洪传》，鲁永成主编：《民国大总统黎元洪》，中国文史出版社1991年版，第47页。

② 黎绍基：《黎元洪的一生》，鲁永成主编：《民国大总统黎元洪》，中国文史出版社1991年版，第9页。

习。这为黎元洪的人生路开启了一扇大门。黎元洪把握机会，不负众望，考取了水师学堂第一届管轮班。管轮班课程也分为内堂课和外场课两部分，内堂课有：国文、英文、数学、代数、几何、三角、立体几何、物理学、化学、汽学、力学、锅炉学、桥梁学、制图学、轮机全书、煤质学、手艺工作学、鱼雷学等；外场课有：陆军兵操、枪炮法理、弹药及引信法理、信号、开枪操练等。

天津北洋水师学堂总教习严复像

黎元洪在水师学堂遇到了三位名师，他们分别是严复、萨镇冰、汉纳根。

严复（1854—1921），字幾道，福建侯官（今福州）人。严复是天津水师学堂的元老，1880 年李鸿章调其任总教习（校长）。严复毕业于格林尼治英国皇家海军学院，是中国最早的一批海归留学生。严复积极主张引进西方先进的科学知识和军事方法，培养高水平的学生，他将自己在格林尼治皇家海军学院学到的有关海军的先进技术和经验引入课堂，传授给学生。李鸿章非常满意北洋水师学堂的工作，在光绪十年十一月五日（1884 年 12 月 21 日）的奏折中说："堂中所授繁难诸学，多为从前闽厂驾驶学堂所未及深。"

除了严复，还有两位黎元洪的恩师值得一提。

萨镇冰（1859—1952），字鼎铭，福建侯官人。萨镇冰与严复是留英同学，1883 年起任天津水师学堂管轮班正教习，是黎元洪的"班主任"。"他讲课循循善诱，得到学生的称赞"①。萨镇冰长黎元洪五岁，俩人关系亦师亦友。武昌起义时，黎元洪曾用两封信劝退萨镇冰舰队，于公于私，可见俩人关系之密切。具体情况笔者将在后面章节里细讲。萨镇冰曾任清海军副大臣、海军提督，统辖巡洋、长江两个舰队。1912 年，被授予海军上将军衔。1915 年任闽粤巡阅使、海军临时总司令、海军总长等职。1920 年，一度代理国务总理。1949 年后，任全国政协委员、中央军事委员会委员。1952 年 4 月 10 日在福州病逝，终年 93 岁。著名作家冰心和萨镇冰一家是世交，她在《记萨镇冰

① 皮明勇：《萨镇冰》，郭汉民、徐彻主编：《清代人物传稿》，下编，第 8 卷，辽宁人民出版社 1993 年版，第 140 页

大清洋帅汉纳根

先生》一文中这样评价他：“萨镇冰先生，永远是我崇拜的对象，从六七岁的时候，我就常常听见父亲说：‘中国海军的模范军人，萨镇冰一人而已。’”①

汉纳根（1855—1925），德国人，陆军大尉。1879 年，李鸿章聘请年仅 24 岁的汉纳根来华做军事顾问。据引荐其来华工作的天津海关税务司德璀琳（汉纳根岳父）介绍：汉纳根是德皇威廉二世的外甥，父亲是德国将军。这样一位大有来头的洋青年很快在刚成立的北洋水师学堂找到了一份工作——骑术总教习。“当时，黎元洪只是学堂里一名普通的学生，很不出众。而且，在各科中，他的骑术最差，很少有骑马机会的黎元洪在练习骑马时，常常从马上摔下来，引得其他学生嘲笑。但担任骑术教习的汉纳根并没有歧视他，而是精心教导，对黎元洪时常“开小灶”。每天清晨，在北洋水师学堂的操场上，常常可以看到汉纳根和黎元洪一起骑马训练的场景。过了一段时间，黎元洪骑术大有长进，汉纳根还推荐他当了马队班长。知恩图报，后来，在中国政坛上呼风唤雨的黎元洪对汉纳根帮助很大。”②

三位老师，两位是英国海归，一位是德国人。严复是思想家，译出了号召“物竞天择，适者生存”的《天演论》；萨镇冰是军事家，才能出众，1905 年官至总理南北洋海军，民国时期的海军总长；汉纳根是实业家，在中国修军港、建铁路、造医院、开煤矿。也许从那时起，黎元洪的脑子里已经装满了共和、民主、美国、华盛顿；还有炮台、操练、军事部署、军事管理；还有煤矿等实业。黎元洪的思想在五年水师学堂的学习过程中逐渐成熟。

北洋见习。1888 年，“黎元洪毕业时，以成绩优等由学堂总办禀请北洋大臣赏给六品顶戴，并以把总尽先拨补，旋即派往北洋‘来远’快船见习。”③

① 冰心：《记萨镇冰先生》，卓如编：《冰心全集》，第 3 卷，海峡文艺出版社 1994 年版，第 135 页。

② 小钟：《大清洋帅汉纳根》，凤凰出版传媒集团凤凰出版社 2009 年版，第 20 页。

③ 萧致治：《黎元洪》，李文海、孔祥吉主编：《清代人物传稿》，下编，第 5 卷，辽宁人民出版社 1989 年版，第 183 页。

"来远"号是清政府定制，由德国伏尔锵造船厂制造的装甲巡洋舰。舰长82.29米，宽11.88米，吃水5米，排水量2900吨，动力为4座燃煤锅炉双轴推进，功率3400匹马力，航速15.5节，编制202人。武器有双联克虏伯210毫米前主炮1座、克虏伯150毫米副炮2门、47毫米5管神机炮（机关炮）、37毫米5管格林炮5门、18寸鱼雷发射管4具（1具固定，3具可移动）。"来远"号是管带邱宝仁等从德国驶回，未额外付保险费用，中外皆称奇迹。光绪皇帝赏给邱宝仁劲勇巴图鲁名号。巴图鲁，满语，"勇士"之意，也可转译为"英雄"。

黎元洪的见习岗位是管轮。管轮"曰艺官，由管轮学堂出身，充各船管轮，专司汽机者"，① 是轮船上的技术工种，主要负责轮机维护与保养工作，有总管轮、二管轮、三管轮共三级职务。见习期间，大炮、洋炮、刀剑、操法、弹药利弊、上桅接绳、用帆等一切船上应该学习的技艺，都要掌握。在这艘当时最先进的价值173万多两白银的巡洋舰见习，丰富了黎元洪的经验、阅历和知识，他已经从一名海军军校学生成长为一位正式海军军人。

① 赵尔巽等：《清史稿》，第14册，卷136，中华书局1977年版，第4043页。

第二章　死里逃生弃广甲

光绪十四年（1888 年）三月，25 岁的黎元洪从天津水师学堂正式毕业。他背上行李，带着毕业的荣誉，像过去五年里每次回家一样，为节省路费，依然选择步行回北塘。不过，这一次回家，他要完成人生的一件大事——结婚。

第一节　娶妻成家

此时的敬君已经是 18 岁的大姑娘了，虽无闭月羞花之貌，但心灵手巧，颇得黎家人喜爱。善良的继母崔氏对元洪视如己出，早就开始和敬君一起缝制新被，打扫房屋，这个贫困之家里充满了幸福和喜悦。说到崔氏，我们要先了解一些元洪生母和生父的故事。

生母之死。元洪生母陈氏一生贫寒，体弱多病，终日操劳，为黎家诞一女二子。女儿即黎元洪的姐姐，长元洪六岁，早年即入汉阳苏家为童养媳。黎元洪的姨太太陶氏就是她介绍的。1865 年夏，元洪只八个月大，母亲陈氏突患大病，卧床不起，几乎撒手人寰。1878 年，黎家迁居北塘，怀有身孕的陈氏一路旅途劳顿，水土不服。在诞下次子元泽不久，即因“产后失于调养，兼受暑热，于 11 月 10 日子时逝世”。[①] 失去发妻的黎父无法独自照顾刚刚出生的小儿子黎元泽，在媒人的说合下，迎娶了崔氏。

黎父之死。崔氏朴实勤劳，颇能操持家务，对元洪、元泽怜爱有加。俩兄弟也以母亲之礼侍之，一家人其乐融融。家和万事兴，黎父的事业也喜报频传。1880 年娶崔氏不久，黎父即升任都司，两年后，晋升为游击。全家的

① 薛民见：《黎元洪年谱》，鲁永成主编：《民国大总统黎元洪》，中国文史出版社 1991 年版，第 324 页。

生活水平稳步提高。然而天有不测风云，光绪十年(1884年）正月三十日，黎父突发急病猝死。元洪闻讯急忙赶回，未见最后一面。黎父“先于前晚弥留时，遗言戒其努力求学，谨慎出处，学成后要为百姓服务。又嘱其对幼弟务须友爱，于继母克尽孝道云云”。①

黎元洪夫人吴敬君及子女

此时的黎家仅剩四口人，却有三个姓。黎父这个顶梁柱去世，全家的生活又陷入困顿。元洪、敬君和崔氏一起挑起了家庭重担。

饷银养家。天津水师学堂对学生的待遇是相当优厚的，不仅每月有饷银四两，而且食宿、医疗免费。黎元洪就把每月饷银全数交给继母，用以维持整个家庭的基本开支。元洪的生活是非常简朴的，据黎绍基介绍：“学堂距离在北塘的家有40英里（64公里，作者注）。当时天津与北塘之间尚无火车，但可以雇到骡车，可是这段路程需要1元钱的费用。每到放假时，我父亲总是徒步往返，因为1元钱在当时是很值钱的。”②元洪这边节俭度日，继母和敬君也在尽己所能贴补家用。

鞋垫糊口。继母崔氏和敬君节衣缩食之际，想方设法做些手工赚些零用钱。看到邻居缝制鞋垫可以赚钱，俩人也跟着干了起来。初时生涩，熟练后，

---

① 薛民见：《黎元洪年谱》，鲁永成主编：《民国大总统黎元洪》，中国文史出版社1991年版，第324页。

② 黎绍基：《黎元洪的一生》，鲁永成主编：《民国大总统黎元洪》，中国文史出版社1991年版，第10页。

每月也能有 10 元的收入，俩人非常满意。由于全家齐努力，日子虽然艰苦，但好歹总算熬了出来。

元洪完婚。天津水师学堂规定，在校期间学员不准结婚，所以元洪一毕业，继母崔氏就开始张罗起他和敬君的婚事。穷人家办事情简单，敬君又是童养媳，草草摆了两桌酒，请来一些邻里和好友，在大家的祝福声中，元洪和敬君正式结为夫妻。婚后不久，元洪即加入北洋水师，开始了军旅生涯。

第二节　逃生广甲

1890 年，作为天津水师学堂的优秀毕业生，黎元洪得以正式加入广东水师，并在“广甲”号兵船服役，同时举家迁居上海。这一次，黎元洪经历了著名的黄海海战，还差点丢了性命。

服役“广甲”号。“广甲”号是一艘国产铁肋木壳巡洋舰，于 1887 年在福建造船厂建成。该船长 67.36 米，宽 10.06 米，功率 1600 匹马力。编制 180 人。船上人员有：管带；帮带大副；鱼雷大副；驾驶大副；驾驶二副；枪炮二副；船械三副；舢板三副；正炮弁；水手总头目；副炮弁；巡查；总管轮；二、三等管轮；水手正、副头目；一、二、三等水手；一、二等管旗；鱼雷头目；一、二、三等升火；二等管舱；一、二等管油；一等管汽；油漆匠；木匠；电灯、锅炉、洋枪、鱼雷等匠；夫役；文案；支应官；医官；一、二等舵工；一、二等雷兵；一、二、三等练勇；教习；学生。据黎元洪长子黎绍基讲：“我父亲于 1889 年 10 月从海军实习回到家中，在北塘休息了三个月，并于次年春天被任命为广甲军舰的管轮。这艘军舰停泊在上海，全家也随之搬迁到那里。”[1] 管轮是舰船上负责轮机维修、

广甲舰

① 黎绍基：《黎元洪的一生》，鲁永成主编：《民国大总统黎元洪》，中国文史出版社 1991 年版，第 10 页。

养护的技术人员，此时黎元洪的职务应该是三管轮。黎元洪随“广甲”到了上海，也把家眷带了过去。不久，“广甲”号迎来了一项重要任务——南北洋海军合操。

南北洋合操。所谓合操，就是大规模军事演习。1891 年，是三年一届的南北洋海军合操之期。此次合操，由直隶总督李鸿章、山东巡抚张曜校阅。共有北洋、广东、南洋三支水师参加。其中，北洋有“定远”等 12 艘、广东有“广甲”等 3 艘、南洋有“寰泰”等 6 艘，共计 21 艘各式军舰，齐集旅顺口。操演舰船阵型、枪炮、鱼雷，同时查验炮台、船坞建设。光绪帝对合操的结果表示满意：

> 该大臣等，周历旅顺等处，调集南北洋轮船，会齐合操。并将水陆各营，以次校阅，技艺均尚纯熟，行阵亦属整齐，各海口炮台船坞等工，俱称坚固。李鸿章尽心筹划，连年布置，渐臻周密，洵堪嘉许。著交部从优议叙。张曜会同筹办，著交部议叙。各将领训练士卒，修建台坞，不无微劳足录。著准其择尤保奏。以示鼓励。①

可是，光绪帝似乎隐约有些担心，不忘警告李鸿章等：

> 海军关系至要，必须精益求精。仍著李鸿章、张曜切实讲求。督饬提镇各员，认真经理，以期历久不懈，日起有功。②

黎元洪也因表现出色，被以千总尽先补用。之后，黎元洪不断得到晋升。1892 年，升职为二管轮，并由两广总督李翰章奏保赏五品顶戴。1894 年 5 月 7—27 日，清海军举办第二次会操，黎元洪依然随“广甲”号参加。

然而，一场毁灭性的海战正在日本酝酿。6 月 23 日，日本枢密院召开紧急会议，决定对中国发动战争。

黄海大海战。1894 年 8 月 1 日，光绪皇帝下诏书宣战。同一天，日本天皇睦仁也下诏宣战。甲午战争正式爆发。“八月十七日（1894 年 9 月 16 日，笔者注），北洋水师提督丁汝昌率舰队主力，由大连湾护送增援平壤清军，在

① 《清德宗实录》卷二百九十七。

② 《清德宗实录》卷二百九十七。

鸭绿江口大东沟登陆。十八日上午（1894年9月17日，笔者注），正拟起锚返航旅顺。11时许，遥见西南方海面有军舰一队驶来，测望来船，知是日舰。丁汝昌立即下令各舰起锚迎敌。当时编队参战的计有定远、镇远、致远、靖远、来远、经远、济远、广甲、超勇、扬威等10舰。日方有吉野、浪速、高千穗、秋津洲、千代田、扶桑、比睿、赤城、桥立、松岛、严岛、西京丸等12舰。北洋水师重炮多，装甲坚厚；日本舰队速度快、速射炮多，并且是有准备的进攻，北洋水师系被动应战，形势不利”。[①] 黎元洪此时正在“广甲”号上司职二管轮，甫闻战令，精神振奋，热血沸腾，准备与战友同仇敌忾，痛击日本军舰。然而计划没有变化快，据《冤海述闻》记载：“我军阵势初本犄角鱼贯，至队列时，复令作犄角雁行。丁提督乘定远铁舰为督船，并镇远铁舰居中；致远，靖远为第二队；经远、来远为第三队；济远、广甲为第四队；超勇、扬威为第五队，分作左右翼，护督船而行。原议整队后，每一点钟船行八迈。是时队未整，督船即行八迈，以致在后四队之济远、广甲，五队之超勇、扬威，均赶不及。缘四船鱼贯在后，变作雁行傍队，以最后之船斜行至，偏旁最远。故赶不及，而阵已散漫矣。”[②] 日本舰队司令长官伊东祐亨见北洋变阵，决定避其锋芒，攻其软肋。令其前锋舰只攻向北洋最薄弱的右翼阵脚——超勇、扬威。开战不久，“济远”舰管带方伯谦战败退却，同队的“广甲”舰管带吴敬荣亦跟随“济远”退却。1894年9月22日，吴敬荣因系“随退”，被“革职留任，以观后效”。24日，方伯谦在旅顺被正法。

神奇救生衣。黎元洪不会游泳，正式加入海军后，就自费购买了一件救生衣。每次出海，都要把救生衣穿在里面，以备不测。“广甲”号仓皇退却，在大连湾三山岛附近搁浅。日舰“浪速”号和“秋津洲”号很快发现“广甲”号，管带吴敬荣下令弃船，大家乘小船走。黎元洪等没逃多远，见日舰追来，集体选择跳海逃生。多亏了这件救生衣，救了这位未来民国大总统一命。不知过了多久，黎元洪被海浪推上了岸。他得到一位好心人的帮助，换了身干净衣服、带上粮食，徒步赶到旅顺，后又到天津。在天津，黎元洪正赶上清廷追究黄海海战责任，因此被监禁数月。后来黎元洪回到上海家里住了数月，听到张之洞招聘水师人才的消息，他匆匆来到了南京。

① 徐彻、董守义主编：《清代全史》，第9卷，方志出版社2007年版，第99页。

② 《冤海述闻》，王炳耀辑《甲午中日战辑》，沈云龙主编：《近代中国史料丛刊第一辑》，文海出版社1966年版，第394页。

第三节 投靠南皮

初见张之洞。张之洞（1837—1909），字孝达，号香涛，直隶南皮（今河北南皮）人，人称张南皮，清际名臣，其时正暂代刘坤一任两江总督。丰岛海战、黄海海战后，日本陆军向辽东半岛发动进攻，九连城、安东、凤凰城相继失守，直接威胁北京。清政府决定起用湘军统帅，时任两江总督的刘坤一为钦差大臣驻守山海关，节制关内外数百营军队。张之洞也因此被调往南京任两江总督。因江南的军队和武器悉数被刘坤一带走，张之洞需要招兵买马，广招贤才。1895 年 7 月 19 日，张之洞上奏《吁请修备储才折》，全面阐述了当时情况下人才的重要性。其中，张之洞提出了九条应急措施，具体内容是："一曰宜亟练陆军；二曰宜亟练海军；三曰宜亟造铁路；四曰宜分设枪炮厂；五曰宜广开学堂；六曰宜速讲商务；七曰宜讲求工政；八曰宜多派游历人员；九曰宜预备巡幸之所。"① 正是基于这个理念，张之洞编练了新式陆军——江南自强军，还开办延才馆，招揽武备人才。

经人推荐，黎元洪见到了大名鼎鼎的张之洞。张之洞见元洪毕业于天津水师学堂，先后在"来远""广甲"号服役近七年，且器宇不凡。向其询问炮台建设、水师业务，元洪无不对答如流，张之洞颇为满意。不久，张之洞委派元洪修建金陵狮子山、幕府山、清凉山、乌龙山炮台工程。由于黎元洪办事认真，脚踏实地，越发受到张之洞赏识。1896 年，张之洞回任湖广总督，黎元洪也随张南皮到了湖北。

三访日本国。此时，张之洞的军事思想从效仿德国转到学习日本。他奏请国家仿照日本参谋本部改变军机处，"设一领导全国军事的统一衙门，专管全国的军事、预筹、考核、军备、操法、战事。其衙门之长，必是深于兵事者，并非专用亲贵。小而言，赶紧编练新军、开办军事学校、派遣军事留学生等"。② 正因如此，黎元洪有机会三次前往日本学习军事。

黎元洪在日活动的资料非常有限，薛民见著《黎元洪年谱》记载：

---

① 《吁请修备储才折（光绪二十一年闰五月二十七日）》，苑书义等主编：《张之洞全集》，第 2 册，河北人民出版社 1998 年版，第 989 页。

② 马东玉：《张之洞大传》，辽宁人民出版社 1989 年版，第 337 页。

公元1897年（光绪二十三年，丁酉）元洪34岁，在日本。

正月，奉张之洞命，派赴日本考察军事教育，中秋始返国，仍任马队教练兼管带，能与士卒同甘苦，颇得所部爱戴（张彪忌之，数谗于张之洞，由是不获升迁者数年之久）。当元洪在日本考察时，曾游览东京、大阪等处公园，见大量陈列甲午战役中在我国及朝鲜所夺之战利品，触目惊心。尝集侨胞请求监督商之日本当局撤除，未获许。

公元1899年（光绪二十五年，己亥）元洪36岁，在日本。

五月，元洪又奉张之洞命，再赴日本考察军事，预期一年。（1900年回国）

公元1902年（光绪二十八年，壬寅）元洪39岁，在湖北。

七月，奉派赴日本参观仙台大操，归国后详具见闻于张之洞。①

黎元洪身着清军协统礼服照，领章上的金龙清晰可见。

从以上摘引可知，黎元洪34岁时第一次访日，36岁时第二次访日，39岁时第三次访日。其中第二次访日，在日本待了一年时间。三次访日，黎元洪见识了日本军队的训练方法、军队管理，也认识到了中日在军事方面的差距。回国后积极鼓动张之洞派员赴日学习军事。在军队管理方面，元洪建议张之洞对兵士犯有重大过犯者，均交执法官审讯，不得擅杀。张之洞欣然采纳。在军事教育方面，元洪建议将武备学堂及防营弁学堂改为武备高等学堂，另设武备普通中学，以便全方位、多层次地培养军事人才。张之洞许之。

黎元洪为什么能得到张之洞的赏识，仕途蒸蒸日上呢？笔者认为结合黎元洪的才干、性格和心机来看，应该有以下四点：

① 薛民见：《黎元洪年谱》，鲁永成主编：《民国大总统黎元洪》，中国文史出版社1991年版，第326页。

其一，具备真才实学。黎元洪以优异成绩毕业于天津水师学堂，后在广东水师“广甲”号任职三管轮、二管轮，曾经参加黄海海战，有实战经验。在加盟张之洞麾下后，黎元洪的军事才能进一步得到发挥，主要表现在：

修炮台，建炮厂。初到南京，黎元洪即被委派修建幕府山、狮子山、钟山炮台，其中幕府山 7 座炮台、狮子山 6 座炮台、钟山 2 座炮台，1895 年 4 月开工，年底竣工。张之洞见黎元洪工作认真负责，办事踏实，认为元洪是不可多得的人才。回到湖北后，张之洞任命黎元洪为湖北枪炮厂监工。湖北枪炮厂就是后来的汉阳兵工厂。当时被《纽约时报》称为远东地区最大的兵工厂。

倡留学，办学堂。第一次从日本学习归国后，黎元洪看到了中日之间的差距，建议张之洞派遣青年去日本学习现代军事。这一点和张之洞的“出洋一年，胜于读西书五年”，“入外国学堂一年，胜于中国学堂三年”的观点非常吻合。张之洞积极争取北京的支持，后来，湖北成为清末派遣赴日留学生最多的省份之一。为提高军官素质，1897 年湖北成立武备学堂（后易名为武备高等学堂）。1901 年，设立湖北武备普通学堂，任命黎元洪为监督。该学堂后改名为湖北陆军小学堂，黎元洪为会办，专门训练各标营识字士兵。通过多层次地培养人才，湖北军官的素质明显提升。

统水师，练新军。黎元洪精于骑术，回到湖北，张之洞命他为马队营管带。由于元洪出身水师学堂，遂命其兼统湖北水师。同时协助张之洞编练新军。1902 年，法国军事观察家嘉杜佛莱参观武昌军队后，直言“洋操队的编练操演和武器运用，可与最好的德国军队相媲美”。如此重用黎元洪，张之洞也被参奏“所喜者一人而兼十数差”。[①] 由于湖北练兵出色，清廷谕令各省前来学习经验，很多来鄂将弁受过黎元洪的教练，而且“湖北督练处所印陆军书籍，本本皆有黎元洪校阅之名，黎元洪的影响从此扩大到了江南各省”。[②]

其二，善于读书学习。读书是张之洞的爱好，也是黎元洪的爱好。据许兆龙回忆：“我由师范学生参军时，黎氏已是湖北第二镇统领（师长）矣。我每次往镇司令部誊写传知（通知）时，黎氏总在抄写大小字或阅课《劝学篇》（张之洞著），大半请文案（书记）讲解，偶以考试样子命我答辩，不厌

① 《清德宗实录》卷三百二十。

② 萧致治：《清朝时期的黎元洪》，鲁永成主编：《民国大总统黎元洪》，中国文史出版社 1991 年版，第 81 页。

求详地问，如私塾的老师之训导学生，不以位高而骄人，不因答错而发怒，态度和蔼，使人亲近。”[①] 许兆龙，1884 年出生，小黎元洪 20 岁，湖北天门市人。日知会成员，曾任新军第三十二标指挥官。从他的回忆中我们可以看出，黎元洪经常练字和阅读（尤其是《劝学篇》）。军人出身的黎元洪之所以不断提高自身文化修养，和上司张之洞的影响是分不开的。张之洞，同治二年（1863 年）殿试二甲第一名，文章、见识均非常人可比。黎元洪虽然军事才能出众，但写字和文章不是所长，必须勤加练习，以取得张之洞青睐。1898 年 4 月，张之洞写就《劝学篇》，该篇是张之洞思想的集中体现，黎元洪手不释卷地阅读，也许是在字里行间寻找与张总督的共同话题吧。史料记载，黎元洪酷爱读书：“且虽系一武员，而平时手不释卷。”[②]

其三，能够明辨是非。光绪二十六年（1900 年），义和团运动爆发，慈禧太后愚蠢地下达同外国开战的诏书：“与其苟且图存，贻羞万古，孰若大张挞伐，一决雌雄。”各地遂发生多起杀害外国人的事件，然湖北却因张之洞、黎元洪之阻止，未发生一起外交血案。据记载：

> 初朝旨下，张彪首先跃跃欲试，令军士早为之备。及奉之洞命令，大违初志。彪口虽不言，腹甚非之，而所部咸詈之洞背抗懿旨，蠢蠢欲动，势极危险。且勾结黎之军队为助事，为黎侦知，径诣督署告密。之洞大骇，饬黎剀切晓谕。黎乃遍历各营演说，声泪俱下。军士为之动容，始未酿成大变。之洞叹赏之，未几擢为自强军统领。[③]

这里指的是 1900 年庚子事变时期的东南互保之事。所谓东南互保，即是指八国联军侵华期间，中国南方各省违背中央政府的命令，拒不同外国开战的事件。先是，接到慈禧太后的诏书，两广总督李鸿章斥其为“伪诏乱命”，其意是说有人“矫诏乱命”。之后，他联合两江总督刘坤一、湖广总督张之洞等南方督抚，同参战国达成停战协议，称为东南互保。东南互保是明智之举，

① 许兆龙：《黎大总统面面观》，鲁永成主编：《民国大总统黎元洪》，中国文史出版社 1991 年版，第 52 页。

② 《武昌革命都督黎元洪历史》，湖北革命实录馆编：《武昌起义档案资料选编》，下卷，湖北人民出版社 1983 年版，第 630 页。

③ 贡少芹：《黎黄陂轶事》，上海国华书局 1917 年版，第 5 页。

使得软弱的中国免遭战乱荼毒。其间，黎元洪坚决贯彻了张之洞的主张，让旅居湖北的外国人免遭劫难。

其四，为人仁义正直。黎元洪留给张之洞的第一印象非常好。事情是这样的，黎元洪下南京投靠张之洞，张之洞“与语，见其气宇深沉，大悦。欲黜杨金龙而以中军协畀黎，黎不忍夺其职，固辞之。张乃留之”。[①] 虽然身处求职阶段，但黎元洪不想因为自己而使别人失业，这就是仁。张之洞看到这点，深感其正直，就把他留在了军中。

黎元洪的仕途看似一帆风顺，实际上如履薄冰。黎元洪科班出身的背景、张之洞的赏识引起了一个人的嫉恨，他就是张之洞的得力心腹武将——张彪。

五招降张彪。张彪（1860—1927），字虎臣，山西榆次人，武举出身。张之洞任山西巡抚时，张彪鞍前马后、任劳任怨，颇得张南皮赏识。张彪跟随之洞从山西、湖北转两江再回湖北，他在军中的地位也节节高升。在湖北，张彪可以说是一人之下，有“兵权全付丫姑爷”之论。然而，黎元洪的出现，让张彪嗅到了威胁。他开始处处给黎元洪出难题，“智勇深沉”的黎元洪却总能一一化解。黎元洪处理与上司张彪关系的方法有五：

其一，忍辱负重。有一次喝寿酒，张彪借酒力，指桑骂槐，说出心中积怨。大家都知道他在骂黎元洪，很怕两位就此撕破脸皮。谁知黎元洪不仅不生气，还张罗给张彪上热茶醒酒，之后还亲自送张彪回府。

其二，不留把柄。一次张之洞召开军官会议，黎元洪因病迟到。张彪见黎元洪未来，就说有人在汉口看见黎元洪醉卧某妓院，估计不能来了。话音未落，黎元洪衣冠整齐精神抖擞地推门而入。张之洞听了张彪的话，正在气头上，遂申斥黎元洪。黎元洪如此这般把病情如实相告，张之洞的眼睛转向了张彪。张彪自知无理，低头不语。

其三，不卑不亢。1905 年，陈夔龙继任湖广总督。张彪尽力投其所好，阿谀奉承。陈的女儿去世，大办丧事。张彪与部属筹集 10 万两银子，买了一件珠衣作为葬礼。陈夔龙非常满意。而黎元洪仅送了数块银元，陈大为不满。虽然黎元洪不会行贿买好上级，但对民间疾苦却慷慨解囊。当时，湖北各地正闹洪灾，黎元洪尽己力捐了 3000 块银元。有媒体探得消息，把 10 万两银子和 3000 块银元的事同时见报，舆论哗然。

---

① 贡少芹：《黎黄陂轶事》，上海国华书局 1917 年版，第 3 页。

其四，居功不傲。湖北新军训练，张彪为统制，黎元洪协助编练。黎元洪工作认真、勤勤恳恳、任劳任怨，两个月后新军始具规模。张之洞校阅后，对黎元洪大加赞赏。黎元洪却说："凡此皆张统制之部署，某不过执鞭随其后耳，何功之有？"之洞默然。[1] 把本该属于自己的功劳，统统说成是上级领导有方。在场的张彪听到此话，也在心里暗暗感激黎元洪。

其五，以德服人。1907年，赵尔巽继任湖广总督。赵厌恶张彪不学无术，准备以黎元洪代之。黎元洪却坚辞不受，认为张之洞对己有知遇之恩，不该在张走后就挤掉张宠信的人，劝赵尔巽仍用张彪，同时表示自己会尽力辅佐。黎元洪还把此事告诉张彪，让他速想对策。张彪连忙写信给张之洞请求帮助。后来张之洞致函赵尔巽，张彪遂得以继续留任。此后，张彪对黎元洪感激不尽，视为知己。

黎元洪凭借军事上的真才实学，以及游刃有余的人际关系，在湖北新军里逐渐站稳了脚跟。然而，一股革命暗流却在湖北新军中酝酿。

① 贡少芹：《黎黄陂轶事》，上海国华书局1917年版，第6页。

第三章　祭天设坛做都督

“请不要忘记说，这次革命发生完全是因为满人对汉人太不公平的待遇——没有其他原因。”① 武昌起义40天后，黎元洪在接见英国《大陆报》记者丁格尔时这样解释革命的原因。

送走丁格尔，黎元洪坐在大都督的西式皮椅上，脑子里浮现的是近一个半月来的一幕幕发生在自己身上不可思议的画面。从清朝小小湖北新军协统，一跃而成为号令天下革命志士的首义都督。黎元洪还没有适应这种地位的反差，可这一切是怎么发生的呢?

说到黎元洪当都督，就不能不说到湖北的两个革命组织——共进会和文学社。

第一节　革命组织

光绪三十四年十月二十一日（1908年11月14日），光绪皇帝病逝于中南海瀛台。翌日，慈禧太后亦病逝。两位中国最高权力人物相继去世，举世震惊。革命党认为机会难得，四天后，安庆炮队队官熊成基率队起义，不成，逃亡日本。熊成基，也作熊承基，字味根，扬州甘泉人。安徽练军学堂出身，皖军中革命组织岳王会负责人。岳王会总会设在芜湖，会长是大名鼎鼎的陈独秀。后熊成基暗杀载洵未遂，遇害。清政府遂加强在各地镇压革命，防患于未然。湖北当然也不例外。

黎元洪其时正在武汉负责守卫。光绪戊申（1908年）秋操，南军总司令为江南第九镇统制徐绍桢，北军总司令是湖北第八镇统制张彪。“张去后，所

---

① ［英］埃德温·丁格尔：《辛亥革命目击记》，中国青年出版社2002年版，第20页。

有武汉守卫事宜，责成独立协黎副将元洪、署巡警道金道鼎和衷办理。”[①] 时任湖广总督陈夔龙看到局势不稳，即秘密召见黎元洪、金道鼎，嘱咐他们全力镇压。据陈夔龙回忆：“当皖中兵叛之时，不幸适逢二次国恤，全国震惊。武汉地方人心浮动，讹言四起。余不动声色，密饬黎协统、金观察多方镇压，得以转危为安。”[②] 然而，黎元洪们没有想到的是，革命党的种子已经在新军里开始发芽。

群治学社成立。光绪三十四年十一月二十日（1908 年 12 月 12 日）晚，湖北新军第四十一标三营军士杨王鹏、唐义支、郭抚宸、邹毓琳、钟琦、章裕昆、邹润猷、张文选、莫定国、万奇等 10 人发起成立群治学社。其宗旨是“联合多数人知识，研究学问，提倡自治”。“在宣言中，带有政治色彩的仅有‘我中国……积弱无能，任人欺侮，台湾朝鲜相继沉沦……倘不急起直追，则危亡悬于眉睫’这几句话”。[③] 群治学社积极发展新成员，成员从四十一标到三十一标再到四十二标，人数不断增多。同时，还吸收低级军官入社，事情是这样的：

> 群治学社发起人杨王鹏于己酉（1909 年）六月（七、八月）应下士团考试，取列第一，即拔升四十一标一营左队司书生。与队官（连长）潘康时甚相得，严密关防，借以侦知一二。一日，鹏于公余阅《浙江潮》，为潘所见。
>
> 潘微笑着问：“此书何来？”
>
> 鹏曰：“借自友人。”
>
> 潘于床头出一本相示曰：“是亦焉用借为？”
>
> 鹏心佩之。伺间，袖群治学社简章示潘。潘阅，意甚韪之。初，群治学社为防微计，决议官长不得加入。自是，始破格准潘康时加入。[④]

---

① 陈夔龙：《梦蕉亭杂记》，中华书局 2007 年版，第 108 页。

② 陈夔龙：《梦蕉亭杂记》，中华书局 2007 年版，第 108 页。

③ 李六如：《文学社与武昌起义纪略》，中国人民政治协商会议全国委员会文史资料研究委员会：《辛亥革命回忆录》，第 1 集，文史资料出版社 1981 年版，第 307 页。

④ 章裕昆：《文学社武昌首义纪实》，沈云龙主编：《近代中国史丛刊续编第八十六辑》，文海出版社 1981 年版，第 9 页。

这是说，群治学社成立初期对低级军官入社采取了抵制的态度。主要是担心泄密。但对队官（连长）潘康时颇有好感，因此“自是，始破格准潘康时加入”。吸收低级军官入社，说明了革命组织在逐渐发展壮大。

因举事不成，群治学社改名为振武学社。1909 年中秋日，假黄土坡开一天酒楼，举行成立大会。杨王鹏为社长。“不久，杨王鹏随军开拔，社务改由李六如负责主持，即与詹大悲、刘复基等创办《商务日报》于汉口，革命运动更日益发展”。[①]

但是，新军中的革命行动引起了黎元洪的警惕。

黎元洪撤职潘康时。世上没有不透风的墙，新军各标（团）、营出现的革命的蛛丝马迹，亲信早已报知黎元洪。一日，黎元洪召潘康时前来位于武昌大东门内左旗的混成第二十一协（旅）司令部，查问新军中组织会党有关情况。

> 谓：“汝队有人组织会党，汝胡置不问？”
>
> 潘答：“有程度稍优之士兵若干人，常集合研究学术，无所谓组织，更无所谓政党。”
>
> 黎怒曰：“现查革命党尽系如此，汝不严禁，反从而庇护之。”
>
> 潘曰：“统领既不以为然，以后即禁止在一起研究。”[②]

黎元洪非常气愤，将潘康时撤职，调来了破坏革命的施化龙。施化龙工于心计，笑里藏刀，表面对杨王鹏亲和，背地暗中侦察，终于发现革命证据，报告黎元洪。“黎元洪接报，谓：‘此事万不可声张，恐大帅闻之，更难处理。’”[③] 于是将杨王鹏等四人撤职开除了事。经此一劫，振武学社的活动全面停顿。新军中的党人亟须新的组织开展活动。

从武到文，易名文学社。为了便于隐蔽，将革命组织更名为文学社。1911 年 1 月 30 日，文学社正式成立。选举蒋翊武为社长，詹大悲为文书部

---

① 李六如：《文学社与武昌起义纪略》，中国人民政治协商会议全国委员会文史资料研究委员会：《辛亥革命回忆录》，第 1 集，文史资料出版社 1981 年版，第 308 页。

② 章裕昆：《文学社武昌首义纪实》，沈云龙主编：《近代中国史丛刊续编第八十六辑》，文海出版社 1981 年版，第 16 页。

③ 章裕昆：《文学社武昌首义纪实》，沈云龙主编：《近代中国史丛刊续编第八十六辑》，文海出版社 1981 年版，第 17 页。

长，“文学社成立仅月余，而声势几达湖北全军”。① 1911 年 5 月 10 日，文学社在武昌小朝街 85 号设立总机关，组织更加完善。“在这半年中，全国的革命形势突飞猛进，除辎重第八营以外，它的细胞组织已布满了湖北新军各镇、协，各标、营、队，在士兵中社员占了多数。至于他们的成分，因为当时新军是招募制，绝大多数是失业农民和少数手工业工人出身的士兵，没有官长，知识分子也少。”②

几乎在同一时期，另一个重要的革命组织——共进会，也在新军中秘密开展工作。

共进会成立于日本。孙中山于 1905 年成立同盟会后，积极开展活动。频繁的革命活动引起清政府高度紧张。驻日大使接到命令，遂照会日本政府，禁止孙中山开展活动。1907 年 3 月，孙中山无奈，只好离开日本。同盟会的工作交给黄兴、胡汉民主持。孙中山则坐船到南洋，继续革命活动。孙中山走后，共进会在日本开始酝酿成立了。关于共进会成立的原因有两种说法：

（一）**联络会党说**。据张难先《共进会始末》记载：“共进会，发起于日本东京。先是中国同盟会于丁未（1907 年）新设十部，中有联络部，专以联络各省秘密会党为职志，焦达峰被推为调查部长。未几，达峰及川人张伯祥、余晋城、吴祥慈、赣人邓文翚（同辉，笔者注）、鄂人刘仲文（即刘公，笔者注），以长江各省会党头目，皆脑筋简单，非另设小团体，并委用熟悉会党情形者，分途招纳，不易收效。又以同盟会誓约内之‘平均地权’四字意义高深，非知识幼稚之会党所能了解；故另约一部同盟会会员，组织共进会，专司此项联络任务；且将‘平均地权’改作‘平均人权’，以免收揽会党多费口舌。此事进行异常秘密，其编制三等九级，一如同盟会，并以同盟会之总理为总理，直同盟会之外府也。”③ 这是说，成立共进会的目的是为了联络“长江各省会党”，并将同盟会之“平均地权”改为“平均人权”，作为共进会的行动纲领，以利理解。共进会并未脱离同盟会，是同盟会的外围组织，

① 章裕昆：《文学社武昌首义纪实》，沈云龙主编：《近代中国史丛刊续编第八十六辑》，文海出版社 1981 年版，第 22 页。

② 李六如：《文学社与武昌起义纪略》，中国人民政治协商会议全国委员会文史资料研究委员会：《辛亥革命回忆录》，第 1 集，文史资料出版社 1981 年版，第 309 页。

③ 张难先：《共进会始末》，中国史学会：《中国近代史资料丛刊辛亥革命》，第 2 册，上海人民出版社 1957 年版，第 94 页。

即所谓“外府”。同盟会的总理也是共进会的总理。这点和稍后讲到的共进会的山水堂香互为佐证。

（二）**发动革命说**。当时在东京的同盟会会员，有些人早就厌倦了口头革命，准备把革命付诸实际行动。他们首先经过多方努力开办了一所军事学校——东斌步兵学校，用于培养革命人才。学校很快招收到300名学生，多数是同盟会会员。同学们主张在同盟会之外，另设机构，专司发动革命。据共进会发起人、第二任会长邓文翚回忆：“大家都认为一个革命伟大事业，尤须经过多少艰苦，多少牺牲，才可望其逐步发展达到目的。今既有宣传鼓吹的机关，更应有实际行动的队伍，所以当时同学中无不主张于同盟会外极须另组一个秘密机构，专以发展革命推翻专制为职志。‘共进会’三字是合各党派共进于革命的道路，正适合于此时的号召，正是汇万派以朝宗，可以使革命潜伏的力量扩大，更可使革命团结的声势提高。”① 邓文翚证实共进会成立的原因是基于“实际行动”的需要，也就是说同盟会是“文”，共进会是“武”。这个说法也得到了共进会会员李白贞的认可：“当时革命运动的开展，偏重在华南方面，对长江流域则未建编营；并且是用和缓手段，希望侨胞捐纳经费，维持会务，逐渐推动形势，稳步前进。因此，一般急进的党人对于这种情况，颇有不甘忍耐下去之势。这样，在同盟会内部就无形中埋下了分立门户的种子。自从孙中山先生离日以后，同盟会内缓进和急进两种主张的不同，很快呈现为组织上分化的趋势。”② 李白贞认为是同盟会内“缓进”和“急进”两派主张的分歧，

湖北共进会旧址

① 邓文翚：《共进会的原起及其若干制度》，中国科学院历史研究所第三所：《近代史资料》，1956年第3期，总10号，科学出版社1956年版，第10页。

② 李白贞：《共进会从成立到武昌起义前夕的活动》，中国人民政治协商会议全国委员会文史资料研究委员会：《辛亥革命回忆录》，第1集，文史资料出版社1981年版，第497页。

促使共进会的诞生。无论基于何种理由，共进会终于成立了。

1907年8月，共进会在东京清风亭召开成立大会，到会者有刘公、居正、孙武、焦达峰、张伯祥、邓文翚等100多人。推举张伯祥为会长。为什么取名共进？共进会的宣言解释道：

这共字是共同的意思。单就我们这个团体说，就是在会的人，个个都要同心合意，共做一个事业，不可一人别怀他样的异心；就本会以外说，凡是我们同样的，不论他叫什么会名，我们总要联合起来，结成一个大团体，共同去做事业。所以这共字，就是和我们全中国各种会一同去做的意思。至于这个进字，就是要增进我们会员的知识，把从前那些做偏了、做小了的事丢开，再寻一个正正大大的题目去做；我们知识，就是要认清这个题目，把题目扒清了，就赶紧去做……所以我们起这个进字，前一层是进我们心中知识，后一层是进我们的身子去做那知识上认定的事，这是我们取共进二字的意思了。①

这是共进会白话版的宣言，同时还有一份文言版宣言是这样说的：

共进会者，合各派共进于革命之途，以推翻满清政权、光复旧物为目的，其事甚光荣，其功甚伟大，其责任甚艰巨也。②

共进会积极准备回国进行革命活动。共进会的第一宗旨就是推翻帝制。1908年秋，光绪皇帝和慈禧太后相继去世，让共进会成员看到了希望。他们在位于东京青山麻布区的华群舍开会，决定回国，从军队入手，开展革命活动。因为军队中大多是各党各派分子，如哥老会、袍哥孝义会、八卦大刀会、红枪天地会等。为便于接触，这些共进会成员仿造帮会开堂、烧香、结盟、

① 李白贞：《共进会从成立到武昌起义前夕的活动》，中国人民政治协商会议全国委员会文史资料研究委员会：《辛亥革命回忆录》，第1集，文史资料出版社1981年版，第499页。

② 李白贞：《共进会从成立到武昌起义前夕的活动》，中国人民政治协商会议全国委员会文史资料研究委员会：《辛亥革命回忆录》，第1集，文史资料出版社1981年版，第501页。

入伙的办法，自创了一套山水堂香四种名目，据邓文翚所记：

共进会的山叫中华山，水叫兴汉水，堂叫光复堂，香叫报国香。每字系以打油诗一首。

中华山诗：神明华胄创中华，凿井耕田到处家；
锦绣山河万世业，子孙相守莫相差。
兴汉水诗：一水源流万里长，汉家兴复起中央；
自从派衍分南北，气势奔腾不可当。
光复堂诗：堂上家家气象新，敬宗养老勉为人；
维新守旧原无二，要把恩仇认得真。
报国香诗：香火绵绵未敢休，祖宗一脉自千秋；
腥膻久圂庄严土，待买名香祓九州。

凡会员在内地要拜各处码头者，先要记熟山水堂香，能够记熟山水堂香，还要记得念山水堂香所系的诗，然后可以得到一切的帮助和照顾，否则认为是假，不能得到各码头的帮助照顾。①

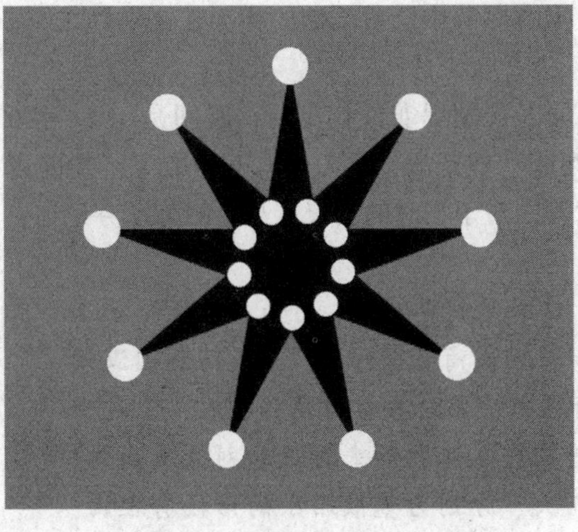
武昌起义军军旗——铁血十八星旗

铁血十八星旗的来历。我们现在看到的武昌起义老照片，往往有一面旗帜特别引人注目，它"用大红色为底布，由中间辐射出来九个黑色锐角，每个锐角内外两端，各有一黄色圆星，内外各九个共十八个，以表示十八省人民团结和铁血的革命精神"。② 这面旗帜，就是著名的铁血十八星旗，是陆军旗。此外还设计了国旗和海军

① 邓文翚：《共进会的原起及其若干制度》，中国科学院历史研究所第三所：《近代史资料》，1956 年第 3 期，总 10 号，科学出版社 1956 年版，第 17 页。

② 史资料研究委员会：《辛亥革命回忆录》，第 1 集，文史资料出版社 1981 年版，第 502 页。

旗，以五色代表五族共和为国旗，以青天白日代表风日晴和为海军旗。这三面旗帜，是共进会的邓文翚、同盟会的刘揆一和光复会的陶成章共同研究确定的，为的是统一旗帜、印信、番号，以免交战时发生混乱。至此，万事俱备，共进会核心成员相继返国，组织革命。

孙武等回到湖北。到达汉口后，孙武在法租界长清里设立了湖北共进会总机关。此后，居正、刘公、谭人凤等共进会骨干人物相继回汉，积极推动共进会在鄂的发展。1911 年 3 月，又在武昌胭脂巷 11 号成立分部，方便了在新军中发展革命势力，也方便了与文学社的交流。

文学共进之联合。共进会、文学社同为革命组织，双方革命目的相同，成员间多有交流，联合举事的愿望日益强烈。据传双方有过 10 余次的接触，有文字记载的共四次：

（一）**分水岭会议**。1911 年 5 月 11 日，武昌分水岭 7 号孙武寓所。这次会议，文学社社长蒋翊武、共进会会长孙武均出席。共进会方面出席者有孙武、邓玉麟、高尚志、杨玉如四人；文学社方面出席者有蒋翊武、刘尧澂两人。这是一次小范围的会议，出席者均为双方要人。蒋翊武认为，文学社在军队中力量大，联合军事行动应以文学社为主体。而孙武则不以为然，他认为共进会与各省革命党均有联络，本省军队中会员人数，亦不在文学社之下。双方各执己见，未达一致。

（二）**长湖堤会议**。会议地点位于长湖堤龚霞初寓所，时间是 1911 年 6 月 14 日。文学社参加会议的有蒋翊武、刘尧澂、蔡大辅、王守愚等；共进会的代表为杨玉如、杨时杰、李春萱等。对于当时的会议，与会的陈孝芬记道：

> 孙武总想和文学社合作，这种见解是对的，可是李春萱、杨玉如、杨舒武（杨时杰字）等和蒋翊武商量合作时，未能得到圆满结果。我和蒋翊武、刘尧澂感情很好，乃自告奋勇愿作调人，经过十次会谈，蒋翊武始终坚持殊途同归主张；后来再三和刘尧澂商讨，刘尧澂因我说的合则力量聚而大、分则力量散而小的话极有理由，才应允定期召集文学社社员大会讨论，并要我出席说明合作的意义。届时在长湖堤龚霞初家中开会，文学社到会干部七十余人，结果大多数主张和共进会合作，但须孙武到会见面。①

① 陈孝芬：《辛亥武昌首义回忆》，中国人民政治协商会议湖北省委员会编：《辛亥首义回忆录》，第 1 辑，湖北人民出版社 1979 年第 2 版，第 73 页。

陈孝芬是共进会会员，曾在黎元洪手下第二十一混成协马队当兵，武昌起义时任长江水师统领。经过10余次的会议讨论，共进会和文学社双方才决定召开长湖堤会议。不想共进会会长孙武没有出席，双方还在会议讨论中发生了争执。据与会的章裕昆回忆：

> 不意在讨论过程中，发生争执，未得成功。原因是杨玉如说："共进会有钱，可以补助文学社的经费。"杨时杰接下去说："我看不如文学社取消，全体加入共进会，统由孙武主持。"文学社代表闻言不满，谓文学社自己有经费，不须别人补助，会议无结果而散。①

会议中，文学社的杨时杰竟然提出取消文学社，这让文学社的代表无法接受，非常不满，会议无果而终。双方虽然不欢而散，但都没有放弃合作的希望。

（三）**雄楚楼会议**。会议地点位于武昌雄楚楼10号刘公寓所，时间是1911年9月14日。刘公，字仲文，是共进会中少数富家子弟。他曾经把父亲给他的5000两银子捐献，用以支援革命。刘公的父亲在清廷度支部当差，所以寓所门上有"度支部刘"四个字，在这里开会相对安全。实际上，这里住着的是刘公夫妇，刘夫人李淑卿是经《楚风报》主笔、共进会会员杨玉如介绍，与刘公结合的。有关这次会议，我们可以找到如下报道：

> 9.14（七·二十二）本日，共进会和文学社举行联席会议，准备起义。
>
> 共进会和文学社为湖北的两大革命团体。广州起义失败后，为将革命重心转移到长江流域，两大革命团体于本年5月间酝酿合作。共进会的人员表示："我们两团体向系殊途同归，现在正是同归不必殊途的时候了。"文学社也表示："合则两美，离则两伤，譬如风雨同舟，大家只期共济，到达彼岸就得了。"
>
> 不久，保路风潮席卷湘、鄂、粤、川四省，湖北地区的革命空

① 《座谈辛亥首义》，中国人民政治协商会议湖北省委员会编：《辛亥首义回忆录》，第1辑，湖北人民出版社1979年第2版，第7页。

气日益高涨。为了弹压四川人民的保路运动，清廷将驻防湖北的新军第三十一标和三十二标一营调往四川，又将四十一标调往宜昌、沙市。新军陆续外调，加强了湖北革命党人的紧迫感。本日，共进会和文学社的代表武昌雄楚楼10号刘公住宅联合开会。会议决议，取消两团体名称，同以湖北革命党的名义同清朝反动势力拼搏。

文学社与共进会的名义都取消了，起义时由谁来实行统一指挥呢？最后决定，派居正、杨玉如前往上海，请同盟会领袖黄兴、宋教仁、谭人凤来武汉主持，名义由他们来后再定。①

可以看出，这次“会议决议，取消两团体名称，同以湖北革命党的名义同清朝反动势力拼搏”。此后，双方即以湖北革命党这一名义开始革命工作。并决定“请同盟会领袖黄兴、宋教仁、谭人凤来武汉主持，名义由他们来后再定”。这是一个重大的决定，具有里程碑的意义。革命组织由二而一，为首义的胜利进行了组织上的坚实准备。

（四）**胭脂山会议**。1911年9月24日，地点武昌胭脂山11号胡祖舜家。其时距武昌起义仅半个月，会议讨论的主要问题是选举军事领袖。据与会的李春萱回忆：

讨论军事领袖问题时，文学社主张蒋翊武，共进会主张孙武。在会中，刘尧澂、邓玉麟起了很大的作用，因为蒋极信任刘，孙极信任邓。邓玉麟主张以蒋任总指挥，孙武作参谋长，蔡济民作参议长；蒋、孙对军事意见必须互相咨商。蔡济民曾参加文学社、共进会两个团体，对双方关系都很密切，可以居间起调停作用。②

李春萱，原名作栋，湖北沔阳人。清末毕业于两湖师范理化专修科。湖北共进会元老。鄂军政府成立后任理财部部长。

双方达成合作，但也不无担心。据陈孝芬回忆：

---

① 中国革命博物馆编：《近代中国报道（1839—1919）插图本》，首都师范大学出版社2000年版，第688页。

② 《座谈辛亥首义》，中国人民政治协商会议湖北省委员会编：《辛亥首义回忆录》，第1辑，湖北人民出版社1979年第2版，第11页。

孙、蒋见面后，双方表示了合作到底、推倒清朝的宏愿。孙武去后，蒋翊武执我手曰：“铁侯！合作固好，但是他们出了洋的人是不好惹的，我们一定会上他们的当。”我说：“只要大业可以成功，将来上当不上当哪能固定？我想是不会的。”①

文学社领袖蒋翊武

蒋翊武一语成谶，后来共进会果然对文学社不利。我们以后再讲。

文学社、共进会的联合，对武昌起义的胜利起了关键作用。但我们应该注意到，双方就起义总指挥和参谋长做了安排，但最高长官即鄂省都督的人选却未见提起。事实上，刘公一直是湖北革命党公认的都督人选。

李春萱曾说：“刘公本是起义前预定的大都督。”② 还在日本时，共进会就已经确定粤、桂、赣、川、皖、苏、豫、鄂八省都督，其中“刘公为湖北大都督”。③ 刘公在雄楚楼会议上，为了联合，曾说：“本人以大都督名义，甘愿当众放弃。”④ 可见，刘公确实是双方联合前的都督人选。雄楚楼会议后，刘公派杨玉如、居正往上海请黄兴、宋教仁和谭人凤来鄂主持大局，实际是属意其中之一可任都督。但遗憾的是，三人因各种原因，错失机会。事实上，双方还有一个备用人选。

1911 年三四月间，双方的确就起义胜利后都督人选分别进行了讨论。巧合的是，均认为黎元洪是最合适的都督人选。

---

① 陈孝芬：《辛亥武昌首义回忆》，中国人民政治协商会议湖北省委员会编：《辛亥首义回忆录》，第 1 辑，湖北人民出版社 1979 年第 2 版，第 73 页。

② 《座谈辛亥首义》，中国人民政治协商会议湖北省委员会编：《辛亥首义回忆录》，第 1 辑，湖北人民出版社 1979 年第 2 版，第 15 页。

③ 中国革命博物馆编：《近代中国报道（1839—1919）插图本》，首都师范大学出版社 2000 年版，第 648 页。

④ 刘发慧：《刘公轶事》，全国政协文史资料委员会编：《中国文史资料文库军政人物编》，第 9 卷（20—9），中国文史出版社 1996 年版，第 650 页。

第二节　洪山会议

1957年，中国人民政治协商会议湖北省委员会编辑了《辛亥首义回忆录》一书，由湖北人民出版社出版，其中万鸿喈先生的《辛亥革命酝酿时期的回忆》一文引起笔者注意。该文讲述文学社和共进会共同推举黎元洪为都督的会议过程，非常引人关注。其实万先生并不是第一个谈及此问题的人，按时间顺序，一共有四人分别以文字形式书及此事。他们是章太炎、孙武、万鸿喈、胡祖舜。

下面我们详细说说：

（一）**章太炎**。章太炎（1869—1936），名炳麟，是民国时期重要政治人物，著名思想家。他是黎元洪政治生涯中一个非常重要的人物。章太炎第一次知道黎元洪的名字是通过报纸，"秋八月，武昌起兵。余时方与诸生讲学，晨起，阅日报得之，不遽信。及莫（同暮），阅报，所传皆同。一二日知鄂军都督为黎元洪"。[①] 当时章太炎正在日本讲学，看报纸得知武昌起义的爆发和黎元洪的名字。他第一次与黎元洪见面是在1912年7月25日，地点是武昌，"仆于七月二十四日抵汉，次日谒黎。黎公年四十九，体斡肥硕，言辞简明。秘书、参议，衣服不华，每日至黎公座次谒白文件。一席之间八九人，皆执连柄蒲葵扇，黎公亦时握焉；其所着西装制服，以粗夏布为之。自大都督以至州县科员，皆月支薪二十元……以项城（袁世凯）之雄略，黄陂（黎元洪）之果毅，左提右挈，中国宜无灭亡之道"。[②]

章太炎眼里的黎元洪，体斡肥硕，言辞简明，着粗夏布西装，性格刚毅。总之，章太炎对黎元洪的第一印象非常好。之后，俩人开始了长达18年的友谊，直到1928年6月3日黎元洪病逝。章太炎悲痛之余，曾作《祭大总统黎公文》，有"董史有作，荣名谁归"之句。董史，即指史官。1933年，更作《大总统黎公碑》以记之，笔者要说的就是这个碑文。

该碑文首次透露一个秘密。这个秘密就是文学社、共进会暗中属意黎元洪，并推举他为大都督事。碑文是这样的：

① 章炳麟：《民国章太炎先生炳麟自订年谱》，台湾商务印书馆1980年版，第15页。
② 谢樱宁：《章太炎年谱摭遗》，中国社会科学出版社1987年版，第70页。

章太炎作《大总统黎公碑》的拓帖

初，自黄花岗之难，中国同盟会衰矣。其在江汉，共进会最盛，次有日知、文学诸会，各有名字，与其所交关军士，力均不能相听下，谋帅无适任者，以公善拊御，皆属意公。且曰：谘议局长汤化龙才，请以民政长辅公。议定三月矣，阴为文告，署检称大都督黎，未以告也。①

意思是说共进会、日知会、文学社各有大都督人选，但候选人的资历和威信无法让军人臣服，即“谋帅无适任者”。最后大家一致认为黎元洪是最合适的人选，即“以公善拊御，皆属意公”。同时还为黎元洪选定了一个助手汤化龙，任民政长，即“请以民政长辅公”。并私下撰写了文告，在文告中署名大都督黎，但没有公开宣告。

章太炎从何处得到这个说法目前没有资料说明。那么，他的说法可信吗？笔者认为比较可信。此碑文曾因某些内容不符史实被人去函质疑，章氏不得已作过修改，但上面所引文字未见变化。事情是这样的：碑文一经发表，曾用枪迫黎元洪就任都督的李西屏认为与史实不符，两次去信质问章太炎，章太炎虽声称无一句臆造，但不得已也对碑文作了修改，其主要更改如下：

原文是：“兵起，有数卒突入公门，公错愕，手刃之。无几，又数人至，促公赴军械局，请受都督印，公见化龙在，知士大夫有谋，宣言无略财，无妄杀，如是则可，皆踊跃称听命，即诣谘议局就选。”②

---

① 章太炎：《大总统黎公碑》，鲁永成主编：《民国大总统黎元洪》，中国文史出版社1991年版，第2页。

② 《大总统黎公碑》，汤志钧编：《章太炎政论选集》，下，中华书局1977年版，第845页。

修改后："兵起，公犹在协部，质明返私宅。无几，十代表至，速公诣谘议局请受都督印。公见化龙在，知士大夫有谋，宣言无略财，无妄杀，如是则可，皆踊跃称听命，乃就选。"①

共进会领袖孙武

可见此次修改，并未触及文学社、共进会暗中属意黎元洪为都督事，也未见其成员予以反驳。不仅不反驳，共进会领导人孙武、文学社万鸿喈、胡祖舜还先后发表文章确认此事。

（二）孙武。孙武有篇未刊稿《武昌革命真相》，约写于 1937 年，藏于其女孙筥芹处，非常珍贵。边吉先生有幸读到了手稿，他是这样描述的：

> 原稿封面褐色，已破损，左上角毛笔写"字学"二字，右下有"孙季平"的署名。孙季平系孙武第六子。估计此稿本原为孙季平学字的本子，孙武移做《武昌革命真相》的稿本。稿本红直格，毛笔书写。第一页第一行有"武昌革命真相"的标题，上有一"抄"字。据了解，"抄"字乃孙武示其秘书张汉仆抄正的意思。抄正本已佚，仅留下此原稿本。②

手稿里记录了推举黎元洪为都督事。孙武写道：

> 至辛亥（1911 年）三月，考查武汉军人已入会有十之八九，故五月初一日在长清里九十一号机关招集干部同志潘善伯……是会以起义为标准，故讨论之事最多。一、总机解组，推黎元洪为都督，

① 章太炎：《大总统黎公碑》，鲁永成主编：《民国大总统黎元洪》，中国文史出版社 1991 年版，第 2 页。

② 边吉：《孙武遗稿〈武昌革命真相〉读后记》，《华中师院学报》，1982 年第 5 期，第 141 页。

此会决定也。[①]

这里明确写道：“推黎元洪为都督，此会决定也。”文中提到的潘善伯（1880—1959），名公复，湖北襄阳人。潘为湖北共进会元老，武昌起义后任谘议局军务部秘书。他著有《辛亥革命运动中的共进会》一文。奇怪的是文中未谈及推黎元洪为都督事，亦未谈及此次会议。

参加长清里会议的还有一些人。他们是“邓玉麟、丁立中、彭楚藩、李春萱、谢石钦、梅宝玑、牟鸿勋、高因群、钟雨庭、马骥云、钱芸生、徐万年、孟法臣、徐北宾、方兴等……湖南焦达峰、黎意达、杨晋康等”。[②] 到目前为止，还未发现可以佐证孙武说法的由以上诸位所写的资料。

（三）**万鸿喈**。万鸿喈，生于1890年，又名迪庥，湖北黄冈人，文学社元老，武昌首义元勋，曾任鄂军政府军务部参谋。他是涉及此事的最重要的人。章太炎谈及此事的时间虽然在前，但较隐晦；万鸿喈虽然发表文章在后，但清晰直白。他一石激起千层浪，把这个问题推到台前。说实话是需要胆量的，历史的真相往往被某种意识或个人好恶掩盖，我们需要说真话的历史参与者。在向万先生致敬之后，我们还是要回到他的文章，看看他是如何说的：

其次谈谈推黎元洪做都督的问题。照说武昌义旗一举，全城克服的时候，应由一个有才干、孚众望的革命中坚人物出来担任革命首领，以便把革命进行到底。何以突然捧出一个不革命、非党人的黎元洪来作军政府的都督呢？关于这一问题，外间传说、诸家记载各执一说或含糊其辞，至今几成疑案。据我所知，这件事确在事先作过决定，现在把我所亲身经历的洪山秘密会议情形追述出来，以供参考。

一九一一年四月（辛亥三月间），蒋翊武托刘九穗来邀我到洪山宝通寺开会，据说此会是各标、营、队有代表性的重要分子会议。我和刘走到长春观门口遇着蒋翊武，蒋小声告诉我说：“今日开会，是讨论推举黎元洪为临时都督的问题。”

① 孙武遗稿，朱超纯整理：《武昌革命真相》，《华中师院学报》，1982年第5期，第135页。

② 冯天瑜、贺觉非：《辛亥武昌首义史》，武汉大学出版社2006年版，第215页。

我当时回答："黎非同志，何以推他为都督？"

刘笑对蒋说："早知万同志反对此事，开会时必有争辩，所以先为告知，我们可找一草地休息，详谈一下。"

在休息时间，刘对我说："革命党人中间并非没有首领人才，蓝天蔚在第三十二标的时候，大家即有意推蓝为都督，但他远在奉天，一时不能南来。最适合都督之选的是吴禄贞，但他也在北方，我们已决定先派人去和他接洽，恐怕他也一时赶不到。至若现在军队里的同志，都是一些兵士正、副目，下级军官不多，中级军官更没有，不足以资号召。所以要把黎元洪拉出来，其利有三：一、黎乃当时名将，用他可以慑服清廷，号召天下，增加革命军的声威；二、黎乃鄂军将领，素得士心，可以号召部属附和革命；三、黎素来爱护当兵文人，而这些文人全是革命党人，容易和他合作。所以拉黎出来，革命必易成功。我们只要能推翻清朝，何惜给他一个都督名义，俟将来吴禄贞领兵南下，再推吴为正式都督，给黎一个相当位置，有何不可？"

蒋并笑说："将来推你为大东门及通湘门司令时，你还得好好注意黎的行动呢。"他说完了这话，我们重新回到洪山庙内，见有士兵六人（五人忘其名），其中有祝制六同志向我注目示意，可知他们都是有代表性的。我们一同步登宝塔，蔡国桢（即蔡济民）同志因着排长制服，留在塔下守卫，作为掩护。塔内先有着便衣的三人，一为孙武，一为张振武（或是詹大悲，现在记不清了），余一人忘其名。开会无仪式，不签名，也不作记录。

蒋翊武提议：推黎元洪为临时都督，代表中有人反对，有人问："黎元洪是否同志？"当由刘九穗将在路上对我说的那篇话又复述一遍，各代表听了轻轻拍手点头赞成。

会议历时约十余分钟即各自散去。

我回营后，心中仍有些不安，以为推一不革命的人做革命领袖，将来做事恐难于得心应手。

次日各同志在操场开小会，我私将刘九穗、蒋翊武引到一旁问道："文学社人数最多，蒋同志既为文学社领袖，何以不做都督？"

蒋先答道："在湖北起义，自以湖北人为首领为适宜。"

我又问："既然如此，蔡国桢同志也可以被推为都督。"

蒋郑重告我说："革命团体很多，以前有日知会，以后有共进会、群治学社等等，里边的首脑人物像孙武、刘公、季雨霖等都可以推为都督。不过革命党人素不争权夺利，宁可互相退让，以免将来发生裂痕，老弟以为何如？"我听了这话，方始释然。

以上系洪山秘密会议商定推举黎元洪为临时都督的经过大略，后来组织军政府，果以黎为都督。是否即按照洪山会议执行，则不得而知了。①

武昌洪山宝通寺宝塔

万鸿喈的这篇文章明确地谈到了在辛亥革命爆发前，革命党人秘密推举黎元洪为首义大都督的过程。这里革命党人刘九穗的一番话，充满了关于推举黎元洪为首义大都督的战略思维。这次会议的时间：辛亥三月间，地点：武昌洪山宝通寺，人员：蒋翊武、刘九穗、蔡济民、孙武和万鸿喈等，议题：议论推举黎元洪为首义大都督，决定：推举黎元洪为首义大都督。

可是，为什么这么重要的会议只有万鸿喈一人提及，其他与会诸人都没有谈及此事呢？万先生在文中共提到六个人，其中明确肯定在场的四人是：蒋翊武、刘九穗、蔡济民和孙武。蒋翊武是文学社领袖，1913 年在桂林遇害；刘九穗，字鸿展，湖北应城人，共进会、文学社、同盟会成员，1915 年在芜湖反袁战死；蔡济民，原名国桢，湖北黄陂人，共进会、文学社、同盟会成员，1919 年被川军方化南杀害。万先生在文中提及但不敢确定的另外两人是张振武和詹大悲，他们分别于 1912 年和 1927 年遇害。也就是说，在章太炎的碑文发表后，万鸿喈文中提到的人物除了孙武和万本人外都已经作古，这就不难解释为什么没有其他人出来做证了。

张国淦 1956 年 12 月订正的《辛亥革命史料》亦引用万文。张国淦

① 万鸿喈：《辛亥革命酝酿时期的回忆》，中国人民政治协商会议湖北省委员会：《辛亥首义回忆录》，第 1 辑，湖北人民出版社 1979 年第 2 版，第 126 页。

（1876—1959），字乾若、仲嘉，湖北蒲圻人，晚清举人，曾任袁世凯政府和黎元洪政府的国务院秘书长，是中国近代史学家。他没有就万文的真实性做判断，但他巧妙地引用了熊十力的话："万迪庥尝论推举黎元洪为都督，自系实录，黎公被推，说者皆谓偶然，此乃大误，试思如是大事，可以偶然为之否？黎之被推，亦自有故。"① 熊十力（1885—1968），字子真，晚年号漆园老人，湖北黄冈人，国学大师。熊十力早年加入日知会等革命组织，武昌起义后任鄂军政府参谋。他认为黎元洪被推为大都督是大事，既然是大事，一定不会偶然为之，一定会有前因。

（四）**胡祖舜**。胡祖舜（1885—1948），字玉斋，湖北嘉鱼人，共进会会员，辛亥首义参与者。起义后，任鄂军政府参谋。他在《六十谈往》中记述："余忆首义之前，蒋翊武曾一度提议元洪为未来之都督人选问题；众议虽无任何决定，然亦无人反对。元洪之被拥为都督，非偶然也。"② 遗憾的是，胡祖舜没有说明具体是哪次会议提名黎元洪为都督人选，也没有说明具体哪些人是会议参与者。他的"非偶然"说，让我们对首义都督问题多了一份思考。

确实，推举黎元洪做都督不是偶然，也不应该是偶然。武昌首义策划者，在起义前进行了大量的准备工作：军事指挥、起义战略、旗帜口号、武器弹药、都督印信等几乎面面俱到，应有尽有。为什么会单单漏掉都督这一重要人事安排？笔者认为，此事并没有漏掉，而是被人为地在记忆里抹去了。

如何抹去的呢？我们不妨先看两份回忆材料，这两份回忆资料均对起义后革命军请黎元洪"出主大计"之事作了非常具体的描述。

第一份资料。据武昌起义第一人熊秉坤回忆：

> 言毕，即带执事官王安澜往黄土坡某号该协参谋刘文吉家避匿；文吉亦愿任保护之责。黎忆及平时积蓄，乃派伙夫回家搬运。该伙夫肩挑皮箱三只，恰与前所派之巡查汤启发、程定国、马荣等相值，汤等疑为乘机劫夺之匪类，喝令止步，并欲加以惩治。伙夫答："余乃此公馆伙夫，原非匪人。"汤诘其奉何人所派，担往何处？伙夫不得已，始吐真情。汤等乃偕伙夫同往刘宅，黎见众至，知难再匿，

① 张国淦：《辛亥革命史料》，龙门联合书局1958年版，第86页。

② 胡祖舜：《六十谈往》，武汉大学历史系中国近代史教研室：《辛亥革命在湖北史料选辑》，湖北人民出版社1981年版，第81页。

出叱汤等曰："余带兵并不刻薄，汝等何事难余？"

众曰："我等来此，特请公出主大计，非恶意也。"

黎曰："革命党人才济济，要余何为？"

众曰："公平昔御众极得士心，今之革命党员，均属同袍。众望所孚，无如公者，请即出领导一切。"①

第二份资料。据胡祖舜回忆：

启发等曾访黎而不得者，遂跟踪而往。黎适与其执事官王安澜（号梓材，枣阳人）等坐谈，见启发等骤至，事出仓卒，不明情由，乃惊起曰："我黎某治军素宽厚，汝辈何得来谋我？"

众曰："非也，我辈非谋害统领而来，乃系请统领出而主持大计者。"

黎曰："汝辈革命党人才济济，何用我为？"

众曰："统领非去不可。"②

两份回忆资料同时提及一个人——汤启发。汤是何许人也？他的个人资料非常少。据熊秉坤记载："（汤）为清光绪二十四年入工程八营，充当兵士。时人犹论好儿不当兵之说，顽视而窃笑之。（光绪）三十年提升三队一哨六棚正目（即三连一排六班班长）。三十二年，一营编四队，改充后（队）九棚正目……至十九日……本后队六棚正目（即六班班长）金兆龙等组织革命，准备齐全，而本营二排排长陶启胜酷用压力以激之。晚八点钟陶被后队五棚兵士程正瀛枪毙。发（汤启发）遂督队攻楚望台……独念汉满决裂，战争方始，指挥统一，事乃有济，因与李松山、马自忠等拥立黎都督，而人心始定。"③

由上文可知，新军班长汤启发是辛亥首义的重要人物。前文所引资料，全都

① 熊秉坤：《辛亥首义工程营发难概述》，中国人民政治协商会议湖北省委员会：《辛亥首义回忆录》，第1辑，湖北人民出版社1979年第2版，第45页。

② 胡祖舜：《推定黎元洪为鄂军都督的经过》，鲁永成主编：《民国大总统黎元洪》，中国文史出版社1991年版，第130页。

③ 熊秉坤：《五旅中级上军官暨前工兵八营革军中执事之在下级各员事略》，湖北革命实录馆编：《武昌起义档案资料选编》，下卷，湖北人民出版社1983年版，第103页。

湖广总督瑞澂与湖北新军将弁合影（前排左六为湖广总督瑞澂；右三为黎元洪；右四为张彪）

叙及汤启发等劝进黎元洪承担首义大都督重任，说到“特请公出主大计”等语。

查多人记载共进会、文学社会议记录，未见汤启发参会记录。起义前，湖北革命党工程八营代表共计 13 人，他们是“徐兆宾、雷振声、熊秉坤、方兴、金兆龙、罗炳顺、马荣、吕中秋、徐少斌、程定国、林振邦、任正亮、舒继武”。[①] 湖北革命党开会，由总代表出席，之后把会议内容传达给标（团）代表和营代表，再由他们传达给排代表。而如此名不见经传的普通起义人，何以能说出“请公主持大计”这样的话呢？我们知道他们一定是受命而来，而这个命令的来源就是蔡济民。

蔡济民（1887—1919），原名国桢，字幼香，湖北黄陂人，黎元洪老乡，共进会、文学社、同盟会会员，武昌起义元勋，湖北革命党参议部部长。1911 年 10 月 11 日黎明，主要起义同志齐聚武昌阅马厂谘议局，成立军政府和推举都督。其时，大局初定，人心浮动。而党内重要人物如刘公、孙武、蒋翊武、居正、黄兴、谭人凤、宋教仁、杨玉如均未在武昌，胡瑛、詹大悲尚在狱中。蔡济民提出组织军政府，“咸表赞同。即推蔡济民、张庭辅、吴醒

① 李白贞：《共进会从成立到武昌起义前夕的活动》，中国人民政治协商会议全国委员会文史资料研究委员会：《辛亥革命回忆录》，第 1 集，文史资料出版社 1981 年版，第 512 页。

汉、高尚志、蔡大辅、徐达明、王文锦、陈洪诰、谢石钦、邓玉麟等十五人组织谋略处"[1]。而都督人选尚无着落。这时，省议员刘庚藻进言道："统领黎元洪现在城内，若合选，当导觅之。"[2]

没想到，众人均赞成，蔡济民于是同刘往寻黎元洪。

蔡济民恰恰是万鸿喈所述武昌洪山宝通寺会议的会场警卫。他知道洪山宝通寺会议的内容吗？笔者认为他肯定知道。蔡济民自以二十九标排长之衔入文学社以来，地位直线上升。到雄楚楼会议时，已经是军事筹备员，和著名的三烈士之刘复基、彭楚藩平起平坐。暗举黎元洪为都督这样的大事，舍党内高级人物不告，而诉之于万，恐怕说不过去。况且，蔡与万是世交，据万鸿喈讲："我幼年随父亲在黄陂读书的时候，就认识了蔡济民。"[3] 文学社成立前后，蔡和万都是积极分子。俩人既是世交又有革命友谊。万如果把此事透露给蔡济民，我们不会感到奇怪。万对蒋翊武说的那句"蔡国桢（济民）同志也可以被推为都督"，可以视作蔡济民在革命党中的地位的体现，也可以视作万鸿喈对蔡济民的尊重和友谊。蔡济民未对黎元洪为都督事提出异议，是否和事先知道洪山宝通寺会议内容有关，我们不得而知。但通过以上分析我们可以知道，蔡济民知道武昌洪山宝通寺会议内容的概率非常大。无奈蔡济民去世太早，没有留下相关文字资料。

话说回来，起义后组织军政府是革命党的既定方针。孙中山与程潜的谈话，以及同盟会军政府章程均可证明。

孙中山谈话。程潜（1882—1968），字颂云，湖南醴陵人，1905年8月加入同盟会，武昌起义后，任湘军都督府参谋长。他回忆道：

> 我加入同盟会不到几天，仇亮引导我到东京赤坂区灵南坂日人金弥宅，谒见孙中山先生。先生态度和蔼可亲，与同志谈，谆谆不倦。我请面示革命方略，先生指示三点：（一）首先打倒自己脑海中

---

① 章裕昆：《文学社武昌首义纪实》，沈云龙主编：《近代中国史丛刊续编第八十六辑》，文海出版社1981年版，第43页。

② 《都督府之组织设施及人选》，张难先：《湖北革命知之录》，沈云龙主编：《近代中国史料丛刊续编第八十六辑》，文海出版社1981年版，第266页。

③ 万鸿喈：《辛亥革命酝酿时期的回忆》，中国人民政治协商会议湖北省委员会：《辛亥首义回忆录》，第1辑，湖北人民出版社1979年第2版，第121页。

的敌人，抛弃富贵利禄的观念，树立爱国家爱人民的思想，服膺主义，不与敌人妥协。（二）革命军占领地区，必须立即成立政府，以为号召，即使占领地区小至一州一县，亦应如此。（三）慎选革命基地，以发展革命力量。[①]

孙中山在这里着重强调“革命军占领地区，必须立即成立政府，以为号召”。这就是说，成立军政府是革命后首先要做的工作。

同盟会章程。湖北革命党和同盟会一直都有联系，领导人如刘公、孙武、居正等还是同盟会会员，他们的起义行动也是依照同盟会的章程来指导的。同盟会指出，起义后的工作要分三期，分别是：军法之治；约法之治；宪法之治。“军法之治”的《军政府与各国民军之条件》中，第一条即是：“各处国民军，每军立一都督，以起义之首领任之。”[②] 由此可知，行动前必须选定都督。事实上，共进会会员从日本回国时，就已经选定了八省都督，他们是“聂荆为广东大都督、刘玉山为广西大都督、邓文辉为江西大都督、何起义为四川大都督、孙竹丹为安徽大都督、傅亦僧为江苏大都督、罗洁为河南大都督、刘公为湖北大都督”。[③]

通过以上分析，我们知道武昌首义前，湖北革命党一定而且必须要确定都督人选。万鸿喈所说的武昌洪山宝通寺会议的召开时间是1911年3月，距离起义尚有半年时间。洪山宝通寺会议是文学社和共进会共同召开的，文学社领袖蒋翊武、共进会领袖孙武均在现场。可见推举黎元洪为都督不是一时的心血来潮，而是经过深思熟虑的。

武昌起义后，吴禄贞、蓝天蔚、黄兴、宋教仁、谭人凤、刘公等革命党属意的备用人选，由于各种原因，他们在起义时，都无法到达武汉。而孙武和蒋翊武，由于共进会和文学社之间的利益关系，并不是都督人选。历史的责任就这样落在黎元洪的肩上，而黎元洪经过内心斗争，最终选择承担重任，首义都督就此诞生。

---

① 程潜：《辛亥革命前后回忆片段》，中国人民政治协商会议全国委员会文史资料研究委员会：《辛亥革命回忆录》，第1集，文史资料出版社1981年版，第70页。

② 邹鲁：《中国同盟会》，中国史学会：《中国近代史资料丛刊辛亥革命》，第2册，上海人民出版社1957年版，第16页。

③ 中国革命博物馆编：《近代中国报道（1839—1919）插图本》，首都师范大学出版社2000年版，第648页。

第三节 马场祭天

1911年10月10日，武昌起义爆发，中国面临剧变。此时，身处革命中心武昌的黎元洪正经历生死抉择。

生死起义夜。黎元洪手刃革命党人。起义之夜，武昌城内枪弹乱飞，炮声隆隆，人心惶惶。正在武昌大东门新军二十一协司令部的黎元洪接到下属电话，方知是军中革命党举事，且自己所领的工兵队、辎重队及炮队的一部分，均已参与其中。电话打到时任湖广总督瑞澂督署和张彪司令部，均已无人接听。瑞澂（1863—1912），字莘儒，号心如，博尔济吉特氏，北京人，满洲正黄旗，湖广总督。黎元洪知道大事不妙，乃召集留部官佐于会议厅。“黎不发一言，亦无命令，盖借此有秩序之集合而防范之也”。[①] 这时，革命党人某翻墙入，被获，遂被害。关于此革命党人有几种说法：

其一，无名氏说。武昌起义元勋谢石钦在《樗公随笔》里云：“辛亥八月十九日，黎元洪犹手刃无名英雄一人，此君为吾同仁，南京人，佚其姓字，隶某部下……有无名英雄者，冒死前往黎军，说以反正，请出而主持军事。黎惶恐而震怒，立手刃之，当时毙命。”[②]

其二，周荣棠说。武昌起义第一人熊秉坤如此回忆：“工程营发难后，即派周荣棠同志送信该协。周逾垣而入，为守者所执，黎讯明来历，即用杀一警百之计，手刃周于会议厅。”[③] 据曹亚伯讲：“适吴兆麟派往三十标及四十一标传信之同志周荣棠，越墙而入，为黎元洪所见，问明是革命党，即拔刀亲手将周荣棠斫死，其刀尚染血痕，后为其卫侍所佩，曹亚伯曾亲见之。”[④]

其三，邹玉溪说。湖北陆军测绘学堂的学生于10日夜，亦参加武昌起

---

① 熊秉坤：《辛亥首义工程营发难概述》，中国人民政治协商会议湖北省委员会编：《辛亥首义回忆录》，第1辑，湖北人民出版社1979年第2版，第44页。

② 谢石钦：《樗公随笔》，中国科学院近代史研究所史料组编辑：《近代史资料》，总25号，中华书局1961年版，第492页。

③ 熊秉坤：《辛亥首义工程营发难概述》，中国人民政治协商会议湖北省委员会编：《辛亥首义回忆录》，第1辑，湖北人民出版社1979年第2版，第44页。

④ 曹亚伯：《武昌起义》，中国史学会：《中国近代史资料丛刊辛亥革命》，第5册，上海人民出版社1957年版，第113页。

义。在由测绘学堂首义学生集体回忆的《测绘学堂辛亥武昌首义纪实》一文中，他们回忆："后来才查知十九夜他（黎元洪，笔者注）不准他的部下参加革命，站在营门口杀掉我们的邹玉溪同志一人。"①

其四，其他说法。此外还有周荣发说、张立成说以及王姓马弁说。在熊秉坤著《辛亥首义工程营发难概述》一文的注释13中，有如下内容："黎手刃之党人，《革命真史》和《知之录》作周荣发。又邹玉溪亦为协统所手刃，或作张立成。所隶单位，亦各执一词。"② 据李西屏说："有某传讯至陆军第二十一混成协者，日已夕，军门扃，越营墙入，为黎元洪所执，惨杀之，斩数段，瘗之阴沟中，当时无知之者；后元洪自道如是。不详其姓字，或曰王姓某营马弁也。"③

手刃革命党人之后，黎元洪的精神一度崩溃，想一死了之。据谢石钦记载："黄陂于起义时，本欲效忠清室，曾坚不肯出，并一度自杀获救。"④ 首义元勋李春萱也说黎元洪当时"心怀隐忧，饮食不进。一来革命党人把他当成囚徒，二来清廷方面又把他当成叛徒。当时很想一死了之"。⑤ 可见其心理压力之大。谢氏还云："约辛亥八月下旬，有其老奴来，卫者不许进，遥谓之曰，如夫人劝主公降。即黎之妾危氏也。自是黎持两端，不坚欲殉节。"⑥ 危氏，汉口妓女危红宝（江西贵溪人）。黎元洪于汉口南城公所伎馆喝花酒所识，后纳为妾，并改其名为黎本危，也称危文绣。

念及家人及其劝说，黎自此不再考虑生死问题，而是转向立场取向的抉择。

---

① 集体回忆：《测绘学堂辛亥武昌首义纪实》，中国人民政治协商会议湖北省委员会编：《辛亥首义回忆录》，第2辑，湖北人民出版社1957年版，第48页。

② 熊秉坤：《辛亥首义工程营发难概述》，中国人民政治协商会议湖北省委员会编：《辛亥首义回忆录》，第1辑，湖北人民出版社1979年第2版，第48页。

③ 李西屏：《武昌首义纪事》，中国人民政治协商会议湖北省委员会编：《辛亥首义回忆录》，第4辑，湖北人民出版社1957年版，第29页。

④ 谢石钦：《樗公随笔》，中国科学院近代史研究所史料组编辑：《近代史资料》，总25号，中华书局1961年版，第492页。

⑤ 李春萱：《辛亥武昌首义纪事本末》，中国人民政治协商会议湖北省委员会编：《辛亥首义回忆录》，第2辑，湖北人民出版社1957年版，第164页。

⑥ 谢石钦：《樗公随笔》，中国科学院近代史研究所史料组编辑：《近代史资料》，总25号，中华书局1961年版，第492页。

勉强为都督。转变是困难的。往前一步是革命共和，退后一步是立宪保皇。在革命党人的环伺下，他只能向前。还有一说，黎元洪也许是革命党人在湖北新军中物色的第二人选，第一人选是张彪。据《异词录》载："辛亥（武昌祸发，叛军）拥彪为主。彪曰：'杀我者，宁就戮，不然释我。'（叛军）以礼送彪过江，觅得黎元洪而立之。"① 这个说法似乎并不可信。

然彪走洪留，被推至台前的黎元洪，一夕之间，心理上还无法战胜过去的自我。其表现有三：

第一，私语吴兆麟。当革命党人满心欢喜，拥黎至楚望台后，元洪见到了昔日的学生，现在的战时总指挥吴兆麟。吴兆麟（1882—1942），字畏三，湖北鄂城人。起义后任鄂军政府参谋部副部长。黎元洪笑着对众人说："大家辛苦！"然后转身，即"与吴小语，责吴不应为此，吴以为众所挟持对"②。吴兆麟说得没错。据武昌起义元勋吴醒汉回忆："吴兆麟本系在楚望台与督练公所科员马祖全、成炳荣等看守军械局，当工程营发难，占楚望台军械局时，彼等骇得要死。及余率队到楚望台时，众兵士尚将彼等包围。余询问情由，众士兵说他们想逃走，是我们看守着的。余推开兵士向吴等讲话，吴呆若木鸡，不能言语。成、马将携带手枪及身着军服，概交给我，其惊骇之状，可想而知。尚有工程营司书黄楚楠在旁，经余再三解说，并派兵保护，劝其不走，始稍安心。"③ 可见，起义之初，被胁迫登台的不止黎元洪一人，同时，也见证了革命军急需领导人才的窘况。

第二，劝说革命党。黎元洪此时可谓人在"汉"营心在"清"。督署攻下，瑞澂逃走，黎元洪召集了一次有革命党人代表和前清有官职者共同参加的会议。会上，黎元洪和武昌首义元勋、鄂军政府军务部参议邓玉麟的对话，还能看出黎元洪当时尚未坚定革命的心情。对话是这样的：

> 黎又问："瑞澂、张彪统清兵水陆并进，何以抵御？海军军械尤犀利，吾服役海军多年，故悉知，不需十弹，此城将粉碎矣，汝等将退往何处？"

① （清）刘体智撰：《异词录》，中华书局 1997 年版，第 240 页。

② 熊秉坤：《辛亥首义工程营发难概述》，中国人民政治协商会议湖北省委员会编：《辛亥首义回忆录》，第 1 辑，湖北人民出版社 1979 年第 2 版，第 45 页。

③ 吴醒汉：《武昌起义三日记》，中国史学会：《中国近代史资料丛刊辛亥革命》，第 5 册，上海人民出版社 1957 年版，第 84 页。

邓玉麟以退湖南答之。

黎曰："有何把握？"

邓曰："焦达峰已约下月初间举事。"

黎曰："以吾观测，殊无把握。依吾之见，汝等不若暂且回营，待吾往说瑞、张，使不追究，何如？"

何竹山抗议曰："吾人革命，原不计生死利害，但尽心力而行之，虽肝胆涂地，亦甘之如饴也。统领意见，绝对不可行。"

黎窃叹不已，遂下令各标、营、队暂回营舍，架枪休息，然听者少数。①

从中可见，彼时的黎元洪对革命的胜利毫无把握，尚在等待观望。

第三，暗示何锡藩。黎元洪在去谘议局开会途中，路过湖北新军第十五协西营门，第二十九标一营管带何锡藩迎黎入会议厅，献茶后，黎问曰："汝标回营乎？"

何答："已架枪休息。"

复曰："吾标可用，专待吾公后命。"

言毕，以目送意，黎亦领悟。②

护送黎元洪的熊秉坤、邓玉麟闻言大惊：熊蹑邓足曰："此地不可久停，恐生异变。"

邓大声曰："吾等开会重要，此间非谈话所。"即挟黎起行。③

这是说，黎元洪在表示参加革命并去开会的途中，偶遇营长何锡藩。何锡藩居然暗示黎元洪，他可以为黎元洪效命。他们之间的暗示被护送的革命党人熊秉坤、邓玉麟发现，随即令黎元洪立即起行，离开此是非之地。

可见当时的情况是何等复杂，黎元洪的心尚未完全倒向革命阵营。

此外，军政府布告的署名发生了问题。"都督一席，虽未得到黎的承认，

---

① 熊秉坤：《辛亥首义工程营发难概述》，中国人民政治协商会议湖北省委员会编：《辛亥首义回忆录》，第1辑，湖北人民出版社1979年第2版，第46页。

② 熊秉坤：《辛亥首义工程营发难概述》，中国人民政治协商会议湖北省委员会编：《辛亥首义回忆录》，第1辑，湖北人民出版社1979年第2版，第46页。

③ 熊秉坤：《辛亥首义工程营发难概述》，中国人民政治协商会议湖北省委员会编：《辛亥首义回忆录》，第1辑，湖北人民出版社1979年第2版，第46页。

但军政府已经宣布成立，布告必须有人署名”。[①]

关于这布告的署名有两种说法：

其一，李翊东代书说。这个说法比较普遍，也获得广泛认可和接受。李翊东，生于1887年，原名李西屏，湖北黄冈人。共进会会员，武昌首义元勋。据李翊东自己回忆：

> 翊东乃持一宿写就之安民布告，上奉黎曰：“请于都督衔下，署一黎字。”黎畏缩舌颤曰：“毋害我。”翊东怒，手秉长铳示之曰：“汝觍颜事仇，官至统领，岂大汉黄帝子孙耶？罪不容于死。今不汝罪，举为都督，反拒绝之，岂非生成奴性，仍欲效忠于敌耶？余杀汝，另举贤能。”蔡济民、陈磊急掣李翊东肘曰：“慎毋发铳。”黎益瑟缩不语。翊东乃援笔代书一黎字。[②]

这是说，李翊东自己起草了一份安民布告，让黎元洪署一“黎”字，黎元洪畏缩道：“毋害我。”拒绝署名。这使李翊东大愤，举枪欲杀黎。但被蔡济民等劝阻。于是，“翊东乃援笔代书一黎字”。这是李翊东自己所作的回忆。

其二，黎元洪自书说。吴醒汉（1883—1938），字厚斋，又名基培，湖北黄陂人。同盟会、共进会会员。武昌起义时任战时总司令部作战主任参谋，起义后任鄂军政府军务司司长、军备司司长、都督府参谋长等职。亲自参与此事的吴醒汉，在回忆文章里的说法却与李翊东的回忆迥异：

> 残敌初尽，复至蛇山部署后，即赶至谘议局，适黎元洪氏亦到。会晤时，蔡幼香（蔡济民，笔者注）亦在座，正与黎氏筹商，布告安民。稿既脱，请黎氏签字盖章，黎尚犹豫未决，而黎之执事官王安澜亦为黎辩护要求从缓。此时谘议局系测绘生守卫，（因较可靠）李翊东、陈磊均为测绘生。陈磊先举枪指黎詈曰：“生成满清奴隶，不受抬举。”翊东继之，余则两手拦住二人之枪，嘱其不可卤莽，后

---

① 李春萱：《辛亥武昌首义纪事本末》，中国人民政治协商会议湖北省委员会编：《辛亥首义回忆录》，第2辑，湖北人民出版社1957年版，第162页。

② 李西屏：《武昌首义纪事》，中国人民政治协商会议湖北省委员会编：《辛亥首义回忆录》，第4辑，湖北人民出版社1957年版，第34页。

黎乃徇众议钤印。[1]

这里明确说道：“后黎乃徇众议钤印。”这是说，安民布告署名是黎元洪根据革命党人的要求自己签署的。

李翊东、吴醒汉均是此事现场参与者，他们不同的说法让历史研究者也无所适从。还好这类逸事仅是历史的调味剂而已，我们目光所及的是这份署着“黎”字的湖北军政府第一份布告带来的影响。这份布告的全称是《中华民国军政府鄂军都督黎布告》，全文如下：

今奉军政府命　告我国民知之　凡我义军到处　尔等勿用猜疑
我为救民而起　并非贪功而起　并非贪功自私　拔尔等于水火
补尔等之疮痍　尔等前此受虐　甚于苦海沉迷　只因异族专制
故此弃尔如遗　须知今日满奴　并非我汉家儿　纵有冲天义愤
报复竟无所施　我今为此不忍　赫然首举义旗　第一为民除害
与众戮力驱驰　所有汉奸民贼　不许残息久支　贼昔食我之肉
我今寝贼之皮　有人急于大义　宜速执鞭来兹　共图光复事业
汉家中兴之期　建立中华民国　同胞无有差池　士农商工尔众
定必同逐蛮夷　军行素有纪律　一体相待不欺　愿我亲爱同胞
人人敬听我词[2]

该布告全文，有多种版本。如李春萱版、冯天瑜版等。笔者选择的是渤海寿臣在《实行立宪汇编》中所记，盖因其“采集八月二十日以后，京津上海各报按期汇刊”[3] 而成。不同版本的内容，大体一致。中心意思都是向全中国全世界宣告：建立中华民国。黎元洪的大名也随着这份布告，远播海内外。

笔者查阅了美国《纽约时报》英文电子版，发现该报及时登载了黎元洪举义的消息。1911 年 10 月 17 日，美国《纽约时报》第一次提到了黎元洪的

---

① 吴醒汉：《武昌起义三日记》，中国史学会：《中国近代史资料丛刊辛亥革命》，第 5 册，上海人民出版社 1957 年版，第 82 页。

② 渤海寿臣：《实行立宪汇编》，沈云龙主编：《近代中国史料丛刊第四十二辑》，文海出版社 1969 年版，第 25 页。

③ 渤海寿臣：《实行立宪汇编》，沈云龙主编：《近代中国史料丛刊第四十二辑》，文海出版社 1969 年版，第 3 页。

名字：“义军领袖黎元洪将军率领2万精兵对抗帝国。”①

武昌的《时报》也在武昌首义一周内刊登黎元洪小传《武昌革命军总统黎元洪之历史》，对黎元洪大加褒扬：“元洪治军，宽严适中，爱兵怜才。凡湖北军界稍有才气者，无不被张彪挤之使去。而元洪则能留者留之，不能留者尽力助之。至今鄂中军界无不心佩黎元洪者，则其人之气概可知矣。”②

这份布告不仅使黎元洪蜚声海内外，它更对辛亥革命的成功进行起到鼓舞士气的作用。正如李春萱所言：“这个布告，是中华民国开国第一次发布的文告，富有历史意义。当时人民备受满清奴役，急盼汉族光复，所以看到这个布告，莫不喜形于色，对群众的革命情绪，起了很大的鼓舞作用。”③

布告一出，举世皆知。黎元洪此时欲退，则百口莫辩，骑虎难下。黎元洪的转变则是在汉口、汉阳相继光复后，其转变的标志事件就是剪辫。

黎元洪剪辫是其立志投身革命的标志。清末，受革命思想影响，剪辫已渐成风气。湖北新军中的革命党人剪辫后，往往买个假辫替代，以防长官发现，被驱逐出军营。武昌首义第二天，即1911年10月11日下午1点，众人簇拥黎元洪来到谘议局。这时的黎元洪还是有辫子的黎元洪。据当时在现场担任卫士的辛亥首义参加者童愚回忆：“我和同学十人正在谘议局头门守卫，我荷枪与谢流芳同学立在门的右方，只见一簇人拥着黎元洪由东场口匆匆走来，有穿便衣的，有着军服的。黎头戴瓜皮青缎红顶子帽，身穿蓝呢夹袄，夹衣上穿一件海狐绒对襟大袖马褂，脚下穿的双梁青缎子靴，背后的豚尾尚未剪掉，完全前清官僚神气。”④

此时，黎元洪“背后的豚尾尚未剪掉”。进入谘议局后，黎元洪的辫子仅保留24小时。12日下午，黎元洪的辫子剪掉了。关于剪辫子，有两种说法：

其一，自愿剪辫说。据李春萱回忆：“这天下午，他（黎元洪）开口同革命党人谈起话来，带一种聊天的性质，刚巧碰到莽撞的甘绩熙、陈磊两位同

① 《纽约时报》1911年10月17日。

② 渤海寿臣：《实行立宪汇编》，沈云龙主编：《近代中国史料丛刊第四十二辑》，文海出版社1969年版，第33页。

③ 李春萱：《辛亥首义纪事本末》，中国人民政治协商会议湖北省委员会：《辛亥首义回忆录》，第2辑，湖北人民出版社1979年第2版，第163页。

④ 童愚：《八月十九夜所见及其他》，中国人民政治协商会议湖北省委员会：《辛亥首义回忆录》，第1辑，湖北人民出版社1979年第2版，第109页。

志，甘绩熙不等黎的闲话说完，便插入说：‘你这几天总是苦脸对待我们，太对我们不起，以后如不改变，将以手枪对待。’黎答复说：‘你年轻人不要说激烈话，我在此将近三日，有什么事对待你们不起？’陈磊接着说：‘你是对得起我们的，但你的辫子尚未去掉。你既为都督，应做一个模范，首先去掉辫子，借以表示决心。’黎到此时才说：‘你们不要如此激烈，我决心与你们帮忙就是。你们说要去辫子，我久有此意，从前我在军中曾出过‘剪发听便’的通令，你们明日叫个理发匠来，将我的辫子剪去就是。’”① 在这里，黎元洪的表态是很开通的：“你们明日叫个理发匠来，将我的辫子剪去就是。”看起来，其辫发的剪掉是自愿的。

其二，被人偷剪说。据童愚讲：“朱树烈是我补习班的同学，他是沔阳人。他一天到晚总在黎之身后，身负刀枪，俨如周仓之于关云长。黎行走，他跟着行走，黎睡觉，他也守在一旁，可以说在黎之豚尾被人偷剪（剪时黎曾痛哭有声）以前，他无时无刻不在黎之身后。”②

在这里，说的是“黎之豚尾被人偷剪（剪时黎曾痛哭有声）”。不仅被人偷剪，甚至还“痛哭有声”。童愚（1884—1962），原名振球，字希古，号愚公，湖北黄冈人。日知会会员，武昌起义时，参与防守城门。起义后任鄂军政府测量部科员。1949年后任湖北文史馆馆员。

自愿也好，被迫也罢，黎元洪总算剪掉了辫子，投向了革命。黎元洪剪辫是他走入革命阵营的一个重要标志。“对于黎的剪辫子，看来本是小事，但黎当日此举，却有其特殊意义。黎已看出武汉三镇已归民军掌握，瑞澂经此炮击，谅不敢再有举动；纵然再来，也不会有什么成就。至于张彪盘踞汉口一隅——刘家庙，手无实力，更掀不起好大风浪。革命形势日有发展，想就任新职，以迎合革命潮流。但又不肯明说，只好借剪辫子为题，来表示他转向革命的态度”。③

从此，黎元洪开始了他真正的军政府都督生涯。

---

① 李春萱：《辛亥首义纪事本末》，中国人民政治协商会议湖北省委员会：《辛亥首义回忆录》，第2辑，湖北人民出版社1979年第2版，第165页。

② 童愚：《八月十九夜所见及其他》，中国人民政治协商会议湖北省委员会：《辛亥首义回忆录》，第1辑，湖北人民出版社1979年第2版，第110页。

③ 李春萱：《辛亥首义纪事本末》，中国人民政治协商会议湖北省委员会编：《辛亥首义回忆录》，第2辑，湖北人民出版社1979年第2版，第166页。

真心为都督。一旦进入角色，黎元洪即全心投入，兢兢业业。总的说来，黎元洪在战争来临之前做了七件大事：

第一件事，筑坛祭天。筑坛祭天是一个重要仪式，是军政府大都督黎元洪率领起义将士向天宣誓，要“吊我汉族，歼彼满奴，以兴五洲各国立于同等，用顺天心建设共和大业”。其关键词是“歼彼满奴”“建设共和”。筑坛祭天的日期有三种说法：

（一）农历八月二十四日，即1911年10月15日。据《民立报》九月初二日《黎都督祭天文》首句为：“黄帝四千六百零九年仲秋月下浣之四日，曾孙黎率国民军用牲洁酒敢昭告于天地山川河海与我汉族祖宗之前。”[①] 下浣，是指农历每月下旬，即最后10天。如此可知，祭天的具体时间为1911年10月15日，即农历八月二十四日。

辛亥革命元勋居正

（二）农历八月二十五日，即1911年10月16日。居正在《辛亥札记》中这样记述：“八月二十五日黎明，阅马场帅台高耸，军队林立，革命士气，为之大振。”[②] 居正（1876—1951），原名之骏，号觉生，湖北广济人。早年自费留学日本，更名正，字觉生，在日期间加入同盟会。1911年3月任中部同盟会湖北分会负责人。武昌起义后，任湖北军政府顾问和秘书。居正清楚地说明了两点：具体时间是八月二十五日黎明；地点是阅马场。

（三）农历八月二十六日，即1911年10月17日。冯天瑜等在《辛亥武昌首义史》中说：“10月17日，在湖北军政府的阅马场筑坛祭天誓师。”[③] 李

① 渤海寿臣：《实行立宪汇编》，沈云龙主编：《近代中国史料丛刊第四十二辑》，文海出版社1969年版，第49页。

② 居正：《辛亥札记》，武汉大学历史系中国近代史教研室编：《辛亥革命在湖北史料选辑》，湖北人民出版社1981年版，第154页。

③ 冯天瑜、贺觉非：《辛亥武昌首义史》，武汉大学出版社2006年版，第223页。

国镛也说“（八月）二十六日，都督命设坛于阅马厂”[1]。李国镛（1860—1942），字钰珊，湖北沔阳人。武昌起义后任鄂军政府顾问，后任保安社社长，并组织赤十字会。

以上三说，笔者认为第一种说法比较可靠。

首先，下浣之四日的说法来自黎元洪《祭天文》原文，这是最原始的资料，应该非常可靠。

其次，冯天瑜等说“10 月 15 日，谭人凤、居正自上海抵鄂”。[2] 而此说与居正自述相差一天。居正在《辛亥札记》的《汉口二十三日》内记述：“余与谭石屏抵汉……谭石屏以须到武昌访问，即由同志佩有徽章者向导，由一码头登轮，入汉阳门……此八月二十三（10 月 14 日）事也。”[3] 居正、谭人凤八月二十三日（10 月 14 日）上午 10 点，先到汉口，然后前往武昌，是夜宿于都督府。可见，冯说在居正抵汉的日期上已经与居正本人的说法出现偏差，冯说的祭天日期延迟至二十六日也就不奇怪了。

再次，著名的刘家庙之战是农历八月二十五日上午打响的，这是军政府与清军正式打的第一仗。为了这次战役，军政府准备得非常充分。负责刘家庙之战的军政府第二协统领何锡藩所部，于二十四日就已经部署在汉口。就在二十四日，清军已经南下，“先锋已抵武胜关，有一标之众，标统马继贞。有一标已抵信阳，标统贾德耀”。[4] 试问，大敌环伺、大兵压境下，黎元洪会选择在汉口刘家庙之战打响的同时，在武昌祭天誓师吗？

最后，笔者想说，之所以执着于这个日期，是因为这天以后，黎元洪正式登上了中国的历史舞台。

《祭天文》是由张樾所写。张樾，字荫亭，湖北竹山人。《中华民国公报》社社长，“两湖师范高才生，经史学俱有根底……著述甚富，惜天不假年，于民国二年秋逝世”。[5]《祭天文》先说种族仇恨，“我汉族神明之裔，沦

---

① 李国镛：《李国镛自述》，中国科学院近代史研究所史料组编辑：《近代史资料》，总 25 号，中华书局 1961 年版，第 501 页。

② 冯天瑜、贺觉非：《辛亥武昌首义史》，武汉大学出版社 2006 年版，第 221 页。

③ 居正：《辛亥札记》，武汉大学历史系中国近代史教研室编：《辛亥革命在湖北史料选辑》，湖北人民出版社 1981 年版，第 152 页。

④ 张国淦：《辛亥革命史料》，龙门联合书局 1958 年版，第 121 页。

⑤ 谢石钦：《樗公随笔》，中国科学院近代史研究所史料组编辑：《近代史资料》，总 25 号，中华书局 1961 年版，第 496 页。

于胡羯二百余年"，"以四百万犬羊之种，凌驾于四百兆主人之上。缚我手足，服以胡服，而令我跪拜俯伏以供犬马奴隶之役；吸我膏血，藏之私库，而纵其骄淫嗜欲以筑宫室池台之游"。[①] 次以黎元洪的名义表达此次革命的决心："元洪投袂而起以承天庥，以数十年群谋众策，呼号流血所不得者得于一旦，此岂人力所能及哉？日来收集整备，即当传檄四方，长驱漠北，吊我汉族，歼彼满奴，以兴五洲各国立于同等，用顺天心建设共和大业。凡我汉族，一德一心，今当誓师命众。"[②]《祭天文》说明了革命的目的，指出要"歼彼满奴""建设共和大业"。

1911 年黎元洪指挥武昌起义军时留影

此次祭天仪式也很特别，现抄录如下："筑坛（坛前设燎火，坛上设香案，陈玄酒，大牢用小黄牛）；赞礼官（立坛上香案左）；读祝官（立坛上香案右）。全军站队，军乐队奏军乐之首章。都督率各上级将校升坛南面（都督中立，将校旁立）。都督就香案位亲上香、献牲、酌酒。都督就位跪，将校同跪，全军立正举枪。都督及将校俯伏，祝官与都督及将校免冠行四叩礼。读祝官跪就香案右，读祝文。读毕，祝官授爵于都督奠酒。都督率将校整冠，与全军枪放下。都督立坛前发誓，读毕，全军举枪三呼万岁，军乐队奏军乐三次章。礼毕，都督率将校下坛，全军整队归伍。"[③]

---

① 渤海寿臣：《实行立宪汇编》，沈云龙主编：《近代中国史料丛刊第四十二辑》，文海出版社 1969 年版，第 49 页。

② 渤海寿臣：《实行立宪汇编》，沈云龙主编：《近代中国史料丛刊第四十二辑》，文海出版社 1969 年版，第 50 页。

③ 渤海寿臣：《实行立宪汇编》，沈云龙主编：《近代中国史料丛刊第四十二辑》，文海出版社 1969 年版，第 51 页。

黎元洪还宣誓誓师。鼓励军民“戮力协心，殄此寇仇，建立共和政体”。[①] 此次筑坛祭天仪式，对黎元洪来说，意义重大，他的首义领袖地位得到广泛认可和巩固，此后，他不再是那个革命军枪口下胁迫的傀儡都督，而是与革命军和军政府共命运的首义都督。他的人生就此改写。

第二件事，制定条例。革命后的军政府处于杂乱无章的状态，必须制定组织条例以规范之。据《汤化龙行状》记载：“鄂军政府既立，北军水陆狎至，日惟备战筹饷，内政外交一切停顿。”[②] 刚刚抵达武昌的谭人凤，“退察府中内容，虽有参谋、庶务、军事各部办事，规则均未厘定，喧嚣拥挤，忙乱非常”。[③] 谭人凤（1860—1920），字有甫，号石屏，湖南新化人。1906 年加入同盟会。1911 年参与策划广州黄花岗起义。武昌起义后，任武昌防御使。1911 年 11 月，被推为各省都督在武昌召开之代表联合会议议长。居正也认为“起义时仓卒成立都督府，各种组织殊不完备，行政上尤漫无秩序”。[④] 看来，制定军政府组织制度是迫在眉睫之事。

《湖北革命军政府内部组织条例》的酝酿过程众说不一。汤化龙“以百度草创，事无巨细一须咨白军政府，而军政府方用兵，自无暇问民政，非建军民分治之制，必以畸废害事”。[⑤] 谭人凤“命居正照革命方略大旨，草各机关条例”。[⑥] 居正则说：“谘议局汤化龙等有见及此，以不得同志之信任，未敢置议。闻余归，就商于余，有制定各种暂行条例之必要，并出其所拟草案示余，谓为同盟会本部所拟者，免各同志怀疑。”[⑦] 后居正又把前面说法改为

---

① 渤海寿臣：《实行立宪汇编》，沈云龙主编：《近代中国史料丛刊第四十二辑》，文海出版社 1969 年版，第 52 页。

② 《汤化龙行状》，章伯锋主编：《近代史资料》，总 70 号，中国社会科学出版社 1988 年版，第 4 页。

③ 谭人凤：《石叟牌词叙录》，中国科学院历史研究所第三所：《近代史资料》，总 10 号，科学出版社 1956 年版，第 52 页。

④ 居正：《辛亥札记》，武汉大学历史系中国近代史教研室编：《辛亥革命在湖北史料选辑》，湖北人民出版社 1981 年版，第 154 页。

⑤ 《汤化龙行状》，章伯锋主编：《近代史资料》，总 70 号，中国社会科学出版社 1988 年版，第 5 页。

⑥ 谭人凤：《石叟牌词叙录》，中国科学院历史研究所第三所：《近代史资料》，总 10 期，科学出版社 1956 年版，第 52 页。

⑦ 居正：《辛亥札记》，武汉大学历史系中国近代史教研室编：《辛亥革命在湖北史料选辑》，湖北人民出版社 1981 年版，第 154 页。

“余商前谘议局议长汤化龙等，草定各种条例，谓为同盟会本部所拟者，免各同志怀疑”。[①] 可以看出，汤化龙、谭人凤、居正三人有三种说法。汤化龙提出军民分治，谭人凤命居正草拟条例，居正前后两种说法，让人颇为怀疑。

其实《湖北革命军政府内部组织条例》是遵循同盟会纲领而完成的。谭人凤说照《革命方略》草拟各机关条例，是对的。居正说条例为同盟会本部所拟，不完全错，毕竟此条例确实是遵循同盟会纲领而拟。同盟会有四大纲领，即驱逐鞑虏；恢复中华；建立民国；平均地权。为完成此四大纲领，还有三期措施，即第一期军法之治；第二期约法之治；第三期宪法之治。此时的武昌起义就处在军法之治时期。“义师既起，各地反正，土地人民，新脱满洲之羁绊。临敌者，宜同仇敌忾，内辑族人，外御寇仇，军队与人民，同受治于军法之下。军队为人民戮力破敌，人民供军队之需要，及不妨其安宁。既破敌者，及未破敌者，地方行政，军政府总摄之。”[②] 而条例中所规定的四部，恰恰吻合了“地方行政，军政府总摄之”的同盟会三期措施之军法之治。这不是巧合，而是照章行事。因为《中华民国鄂州临时约法》两个月后也按“期”出炉了。此条例的最初草稿现在已经无法看到，因为汤化龙拟完给黎元洪看时，被一旁的革命党人抢过去扔了。否则我们可以对比查看，也许能发现汤化龙等抢权的蛛丝马迹。汤化龙（1874—1918），字济武，湖北蕲水人，日本法政大学毕业，著有《违警律释义》，是湖北立宪派主要人物。武昌起义后任鄂军政府政事部部长。可以说，汤化龙是起草条例的不二人选，而他所遵循的条例原则就是同盟会的纲领之三期措施。谭人凤的“照革命方略大旨”正说明这点，不然此条例就成无源之水了。

《湖北革命军政府内部组织条例》的内容是经过革命党人和立宪派共同讨论通过的。据曹亚伯记载，众人拥黎元洪入谘议局那天，即 1911 年 10 月 11 日，双方就在谘议局讨论通过了要进行的 14 件大事：

---

① 居正：《辛亥札记》，武汉大学历史系中国近代史教研室编：《辛亥革命在湖北史料选辑》，湖北人民出版社 1981 年版，第 155 页。

② 邹鲁：《中国同盟会》，中国史学会：《中国近代史资料丛刊辛亥革命》，第 2 册，上海人民出版社 1957 年版，第 15 页。

一、以谘议局为军政府。

二、称中国为中华民国。

三、改政体为五族共和。

四、规定国旗为五色，以红黄蓝白黑代表汉满蒙回藏为一家。

五、称中华年号为黄帝纪元四千六百零九年。

六、当以黎元洪为都督，布告地方。

七、移檄各省，并照会各国领事，宣布满清罪状。

八、布告全国国民并军民长官。

九、布告湖北各府州县。

十、军政府紧要谕令。

十一、致书满清政府。

十二、布告汉族同胞之为满洲将士者，促其觉悟。

十三、军政府暂设机关四部：（甲）参谋部；（乙）军务部；（丙）政务部；（丁）外交部。

十四、设立招贤馆。①

众人一致通过黎元洪为都督，而此时的黎都督却被软禁在谘议局某处，正忐忑自己的性命。起义初期的混乱可见一斑。

立宪派和湖北革命党人的明争暗斗是双方对未来权力分配的较量。权力的分配，对双方来讲都是头等大事，然而双方却因各有短长，无法失去对方而独自掌握革命成果。这份由谭人凤指导、汤化龙起草、居正协调的共有六章二十四条的条例，在双方的你来我往中，最后达到平衡。黎元洪的权力也从此以法律的名义得到保护和肯定。可是，与其说黎元洪是此条例的受益人，不如说武昌起义、湖北革命乃至辛亥革命是此条例的受益方。远的不说，迫在眉睫的战争需要统一军权；混乱无序的内政需要统一行政；举棋不定的外国领事需要让他们保持中立，这些都需要条例作保障。

这份条例的全文是这样的：

① 邹鲁：《中国同盟会》，中国史学会：《中国近代史资料丛刊辛亥革命》，第5册，上海人民出版社1957年版，第130页。

《湖北革命军政府内部组织条例》

第一章 都督府

第一条 都督府置各部如左

一 司令部

二 军务部

三 参谋部

四 政事部

第二条 前各部均直辖于都督受都督之指挥命令执行主管事务

第三条 司令军务参谋部自下级军官以上政事部自局长以上均由都督亲任各部及各营下级军官由该管长官呈请都督札任

第四条 关于军政重要事项由都督召集临时军事参议会议或顾问会议议决施行

第五条 都督府设秘书官若干员由都督自行辟用军务部总务课员应兼充秘书官

第六条 凡发布命令及任免文武各官均属都督之大权

第二章 司令部

第七条 司令部总长由都督兼任

第八条 司令官分二种

（一）中央司令官若干人由都督亲任

（二）地方司令官 由各地镇守军事长官兼充禀承都督执行任务

第九条 司令部置幕僚如左由司令官呈请都督札任

（一）收掌员二人

（二）书记员四人

（三）传递官四人

第三章 军务部

第十条 军务部置部长一人副长一人及七课如左

（一）总务课

（二）军事课

（三）人事课

（四）军需课

（五）经理课

（六）执法课

（七）医务课

第十一条　总务课掌左列事务

（一）属于机密事项

（二）关于军事公文书类之收发编纂保存事项

（三）印刷及翻译军事文书事项

（四）关于征发物件表报告及统计事项

（五）依例规应办庶务及不属于各课事项

第十二条　军事课掌左列事项

（一）建置及编制事项

（二）军队配置事项

（三）演习及教练事项

（四）动员计划

（五）戒严及征发事项

（六）关于战时诸规则事项

第十三条　人事课掌左列事项

（一）关于将校士官及附属文官之进退任免分科定俸事项

（二）关于各项人员名簿及兵籍事项

（三）关于军事恩给进位赏与事项

第十四条　军需课掌左列事项

（一）关于军事出纳预算决算报告事

（二）关于军官兵士俸给及旅费之规定事项

（三）关于军装粮饷及马匹给与之规定事项

第十五条　经理课掌左列事项

（一）关于军装被服之制造及检查事项

（二）关于战用器械及马具事项

（三）关于军事各制造厂之管理事项

（四）关于陆军诸建筑事项

第十六条　执法课掌关于军事裁判事项

关于犯罪事项应由军法会议议决施行但都督有特赦命令者不在此限

第十七条 医务课掌左列事项

（一）关于卫生及饮水用水事项

（二）关于医疗病院及各营疗养事项

（三）关于卫生材料及恤兵团体之组织事项

第十八条 各课职员之配置另定之

第四章 参谋部

第十九条 参谋部置参谋长一人副长二人参谋官若干人由都督于将校中选深通军事学者亲任之

第二十条 参谋长辅佐都督参划防战及关于用兵一切事项 参谋部应行各事经都督核准画诺后即移送于各该部管主任部课执行

第二十一条 参谋部关于本部文记收掌各事项人员由各部长自行辟用

第五章 政事部

第二十二条 政事部置部长一人副长一人及七属如左

外务属 内务局财政局司法局交通局文事局编制局政事部条例另定之

第六章 附 则

第二十三条 本条例自经都督核准之日即公开施行

第二十四条 本条例至鄂省大定交战团体巩固之日即行废止另由都督令军政府国民组织临时议会公举政务委员分负责任。①

以上条例最突出的特点是授予革命军政府都督以特殊的权力。其第一章六条，全部是有关“都督府”的。其“第六条凡发布命令及任免文武各官均属都督之大权”，更为明确地规定了都督享有的大权。

第三件事，招纳贤才。武昌起义后，为重新恢复社会秩序，军政府急需大量专业人才，为此，军政府谋略处决定组织招贤馆。招贤馆，后易名集贤馆。其内部组织有二说：一说“馆长为蒋秉忠（号兰圃，原籍湖南，寄籍江

① 渤海寿臣：《实行立宪汇编》，沈云龙主编：《近代中国史料丛刊第四十二辑》，文海出版社 1969 年版，第 57 页。

夏之金口，陆军特别学堂毕业，曾任排长。集贤馆撤销，改任军政府军事参议官），副馆长则为任立年（浙江人，前清进士，曾充张之洞幕府）”；[①] 另一说“派吴醒汉、高震霄、蒋秉忠三人经管其事。吴醒汉招待军界，高震霄招待政学两界，所有条陈文件，则由蒋秉忠汇总转呈军政府……集贤馆馆长原为周德宜，副馆长为蒋秉忠。11 月 15 日，周辞蒋继，茹用九为副馆长”。[②] 集贤馆的任务是“招集文武贤才，襄助军政，共图大业，建立共和民国为宗旨”。[③] 黎元洪对集贤馆的工作是非常重视的，“该馆成立后，贤俊才智之士，投递条陈手折以数千计，昨由黎都督躬自披阅者，分别去取于初一日揭晓。又黎都督为注重外交起见，特饬该馆专聘翻译，如知各国语言文字均可投效”。[④] 此后还开办了第二集贤馆，可还是不敷使用。“然有外省志士，因无人介绍，致不能入城投效者，是以贤才少有向隅之叹。特于十四日派员在文昌门外皇华馆内，照第一第二集贤馆办法，专集各省远来贤才，庶几始符集贤之初衷而不负远来之热心云。”[⑤] 集贤馆的成绩是惊人的：自 10 月 11 日至 11 月底，投效人员约 1 万人。为武昌起义的成功提供了人才准备。

为招集军事人才，黎元洪发布布告：

> 照得：我军队伍现已编成两镇。惟查旧有官长未来投效尚多，本军需才孔亟，凡我同胞均须从速到谘议局、军政府报告，以备编成混成协之用。切切。勿心存意见，裹足不前。本都督决不以投效之迟早为是非也。[⑥]

为招集警察人才，黎元洪发布布告：

---

① 胡祖舜：《六十谈往》，武汉大学历史系中国近代史教研室编：《辛亥革命在湖北史料选辑》，湖北人民出版社 1981 年版，第 89 页。

② 冯天瑜、贺觉非：《辛亥武昌首义史》，武汉大学出版社 2006 年版，第 232 页。

③ 冯天瑜、贺觉非：《辛亥武昌首义史》，武汉大学出版社 2006 年版，第 232 页。

④ 渤海寿臣：《实行立宪汇编》，沈云龙主编：《近代中国史料丛刊第四十二辑》，文海出版社 1969 年版，第 95 页。

⑤ 渤海寿臣：《实行立宪汇编》，沈云龙主编：《近代中国史料丛刊第四十二辑》，文海出版社 1969 年版，第 136 页。

⑥ 渤海寿臣：《实行立宪汇编》，沈云龙主编：《近代中国史料丛刊第四十二辑》，文海出版社 1969 年版，第 44 页。

为布告事照得：立国以保民为先，保民尤以治安为首。近起义兵克服鄂省，大局已定。其中深明大义，遵守秩序者，颇不乏人。而一般游民，从中滋扰者，亦复不少。急宜组织巡警，以保治安，为此布告。全鄂凡有左列资格及一般规定者，速来投效，以备录用。资格（甲）凡领有高等巡警正科及预科（速成）毕业文凭者；（乙）凡领有中学以上及与中学以上程度相当毕业文凭者；（丙）凡有高等巡警之学识者亦可。用途（甲）巡警长司宣抚及指挥监督警员之执务；（乙）警员司巡察市面之执务。投效（甲）有以上各项文凭者呈验文凭；（乙）无文凭者当面问答。期限以布告之日为始三日截止。报名在都督府前武昌模范高等学堂官厅内（外有详细章程）。①

集贤馆，为革命的成功储备了大量人才，提供了人才保障。军政府招纳贤才的政策是成功的。

第四件事，掌控舆论。为了宣传革命、鼓励士气，必须大造革命舆论。为此，及时办报就提上了议事日程。当时办有两种报纸：民办和官办。民办报纸以胡石庵《大汉报》为代表。胡祖舜说：天门人胡石庵于武昌占领后，曾发行《大汉报》于武昌，是为革命军初期之宣传报纸。胡石庵关于办报经过的自述非常有趣：

归途乃逢二日人、二英人（其一为教士），皆素识者也……英人则曰："既若此，胡三日来皆闭城自固，绝无文明之公布，足令人心晓然。我欧洲累次革命，皆不若此隐秘。"余应声曰："君误矣。武昌日来因尚有满人抵抗，战争未熄，故无暇及他。今日全城已告光复，汉阳亦已收回，转瞬即将有正式之公布宣告于外，以余所闻，一二日内完全之机关报亦将出现，公等但拭目待之可也。"

余彼时恣口铺张，但求塞英人之口，不意彼等闻之（有报纸出现）乃大注意。连曰："此言信乎？此言信乎？组织乃若斯完全乎？恐未的，恐未的。"余曰："至确至确，不出三日，即有报纸出现，此事余敢必其不误。"盖余此时已决意自办一报，以实吾语矣。

① 渤海寿臣：《实行立宪汇编》，沈云龙主编：《近代中国史料丛刊第四十二辑》，文海出版社 1969 年版，第 44 页。

英人日人皆喜跃去，余即驰归，聚诸工徒与言一切。随即草出版之传单，赶付印刷，定以二十四日出版。仓促未思索，即定名以“大汉报”三字，命人四处张贴。①

胡石庵有一印刷公司，又是革命党人，所以《大汉报》就这样诞生了。

官办报纸是《中华民国公报》。该报是湖北革命军政府的机关报，牟鸿勋、任素分任正、副经理；张樾、张肖鹄为正、副主笔。牟鸿勋调职，张樾任总经理。该报社位于武昌大朝街68号。

《中华民国公报》于1911年10月16日发刊，负责为军政府发布命令、条例，宣传革命。

第五件事，积极外交。武昌起义得以成功，积极的外交斡旋起了重要作用。1911年10月12日，李国镛等至都督府见黎元洪，表示愿意助都督成大业。黎元洪问该从何处着手，李国镛答应以外交为前提，遂荐从俄国学习法律归国的外甥夏维松与其会同办理。及渡江至汉口俄领事馆见到敖康夫，方知“若不能办到列国认为交战团体地位，则民军此举终成泡幻”。② 何谓交战团体？交战团体是指某组织在一个国家内从事武装战争，控制部分地区，并且得到国际社会的承认，享有与交战国同样的外交权利，承担同样的国际义务。民军要想获得交战团体的地位，只有一条路，就是战胜清政府。正如俄领事敖康夫所说：“各国革命军起，未经战胜，各国不能承认为交战团体。”③ 李国镛和夏维松最后得到敖康夫承诺：“世界只有强权无公理。如各国为难，我必从中调停。两君转达贵军政府，总以速攻瑞瀓、张彪为上策。如战胜，我必首倡承认贵军政府为交战团体。”④ 俄国驻汉口总领事敖康夫表态，积极支持军政府为交战团体。

军政府也在与英国驻汉口领事沟通。1911年10月13日，在英国驻汉口

---

① 胡石庵：《湖北革命实见记》，武汉大学历史系中国近代史教研室编：《辛亥革命在湖北史料选辑》，湖北人民出版社1981年版，第19页。

② 李国镛：《李国镛自述》，中国科学院近代史研究所史料组编辑：《近代史资料》，总25号，中华书局1961年版，第500页。

③ 李国镛：《李国镛自述》，中国科学院近代史研究所史料组编辑：《近代史资料》，总25号，中华书局1961年版，第500页。

④ 李国镛：《李国镛自述》，中国科学院近代史研究所史料组编辑：《近代史资料》，总25号，中华书局1961年版，第500页。

代总领事给英国驻华公使朱尔典的电报中有这样一段话：

我已收到起义军统领的一封信件。该信说：他们已组成政府，将尊重对外条约以及以前缔订的借款和赔款，但不包括此后缔订者在内；只要外国人不帮助满清政府，他们便将对外国人提供保护。我等待您关于此事的训令。至于恢复秩序和信用的问题，我同起义军首领们有间接联系。①

电报里提到的信件其实是湖北革命军政府都督黎元洪给各国驻汉口领事的照会，照会的全文为：

中华民国军政府鄂省都督为照会事，我军政府，自广东之役，团体溃后，乃转而向西，遂得志于四川，在昔各友邦未遽认我为与国者，以惟有人民主权，而无土地故耳，今既取得四川属之土地，国家之三要，于是乎备矣。军政府复祖国之情切，愤满奴之无状，复命本都督起兵武昌，共图讨满，推倒满清政府，建立民国，同时对于各友邦益敦睦谊，以其维持世界之和平，增进人类之幸福。所有民军对外之行动，特先知照，免致误会。

● 所有清国前此与各国缔造之条约，皆继续有效。

● 赔偿外债，照旧负担，仍由各省按期如数摊还。

● 居留军政府占领地域内之各国人民财产，均一律保护。

● 所有各国之既得权利，亦一体保护。

● 清政府与各国所立条约，所许之权利，所借之国债，其事件成立于此次知照后者，军政府概不承认。

● 各国如有助清政府以妨害军政府者，概以敌人视之。

● 各国如有接济清政府以可为战事用之物品者，搜获一律没收。

以上七条，特行通告各友邦，俾知师以义动，并无丝毫排外之性质掺杂其间也。相应照会贵领事，转呈贵国政府查照，须至照会

① 胡滨译：《英国蓝皮书有关辛亥革命资料选译》，上，中华书局1984年版，第2页。

者。黄帝四千六百零九年八月二十一日即一千九百十一年十月十二日。①

俄领事敖康夫的承诺如约兑现。10月16日，革命军在汉口刘家庙击败清军张彪部。得此消息，各国领事于当晚举行会议，决定给予鄂军政府交战团体地位。17日上午10时，各国领事代表英国人盘恩赴武昌都督府，面见黎都督，说明："各国甚欢迎中国民军之勇武文明，在武汉之外侨，又承军政府之保护，极为感激，故特承认民军为交战团体，各国严守中立。"云云。

首义大都督黎元洪

黎都督答云："此次武昌首义，对于本地方之外人百姓，自当尽保护之责，但湖北军队之革命，亦属出于万不得已，庚子之役，满清政府太无知识，很对各国不起，近来对于国内人民，甚为猜忌，今年又派瑞澂来鄂，遇事压迫，所以人民都不愿意，力谋自立，故有今日之举，既劳阁下之驾，又承各国严守中立，甚为感激，请阁下回汉口代为致谢"云云。②

18日，各国领事发布公告，声明严守中立。全文如下：

为布告严守中立事，现值中国政府与中国民军，互相战争。查国际公法，无论何国政府，与其国民开战，该国内法管辖之事，其驻在该国之外国人，无干涉权，并应严守中立，不得藏匿两有关系

① 张国淦：《辛亥革命史料》，龙门联合书局1958年版，第101页。
② 张国淦：《辛亥革命史料》，龙门联合书局1958年版，第102页。

之职守者，亦不得辅助何方面之状态。据此，本领事等自应严守中立，并照租界规划，不准携带军械之武装人在租界内发现，及在租界内储匿各式军械及炸药等事。此系本领事等遵守公法，敦结友谊上应尽之天职。为此剀切布告，希望中国无论何项官民，辅助本领事等遵守，达其目的，则本领事等幸甚，中国幸甚。谨此布告。西历一千九百十一年十月十八号。①

同日，黎元洪照会各国领事：

为照会事，顷准贵国各领事布告严守中立，一遵照国际公法办理，具见贵领事深明法理，笃爱友邦。本军政府不胜感戴。本军政府此次起义之由，全系民族奋兴，改革立宪假面，建立中华共和民国，维持世界和平。凡有限制本军政府之意思，不能独立自由者，本军政府纵用如何损害之手段，亦是我民族应有之权利。贵各领事既经严守中立，本军政府必力尽义务，以表敬爱友邦之微忱。除另派专员致谢外，相应备文照会，为此照会贵领事，请烦查照施行，须至照会者。②

争取各国领事严守中立，客观上，为革命的胜利提供了保证。

第六件事，稳定内政。黎元洪就任都督后，立宪党人纷至其麾下。说他们夺权的有之，说他们投机的有之，但客观上，他们确实为革命做了很多工作。以保安社为例，革命后，武昌街头及各地均出现滥杀满人的现象，造成社会混乱，人心惶惶。李国镛等为保护治安，决定组织保安社，李自任社长。10 月 21 日，李国镛以“自问不能守中立，请辞社长”。③ 柯逢时继任社长。柯逢时，1845 年出生，湖北鄂州市人，号巽庵。曾任江西按察使、湖南布政使、江西布政使、广西巡抚。1906 年，任督办土药统税大臣，总局设在湖北

① 张国淦：《辛亥革命史料》，龙门联合书局 1958 年版，第 103 页。

② 张国淦：《辛亥革命史料》，龙门联合书局 1958 年版，第 103 页。

③ 李国镛：《李国镛自述》，中国科学院近代史研究所史料组编辑：《近代史资料》，总 25 号，中华书局 1961 年版，第 502 页。

武昌。柯逢时回到故乡五年，还荣任了湖北铁路协会的名誉总理。武昌起义后，他就任第二任保安社社长之职。

10月13日，“军政府交来保安社简章，当经众人举柯逢时为总绅，设事务所二，一设山前武昌商会，一设山后武昌医院，共设十一社，每日会议一次，人心更觉一安”。①

保安社社员“分段办理，日夜输查，各以黄布红字袖章为标识”。② 我们可以从一份当时的保安社布告看看它的职责有哪些：

《武昌保安总社特别之布告》

为通传紧要事项接到政事部函：称稽查长报告有民人窥见城中某处有奸细在井旁暗中投害硝强毒水，奸细未获，井旁遗落水瓶，为此通告各局所一体防守。凡一切意外谋害事当各加意操防，随时查察。除知会赤十字会多备解毒药水，并请卫生会长检察，所有各户均可出城挑水以重卫生。特闻再前军政府有私藏军械之禁令，业经周知在案。现各居民如有军械等件向未缴出者，自应迅速送交本总社，以便转缴军备处，万勿迟延，致获咎戾，勿谓本总社言之不预也。再今早接奉都督黎谕，街道污秽难行，有碍卫生。仰保安社会同临时警察迅速着人打扫清洁，切切。明谕前来，但此事前日与警察函商，归各社段自办。已会集议决，自认清扫，以节经费。为此，望各分社绅首，督令各分段街巷门首自行清扫。由本总社知照警所，令车夫运送渣滓出城是为至要。至各街门灯，除司门口上下及长街各铺户一律按门悬灯外，其余各居民门户，拟照十家牌办法。如系空宅或系穷民板壁门面，应请各段社绅随时照料以防不虞而保治安。③

可以看出，保安社是一个民间自卫组织，代行政府多项职能。由前广西巡抚柯逢时任总绅，即第二任社长。设事务所二，一设山前武昌商会，一设

① 剑农：《武汉革命始末记》，中国史学会：《中国近代史资料丛刊辛亥革命》，第5册，上海人民出版社1957年版，第174页。

② 剑农：《武汉革命始末记》，中国史学会：《中国近代史资料丛刊辛亥革命》，第5册，上海人民出版社1957年版，第174页。

③ 渤海寿臣：《实行立宪汇编》，沈云龙主编：《近代中国史料丛刊第四十二辑》，文海出版社1969年版，第94页。

山后武昌医院。其下又分设十一社，每日会议一次。机构简单，切实有效。它们协助警察，负责捉拿奸细、查察投毒、收缴军械、打扫卫生、设置门灯等，为武昌等地的社会安定而积极工作。

第七件事，掌握金融。战争倥偬之际，革命军经济的支持刻不容缓。为此，军政府采取了几项措施：

其一，接收藩库。武昌是湖北藩库所在地。藩库，是清代布政司所属的钱、粮仓库。起义后，藩库即为军政府所有。据清点，该库合计有银约100万两。同样一笔钱，有人说达4000万之巨，“是日吴兆麟、李作栋、蔡济民、徐达明四人，同往藩库、铜币局、官钱局，点验储款数目。计藩库实存现银一百二十余万两。铜币局实存现洋七十万元，银八十万两，铜元四十万串。官钱局实存铜元二百万串，官票八百万张，未盖印官票二千万张，洋元票二百四十万张，库银二十万两，现洋三十万元。以上总计湖北财政存款约四千万元，可谓充裕”。[①] 这笔钱为军政府的运作提供了支持。

其二，发行纸币。起义后，军政府就印发了自己的钞票，钞票为淡红色底，双龙纹，上刊印“中华银行”准完税厘字样（与交通银行票略相似）。

其三，加强税收。前线战事，用度颇巨。军政府必须加强税收，以保障军费之需。10月24日时报报道了加强税收的有关情况：

> 黎都督出示晓谕事照得：抽收各统捐税厘，向系为军饷之用。查得武汉各处，统捐筹饷，落地火耗，各捐局前办员司人等，近日并未办事，实属不明大义。除出本都督札委毡呢厂总办张总办各局事宜，并照会商会总理外，仰各商界人等照常交易，踊跃输捐，接助军需。想该商等，均系同胞，当能深明大义，勿庸本都督再三告诫。倘有奸商从中阻挠，致误军务要事，本都督决不宽恕。所有军队人等，已饬各管带严加约束，不得骚扰。如有不遵命令者，准其前来本都督府呈明，定与重办不贷。[②]

---

① 曹亚伯：《武昌起义》，中国史学会：《中国近代史资料丛刊辛亥革命》，第5册，上海人民出版社1957年版，第157页。

② 渤海寿臣：《实行立宪汇编》，沈云龙主编：《近代中国史料丛刊第四十二辑》，文海出版社1969年版，第70页。

其四，发行公债。军政府还公开发行了公债，以解经济燃眉之急。11 月 8 日时报公布了军政府募集军事公债章程，全文如下：

《中华民国军政府募集军事公债章程》

此次募集公债专为充现时军事之用，故名为中华民国军政府军事公债。

- 本公债总额二千万元，每元合纯金百分之七十五格兰姆
- 本公债券面每张十元
- 本公债周息五厘，各处自收到次日起算，于每年中历六月在各募集处支付息金
- 本公债募集后，存置五年，自第六年起限十年内分四次偿还，并可依本军政府之便宜，得随时用抽签法偿还之。但随时偿还时，六个月以前新闻只广告之

第一次偿还期　黄帝纪元四千六百十五年六月

第二次偿还期　四千六百十七年六月

第三次偿还期　四千六百十九年六月

第四次偿还期　四千六百二十一年六月

- 本公债收入须一次交清
- 本公债以湖北汉阳铁厂、武昌纱布丝麻四局、毡呢厂、造纸厂、红砖厂、汉口针钉厂、汉口后湖地方十处作抵
- 本公债券由外洋各埠殷实商家银行经理发行
- 本公债券由鄂军政府都督黎元洪及武汉商务总会签名盖印后始能发行
- 本公债证券统用无记名公债证券，无论何国人亦可流通买卖
- 本公债募集价格均照额面照定
- 本公债章程自发布之日即有施行效力①

黎元洪就任革命军政府大都督后，及时地做了七件大事：筑坛祭天；制定条例；招纳贤才；掌控舆论；积极外交；稳定内政；掌握金融。但这一切

① 渤海寿臣：《实行立宪汇编》，沈云龙主编：《近代中国史料丛刊第四十二辑》，文海出版社 1969 年版，第 113 页。

都是在同清军的武装斗争中进行的。同清军的军事斗争是迫在眉睫之举。

第四节 武汉迎敌

武昌起义，一夕成功。清湖广总督瑞澂、第八镇统制张彪被迫逃出武昌城。瑞澂躲在楚豫舰上，张彪率残部在汉口刘家庙等待反扑。清廷急派萨镇冰、荫昌率水陆两军南下围剿。黎元洪知道革命军的战斗力无法正面抵抗武器精良、训练有素的北洋军，他必须在招兵买马、训练新兵的同时，开辟一条暗战路线——以“信函”退敌，以让都督位为饵。

一让张彪。革命前，张彪和黎元洪是上下级的关系。这种关系在黎元洪的忍让和维持下，基本上说得过去。

两个人的思想则大相径庭。革命前，黎元洪参加过湖北铁路协会。该协会在保路运动中诞生，属于进步团体，革命党人和立宪党人均参与其中，军界代表就是黎元洪。张彪则是坚定的保皇派，对进步思想均嗤之以鼻。

逃到刘家庙的张彪一直没有放弃反扑的机会。他派人到日本租界找到前湖北军事顾问日本人寺西秀武，商量对敌大计。寺西秀武为张彪献上两计：

> 1. 请张统制集合现有两营多兵力，即辎重一营，及四十二标第三营，马队一队，许以重赏，亲自带领，由刘家庙渡江到青川，绕至洪山，乘夜至宾阳门，诈称响应。革命军必欢迎入城，然后袭取谘议局，胜则奏请皇上，自请处分，皇上必将功抵过。所有失职之罪，全加于黎元洪身上，败则一死而已。
>
> 2. 不能行上述策略，即改名换姓，潜往日本。一面派人登报，诈称张彪已死。①

客观地说，如果张彪采用第一计，会对尚不稳定的军政府造成有效打击。行伍一生的张彪也对第一计感兴趣，“然终不敢行，即令成功，功亦归于瑞澂，于张彪终无所利。况人心已去，无可如何，计遂中止”。②

---

① 曹亚伯：《武昌起义》，中国史学会：《中国近代史资料丛刊辛亥革命》，第 5 册，上海人民出版社 1957 年版，第 134 页。

② 曹亚伯：《武昌起义》，中国史学会：《中国近代史资料丛刊辛亥革命》，第 5 册，上海人民出版社 1957 年版，第 135 页。

此时，武昌城军政府内的黎元洪也在思考退敌之策。

黎元洪想到的是让位之计。初入谘议局，黎元洪就职都督后，即召集军官训话。这次训话的具体日期我们不得而知，训话的内容是武昌首义元勋张文鼎所记：

> 开会时拟即建议派员往说张彪回来，我（指黎元洪，笔者注）让都督席位，使他仍为我等之长官，兄弟愿往前方督师作战；张如执迷不悟，就是我们的敌人。①

派谁去劝降张彪呢？还真有一个好人选——齐宝堂。此人曾是张彪亲信，辎重第八营管带（营长）。张彪带往汉口刘家庙的队伍就有辎重第八营的兵士。

于是众人“代”黎元洪修书一封。这“代”字是曹亚伯所用，也许他也无从考证究竟是谁执笔的。还有一点，这“代”字说明此信并非黎元洪亲笔。该信全文如下：

> 虎臣仁兄如握：同寅有年，相知以心，相知既久，而忽相仇，余心甚为歉然。惟是种族之界，严于君臣，大义之行，可灭亲友。弟秉大义，别种界，万众一心，军民同愤。满奴气尽，昭然人目，近日之战，可概见矣。仁兄素明事体，顺逆之理，胜败之数，谅计之已熟。何事以虎口余生，东逃西窜。辅不足以有为之满奴，以残我同胞。仁兄犹是黄帝之子孙，独不欲雪祖宗二百六十余年亡国之耻乎。清夜以思，当亦废然自返矣。用敢遣贵亲信齐君宝堂，邀迎仁兄，助

清末新军第八镇统制张彪

① 张文鼎：《炮八标起义经过与汉口战役》，中国人民政治协商会议湖北省委员会编：《辛亥首义回忆录》，第1辑，湖北人民出版社1979年第2版，第139页。

我同胞，救出水火。大业告成，虚位以待，铭勋于册，铸像于铜，将见地球各国，呼仁兄为黄帝之肖子，复汉之伟人，与法拿破仑美华盛顿争烈矣。如欲以逃窜小丑，乌合流氓，与大汉百战百胜之雄师相见以戎衣，是以卵投石也。生为鼠子，死作妖魔，不亦悲乎。弟赤心待人，决不妄言。谨率同胞欢迎江上，仁兄当有以教我也。军事匆匆，不尽欲言。草此。敬请公安。黎元洪顿首。①

该信以“种族之界”相劝，希望张彪明“大义”，站在革命一边，救同胞出水火。这位“黄帝之子孙”阅罢此信，不仅不为所动，还勃然大怒。他要求齐宝堂转达给黎元洪口信如下：

我辈为高级长官，食皇上俸禄，理应尽忠朝廷，万不可造反。不日北京有大兵南下，将武昌革命扑灭，叫黎元洪小心小心。我提拔他到这个地步，他还不知恩，反致造反，真不是一个东西。望你渡江说与黎元洪一听，你可再来汉口替我帮忙。②

黎元洪让位劝降，张彪大骂不受，其对清廷的忠心可见一斑。革命前，张彪对军中出现的各种进步现象千方百计地给予扼杀：“凡营中喜阅新书报、言大气昂及剪辫之兵，均著开除，派员遣送回籍，不准在省城逗留。所遗缺额暂不招补，以防党人混入营中。并严禁聚谈戒严事；此营此队不准与彼营彼队往来；如有五人以上聚而私谈，查出以违令治罪。”③ 然清廷却没看到他的忠心。就在10月13日，清廷发布上谕：

张彪督练鄂军，已历多年，竟至兵匪勾结，省城不守，可见其平日训练无方。而事前既毫无防范，临时复漫无节制。不能固结军心，竟敢仓皇弃营逃出，实属大干军纪，罪无可逭。统制官提督张

---

① 曹亚伯：《武昌起义》，中国史学会：《中国近代史资料丛刊辛亥革命》，第5册，上海人民出版社1957年版，第159页。

② 曹亚伯：《武昌起义》，中国史学会：《中国近代史资料丛刊辛亥革命》，第5册，上海人民出版社1957年版，第159页。

③ 渤海寿臣：《实行立宪汇编》，沈云龙主编：《近代中国史料丛刊第四十二辑》，文海出版社1969年版，第8页。

彪著即行革职，并著瑞澂责令迅速痛剿逆匪，克复省城。①

不知忠心耿耿的张彪看到这份上谕时是什么心情。我们能知道的是，张彪依然兢兢业业地为清廷在作战。此刻张彪手下的兵是相当有限的，据张国淦记载：

是夜，张彪在文昌门住宅内，初闻城外混成协辎重工程两队兵变，尚以为于己无关。继闻城内工程第八营发难，乃于电话中仓皇传谕各营，竭力维持。终闻炮队全体响应，不知所措。其时守督署之骑兵队长朱明超带马队二十骑，逃至文昌门内张彪处，报告督署已被革命军占领。又有平湖门外辎重第八营督队官安禄华谓："奉萧管带安国之命，护迎统制到辎重营后再筹退路。"张彪遂命朱安二人带马队暨全体卫兵，护送出城，到辎重营。张彪、萧安国会商结果，令辎重全营渡江，到刘家庙集合。②

可见，张彪此时只有辎重营和马队二营，但张彪并不孤单。10月11日午后，湖南驻岳州巡防营管带王鼎华、夏占魁率部乘轮船东下，抵达刘家庙与张彪会合。王、夏颇为狡猾，过武昌时让轮船悬白旗，革命军也没有怀疑。河南标统张锡元率二营、崇欢率巡防步队一营，也于10月12日抵达刘家庙。"张锡元到汉后，见张彪残部，兵力薄弱，不足有为，但荫昌尚未南下，援军又未至。军政府据报其有归顺意，因派员说降，应之，给犒赏洋若干元，嗣清军陆续南下，复叛。"③ 张锡元先是表示归顺革命军，但后来又叛变了。

张彪更大的后援陆续而至。据宣统三年八月二十三日（10月14日）谕旨：

著将陆军第四镇暨混成第三协、混成第十一协编为第一军，已派荫昌督率赴鄂。其陆军第五镇暨混成第五协、混成第三十九协著

① 《大清宣统朝政纪实录》，二，华文书局股份有限公司1969年印行，第1066页。
② 张国淦：《辛亥革命史料》，龙门联合书局1958年版，第76页。
③ 张国淦：《辛亥革命史料》，龙门联合书局1958年版，第118页。

编为第二军，派冯国璋督率，迅速筹备，听候调遣。[1]

军政府也于10月14日接到清军南下的报告：

清政府已下谕命陆军大臣荫昌带兵南下，其前敌总指挥是冯国璋，率北洋陆军第二镇（案是第四镇）拟先到信阳集合，今信阳城内设有粮台，其司令部拟设彭家湾，第二镇统制是马龙标（案是第四镇吴凤岭），协统即王占元、鲍贵卿（案第四镇协统是王遇甲、陈光远）云云。[2]

劝降不成，黎元洪决定率先进攻。刘家庙之战有三个理由：（一）争取各国中立（前面已经讲过）；（二）夺取京汉铁路汉口段，阻止清军快速南下；（三）消灭瑞澂、张彪部，巩固起义成果。黎元洪任命湖北革命军第二协统领何锡藩为汉口指挥官，率有马队一营、炮队二营、工程一队、敢死队二队，渡江作战。何锡藩设指挥部于汉口铁路外刘家花园。

10月15日晚，黎元洪召开战前会议，部署各部作战计划。晚8点，发布《湖北军政府都督命令》，声明："综合各方面情报，满清政府派陆军部大臣荫昌率兵由京汉铁路南下，其先头部队约一标，今日约抵武胜关附近。张彪所率马队一队，辎重第八营，仍在汉口刘家庙附近。但河南军之两营，自到汉口占领大智门附近，对于军政府非诚意归顺，似欲掩护荫昌之军队南下。"决定"先击攘汉口之敌，逐次向北进攻，以阻止清军南下"。命令"何锡藩率该协马队一营、炮队第一标（欠一营）、工程一队、敢死队两大队，于明二十五日（10月16日）在汉口准备击攘刘家庙大智门附近之敌，逐次向北进攻"。同时命令"熊秉坤迅速整顿该协为预备队，准备赴汉口增援"。[3] 会议还部署了防御武昌、汉阳等地的计划。

10月16日，革命军组织得当，准备充分，趁刚下火车的清军立足未稳就展开进攻。清军溃不成军，退至三道桥以北的滠口等待支援。

10月17日，荫昌抵达信阳，并电告清廷"一俟混成第四镇经过，即督率

① 《大清宣统朝政纪实录》，二，华文书局股份有限公司1969年印行，第1069页。
② 张国淦：《辛亥革命史料》，龙门联合书局1958年版，第118页。
③ 张国淦：《辛亥革命史料》，龙门联合书局1958年版，第122页。

克日前进，早荡匪气”。[1]

10月18日，清军援军乘火车抵达刘家庙。革命军依然乘清军立足未稳展开进攻，一度占领刘家庙。但这次清军已有准备，张彪、萨镇冰、瑞澂多方支援，清军复占刘家庙。在瑞澂、萨镇冰至清军谘府的电报中，张彪的功劳得到肯定：

> 窃二十七日六点钟，津兵第二起坐火车到站，尚未下车，突革命党二三千人径扑刘家庙车站，希图抄袭津兵，张彪立率湘、豫、鄂各军迎剿，击毙悍贼二三百人，而逃者居其大半，夺获大炮六尊，枪械无算，革党败走，我军伤亡二十余人……幸张彪奋不顾身，复率湘、豫、鄂诸军，乘夜回击，仍将刘家庙占住。[2]

10月18日深夜，黎元洪召开军事会议，讨论汉口战事。决定撤换何锡藩，以张景良为汉口指挥官，明日进攻滠口清军。而用张景良这步棋，给革命军带来极大灾难，最后导致革命军兵败汉口，张景良被枪毙。

可以看出，当初策反张彪确实是一步好棋。如果策反成功，汉口刘家庙之战可以完全避免。不仅革命军会节省武器弹药、减少伤亡，使汉口人民免受战火之扰，而且通过刘家庙之战，可以看出张彪并非各种书中所写的那么不堪，他知兵善战，一旦能为革命军所用，对革命事业而言，绝对是很大的帮助。可惜，张彪执迷不悟，誓为清廷而死。《大陆报》记者、英国人丁格尔曾经采访过张彪，他说张彪是“一个体格强壮的汉子，大约有5.6或5.7英尺高，他的嘴巴显示出冷酷和坚定”。[3] 5英尺7英寸大约是170厘米。在说到革命军时，张彪说：“他们最终会后悔自己发动了叛乱。”[4] 直到张勋复辟，张彪依然陪伴在清帝左右，其愚“忠”可见矣。黎元洪第二次就任大总统期间，于1923年农历新年前（2月8日），下发大总统令，任张彪为壮威将军，算是对其仁至义尽。

二让萨镇冰。陆路的危险比不过水陆。黎元洪出身天津北洋水师学堂，

---

① 张国淦：《辛亥革命史料》，龙门联合书局1958年版，第127页。
② 张国淦：《辛亥革命史料》，龙门联合书局1958年版，第128页。
③ ［英］埃德温·丁格尔：《辛亥革命目击记》，中国青年出版社2002年版，第33页。
④ ［英］埃德温·丁格尔：《辛亥革命目击记》，中国青年出版社2002年版，第33页。

深知海军厉害。据吴醒汉回忆，黎元洪曾手指刘家庙说："海军一到，刘家庙即占不住。"[①] 黎元洪说得对，此时正在南下的萨镇冰海军舰队确实是革命军最大的威胁。

海军上将萨镇冰

萨镇冰率领超级舰队南下汉口。这个超级舰队计有：海琛、海容、海筹三巡洋舰，江贞、楚有、楚同、楚泰、楚豫五炮舰，辰字、宿字、湖隼、湖鹰、湖鹗五雷艇。[②] 10月17日，萨镇冰乘楚有舰从上海抵达汉口，"兵轮一到，即开炮轰城"。[③] "战舰开始以令人吃惊的精确性把炮弹发射到革命军的营地，革命军似乎没有希望了。但大部分人仍冷静地坚守在自己的炮位上。"[④] 黎元洪知道，再这样下去，等到荫昌陆路大军集结完毕，武昌就岌岌可危了。黎元洪决定利用昔日师生情谊，再次使用他的"让位"计。这次，他成功了。

10月20日，黎元洪致信萨镇冰。在信中，黎元洪先解释自己如何被迫走上革命道路，"其时枪炮环列，万一不从，立即身首异处。洪只得权为应允"。及至走入革命阵营，才发现"万众一心，同仇敌忾"，"党军亦并无侵犯外人及一私人财产之事。不但中国历史上视为创见，即各国革命史，亦难有文明若此"。这些都是黎元洪过去所未见的，"即就昨日陆战而论，兵丁各自为战，虽无指挥，亦各奋力突进。汉族同胞，徒手助战，毁损铁轨者，指不胜屈。甚有妇孺馈送面包茶水入阵。此情此景，言之令人奋武"。

---

① 吴醒汉：《武昌起义三日记》，中国史学会：《中国近代史资料丛刊辛亥革命》，第5册，上海人民出版社1957年版，第82页。

② 姜鸣编著：《中国近代海军史事日志（1860—1911）》，生活·读书·新知三联书店1994年版，第277页。

③ 姜鸣编著：《中国近代海军史事日志（1860—1911）》，生活·读书·新知三联书店1994年版，第276页。

④ ［英］埃德温·丁格尔：《辛亥革命目击记》，中国青年出版社2002年版，第40页。

黎元洪告诉萨镇冰，“洪有鉴于此，识事机之大有可为，乃誓师宣言，矢志恢复汉土，改革专制政体，建立中华共和民国，维持世界和平。是以连日通告各国政府，遍檄各省各同胞劝其各自独立，以备联合，择定地点，公举大统领摄治。同胞欢迎此言，声震天地，故一战而歼敌数百”。黎元洪盛赞“此次武昌之举，洪已审定确实，非如他项革命可比”。

他进而邀请萨镇冰参加革命：“同胞万声一气，谓吾师不出，如四万万同胞何？刻下局势，只要吾师肯出，拯救四万万同胞，则义旗所至，山色改观。以四万万同胞与数千满族竞争，以方兴之民国国民与运尽之清朝抵抗。华盛顿兴美八年血战，吾师若出，将见不八月，而亚洲地图之上必有中华民国国旗飘扬也。知弟莫若师，知师亦莫若弟。洪虽不肖，不为旗人之奴，独不为大匠之弟乎？时乎时乎，师一出，不但名正言顺，而实较胜于汤武！何也？盖汤武救民，独自为皇帝；吾师救民，必不让华盛顿专美于前也”。

在信的结尾，黎元洪不卑不亢地告诉萨镇冰：“洪非为私事于求函丈，实为四万万同胞请命。”而且还威胁道，“洪计之已熟，否则各同胞视为反对此志之人，即以满奴相待。洪虽亦不能禁止其不邀击也。”①

球踢到萨镇冰脚下，他做何反应呢？据胡石庵所记：“黎玉山上舰投函，颇受危险。及函投入，萨殊优待，并亲书复函与黎，使携之归，并使人送登岸上。复函甚简略，谓彼此心照，各尽其职云云，言外已有深意存也。”② 据汤芗铭回忆：“萨先生阅后默无一言，只告诉我黎原是海军中人，甲午中日之战时因军舰被击沉，浮水得以生还。”③ 汤芗铭（1885—1975），字铸新，湖北蕲水人。汤化龙胞弟，曾赴法国求学，后到英国进修海军课程，时任萨镇冰的参谋。

前面提到送信人是黎玉山，其实主送信人还有一人，这个人就是马超俊。马超俊（1886—1977），早年跟随孙中山参加同盟会，参加过镇南关起义、黄花岗起义、武昌起义。抗日战争前后曾任南京市市长。据马超俊回忆：

① 渤海寿臣：《实行立宪汇编》，沈云龙主编：《近代中国史料丛刊第四十二辑》，文海出版社 1969 年版，第 97 页。

② 胡石庵：《湖北革命实见记》，武汉大学历史系中国近代史教研室编：《辛亥革命在湖北史料选辑》，湖北人民出版社 1981 年版，第 37 页。

③ 汤芗铭：《黎元洪两次致函萨镇冰》，鲁永成主编：《民国大总统黎元洪》，中国文史出版社 1991 年版，第 137 页。

（黎）拟致书萨镇冰，晓以大义，劝他反正，但又无人敢冒险前往送信，我看到此种情形，就毛遂自荐，愿一死报国。黎甚高兴，他问我怎样登上萨舰，我说用外国商船。当天夜晚，我带着信，用小划子偷渡长江，到汉口租界，找同乡韦紫封，托他设法找船，韦向怡和洋行借得小火轮一艘，由黎玉山同志陪我（黎在招商局服务）向萨所乘海圻旗舰驶去，小火轮悬英旗，未遭阻拒，等接近旗舰时，船上询问小轮来意？我答给萨军门送信，乃准许只身登舰，海军列队握枪，戒备森严，经过周密检查后，向我要信，我说机密要件，必须面交，获萨应允，乃得晋见，并将黎函面呈，上款写“丁文夫子大人”。内容主要是劝降，语甚婉转，略谓识时务者为俊杰，但其详已不能记忆，萨阅毕考虑三小时之久，我在旁屏息等候，最后萨乃亲笔作复云：“宋卿学弟：示悉，各尽其职，此复。”下款签萨镇冰三字。我接信后，即返轮赴武昌报命。此时，黎为迟北军炮击，已迁居洪山寺。我乃到洪山寺晋见，并将萨信呈上，黎看信说：语义双关，但无恶意，你不虚此行。我当时向黎报告，在我登舰时，舰上炮衣已脱下，正向武昌方面准备射击，等我下船后，炮衣又都穿上了。①

接到萨镇冰复函，黎元洪即修书一封分致楚有、楚同、楚泰、建威、建安、江利六船主。信中黎元洪强调“前已函萨军门详陈一切，已邀默允”。②上述六舰均隶属长江舰队，此次亦划归萨镇冰辖制。黎元洪指出“本军政府作战计划，意在扑灭满奴，故炮弹攻击，专注楚豫”。③为什么炮弹要专注楚豫舰呢？原来逃走的湖广总督瑞澂正躲藏于此舰，他是军政府追缉的目标之一，故有此说。

萨镇冰当然不信黎元洪的片面之词。在汤芗铭的建议下，萨镇冰派楚有舰轮机士兵刘伦发前往武昌，探听黎元洪所说是否真实。刘的家眷住在武昌，熟悉情况，便于收集情报。两天后，刘回来报告萨镇冰：“武昌革命军秩序良

---

① 马超俊：《马超俊口述自传》，《马超俊、傅秉常口述自传》，中国大百科全书出版社2009年版，第17页。

② 张国淦：《辛亥革命史料》，龙门联合书局1958年版，第188页。

③ 张国淦：《辛亥革命史料》，龙门联合书局1958年版，第188页。

好，人民亦同心协力要推倒清朝，建立共和，青年学生纷纷投入军队，准备作战，都督黎元洪的司令部设在阅马厂谘议局里面，革命政府的职员都能吃苦耐劳，每月只支20元的生活费。”[①] 萨镇冰听后一言不发，“只是听到革命政府每人每月支20元的生活费时连连点头”。[②] 萨镇冰的内心天平正在向革命倾斜。

11月7日，萨镇冰致书黎元洪。这封信的全文目前已经无法找到，我们只能从其他史料中略知一二。张国淦记载：“萨镇冰自军次来书，以国体政体为言。”[③]《清末海军史料》大义相同：“九月十七日（11月7日）萨镇冰曾致一书于黎都督，大意言鄂省起义，初亦无甚反对；但民国政体，不宜行之于中国。”[④] 可以看出，萨镇冰在与黎元洪书信往来后，开始思考革命是否适合中国的问题了。

黎元洪趁热打铁，立即复函一封，全文如下：

> 夫子大人函丈：敬复者，奉读手教，敬佩敬感。吾师拳拳于同胞之拯救，政体之改革，深思远虑，同人无不钦佩。鄂军起义，实愤专制之流毒，故以民主相号召。未及匝月，响应在十省以上。虽三尺童子，皆切齿于清政府，欢迎民军。心理之所趋，肇事者不能不利用之也。钧示所虑各节，同人等已早筹计。兹事之解决，在各省成功之后，联合会议，视程度之所至。政体以意揆之，大约不出吾师之所主张。特揆诸舆论，清廷不能占此位置耳。吾师抱救国之卓见，熟察现势，必知专制政体之必亡。苟以仁义之师，举应民国，凡在各省，靡不欢迎。将来各省会议之时，吾师高占议席，出伟论以达政见，一言可定。此时固无事断争也。元洪自视师以来，日与同人，以改革政体保全人民为主意，决无示武之意。不幸而北军构战，焚我汉口，实深疚心。幸汉口商人尚能相谅，不为元洪同人怼。

---

① 汤芗铭：《黎元洪两次致函萨镇冰》，鲁永成主编：《民国大总统黎元洪》，中国文史出版社1991年版，第138页。

② 汤芗铭：《黎元洪两次致函萨镇冰》，鲁永成主编：《民国大总统黎元洪》，中国文史出版社1991年版，第138页。

③ 张国淦：《辛亥革命史料》，龙门联合书局1958年版，第189页。

④ 张侠等编：《清末海军史料》，海洋出版社1982年版，第693页。

然亦数日寝食不安矣。吾师何以教之？[1]

黎元洪在信中阐明了自己的政体观点。民主不过是肇事者（革命党）用以号召人民，反抗满清专制政府的手段，因为这是“心理之所趋”。至于革命成功后政体之选择，要“视程度之所至”，这里的“程度”是指“联合会议”最终讨论的结果。黎元洪认为萨镇冰关于政体的主张（民国政体不适合中国）是正确的，期待萨将来能在各省议会发表自己的政见。

如果说我们所看到的第一封信还停留在感情沟通阶段的话，这第二封信就已经进入思想交流阶段。此时的萨镇冰已经动摇了他曾经的忠君思想。

以上是目前史学界所能看到的两封黎元洪写给萨镇冰的信。那么，黎元洪在武昌起义期间仅给萨镇冰写过这两封信吗？答案是否定的。具体有几封，其说不一。

余日章送信说。余日章（1882—1936），湖北武昌人。哈佛大学硕士毕业，武昌起义后，创办红十字会，同时任黎元洪英文秘书。冯天瑜、贺觉非著《辛亥武昌首义史》这样说：“黎主动提出，他与萨镇冰有师生之谊，可以致函示意。信写好后，特请留美学生、基督教徒余日章送达，萨镇冰未予回复。”[2] 此说无具体送信时间，也无信函内容原文，但被认为是黎元洪致萨镇冰的第一封信。

海军军官送信说。1911 年 10 月 16 日，《苏古墩致安格联第 114 号函》中写道：“白尔尼（Byrne）今天下午在武昌见到黎元洪，同时在座的还有两个穿制服的中国海军军官。这两位军官要求搭白尔尼的小火轮到中国炮舰上去，其中一位军官带着信到一艘炮舰上去，据说总督（案指湖广总督瑞澂）在这艘炮舰上。他回来时面带怒容，据说那艘军舰的人员对他很不礼貌。后来他又到海军提督的座舰上去，回来时满面笑容，据说提督很好地接待他，并且在窗口笑着送他。这说明萨镇冰是一个外交家！”[3] 此说有具体日期，无送信人姓名，也无信函内容原文。但他披露了另一个资料：黎元洪曾致函策反瑞澂。

---

① 张侠等编：《清末海军史料》，海洋出版社 1982 年版，第 693 页。

② 冯天瑜、贺觉非：《辛亥武昌首义史》，武汉大学出版社 2006 年版，第 306 页。

③ 中国近代经济史资料丛刊编辑委员会主编：《中国海关与辛亥革命》，中华书局 1983 年版，第 9 页。

九月初四函说。《中国近代海军史事日志（1860—1911）》写道："九月初四日戊辰（10 月 25 日）黎元洪再函萨镇冰，劝其拯救同胞。"①《黎元洪年谱》也称："10 月 24 日拂晓，清军猛袭滠口……元洪闻萨镇冰之来，具函动以师生之情……次日，元洪再致一书与萨镇冰……旋得萨复电，颇收影响之效果。"② 九月初四函，无具体送信人，无信函内容原文。

九月十二日函说。《中国近代海军史事日志（1860—1911）》写道："九月十二日丙子（11 月 2 日），黎元洪函萨镇冰，劝舰队反正。"③ 此说无送信人姓名，亦无信函内容原文。

不知是否黎元洪信函起了作用，萨镇冰做出了正确抉择。海筹、海琛、海容三艘战舰于 1911 年 11 月 1 日，"系因水涸，奉萨统制谕命驶东下"。④ 九江军分政府都督马毓宝得报，立刻电报黎元洪。黎元洪回电命"马都督派员优待萨镇冰，而萨乘江贞舰下驶，已由黄石港换乘渔船至九江英领署，借宿一夕，翌晨乔作商人赴沪"。⑤

关于萨镇冰反正，苏全有教授总结了以下四种原因：

> （一）他们痛恨清廷的专制统治，心向革命。
>
> （二）与海军舰队自身弹尽援绝有关。
>
> （三）长江水枯。
>
> （四）萨镇冰对清廷不满。⑥

英国驻汉口总领事葛福说："人们不了解萨镇冰提督所率舰队离去的原因，但其中有一位曾经到过法国的军官告诉'决心'号军舰的舰长说：'萨镇冰提督缺乏弹药，并且对他手下的士兵很不放心。'行驶长江的轮船报告说：那些炮舰停泊在此地与九江之间的各个地方，最近的泊于汉口下游十英里处。

① 姜鸣编著：《中国近代海军史事日志（1860—1911）》，生活·读书·新知三联书店 1994 年版，第 277 页。

② 薛民见：《黎元洪年谱》，鲁永成主编：《民国大总统黎元洪》，中国文史出版社 1991 年版，第 334 页。

③ 姜鸣编著：《中国近代海军史事日志（1860—1911）》，生活·读书·新知三联书店 1994 年版，第 277 页。

④ 张国淦：《辛亥革命史料》，龙门联合书局 1958 年版，第 190 页。

⑤ 张国淦：《辛亥革命史料》，龙门联合书局 1958 年版，第 190 页。

⑥ 苏全有：《萨镇冰与武昌起义》，《天府新论》，2010 年第 3 期，第 122 页。

它们很可能正在等待煤炭，因为在此地是不能够获得任何煤炭的。”① 葛福在这封致驻华公使朱尔典的信函中，提及萨镇冰离去的原因有三点：缺乏弹药；怀疑手下；等待燃料。“决心”号是当时停泊在汉口的法国军舰。

萨镇冰反正，如果说黎元洪信函起了作用，也只是推波助澜，而不是扭转乾坤。

此时，革命党人黄兴起程，正在前往首义之地武汉。

第五节 黄兴抵汉

黄花岗起义失败后，黄兴做过反思。在 1911 年 10 月 5 日致冯自由的信中，关于起义地点，黄兴主张：“以武昌为中枢，湘、粤为后劲，宁、皖、陕、蜀亦同时响应以牵制之，大事不难一举而定也。”② 在致谭人凤的信中，黄兴写有“能争汉上为先着，此复神州第一功”的诗句。黄兴早已认识到武汉的重要性。得知武昌首义，黄兴决定前往武昌。

中华民国的创建人之一——黄兴

黄兴来了。10 月 28 日，黄兴偕夫人徐宗汉，同宋教仁、李书城等在上海红十字会掩护下，化装来到武昌。黎元洪此时正为无人主持前线战事发愁，听说黄兴到，即派兵一队以礼迎黄入都督府。“黎元洪派出代表带着军乐队、仪仗队在江岸迎接，仪礼颇为隆重。”③ 交谈后得知汉口战事吃紧，黄兴立即决定先赴汉口视察军情。午后 3 点，黄兴回到武昌与黎元洪等开会商讨战况。

---

① 胡滨译：《英国蓝皮书有关辛亥革命资料选译》，上，中华书局 1984 年版，第 63 页。

② 李书城：《辛亥前后黄克强先生的革命活动》，中国人民政治协商会议全国委员会文史资料研究委员会：《辛亥革命回忆录》，第 1 集，文史资料出版社 1981 年版，第 184 页。

③ 皮明庥：《黄兴在武昌首义中的成败》，薛君度、萧致治合编：《黄兴新论》，武汉大学出版社 1988 年版，第 160 页。

会上，大家公推黄兴为总司令。“所有湖北军队及各省援军，均归其节制调遣，又谓：‘汉口危急，请黄兴于本晚往汉督率’。”[①] 黄兴遂于当晚偕杨玺章、查光佛、蔡济民、徐达明等渡江赴汉口。

汉口的战情非常危险。就在黄兴抵达武昌的那天，清军冯国璋率部到了汉口，“黎知冯老于军事，虑黄非其敌。会湖南都督焦大鹏（时湖南已于九月一日光复）遣湘军一团来鄂助战，黎即派往汉阳交黄支配调遣。湘军勇敢善战，更富于军事智识，其程度远出鄂军之上，黄甚倚畀之”。[②] 冯国璋（1859—1919），字华甫，直隶河间（今属河北）人。北洋武备学堂毕业后，留校任教。后随袁世凯赴小站练新军，与王士珍、段祺瑞并称“北洋三杰”。1911 年 5 月，清廷任命冯国璋为东路军总统官，负责永平秋操。武昌起义爆发后，清廷任其为第二军总统赴湖北镇压革命。10 月 25 日，袁世凯重返政坛后，保奏冯国璋充第一军总统，开赴湖北。

冯国璋抵达后不久，就导演了一出“火烧汉口”的惨剧。烈火三日不熄，市区化为焦土，人民死伤无数。冯国璋攻陷汉口后，黄兴无奈返回武昌。11 月 2 日晚，黎元洪召集军事会议，决定任命黄兴为战时总司令。

此次委任，背后还有一段黎黄派系斗争。据张国淦记载：“黄兴在汉口失陷退返武昌后，居正、田桐邀请一般同志开秘密会议。由居正提议，拟公推黄兴为湖北湖南大都督，其中有同盟会同志极力附和。”[③] 参与此次秘密会议的居正在《辛亥札记》中并未言及此事。推黄兴为两湖大都督，目的是抑制黎元洪的权力。此次权力斗争，既有共进会与文学社之间的斗争，也有立宪派与革命党人的斗争，还有湖北革命党人与同盟会之间的斗争，可谓相当复杂。据李春萱回忆：

> 大家对黄兴出任总司令有两个不同的意见：多数革命党人主张公推黄为总司令，与黎居同等地位，不受黎元洪的委任；保守派旧人为了抬高黎元洪的地位，极力主张由黎委任，以便统率，尤其是立宪派汤化龙、胡瑞霖等极力赞成都督集权。他们说：“大敌当前，目前首要任务是在驱逐清兵出境，促成各省响应，至于黄兴个人的

① 张国淦：《辛亥革命史料》，龙门联合书局 1958 年版，第 143 页。
② 贡少芹：《黎黄陂轶事》，上海国华书局 1917 年版，第 23 页。
③ 张国淦：《辛亥革命史料》，龙门联合书局 1958 年版，第 150 页。

委任和公推的问题，此时不应该过于争执，以免影响军事前途，亟应团结军心。黄兴由黎元洪委任，就是团结一致的最好机会，不可更张，以生内乱。”说得振振有词，好像黄兴不受黎的委任，内部就要发生裂痕，汉口难保，武昌就有垮台的危险，因而一般人为这种说法所迷惑，也只好听从立宪派的主张，同意黄兴由黎元洪委任。[①]

皮明庥教授认为是文学社和共进会的联盟在武昌首义后瓦解，导致黎黄派系权力斗争：

当黄兴、宋教仁等由沪赴汉后，受到孙武等人排挤的蒋翊武在政治上倾向于黄兴，而孙武等却“拥黎以自重”。这样，在黎黄地位问题上，湖北两个革命组织存在实质上的分歧。而很自然的，那些被革命大潮裹入首义行列中的旧军官和地方封建势力是站在孙武一边，支黎压黄的。蒋翊武和黄兴、宋教仁同为湖南人，孙武、刘公等又系湖北人，于是这场斗争又蒙上一层两湖派系矛盾的色彩。[②]

前线战事紧急，这场权力斗争旋起旋灭，没有对革命造成多少影响。黄兴同意接受都督黎元洪的任命。然矛盾已经产生，在以后的历史进程中，斗争还将不断上演。

登坛拜将。11 月 3 日上午 8 点，都督府门前建一座将坛，坛的四角，竖立革命军军旗，中间立“战时总司令黄”六字大旗。黎元洪偕各机关人员、武昌城内军官及军队一标，于正午时分齐聚军政府，请黄兴登坛拜将。黎元洪发表讲话：

本都督代表中华民国四万万同胞及全国军界同胞，特拜黄君兴为战时总司令，于本日此时就职，率我军队，推倒满清恶劣专制政府，光复汉族，建立良善真正共和，共谋人民福利。我将士皆须诚

① 李春萱：《关于黎元洪的几件事》，鲁永成主编：《民国大总统黎元洪》，中国文史出版社 1991 年版，第 158 页。

② 皮明庥：《黄兴在武昌首义中的成败》，薛君度、萧致治合编：《黄兴新论》，武汉大学出版社 1988 年版，第 161 页。

心悦服，听其指挥，群策群力，驱逐鞑虏，以卫国家，中华民国幸甚，同胞幸甚。①

说毕，请黄兴登坛受职，由都督将关防、聘状、令箭等项，亲交黄总司令。

李国镛宣读委任状时，“军民皆呼民国万岁”。② 然后，黄兴发表就职演说：“今日既承黎都督与诸同志举兄弟为战时总司令，为国尽瘁，亦属义不容辞。”③ 居正现场观礼，“感想到历史上所谓韩信拜将，一军皆惊，今获见之，亦革命声中大快事也”。④

同日，黄兴即奔赴汉阳，积极备战。

黄兴走了。黄兴在汉阳备战，黎元洪派李国镛前去劳军。名为劳军，实为获得前线第一手情报。李国镛回到武昌后，连夜至都督府见黎元洪汇报所见并献上一策：

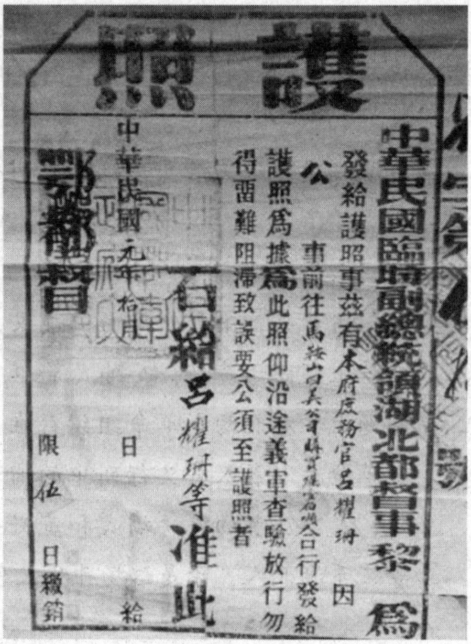
護照

中華民國臨時副總統領湖北都督事黎　爲
發給護照事茲有本府庶務官呂耀琊　因
公　事前往　合行發給
護照爲據爲此照仰沿途義軍查驗放行勿
得留難阻滯致誤要公須至護照者
右給呂耀琊等准此
中華民國元年　月　日　給
限伍日繳銷
都督

黎元洪签发的湖北军政府护照

黄司令纸上谈兵，并不侦察设防战线地点，只守附近，恐北军由上游暗渡。拟请都督命黄司令设炮于蔡甸下游城头山，步队渡襄水而守，黑山、城头山两处伏炮掩护，如此，则汉阳可守。⑤

① 张国淦：《辛亥革命史料》，龙门联合书局1958年版，第151页。

② 李国镛：《李国镛自述》，中国科学院近代史研究所史料组编辑：《近代史资料》，总25号，中华书局1961年版，第504页。

③ 张国淦：《辛亥革命史料》，龙门联合书局1958年版，第151页。

④ 居正：《辛亥札记》，武汉大学历史系中国近代史教研室编：《辛亥革命在湖北史料选辑》，湖北人民出版社1981年版，第161页。

⑤ 李国镛：《李国镛自述》，中国科学院近代史研究所史料组编辑：《近代史资料》，总25号，中华书局1961年版，第504页。

第二天，黎元洪把此策告诉前来商议作战计划的黄兴参谋官，对方说："防御线不能设防六十里，李国镛无军事学，此后不准参议军事。"①

对于黄兴的布置就连力挺他为两湖大都督的居正都感到莫名其妙。居正回忆，他曾问及黄兴的总司令部设于何处，黄兴告诉他在伯牙台。居正惊道："伯牙台背临襄河，汉口枪支可及，恐不适，宜在汉阳城内府署。"② 黄兴坚持己见，认为已经决定，再变更会动摇军心。第二天，居正率学生团去伯牙台充作卫队，却未见人影。经打听附近百姓，才知道昨夜确实在此，"今早云迁往归元寺去"。③ 及见到黄兴，询问为何搬迁，黄兴答："昨日隔河枪声彻宵未歇，伯牙台屋瓦有洞穿者，故迁此。"居正问："既迁矣，何不在城内？"黄兴答："此处系汉阳之中心点，且在旷野，便于指挥防御筑壕工作。今晚可在此暂宿，明早渡江，调湖南兵来守前线。"④ 在《梅川日记》中，居正把"归元寺"改为"昭忠祠"。

关于此次总司令部设置问题，时任黄兴参谋长的李书城也说："是晚，黄先生率总司令部人员同赴汉阳，在伯牙台设总司令部；嗣因敌方枪弹能射至院中，次晨移往昭忠祠。"⑤ 连居正都可以一目了然的问题，黄兴作为总司令竟然在"枪弹射至院中"才醒悟，这样的备战带来的结果也就可想而知了。

汉阳失陷后，黄兴回到武昌。归途中，黄兴在渡轮上回望汉阳城，"忽急走船舷，纵身投水，使非副官长曾昭文与揆一追随左右，合力抱持之，恐即与波臣为伍矣"。⑥ 汉阳战败黄兴竟然想一死了之，可见此事对他打击之大。就黄兴在汉阳作战的表现，张国淦给予积极评价：

---

① 李国镛：《李国镛自述》，中国科学院近代史研究所史料组编辑：《近代史资料》，总 25 号，中华书局 1961 年版，第 504 页。

② 居正：《辛亥札记》，武汉大学历史系中国近代史教研室编：《辛亥革命在湖北史料选辑》，湖北人民出版社 1981 年版，第 161 页。

③ 居正：《辛亥札记》，武汉大学历史系中国近代史教研室编：《辛亥革命在湖北史料选辑》，湖北人民出版社 1981 年版，第 161 页。

④ 居正：《辛亥札记》，武汉大学历史系中国近代史教研室编：《辛亥革命在湖北史料选辑》，湖北人民出版社 1981 年版，第 162 页。

⑤ 李书城：《辛亥前后黄克强先生的革命活动》，中国人民政治协商会议全国委员会文史资料研究委员会：《辛亥革命回忆录》，第 1 集，文史资料出版社 1981 年版，第 189 页。

⑥ 刘揆一：《黄克强先生传记》，沈云龙主编：《近代中国史料丛刊第七辑》，文海出版社 1967 年版，第 59 页。

其时黄总司令亲在前线督战，敌军炮弹，落近数武，亦不少动，辄由随从人员强曳以避。惟兵无训练，多不用命，每一方败退，他方多自由撤退，甚至奉令增援部队，睹状不复前进，且有向后撤退者，故一败而不可复振。是时总部人员逃走一空，黄总司令身边只有少数学生团。秘书田桐及日本萱野大原等均劝其退守武昌，再作后图。黎都督亦电请其到武昌，商防守策。①

时任黄兴参谋长的李书城更是揽过上身，为黄兴正名：

敌军是素有训练的北洋军，我以初成之师与之作阵地战，真是既不知彼也不知己，犯了军事上的大忌。进攻汉口的失败，又引起了汉阳的失守。我对这两次战役的失败，是应该负重大责任的。因我的作战计划错误，使黄先生受“常败将军”之讥，使革命形势受到挫折，我至今犹引为遗憾。②

黄兴败归还引发了一起武昌弃守之争。11 月 27 日晚 11 时，军政府召开紧急会议，黄兴说明汉阳失陷原因。居正认为“克强退武昌后，以湘鄂军中间之龃龉，因之不满克强者，遂邀集一会议，请克强报告汉阳失守经过”。③看来会议前，火药味已经很浓了。会议“随即讨论武昌军队应否退出武昌移至安全地带之问题。稳健一派虽未明言放弃武昌，暗实赞成。但革命各代表以占领武昌匪易，惨淡经营始有今日。今清兵尚未渡江，何可轻言放弃武昌，言下激昂万分”。④ 其时，黄兴“则被江浙联军连电催赴下游，策画援鄂与北伐事宜”。⑤ 黄兴当晚即乘轮船去往上海。黎元洪在送别黄兴时，“执黄手曰：‘汉家大局又随鄂江潮俱去矣。’言已失声痛哭。黄亦哭谓黎曰：‘兹者赣沪已

---

① 张国淦：《辛亥革命史料》，龙门联合书局 1958 年版，第 184 页。

② 李书城：《辛亥前后黄克强先生的革命活动》，中国人民政治协商会议全国委员会文史资料研究委员会：《辛亥革命回忆录》，第 1 集，文史资料出版社 1981 年版，第 194 页。

③ 居正：《辛亥札记》，武汉大学历史系中国近代史教研室：《辛亥革命在湖北史料选辑》，湖北人民出版社 1981 年版，第 165 页。

④ 张国淦：《辛亥革命史料》，龙门联合书局 1958 年版，第 185 页。

⑤ 刘揆一：《黄克强先生传记》，沈云龙主编：《近代中国史料丛刊第七辑》，文海出版社 1967 年版，第 60 页。

响应，吾将乞兵来援也。’黎颔之，派队送黄，由毡呢厂过江而东”。①

黄兴来鄂匆匆一月，经历失汉口、陷汉阳，从锣鼓军仪迎接，到趁夜东去，时人和后世史学家对黄兴评价各异。我们引用皮明庥教授的观点作为本节的结语：“从阳夏战争本身来讲，最后的结局是失败了，这是严峻的历史事实，然而这种失败也并不是绝对的，它又包含着胜利的因素。如果把视野展开到全国的范围内，那么阳夏之战所造成的政治影响上的胜利，简直可以超越它本身所遭到的失败。”②

黄兴走后不久，黎元洪弃武昌移驻洪山，革命形势岌岌可危。《黎黄陂轶事》中有文不妨一读：

> 俄天光放曙，有守城军士报黎，谓：遥睹龟山之巅，已拔帜易帜。此风一播，武昌居民及军队恐慌特起。未几，炮声隆隆，直击都督府，更波及民间房舍。斯时军心散涣，咸欲弃武昌他去。黎持枪叱曰：“尔曹如是之畏葸，吾民更不堪惊扰。今日之事，惟有与城俱亡。有倡言欲去者，吾必手刃之。”于是召所部登城戒备，防敌军渡江。而城中军士逃亡一空，仅余数百人。黎焦灼万状。忽汉阳炮弹飞来，坠地开花，烈焰上腾。刹那间，都督府火起。黎亟挈众出，闻哭声震地，惨不忍闻。黎仰天呼曰：“吾一人无状，累吾民罹此痛苦，十死不足蔽其辜也。”此际军务部长孙武、张振武及刘公等咸说黎曰：“武昌大势虽瓦解，然长江下游先后独立者已数省，足可为吾后盾。公盍暂弃武昌移驻他处，然后电檄东南各省兵来援，再图恢复，或可收桑榆之效。”黎拒其言，誓死弗去。再三请之，黎曰：“吾去谁守此危城者?”孙武与刘公慨然自任，黎犹豫未决。百姓环跪，曰：“吾侪但冀都督在善保万金之体，则武昌虽失，终有复得之一日。”黎始首肯。是夕，率所部百余人及商民潜出东门，径诣洪山暂驻。盖距城仅五六里也。③

---

① 贡少芹：《黎黄陂轶事》，上海国华书局1917年版，第26页。

② 皮明庥：《黄兴在武昌首义中的成败》，薛君度、萧致治合编：《黄兴新论》，武汉大学出版社1988年版，第167页。

③ 贡少芹：《黎黄陂轶事》，上海国华书局1917年版，第26页。

就在黎元洪命悬一线的时候，清军的炮火却戛然而止，这是为什么呢？

第六节　黎袁议和

清军是在袁世凯的命令下停止炮击的。那么，袁世凯为什么不一鼓作气攻下武昌，却选择停战呢？这个问题涉及清朝政府、西方列强及袁本人，非常复杂，且让笔者慢慢道来。

第一，说清朝政府。武昌首义以来，清政府可谓军事上四处碰壁，财政上捉襟见肘。

首先说军事。按说对付湖北革命，清政府开始时信心满满，“著军谘府陆军部迅派陆军两镇，陆续开拔，赴鄂剿办”，“务须及早扑灭，毋令匪势蔓延”。① 谁知拟调往汉口的第二十镇统制张绍曾拒绝南下，还上奏促清廷立宪。10 月 29 日，张同第三镇协统卢永祥、第二混成协统领蓝天蔚、第三十九协统领伍祥祯、第四十协统领潘矩楹等要求清廷进行政治改革，史称“滦州兵变”。军官有革命情绪，士兵也一样。在 10 月 23 日英国驻华公使朱尔典给英国外交大臣格雷爵士的电报中，朱尔典说：“局势中的一个严重因素是北方的军队拒绝作战，除非目前正在途中的援军士气超过前沿部队的士气，清军所面临的任务将不很轻松，而他们的优势兵力本来是会使这项任务变得轻松愉快的。”② 这里所说的北方军队均是北洋旧部，这支部队里“人人心目中只知有我们袁宫保（袁世凯）”，③ 而指挥这支部队的却是出身德国军校的陆军大臣荫昌，军事调度不畅可想而知。

其次说财政。清廷自用兵以来，财政吃紧。10 月 27 日，度支部大臣载泽上奏：

> 窃自川鄂用兵，征调四集，应需饷械用款浩繁。各省严重设防，一切京饷亦多未能照解。臣部库款有限，势将不支。臣载泽日前面奉谕旨，饬借洋款，以资接济。兹由臣部与法国资本团代表男爵勾

① 故宫档案馆：《武昌起义清方档案》，中国史学会：《中国近代史资料丛刊辛亥革命》，第 5 册，上海人民出版社 1957 年版，第 291 页。

② 胡滨译：《英国蓝皮书有关辛亥革命资料选译》，上，中华书局 1984 年版，第 49 页。

③ 张国淦：《辛亥革命史料》，龙门联合书局 1958 年版，第 108 页。

堆、华法公司代表甘锡雅订借佛郎玖千万，或金镑叁百陆拾万，言明年息六厘，九六扣，六十年还清。业经草定合同。虽利息较重，一再磋商，实难减让。军需万急，不能不勉与定议。查定章国债应交资政院复议。此次借款实为非常特别之用，事不宜迟。①

这里度支部大臣载泽上奏，言明财政吃紧，“库款有限，势将不支”，情况严重。不得不商借洋款，以解燃眉之急。“虽利息较重，一再磋商，实难减让。军需万急，不能不勉与定议。”看起来，除了商借外债别无良策了。

11月16日，朱尔典在给格雷爵士的电报中，透露了一个秘密：

由于这个国家的前途可能受到财政问题的很大影响，所以注意到这件事是很有兴味的，即关于已故慈禧太后所积攒的内帑。人们听说过许多而真正知道的却很少，现在终于被用来支付清政府目前的费用。大约一个星期以前，有33箱金条，约合银300万两或折合40万英镑，已由内廷交给度支部，并由该部存入汇丰银行本地分行。约占全部金条的三分之一已经出售，并转交陆军部，以供购买军火

黎元洪与红十字会成员在军政府前

① 故宫档案馆：《武昌起义清方档案》，中国史学会：《中国近代史资料丛刊辛亥革命》，第5册，上海人民出版社1957年版，第298页。

和支付兵饷。除了这个前所未有的将内帑用于政府所需的事例之外，没有任何事情能够比它更有力地说明急迫的财政困难情况。大部分金条所附印记表明，它已储存40多年没有使用；庚子赔款和近年来任何其他紧急需要都从来没有动用过。①

这里是说，清廷为了解决财政困难，甚至动用了“已故慈禧太后所积攒的内帑”。从中可见清政府的财政困难达到何种程度。

10月30日，清政府发布一道“也许是中国历代朝廷发布的谕旨中最为屈辱的”谕旨，其实就是罪己诏。这道“最为屈辱的”谕旨全文是这样的：

谕内阁，朕缵承大统，于今三载。兢兢业业，期与士庶同登上理。而用人无方，施治寡术。政地多用亲贵，则显戾宪章；政事蒙于佥壬，则动违舆论。促行新治，而官绅或借为网利之图；更改旧制，而权豪或只为自便之计。民财之取已多，而未办一利民之事；司法之诏屡下，而实无一守法之人。驯致怨积于下而朕不知，祸迫于前而朕不觉。川乱首发，鄂乱继之。今则陕湘警报叠闻，广赣变端又见。区夏腾沸，人心动摇。九庙神灵，不安歆飨。无限烝庶，涂炭可虞。此皆朕一人之咎也。兹特布告天下，誓与我国军民维新更始，实行宪政。凡法制之损益，利病之兴革，皆博采舆论，定其从违。以前旧制旧法，有不合于宪法者，悉皆除罢。化除旗汉，屡奉先朝谕旨，务即实行。鄂湘乱事，虽涉军队，实由瑞澂等乖于抚驭，激变弃军，与无端构乱者不同。朕维自咎用瑞澂之不宜，军民何罪，果能翻然归正，决不追究既往。朕以眇眇之躬，立于臣民之上。祸变至此，几使列圣之伟烈贻谋，颠坠于地。悼心失图，悔其何及！尚赖国民扶持，军人翼戴，期纳我亿兆生灵之幸福，而巩我万世一系之皇基。使宪政成立，因乱而图存，转危而为安。端恃全国军民之忠诚，朕实嘉赖于无穷。此时财政外交，困难已极。我君民同心一德，犹惧颠危。倘我人民不顾大局，轻听匪徒煽惑，致酿滔天之祸，我中国前途，更复何堪设想？朕深忧极虑，夙夜旁皇，

① 胡滨译：《英国蓝皮书有关辛亥革命资料选译》，上，中华书局1984年版，第126页。

惟望天下臣民，共喻此意，将此通谕知之。[1]

谕旨中，高高在上的皇帝终于放下了尊贵的身段，在“朝廷这道忏悔的谕旨中，把全国遭受的动乱归咎于他自己”。即“此皆朕一人之咎也。兹特布告天下，誓与我国军民维新更始，实行宪政”。答应与全国人民一起，维新更始，实行宪政，但为时已晚。

第二，说西方列强。起义兵起，各国非常担心在华利益受到侵害。因此，他们采取了一些相应的措施，确立了以下行为原则。其基本指导思想是对清政府和起义军双方实行不干涉主义，严守中立。

首先，确立了保护本国利益的原则。10 月 13 日，英国驻华公使朱尔典致电英国外交大臣格雷，说他收到来自黎元洪的信，其中有“尊重对外条约以及以前缔订的借款和赔款，但不包括此后缔订者在内”。[2] 10 月 16 日，格雷复电朱尔典说：“当英国人生命财产遭到危险时，我们必须尽力予以保护，但我们采取的任何行动，必须严格地限于此项目的。保护英国人生命财产，当然也包括对各国生命财产的保护在内，如果有此可能，而且不如此它们就得不到保护的话。”[3] 10 月 26 日，朱尔典致电英国驻长沙领事：“应诱劝起义军政府同意将海关岁入暂由总税务司或领事团保管；您应当为此目的尽最大努力，与税务司会同办理。照理说，该款应归各国持有股票的人所有，如果起义军挪用该款，结果或

黎元洪在武昌欢迎孙中山先生访问

---

① 《大清宣统朝政纪实录》，二，华文书局股份有限公司 1969 年印行，第 1117 页。

② 胡滨译：《英国蓝皮书有关辛亥革命资料选译》，上，中华书局 1984 年版，第 2 页。

③ 胡滨译：《英国蓝皮书有关辛亥革命资料选译》，上，中华书局 1984 年版，第 4 页。

许将与各国发生严重纠纷。您应当向起义军政府指出这一点。”①

其次，确立了铁路有偿使用的原则。11 月 13 日，朱尔典致电格雷，“由于革命军毫无疑问地占有铁路地区，我授权您同意他们使用该铁路，照我答复您的那份来电中所拟办法加以限制。不过，我认为，铁路总办在一份正式抗议书中载明他系迫不得已采取此种行动，那将是可取的。革命军所用的全部运输车辆应继续由他按照纯商务事件处理。我知道，为了债券持有人的利益，已在汇丰银行开立了一个特别账户，铁路进款均存入银行”。② 12 月 1 日，朱尔典致电格雷，称：“铁路上的英国雇员已经得到指示，如果革命军接管了铁路，他们为了英国债券持有者的利益，将把该铁路当作一个商务企业而尽力继续工作。”③

最后，确立了保护各国人生命的原则。财产以外，各国还适时地提出了保护生命，中国人和外国人的生命。11 月 12 日，朱尔典致电格雷说：“满清王大臣向我保证，北京绝不会发生任何大屠杀，但鉴于南京已经发生的事件，对此项保证必须有保留地接受；我认为，遇有必要时，外交团有理由进行干涉，以防止此类悲惨的暴行。”④ 11 月 15 日，朱尔典再电格雷，“明天，外交团将就清军所犯暴行向清政府提出强烈的抗议；驻上海和汉口的领事们也将接到训令，对革命军的所作所为提出类似的抗议。袁世凯已经证实满族诸亲王提出的那些保证，即北京将不会发生大屠杀事件”。⑤ 11 月 16 日，朱尔典致电英国驻汉口上海领事说：“外交团已经就中国各地正在发生的屠杀大批无辜人民一事，向清政府提出最强烈的抗议，并且警告清政府说：这些行为激起了文明世界的愤怒。由于这些屠杀事件无论是谁干的，都是很可恨的，所以外交团指示您用类似的词句，向上海掌权的当局提出一项通知，使他们想到他们可能承担的重大责任。”⑥

反对屠杀无辜生命，无疑是正确的人道主义主张。为兑现保护生命财产的诺言，列强调集很多军舰布置于中国港口。仅汉口就有英国的“蓟”号、“不列颠市场”号、“森林云雀”号、“山鹬”号、“夜莺”号；美国的“黑

① 胡滨译：《英国蓝皮书有关辛亥革命资料选译》，上，中华书局 1984 年版，第 6 页。
② 胡滨译：《英国蓝皮书有关辛亥革命资料选译》，上，中华书局 1984 年版，第 55 页。
③ 胡滨译：《英国蓝皮书有关辛亥革命资料选译》，上，中华书局 1984 年版，第 101 页。
④ 胡滨译：《英国蓝皮书有关辛亥革命资料选译》，上，中华书局 1984 年版，第 54 页。
⑤ 胡滨译：《英国蓝皮书有关辛亥革命资料选译》，上，中华书局 1984 年版，第 57 页。
⑥ 胡滨译：《英国蓝皮书有关辛亥革命资料选译》，上，中华书局 1984 年版，第 128 页。

勒那”号、“爱克洛”号、“威拉罗博司”号；法国的“决心”号；德国的“老虎”号、“祖国”号；日本的“对马岛”号、“隅田”号13艘军舰。这些战舰云集汉口保护租界，对清军和革命军起到同样的威慑作用。

第三，说袁世凯。在一份标有绝密的电报里，朱尔典告诉格雷：“昨天(10月20日)，袁世凯的儿子告诉我，除非他父亲被授予直接指挥军队的权力，否则其父非常不愿意动身去汉口。他说，虽然摄政王（载沣，作者注）对于给予他父亲这种处理紧急情况的必要权力一事犹豫不决，却想利用他父亲的名声。”[①] 同一天，在彰德，袁世凯向前来请他出山的徐世昌提出袁六条，即（1）明年即开国会；（2）组织责任内阁；（3）宽容参加此次事变之人；（4）解除党禁；（5）须委以指挥水陆各军及关于军队编制的全权；（6）须予以十分充足的军费。清廷无奈全部照准。

于是，清廷任袁世凯为内阁总理大臣，袁自此再度出山。袁世凯前往汉口是打是和，英国人看出了其中的端倪：“他的任务虽然带有军事的性质，但人们却认为是调解性质的。”[②] 这个“调解性质的”，说到了问题的实质。果然，在收到那份“最为屈辱的”谕旨后，袁世凯即电奏清廷“已令各军停进，一面出示晓谕招抚，并向武昌宣布德意解散”。[③] 在未与黎元洪接触之前，袁世凯还是一心为清廷尽忠的，这点从他遵旨行事即可知。此时，清廷已经把革命派分为两类：政治改革和种族革命，意在和平解决蔓延全国的动乱。

英国驻华公使朱尔典认为要和平解决中国的危机，袁世凯是最合适的人选：“在中国人民与满清王朝之间，没有任何人能够比袁世凯更适于充当调停者的角色，因为他是中国人民中最受信任的代表，而他和他的家族有好几代人为清朝效劳。”[④]

袁世凯还在彰德时，就委派与黎元洪同乡有旧的刘承恩，负责与武昌方面沟通和解事项。刘承恩，字浩春，湖北襄阳人，北洋武备学堂出身，袁世凯幕僚，曾任湖北武建左旗第一营管带。刘承恩与黎元洪的沟通分为两个阶段，即信函交换阶段和正式见面阶段。

其一，信函交换阶段。刘承恩接到任务后，在汉口找到日本三井洋行商

---

① 李丹阳译注：《英国外交档案摘译：武昌起义后袁世凯父子与英国公使的密谈》，《档案与史学》2004年第3期，第64页。

② 胡滨译：《英国蓝皮书有关辛亥革命资料选译》，上，中华书局1984年版，第60页。

③ 张国淦：《辛亥革命史料》，龙门联合书局1958年版，第270页。

④ 胡滨译：《英国蓝皮书有关辛亥革命资料选译》，上，中华书局1984年版，第60页。

人高木洁松、尾喜惣太，为其送信函三封。前两封信的具体内容和日期无任何史料记载，我们只是从第三封信的内容中知道有那两封信。11 月 1 日，刘承恩委托日人向黎元洪呈递第三封信函，其内容如下：

宋卿仁兄大人麾下：叠寄两函，未邀示覆。不识可达签典否？顷奉项城宫保谕开，刻下朝廷有旨，一下罪己之诏；二实行立宪；三赦开党禁；四皇族不问国政等因，似此，则国政尚可有挽回振兴之期也。

遵即转达台端，务宜设法和平了结。早息一日兵事，地方百姓早安静一日。否则，势必兵连祸结，胜负未见，则不但荼毒生灵，糜费巨款。迨至日久息事，则我国已成不可收拾之国矣。况兵者汉人，受蹂躏者亦汉人，反正均我汉人吃苦也。

弟早见政治日非，遂有终老林下之想。今因项城出山以劝抚为然，政府亦有悔心之意。即此情理亦未尝非阁下暨诸英雄能出此□善道之功也。

依弟愚见，不如趁此机会，暂且和平了结，且看政府行为如何？可，则竭力整顿；否，则再行设策谋之，未为不可。

果以弟见为是，或另有要求之处，弟即行转达项城宫保，再上达办理。

至诸公皆大才槃槃，不独不咎既往，尚可定必重用，相助办理朝政也。且项城之为人诚信，阁下亦必素所深知。此次更不致失信于诸公也。并闻朝廷有旨，谅日内即行送到麾下。弟有关桑梓，又素承不弃用，敢不揣冒昧进言请教，务乞示覆。即交原人携下为祷。敬请勋安，诸希爱照，不具乡愚。弟刘承恩再拜

九月十一日①

黎元洪，字宋卿。刘承恩此信的主旨是“务宜设法和平了结”，即双方放下武器，立即进行谈判，和平解决问题。至于你们起义诸公，“至诸公皆大才槃槃，不独不咎既往，尚可定必重用，相助办理朝政也”。只要放下武器，保

① 渤海寿臣：《实行立宪汇编》，沈云龙主编：《近代中国史料丛刊第四十二辑》，文海出版社 1969 年版，第 167 页。

证你们将来会受到重用，“相助办理朝政也”。

这次黎元洪回信了。很多史料并未记载此回信，认为黎元洪对刘承恩的三封信均未给予回复，这种看法是错误的。同一天的《国民公报》也刊载了《黎元洪覆函》：

> 略云今日国民主义大昌，自谋幸福，为人求之。
>
> 当然，如有不明此义而必以强力相压者，即为民贼之尤。武汉义兵不过欲排除民贼，恢回四百兆众之自由幸福而已。
>
> 初无帝制自为之心，此可质诸天地鬼神者也。来书殷殷欲保全清朝帝统，讵清朝皇室生有两头四臂，特异于汉族，宜使永不失其贵，高踞四百兆之上乎？至以富贵利达相饵，元洪与诸将士均不敢奉命云云。①

可以看出，此时黎元洪的心中并未有“和解”二字，一心为除民贼，恢复中国人民的“自由幸福”。对于“至以富贵利达相饵”，嗤之以鼻，表示“均不敢奉命云云”。断然拒绝了袁世凯“和平了结”的请求。袁世凯读过回信后，并未放弃和解的希望。

11 月 2 日，袁嘱刘承恩和张彪“致函黎元洪，招其归顺，使洋人送往”。② 不久收到黎元洪复函，“称现开会议，一二日定局再告，语气尚恭顺，然匪心叵测，战备仍不敢懈”。③ 袁世凯始终贯彻清廷“剿抚并进”的政策，但“抚”这方面的进展甚微，连朱尔典也认为虽然“袁世凯与起义军首领之间交换了信件，但起义军首领表现出不乐于答复他提出的建议”。④

但袁世凯并没有放弃。

其二，正式见面阶段。11 月 7 日，刘承恩派侦探王洪胜渡江到武昌面见

① 渤海寿臣：《实行立宪汇编》，沈云龙主编：《近代中国史料丛刊第四十二辑》，文海出版社 1969 年版，第 168 页。

② 卞孝萱辑：《闵尔昌旧存有关武昌起义的函电》，中国科学院历史研究所第三所：《近代史资料》，第 1 期，科学出版社 1954 年版，第 67 页。

③ 卞孝萱辑：《闵尔昌旧存有关武昌起义的函电》，中国科学院历史研究所第三所：《近代史资料》，第 1 期，科学出版社 1954 年版，第 67 页。

④ 胡滨译：《英国蓝皮书有关辛亥革命资料选译》，上，中华书局 1984 年版，第 74 页。

黎元洪说和。见面，黎元洪与坐，谈话时长有一二个钟头。

黎问："你系何处人？"

王答："湖北襄阳人。"

黎问："你同刘大人是同乡？"

王答："是。"

黎问："随刘大人几年？"

王答："十几年。"

黎问："送信是什么意见？"

王答："意在两下取和，以免汉人受害，保全大局。因打仗时，坏的房子，失的银钱，全是汉人的。"

黎说："你们大人要是未打汉口以前来说，就好说了，可惜来晚了。"

王答："我们大人上月二十四日由清江才到家，宫保（袁世凯）二十八日打电招我们大人到彰德府，才派办理招抚事宜。我们大人到汉口，业已打过几次仗了，汉口房屋已经烧坏了。"

黎说："现在要说和，须将皇族另置一地与他居住，管他的吃穿，不准他管我们汉人的事情。"

王答："现在朝廷有旨，政府各大臣旗人庆亲王（奕劻）、那桐等，都已开缺，派袁宫保总理内阁大臣。"

黎说："宫保见事差矣！这时不该出来。先前宫保做直隶总督，好好的，为什么开缺？现在有乱事，又请宫保出来，为什么不叫满人带第一镇来打仗？可见旗人大有奸心。"

黎说："这个时候，不将皇上推倒，随便和了，以后大权归他，他更比从前加一倍的狠，我们更无有法子了。"

黎说："要照满人一登位时待我们汉人光景，现在我们汉人应分将他满人的全家杀完，这才可以报前仇。现在我们许给他一块地方，供他的吃穿，是很对得住他的。"

黎问："张彪常向你们大人那里去不去？"

王答："未去过，听说他去见宫保，宫保也未见他。"

黎说："瑞澂、盛宣怀两人，令人可恨的狠，将来就是太平了，也要拿住杀他。你回去即将我的话，禀知你们大人。你们大人若是能过江来，就请过来谈谈，要过来时，先派人送个信来，我好派人到江边去接。”①

这个谈话，透露了诸多信息。从谈话中，我们知道黎元洪的三个想法：给皇帝一条活路；想杀瑞澂、盛宣怀；邀请刘承恩面谈。清帝退位后居住地有两个选择：承德避暑山庄或颐和园，一般认为承德太远，不方便。此时盛宣怀已被革职，清廷罪他“违法行私，贻误大局”，革命党认为他是铁路卖国贼，恨不能食其肉。邀请刘承恩来武昌，说明黎元洪的和解之门已经打开。“现在我们许给他一块地方，供他的吃穿，是很对得住他的”。黎元洪提出了解决清廷皇族的一个人道主义的办法，这是此次谈话的最重要之点。从而，黎元洪表示了接受和平了结的愿望。

然而袁世凯却无法对此寄予厚望。因为随着广州、太原的失陷，上海、南京也岌岌可危，胜利的天平已经向革命党倾斜。袁世凯在寻找和解之路的同时，也在积极备战，争取夺下武汉三镇掌握话语权。

中华民国第一任正式大总统袁世凯

11月11日，袁世凯特派蔡廷干和刘承恩来到武昌进行和谈。蔡廷干（1861—1935），字耀堂，广东中山人。1873年以幼童赴美国留学。回国后入大沽水雷学堂，曾任水雷艇管带、水雷艇队司令官。1911年任海军部军制司司长。有关这次和谈的细节，时人有《折冲樽俎之纪事》，不妨一读：

① 下孝萱辑：《闵尔昌旧存有关武昌起义的函电》，中国科学院历史研究所第三所：《近代史资料》，第1期，科学出版社1954年版，第69页。

袁世凯驻扎信阳州。二十一日特派蔡、刘两委员为代表，到武昌都督府议和。先由旗牌通知，经都督认可，下午四点钟时，由汉阳门进城。黎元洪亦派二员招待，并派卫队十二名保护。至时，接入谘议局内。黎先时电报各部长及各省代表会议，取决答复之宗旨。

蔡刘二使待至周，自黎以下各长官均集于议事厅，由招员带领谒见，各行宾主礼入坐。黎询以来意，刘先宣布宗旨，略谓："都督首先倡议，东南十余省相继而起，义声实可钦佩。项城之意，以三世受恩，不忍亲见皇室推倒，故特派代表等前来协议。都督所以革命之原因，无非为朝廷虚言立宪，实行专制。现朝廷已下诏罪己，宣誓太庙，将一切恶税恶捐全行改除。实行立宪与民更始，目的可谓已达。如再延长战争，生民益将涂炭。都督本为救民起见，若救之而反以害之也，于心安乎？况某某两国均派水师提督带兵入境，不知是何居心。上下交争，恐彼等乘势袭取，致酿瓜分之祸。伏望都督就筹善策，顾全大局，传知各省，暂息兵端。一面公举代表入京组织新内阁，共图进行之策。朝廷仍拥帝位之虚名，人民已达参政之目的。所谓一举而两善存也。况帝号虽存，已如众僧人供奉一佛祖。佛祖有灵，则皈依崇拜之。不然，焚香顶礼权在僧人，佛祖亦无能为也。"

刘言甫已，黎元洪即答曰："项城真愚矣！分之言可以吓天下人，能吓湖北人乎？现在各国领事均奉各该国政府命令，严守中立。各国皆文明之邦，以遵守公法为第一要义，微论必不干涉。即令各国有不守公法之举动，吾国十八省热血同胞，尽牺牲生命以救国家者。以我国四百兆人民与外人办正当之交涉，外人虽强，当亦望而却步。外人举此对待中国之手段，百端强硬，其所以不实行瓜分者，畏满政府乎？抑畏我民气乎？满政府存，顾能担任各国不瓜分乎？项城命二公之来，其意不惟本都督所深知，即天下人民亦无不洞见肺腑。彼盖借此解散我各省军心，令各省自相冲突。迨四方平定，彼握大权，然后驱逐满人，自践帝位。其用意虽深，其奈人已知之何？予为项城计，即今返旆北征，克复冀汴，冀汴都督非项城而谁？以项城之威望，将来大功告成，选举总统，当推首选。项城不此之为，乃行反间下策，成否尚不可知。吾不知项城何以愚拙至是。如谓三世受恩，不忍坐视，此言尤无人格。以公仇论，满人□（贼）

也，我主也。我被贼抢掠，妻孥财产，悉为贼有。今贼反招我为管事，我当视贼为仇乎？为恩乎？以私仇论，□□（溥仪）即位后，遂逐项城于国门之外。虽幸未被刑戮，然已万分危险。置仇不报，而反视为恩，项城虽不智，岂若是之梦梦耶？满人待遇汉功臣，用之则倚如泰山；大功一成，即视如土芥。年羹尧之战功如许其大，其结果何如？项城岂忘之耶？总之，项城表同情则返旆北向，否则约期大战而已。此外无多言说。”

至此，都督声色俱厉，又谓刘曰：“我此一番语言，俱是忠告项城，项城不悟，真愚也。二公均为汉人，平心思之，吾言果不谬否？”

刘面赤不能答。蔡即继语曰：“都督之言，实同金石，我等均为惊醒。返命时，定将都督之言劝告项城，不日当有回复。”

各部长代表均言项城如此行为，实太无人格。蔡、刘均唯唯。当晚设筵，款待甚丰。各部长均在局陪饮，畅谈革命之原理及革国革命之历史。至十二点钟始散。两代表即下榻于都督府内。二十二日早餐毕，都督派卫队数人护送渡江。①

蔡、刘二位携黎元洪致袁世凯一函，返回汉口。据原件笔迹判断，此信为汤化龙所执笔。我们看看全文：

中华民国鄂军都督黎元洪暨同志人等，谨奉书慰帅执事（按指袁世凯，字慰亭）：迩者蔡、刘两君来，备述德意，具见执事俯念汉族同胞，不忍自相残害，令我佩佩。前承开示四条，果能如约照办，则是满清幸福。特汉族之受专制，已二百六十余年，自戊戌政变以还，曰改革专制、曰预备立宪、曰缩短国会期限，何一非国民之铁血威逼而来！徐锡麟也，安庆兵变也，孚琦炸弹也，广州督署轰击也。满清之胆，早经破裂。然逐次之伪谕，纯系牢笼汉人之诈术，并非改革政治之真心，故内而各部长官，外而各省督抚，满汉比较，汉人之掌握政权者几何人？兵权、财权，为立国之命脉，非毫无智

① 渤海寿臣：《实行立宪汇编》，沈云龙主编：《近代中国史料丛刊第四十二辑》，文海出版社 1969 年版，第 171 页。

识之奴才，即乳臭未干之亲贵，四万万汉人之财产、生命，皆将断送于少数满贼之手，是而可忍，孰不可忍？即如执事，岂非我汉族中之最有声望、最有能力之人，何以一削兵权于北洋，再夺政柄于枢府？若非稍有忌惮汉族之心，己酉解职之候，险有生命之虞。他人或有不知，执事岂竟忘之？自鄂军倡议，四方响应，举朝震恐，无法支持，始出其咸同故伎，以汉人杀汉人之政策，执事果为此而出，可谓忍矣！嗣又奉读条件，谆谆以立宪为言，时至二十世纪，无论君主国、民主国、君民共主国，皆莫不有宪法，特其性质，稍有差异，然均谓之立宪。将来各省派员会议，视其程度如何，当采取何等政体，其结果自不外立宪二字。特揆诸舆情，满清恐难参与其间耳！即论清政府叠次上谕所云，试问鄂军起义之力，彰德高卧之力乎？鄂军倘允休兵，满廷反讦执事究有何力以为后盾？今不见起义只匝月，而响应宣告独立者，有滇、黔、湘、蜀、赣、皖、苏、杭、闽、粤、桂、秦、晋，沪上归并之兵轮及鱼雷艇共有八艘，其所以光复之速而广者，实非人力之所能为也。我军进攻，窃料满清实无抵抗之能力。其稍能抵拒者，惟有执事，然则执事一身系汉族及中国之存亡，不綦重哉！设执事真能知有汉族，真能系念汉人，则何不趁此机会，揽握兵权，反手王齐，匪异人任；即不然，亦当起中州健儿，直捣幽燕。苟执事真热心满清功名也，亦当日夜祷祝我军速指黄河以北，则我军声势日大一日，执事爵位日高一日。倘鄂军屈服于满清，恐不数月间，飞鸟尽，良弓藏，狡兔死，走狗烹矣！执事犯功高震主之嫌，虽再欲伏隐彰德，而不可得也，隆裕有生一日，戊戌之事，一日不可忘也。执事之于满清，其感情之美恶如何，执事当自知之，不必局外人为之代谋。同志人等，皆能自树汉族勋业，不愿再受满人羁绊，勿劳锦注。至疑鹬蚌一层，读各国报纸自知，鄂军举义价值，比拟似觉不伦。顷由汉口某领事处得无线电，刻北京正危急，有爱新氏去国逃走之说。果尔，则法人资格丧失，虽欲赠友邦，而已无其权矣！执事又何疑焉！窃为执事计，闻清廷有召还之说，分二策以研究之：（一）清廷之召执事回京也，恐系疑执事心怀不臣，欲借此以释兵权，则宜援“将在外君命有所不受”之例以拒之。（二）清廷果危急而召之也，庚子之役，各国联军入都，曾召合肥（案指李鸿章）入定大乱，合肥留沪不前，沉机观变，前事可师。所惜者合肥奴性太深，仅得以“文忠”结局，了其一生历史，李氏子岂能无余憾。昔者孟子之学，全在保民，元洪本一武夫，罔识大义，惟常奉教于孟轲，其心得除保民外无第二思想，况执事之识解、经验、能力，超出元洪等万万哉！所虑者执事历世太深，观望过甚，不能自决。须知当仁不让，见义勇为，无待游移。孟子云：“虽有智慧，不如乘势；虽有镃基，不如待时。”全国同胞，仰望执事者久矣，请勿再以假面具示人，有失本来面目，是则元洪之所忠告于执事者也。余详蔡、刘两君口述。书不尽意，临颍不禁神驰，惟希垂察不具。

元洪等再拜。九月廿二日。①

黎元洪的信是一封策反袁世凯的信。他首先痛斥满人奴役汉人，声明即使实行立宪也不容满人参与；其次忠告袁世凯要心系汉族，知有汉人，对清廷反戈一击；最后为袁世凯献计两条，阻其回京。整封信没有丝毫准备和解的意思。

其中所说：“倘鄂军屈服于满清，恐不数月间，飞鸟尽，良弓藏，狡兔死，走狗烹矣！执事犯功高震主之嫌，虽再欲伏隐彰德，而不可得也。隆裕有生一日，戊戌之事，一日不可忘也。”第一，袁世凯你是“功高震主”；第二，袁世凯你有“戊戌之事”。这个“戊戌之事”真是刺痛了袁世凯的软肋。戊戌变法之时，你向慈禧太后告密，使得光绪皇帝差点送了性命。即使光绪皇帝没被慈禧太后杀掉，却也软禁终生。这个深仇大恨，作为光绪皇帝妻子的隆裕太后是“一日不可忘也”。如此，隆裕太后能够放过你吗？

袁世凯见信后顿觉和解无望，他要另寻途径解决此问题。11 月 13 日，袁世凯自汉口率队抵京。15 日，袁世凯会见了英国驻华公使朱尔典。朱尔典当天就致电格雷汇报了与袁世凯对话的全部内容：

今天我见到了他本人。袁世凯告诉我，黎元洪坚持要除掉满清王朝，并拒绝了他所有的提议。建立共和国的方案在上海和南方其

① 卞孝萱辑：《闵尔昌旧存有关武昌起义的函电》，中国科学院历史研究所第三所：《近代史资料》，第 1 期，科学出版社 1954 年版，第 72 页。

他革命中心获得了支持；但在北方，民情则倾向于君主立宪政体，而且正是他打算领导的党派主张这后一种政制。由于国家的民意已经不再由资政院所代表，他计划将他的方案提请能代表各省的国民会议认可，而召集这样一个会议是他的意图，地点将定在上海或天津。袁认为，如果他能够整合北方各省认同他的政策方针，就有可能形成一个政府的中心，依靠这个中心，南方终将或者被争取过来，或者被武力所克复。

袁世凯继续说道，他仍然面临着巨大的困难；他几乎看不出他过去的一些旧僚有同他合作的意向，他们分散在各地——一些支离破碎的部队就是满清帝国所遗留的全部力量；最糟糕的是，他不知道政府将如何继续运作，国库空虚，无钱给军队发饷，并且税收无以为继。

他的方略是用武力促使双方妥协；他的目的是确定国民的意愿并据之制订出他的计划。这一点他表达得很清楚。

最后他问我，他是否有可能（从我这里）获得指导，不是以顾问身份，而是作为一个朋友和具有丰富实际经验的政治家，来帮助他处理他所面临的异常庞大的任务。①

这里的“他的方略是用武力促使双方妥协”，是袁世凯的既定方针。很明显，袁世凯决定用武力还黎元洪以颜色，迫使其重返谈判桌。11 月 20 日，袁世凯派代表刘承恩与黎元洪代表孙发绪在汉口俄领署谈判议和，未达成协议。孙发绪，1871 年出生，字莼斋，安徽桐城人，原为湖北候补县丞，武昌起义后，与黎元洪会面，成为鄂军政府顾问。22 日，俄领事敖康夫提议双方先罢兵，后议和。25 日清军攻陷汉阳三眼桥、汤家山等处，民军退守十里铺。26 日，十里铺失陷。27 日，汉阳失陷。民军战场失败，黎元洪被迫接受谈判。

黎元洪派外交次长王正廷往访驻汉口美领事顾临，请其斡旋停战三日，并表示愿意接受君主政体。王正廷（1882—1961），字儒堂，浙江奉化人。1905 年在日本入同盟会。1907 年赴美国学习法律。1911 年从耶鲁大学毕业回国。武昌起义后，任黎元洪鄂军都督府外交副主任。南北和谈时，任和谈参

① 李丹阳译注：《英国外交档案摘译：武昌起义后袁世凯父子与英国公使的密谈》，《档案与史学》2004 年第 3 期，第 65 页。

赞代表。同一天，朱尔典致电格雷说："黎元洪都督准备接受立宪政府，并照该意发出信息。"[①] 这一次，黎元洪主动回到了谈判桌。

11月27日，黎元洪提出停战条款：

（一）停战十五天，在此期间内，目前各方所占领的领土应各自驻守。

（二）已加入革命党的所有省份的代表在上海集会；他们将选出全权代表与袁世凯所指派的代表进行谈判。

（三）如有必要，停战继续延长十五天。[②]

11月29日，黎元洪致电苏、赣、浙等省都督："请告徐统制，如此间议决停战，则取宁之师，本当同时停战。事机如何，手腕须灵活，特先电闻，余俟议决再告。"[③] 徐统制，即徐绍桢（1861—1936），字固卿，浙江钱塘人。1894年甲午科举人。1904年任两江兵备处总办，负责训练新军，后任南京新军第九镇统制。武昌起义，率新军进攻南京，后被推举为江浙联军总司令。从这份电报可以看出，这次停战，黎元洪是代表革命军全体。

12月1日，袁世凯提出停战条款：

（一）双方各自驻守现已占领的土地。不得秘密地进行侦察活动。

（二）停战期限定为三天。

（三）在上述期间内，军舰不得利用停战的机会在武昌或汉口南北两岸停泊，从而获得一个更有利的地位。在停战期满以前，军舰必须退往武昌下游若干距离的地方。

（四）在停战期间内，任何一方不得增调援军，修建炮台，或在其他方面增加军事力量。

---

① 胡滨译：《英国蓝皮书有关辛亥革命资料选译》，上，中华书局1984年版，第94页。

② 胡滨译：《英国蓝皮书有关辛亥革命资料选译》，上，中华书局1984年版，第96页。

③ 辛亥革命武昌起义纪念馆、中国人民政治协商会议湖北省委员会文史资料研究委员会合编：《湖北军政府文献资料汇编》，武汉大学出版社1986年版，第124页。

（五）为了防止对这些条件的违犯行为，英国总领事应作为证人在停战协定上签字。①

朱尔典说："通过我的调解，双方已同意无条件地停战三天。目前的情况几乎同袁世凯所要求的完全一致。"②

12月2日，驻汉口英领事葛福派员分别与湖北军政府及清汉黄德道黄开文磋商，南北首次达成停战协议，规定自12月3日8时起至6日8时止，武汉地区停战三日。黄开文后任黎元洪总统府礼官长，是黎元洪的老部下。

12月7日，清廷任命袁世凯为全权大臣，由其"委托代表人，驰赴南方，切实讨论，以定大局"。③ 12月8日，袁世凯特派唐绍仪前往汉口进行议和谈判。唐绍仪（1863—1938），字少川，广东香山（今中山）人。1874年随第三批幼童赴美国留学，后入美国哥伦比亚大学文科。1885年被派往朝鲜办理税务，获袁世凯赏识，调任驻扎朝鲜总理交涉通商事宜书记官。1911年11月，受袁世凯委派，出任议和北方全权代表。12月6日至9日，为停战延期阶段。12月9日，"南北双方再次议定，自9日早8时起，至24日早8时止，各战场均停战15日，是为第三次停战"。④

唐绍仪于11日抵达汉口，12日黎元洪会见唐绍仪，双方商定以上海为议和地点。到年底，双方进行了四次议和会议。

1912年1月1日，中华民国诞生。当晚，孙中山当选中华民国临时大总统。1月3日，各省都督府代表联合推举黎元洪为中华民国临时副总统。

---

① 胡滨译：《英国蓝皮书有关辛亥革命资料选译》，上，中华书局1984年版，第103页。

② 胡滨译：《英国蓝皮书有关辛亥革命资料选译》，上，中华书局1984年版，第105页。

③ 《大清宣统朝政纪实录》，二，华文书局股份有限公司1969年印行，第1187页。

④ 李新总编，韩信夫、姜克夫主编：《中华民国大事记》，第1册，中国文史出版社1996年版，第168页。

第四章　黎袁结盟杀振武

民国初年，百废待兴，政治纷争，此起彼伏。黎元洪以中华民国副总统和鄂省都督的双重身份继续坐镇武昌，管辖湖北。而刚刚经历革命的湖北受政党之争、经济之困，始终无法平静下来：群英会之二次革命、宗社党之秘密谋乱、张国荃之襄阳独立、祝制六之倒黎被害、《大江报》之二次被封、武昌士兵之退伍哗变，种种事件，无一不在危及黎元洪的执政地位，而他却能一一化解。黎元洪化解危机手法最出色的，当属其中影响最大的张振武案。要想了解张振武案的前因后果，得从鄂省“军民分治”说起。

第一节　分治之难

1912 年 2 月 27 日，群英会以“改良政治，改组军政府”为口号，联合武昌军界数千人于凌晨举事，此为武昌“二次革命”。群英会拟将鄂军政府各部一体推翻，免黎元洪职务，不过少数团体意图妥协，乃改将矛头专指孙武。后因新任军务司长曾广大发出孙武通缉令，起事遂于当日平息。“军营一呼，政界俱倒。”① 这次革命虽然仅一天时间，却造成了极其广泛的影响，黎元洪为此做了反思。

是什么原因导致这次湖北的“二次革命”呢？

表面上看，这次革命的矛头指向的是孙武，实际上“张振武、蒋翊武，内务部长杨时杰、周之翰，理财部长李春萱等”，均被冠以“植党营私，专制

① 《黎元洪关于军民分治致袁大总统等电（1912 年 4 月 12 日）》，辛亥革命武昌起义纪念馆、中国人民政治协商会议湖北省委员会文史资料研究委员会合编：《湖北军政府文献资料汇编》，武汉大学出版社 1986 年版，第 233 页。

身穿民国军服头戴军帽的黎元洪

把持"①的罪名。这么看来，事情并非文学社、共进会之间的斗争，它的背后一定还有更复杂的原因。既然群英会闹事，黎元洪的目光很自然地转向了群英会。这是个什么性质的组织呢？

我们不妨先来认识一下群英会的组织者——向海潜。向海潜，字松波，湖北大冶人。清末在湖北新军第三十二标当兵。向常与江湖会党接触，就在武昌新军中组织了群英会。群英会的组织模仿水泊梁山故事而设，基本会员为 108 人。湖北"二次革命"时，群英会的人员来自武昌毕血会、教导团、将校补充团等军人团体。这些军人为什么要发动"二次革命"呢？

这一切与湖北裁军有关。中华民国临时政府成立后，全国息兵，各地都有裁兵的要求，湖北更不例外。据资料记载，民国元年湖北军队有士兵 8 万人，每年兵饷高达 1483 万多元。湖北的兵额仅次于直隶（10 万人）居全国第二位，而兵饷却比直隶高 500 万元，为全国第一。可湖北的财政收入就没那么乐观了，民国元年湖北财政司收到税银"一千三百六十九万余元"。② 全年的税收竟无法支付兵饷，湖北裁兵迫在眉睫。当时，湖北共有八镇军队，要裁撤其中四镇，"刻因以前解散之兵游荡不肯归农，总总思动，以致时酿恐慌，终为大局之害"。③ 黎元洪发现，这些游荡在武昌城内的被裁兵士由于内心失落和对军政府的不满，往往组织结社，酝酿事端，这次湖北"二次革命"就是如此。黎元洪为杜绝后患，遂于 3 月 17 日发表了《省垣集会结社宣言》：

---

① 《群英会"倒孙"及孙武临时宣言四则》，武汉大学历史系中国近代史教研室：《辛亥革命在湖北史料选辑》，湖北人民出版社 1981 年版，第 619 页。

② 《民国初年湖北社会经济状况九则》，武汉大学历史系中国近代史教研室：《辛亥革命在湖北史料选辑》，湖北人民出版社 1981 年版，第 603 页。

③ 《民国初年湖北社会经济状况九则》，武汉大学历史系中国近代史教研室：《辛亥革命在湖北史料选辑》，湖北人民出版社 1981 年版，第 606 页。

> 照得大局粗定，民生未宁，凡属民国仁人志士，亟应同心共进，力筹统一，借以收拾人心，防弭隐患。乃迩来省垣现象颇多集会结社之举，名目繁杂，地点纷歧……倘肯恫瘝在抱，共济艰难，即请将各会名目一律停止，徽章一律取消，化小团而扩为大团，除私党而结为公党。用以表率士民，维持秩序，岂惟全国之福？行见民国巩固于万年，斯中华历史上之光荣，胥诸君所造始，元洪当推诚相与，永矢弗谖。否则元洪惟有高蹈远引，终老穷山，诚不忍神州大陆，断送于我最亲爱诸君之手也。为此传仰各社会等一体知悉。切切此传。①

黎元洪的态度很明确，就是要停止各种结社名目，改秘密结社为公开组织。怎么做呢？首先，黎元洪命令成立“鄂省各团联合会”，用以管理湖北全省已经成立的团体。并规定“本会成立后，凡有新团体发生，如到本会表明宗旨，经本会认可者，仍继续加入本会，所有权利义务，与从前各团一律平等；其未经加入本会者，如查有宗旨不正，行动违法之处，得公请政府解散之”，② 就是说，湖北境内的社团组织都要经过“鄂省各团联合会”的审核认可后，才能得到政府承认。为防止秘密结社的发生，明确规定“凡各团体本团开会，必须先期通知本会派调查员前往旁听；否则认为秘密结社，得公请政府解散之”。③ 就是说，每个团体开会时，必须要有“鄂省各团联合会”的人在场旁听，否则就被认为是秘密结社，一旦查出，该团体就得解散。

黎元洪通过这个方式限制了秘密结社，但他意犹未尽。4 月 12 日，黎元洪发表了著名的军民分治电文。什么是军民分治呢？军民分治就是改军政府管理各省军事、行政，为都督府负责军事、民政府负责行政和民事。电报主

---

① 《黎元洪对于省垣集会结社之宣言（1912 年 3 月 17 日）》，辛亥革命武昌起义纪念馆、中国人民政治协商会议湖北省委员会文史资料研究委员会合编：《湖北军政府文献资料汇编》，武汉大学出版社 1986 年版，第 276 页。

② 《鄂省各团联合会暂行规则（1912 年 3 月 27 日）》，辛亥革命武昌起义纪念馆、中国人民政治协商会议湖北省委员会文史资料研究委员会合编：《湖北军政府文献资料汇编》，武汉大学出版社 1986 年版，第 279 页。

③ 《鄂省各团联合会暂行规则（1912 年 3 月 27 日）》，辛亥革命武昌起义纪念馆、中国人民政治协商会议湖北省委员会文史资料研究委员会合编：《湖北军政府文献资料汇编》，武汉大学出版社 1986 年版，第 279 页。

要内容如下：

……窃谓消隐患于无形，垂宏规于久远，惟有将军务、民政划为二通。民政长综揽政纲，必须臧诸议会，命诸政府。凡现设各司局，除路航、邮电、监税、海关应划归政府，不立专政，司法独立，直隶中央，其余之政，概归民政长管辖，以一事权。财政一司，撙节核计，综一省收支之款项，交会议议决，而岁纳其赢，庶可以统一政权，维持国力。至每省定一都督，专辖军队，悉归中央委任为制。一除干预政治，擅举军官之弊，此外各项名目，概行取消。实行征兵制度，以便训练。划分区域，招选土著。除官长外，均不许客兵掺杂。及年则入伍，满限则归农。则全国皆兵之制，可推行也。统筹国防计划，以利指挥。更开学校，编定教科。俾目的有共趋，眼光有专注。一朝有警，执梃挞兵。则同仇敌忾之心，可预致也。夫千金之裘，必振其领；百尺之网，必挈其纲。果能分事程功，和衷共济，为国家保秩序，为人民树楷模，民国之基，未有不巩诣万世者。在昔东瀛丕变，首撤强藩。北美崛兴，先联各省。军民分权，有条不紊；古今中外，理有同符。明知积习已成之时，改弦更张，必滋异议。然千夫交指，不虞帝制之自为，七圣俱迷，当惧天心之难障。必欲偷安旦夕，称快一时，东帝西王，上行下效，人道灭绝，国法沦亡。莽莽神州，不亡于满廷之亲贵，而亡于民国之英雄；不亡于专制之淫威，而亡于共和之初政。试问诸公，数十年来，惨淡经营，呼号提倡改革之谓何？得毋变本加厉，与初心相刺谬乎？元洪夙隶戎行，未娴民事；仓卒之间，谬蒙推戴；举鼎复悚，擿埴索涂。莅职以来，时虞陨越；顷复忧劳交瘁，精力日枯。每念及鄂中父老，颠连困苦，良用恻然，推原罪首，万死难辞，何敢久以轻材，身膺疆寄？何况沧江月冷，粤海风凄，六诏鞞声，五溪兵气；枪烟霏于苏渚，弹雨溅于芜城，蜀道则骨肉流离，陇水则肝肠断绝。近更慧州辩屈，徽府呼援，锦绣河山，竟无净土！如豆自煎，如瓜自剖。争权攘利，同授外人。哀我子孙，沦为奴仆，万劫不复，职是之由。言既有所不敢，默复有所不忍。日坐针毡，泪痕满面；椎心泣血，若鲠在喉。中夜旁皇，战衣俱湿。诚恐失此不言，将更无偷生之望。不得不痛陈时弊，妄渎钧听。如蒙俯赐赞成，即请将此议交院，立予表决，一致进行。元洪不才，当先率鄂中军界，为天下倡。微特朽索奔驹，自轻负担；亦且孤舟骇浪，获庆安澜。异日皇舆巩固，汉族长存；饮水思源，胥由公赐。生死此问题，争此一著。临风祷祝，泣不成声。瞻望旌麾，伏希电复。元洪叩。侵。①

这份洋洋洒洒3000字的电文主要内容是什么呢？它首先指出了军民不分的“十害”，即：第一害，各省都督管理民政事务，因学识所限，难免被人利用，连累大局；第二害，各司人员负责专业事务，因军人胁迫，难免钻营投机，动摇全局；第三害，各地军旅滥征兵糜兵饷，因纪律废弛，难免纷扰治安，人祸相循；第四害，各地军队肆意加赋征税，因竭泽而渔，难免搜刮利诱，债台高筑；第五害，各地司法本应独立执行，因军人干涉，难免借口军法，儿戏民命；第六害，各地驻防军队奉命远来，因狂妄自大，难免蹂躏乡里，荒废工商；第七害，各地穷困书生无资糊口，因做官无门，难免联络军人，组织会社；第八害，各省高级军官人数近千，因权力过大，难免拥兵反侧，制造兵祸；第九害，各省都督关注省界疆域，因兵权在手，难免挑衅扩张，内讧不息；第十害，各省都督广招党羽朋类，因不受约束，难免煽动兵变，列强虎视。

除此“十害”外，黎元洪还指出军界有“三无”，即无道德心；无法律心；无责任心。他认为要长治久安，则必须“将军务、民政划为二通”。民政通过议会，综揽政纲；都督须经中央委任，专管军队。在全国实行征兵制度，“及年则入伍，满限则归农”。

军民分治的一个重要后果就是裁军。武昌“二次革命”，一夜之间，几乎大厦将倾，“军营一呼，政界俱倒”。黎元洪深刻认识到军人把持权柄将贻害国家建设。经济上，湖北战后颇为拮据，一方面百业待兴，另一方面8万余军人的饷银已成为沉重的财政负担，军队已到非裁不可的地步了。但是，黎元洪这种朴素的思想恰恰被政治经验丰富的袁世凯利用了。

---

① 《黎元洪关于军民分治致袁大总统等电（1912年4月12日）》，辛亥革命武昌起义纪念馆、中国人民政治协商会议湖北省委员会文史资料研究委员会合编：《湖北军政府文献资料汇编》，武汉大学出版社1986年版，第234页。

袁世凯接电后当天就表示赞同军民分治。4月12日当天，袁世凯即复电黎元洪，谓“今有我公以身作则，祸机之息，新邦之固，其可决矣”。[①] 事实上袁世凯一直在试图解决军人干政问题，在此之前他曾致电南京留守黄兴，严禁军人私组政团，指明：“况非法定团体，动以诟詈之词，肆行胁迫，则法令皆废，纲维立弛。虽有圣哲，不能善其后矣。”[②] 之后，袁世凯在回复广西副都统、第三军军长王芝祥的电文中明确指出“军人不准干预政治，既经严令禁止在案”。[③]

可以看出，袁世凯和黎元洪在军人干政问题上的认识基本一致，所以接到黎元洪的电报，袁世凯非常高兴在政治上找到了同盟。袁世凯一直在想方设法地削弱各地兵权，拥兵最多的黎元洪是必须拿下的。军民分治的裁军实质，当然符合袁世凯削弱地方兵权的意图。也许袁世凯当时并未予以深思，孰不知黎元洪想做“民国楷模”，其余各省就甘愿削兵权吗？四个月后，袁世凯在北京会见孙中山有这样的对话：

> 袁氏问：先生对于军民分治问题，有何意见？
>
> 先生答：军民分治，法美意良。惟须规定一妥善之法，务使分治得宜，两方俱有完全之责。然军权亦不可尽归都督，须由军长与兵士分掌之，庶免仍蹈专制故智。故消纳军队，实为分治之要着。文意莫如俟国会开时，乃行讨论，较为妥善。[④]

可见，袁世凯、孙中山都认为军民分治的说法是正确的，但如何执行还尚未有良策。可黎元洪这边，已经着手进行了。

4月19日，黎元洪委任樊增祥为湖北民政长（省长）。樊增祥（1846—

---

① 《附大总统覆电二》，万仁元、方庆秋主编：《中华民国史史料长编（民国元年）》，南京大学出版社1993年版，第327页。

② 《致南京留守黄兴军人不得私组政团》，《袁大总统书牍汇编》，卷6，函牍，文海出版社1967年版，第246页。

③ 《覆王芝祥军统严禁军人干涉政治》，《袁大总统书牍汇编》，卷6，函牍，文海出版社1967年版，第248页。

④ 《在北京与袁世凯的谈话（1912年8月）》，广东省社会科学院历史研究室、中国社会科学院近代史研究所中华民国史研究室、中山大学历史系孙中山研究室合编：《孙中山全集》，第2卷，中华书局1982年版，第427页。

1931），号樊山，曾任护理两江总督，文学家。黎元洪致长信称："先生一日不来，则鄂中一日不治。"① 樊以养疴为名坚辞不就。黎元洪碰了这么一个钉子，心里非常不痛快。后来黎元洪当总统时，樊增祥致信黎，称欲谋总统府顾问职。黎元洪接信后，遍示在座诸人曰："樊樊山又发官瘾。"座中人问如何回复，黎元洪曰："不理，不理。"②

清末民初文学家、诗人樊增祥

后来，黎元洪任命刘心源暂署湖北民政长。刘心源（1848—1915），字亚甫，清末民初湖北著名金石学家、文学家、书法家。此时刘心源任湖北临时议会议长。7月1日任刘心源为湖北代理民政长，从此湖北军民分治正式开始。

黎元洪的军民分治论公布于外后，立即引来多省都督的反对意见。这些都督有广东胡汉民、江苏程德全、浙江蒋尊簋、奉天赵尔巽、湖南谭延闿、江西李烈钧、安徽柏文蔚等。针对诸位都督的反对意见，结合已经开始实施的军民分治的现实，黎元洪就军民分治事有一份致袁世凯总统和各省都督的电文，全文如下：

> 军民分治，鄂已实行。近日措置粗有端绪，远征联邦酋长之政，近鉴督抚专权之弊。官制既定，军政民政，分职各殊。虽时地异宜，措施容有先后，而大端不可改更。夫光复之初，战在国内，故戎事可以并治；光复以后，战在国外，若以文吏兼统军民两政，身无战

① 于铁丘、杨西木整理：《黎元洪未刊信电稿》，《近代史资料》，总93号，中国社会科学出版社1998年版，第75页。

② 刘成禺：《世载堂杂忆》，中华书局1997年版，第148页。

术，士卒岂听指挥？若以军官兼统军民两政，遇事出征，地方谁为主宰？乃胡都督（广东都督胡汉民）既有商榷之条，程蒋赵孙谭赵张李柏各都督亦陈讨论之议。原诸公图治之苦衷，无非为保全治安，维持现状起见。虽赞同之与抗议不厌求详，惟幸无可否之问题，不过时期之讨论。元洪揽察内外，权衡重轻，仅据管窥，更申刍议。夫历代弊政，无过满清；满清弊政，无过咸同。以后皆由督抚拥兵，兼干民政，监师为其奴隶，郡县比于舆台，以致好恶任心，法纪扰乱。民国肇建，岂可不鉴前车？顾或虑事权牵掣，运掉不灵，不知中央如首领，各省若肢体，政事统一何虑分歧，各都督远谋胜算，不拘近功，利害易明，公私易判，所愿率行大法，一德同心。若有伏莽未平，军警难别，自可略为程限，次第更改。期限既满，即不得以他端借口，内政隆污胥判诸此。至于外界风云变幻不测，军事任用，妙在一心。追维前清之失，既由军权之不清；历观列邦之强，实赖军政之统一。夫以外患侵陵之急，都督担负之重，万一有事边陲，张我师旅，对外之策，自急于对内；治兵之责，尤重于治民。不有居者，谁守社稷？不有行者，谁捍牧圉？惟先事之预防，乃有备而无患。诸君将为维持现状，计而弗计久远乎？抑为捍御外侮，计而化去畛域乎？盖维持现状，则时有缓急，而捍御外侮，则职权有专守。元洪组织进行，心神交瘁，非敢胶于故见，实为虑及将来。区区之愚，愿为先导，维诸君谅察。①

黎元洪在这份电文中，阐述了他之所以提倡军民分治，是为长远之计，一旦遭遇外国侵略，都督可以带兵打仗，民政长则继续管理行政，各有分工，不致临危无措。

然而，改革不会是一帆风顺的。军民分治一出，武昌城里就开始传言要“第三次革命”，目标是改革政治，推翻军民两府。同盟会会员祝制六、江光国、腾亚纲等秘密联络，组织“改良政治团”。在6月末黎元洪召开的军事会议上，同盟会会员王宪章、杨玉如被指要危害黎元洪，推翻政府。7月1日至

① 《鄂督黎元洪电总统及各省都督主张军民分治》，万仁元、方庆秋主编：《中华民国史史料长编（民国元年）》，南京大学出版社1993年版，第649页。

7月2日，武昌城内戒严，黎元洪将王宪章、杨玉如、祝制六军职免除。17日，“调集近卫军并饬军警将祝、江、腾三人分头拿获，搜出檄文、布告、文书、名册、徽章、令旗、传单、愿书等项证件，当将三人正法。次日，复在汉口法租界续获乱党多名。黎都督不欲深究，特出示剀切劝告，并将搜出名册立时销毁，以免牵累”。①

针对祝制六等人的造反举措，黎元洪采取了有限度的镇压措施。除将三人正法外，其余“不欲深究”，并销毁名册，“以免牵累”。但是此事，也是后来被处决的张振武、方维的罪名之一。

第二节　振武之死

张振武（1870—1912），字春三，更名竹三，湖北罗田人，寄籍竹山。辛亥武昌首义三武（孙武、蒋翊武、张振武）之一。张振武天资聪颖、过目成诵，入读日本早稻田大学，学习法律政治。同时加入体育会，修习战阵攻守等军事课程，可谓文武全才。当时的《神州日报》评价他：“身仅中材，面貌粗犷，言语简述无理思。观其言动，殆不知有周身之防。盖彼经虑短狭，乘风潮以上舞台者，复弄潮以自嬉，绝无控制风潮之远识定力。”② 张振武之战友仇亮说他“慷直无城府，好以气凌人”。③ 1911年6月，加入共进会，武昌首义元勋。12月被推举

武昌首义元勋张振武

---

① 《祝制六等“倒黎”未遂被害》，武汉大学历史系中国近代史教研室：《辛亥革命在湖北史料选辑》，湖北人民出版社1981年版，第621页。

② 《舆论界对张、方案之反响四则》，武汉大学历史系中国近代史教研室编：《辛亥革命在湖北史料选辑》，湖北人民出版社1981年版，第640页。

③ 仇亮：《鄂军政府军务处长张振武》，冯自由：《革命逸史》，第6集，中华书局1981年版，第212页。

为军务部副部长，代理部长（孙武因伤养病）主持军务部工作。1912年5月任总统府军事顾问。

方维，字旭初，湖北随县人。曾任湖北新军第十五协第三十标第三营正目（班长），文学社社员，武昌首义元勋。起义后任军政府军务部参议。后与张振武密商另组北伐军，任副司令。嗣后北伐军改编为将校团，方任团长。

张振武在武昌起义中功劳卓著，地位显赫，任鄂军政府权力最大的军务部副部长一职，后部改司，张任副司长。北京政府成立后，袁世凯以总统顾问召张振武等入京，谁知这一行竟成永诀。而这一切都与黎元洪的两份电报有关。

1912年8月9日，张振武、方维等受袁世凯之邀来到北京。仅隔两天，至11日，黎元洪真电致袁世凯："伏乞将张振武立予正法。其随行方维，系属同恶相济，并乞一律处决。"是谓第一份电报。此电揭开张振武案序幕，非常重要，现录全文如下：

> 大总统钧鉴：捷密。张振武以小学教员赞同革命。起义以后，充当军务司副长，虽为有功，乃怙权结党，桀骜自恣。赴沪购枪，吞蚀巨款。当武昌二次蠢动之时，人心皇皇，振武暗煽将校团乘机思逞。幸该团员深明大义，不为所惑。元洪念其前劳，屡予优容，终不悛改。因劝以调查边务，规划远谟，于是大总统有蒙古调查员之命。振武抵京后，复要求发巨款，设专局，一言未遂，潜行归鄂，飞扬跋扈，可见一斑。近更蛊惑军士，勾结土匪，破坏共和，倡谋不轨，狼子野心，愈接愈厉。冒政党之名义，以遂其影射之谋；借报馆之揄扬，以掩其凶横之迹。排解之使，困于道途；防御之士，疲于昼夜。风声鹤唳，一夕数惊。赖将士忠诚，侦探敏捷，机关悉破，弭祸于形，吾鄂人民，胥拜天赐。然余孽虽歼，元憝未殄，当国家未定之秋，固不堪种瓜再摘，以枭獍习成之性，又岂能迁地为良？元洪爱既不能，忍又不敢，回肠荡气，仁智俱穷。伏乞将张振武立予正法。其随行方维，系属同恶相济，并乞一律处决，以昭炯戒。此外随行诸人，有勇知方，素为元洪所深信，如愿归籍者，就近酌拨川资，俾归乡里，用示劝善罚淫之意。至振武虽伏国典，前功固不可没，所部概属无辜，元洪当经纪其丧、抚恤其家、安置其徒众，决不敢株累一人。皇天后土，实闻此言。元洪藐然一身，托

于诸将士之上，阘茸尸位，抚驭无才，致起义健儿变为罪首，言之赧颜，思之雪涕，独行踽踽，此恨绵绵。更乞予以处分，以谢张振武九泉之灵，尤为感祷。临颍悲痛，不尽欲言。

元洪叩。真印。①

此电的意思十分明显，就是黎元洪要求袁世凯在北京替他除掉张振武和方维。黎元洪说："元洪爱既不能，忍又不敢，回肠荡气，仁智俱穷。"张振武已经成为黎元洪的一个心病。如何处理他，黎元洪已经"仁智俱穷"，毫无办法，只得请求袁世凯帮忙了。

袁世凯是一个敢作敢为之人，但人命关天，他要确认此事的真伪。据说，袁世凯接到真电后，即复电黎元洪询问真电是否其亲发，黎元洪回电称是。遂有15日夜之捕，16日晨之杀，是谓黎元洪的第二封电报。关于袁世凯发电询问，黎元洪复电答复，即黎元洪有第二封电报，很多人均赞同此说法。

其一，民国记者黄运生。在《黄运生遗著》里写道："黎副总统系十三日来电，袁总统恐系不确，乃于即晚发电询问是否真电。十五日早得回电，声明是真，故十五日夜即下秘密军令。"② 黄言13日来电，肯定是错误的。"十三日"在民国时期的电报代码里应该是元电。这里因为黄亦提出两封电报说，故录之。

其二，著名作家沈云龙。在《黎元洪评传》里写道："按元洪致电世凯密电之期，为八月十一日……而袁十三日接电初恐以为不确，乃于即晚发电询问是否真电。十五日得鄂回电声明是真，故十五日夜即下令将张、方正法。"③

其三，民初报纸《民立报》。1912年8月18日报道："陆建章又将总统军令及黎副总统两次来电令哈（汉章）、刘（成禺）观阅。"④ 8月20日又报道："军事处长据云：袁总统十一日接黎元洪电后，颇不慊黎所为，又恐鄂军界或有暴动称乱；大借款将成，亦必因乱而止，于大局甚有关系，夜不成寐者数夕，曾复电婉商，欲生张振武等。乃黎于十三日又发一电，并派该秘书、

① 胡菊蓉：《袁世凯等有关张振武案的电文一组》，《历史档案》，1983年第1期，第72页。

② 黄远庸：《黄远生遗著》，台湾华文书局1938年版，第221页。

③ 沈云龙：《黎元洪评传》，台湾"中央研究院"近代史研究所编印发行，第43页。

④ 《张振武、方维在北京被害八则》，武汉大学历史系中国近代史教研室编：《辛亥革命在湖北史料选辑》，湖北人民出版社1981年版，第631页。

原电主笔之饶华生及军官十余人乘快车到京，即往袁府，告袁以鄂军队俱已布置妥协，万无他虞，请即日行刑。袁欲交军事裁判，因饶等力请刻不容缓，踌躇再四，不得不牺牲名誉。如此违法举动，确非袁本意云云。”①

后来史学家多沿用此说法，即认为黎元洪发过第二封电报，可惜无人可以提供此电全文。8月16日，即张振武被杀第二天，“北京通衢要处、步军统领衙门、京畿军政执法处均贴有通告，略云：‘八月十五日奉临时大总统军令：“八月十三日准黎副总统电开（第一节副总统致大总统电同）……”。’”② 这里的第一节副总统致大总统电，就是指上面我们抄录的8月11日电。难道黎元洪同一份电报发了两次？我们不得而知。1983年出版的《历史档案》第1期，刊登有中国第二历史档案馆胡菊蓉《袁世凯等有关张振武案的电文一组》一文，亦未提及所谓第二封电报。

我们为什么看不到黎元洪的第二份电报呢？下面的解释不知是否能让人信服：“其第二次电，类于私交，总统力守秘密，不欲宣布，故外间知之者甚少也。”③

8月15日《陆军部致黎元洪电》，是对真电的复电，抄录如下：

> 武昌黎副总统领鄂都督鉴：军密。奉大总统令：真电悉。张振武起义有功，固当曲予优容，宽其小眚，乃复蛊惑军士、勾结土匪、破坏共和、倡谋不轨，实属扰乱大局，为民国之公敌。踌躇再四，未便加以宽典，留此元憝贻害地方。已饬步军统领、军政执法处将张振武并同恶共济之方维查拿，即按军法惩办。此外随从诸人，已饬酌给川资，俾归乡里，以免株连。副总统为保全治安起见，自有万不得已之苦衷，杜渐防微，为民除害，足以昭示天下。所请处分，应无庸议。等因。相应奉达。陆军部。④

---

① 《舆论界对张、方案之反响四则》，武汉大学历史系中国近代史教研室编：《辛亥革命在湖北史料选辑》，湖北人民出版社1981年版，第631页。

② 中华民国公报：《关于张振武案》，湖北革命实录馆：《武昌起义档案资料选编》，上卷，湖北人民出版社1981年版，第440页。

③ 北京特派员函：《枪毙张振武、方维之惨案》，章伯锋、李宗一主编：《北洋军阀（1912—1928）》，第2卷，武汉出版社1991年版，第16页。

④ 胡菊蓉：《袁世凯等有关张振武案的电文一组》，《历史档案》，1983年第1期，第72页。

由英、法、美、德、日、俄出资合建的六国饭店

这份电文应该注意的是“按军法惩办”五字，因为后来的争论之一就是此案的合法性问题。

8月15日中午，京畿军政执法处处长陆建章宴请宋教仁等同盟会诸人，席间陆突然问：“张振武在湖北做的什么官职？”有人答复说：“军务司副司长。”席间觥筹交错，大家未对此问题有所在意。等事发后，众人才恍然大悟：原来处死张振武的命令中午之前就下发了。

8月15日晚6点，京师军警督察处副处长王天纵宴请张振武等湖北人士和北方将士。晚8点宴毕，张振武尚未尽兴，复做东宴请北方诸将于六国饭店。段芝贵借口离席不归，其他人等“纷纷以事离席，精神已异常离奇”。[①]晚10点，张振武乘马车回寓所，途中“忽枪声隆隆，兵勇如蚁，将张马车围住，打碎车窗，群向捆缚”。[②]众士兵将其解至西单牌楼玉皇阁军政执法处，时方维亦从金台馆解至。陆建章宣读黎元洪电文。张振武大声喊：“张振武早就该死，然未想葬身于北京，请借我笔纸一用。”于是自书函一通（文未详）交陆建章，请转交刘某某、邓玉麟。陆接过，张又云：“可否容我见袁总统一面，再将我枪毙？”陆云：“军法所在，予不敢当。”于是推至西单牌楼枪毙矣。[③]

---

① 黄远庸：《黄远生遗著》，台湾华文书局1938年版，第217页。

② 中华民国公报：《关于张振武案》，湖北革命实录馆：《武昌起义档案资料选编》，上卷，湖北人民出版社1981年版，第439页。

③ 中华民国公报：《关于张振武案》，湖北革命实录馆：《武昌起义档案资料选编》，上卷，湖北人民出版社1981年版，第439页。

张案发生后，舆论大哗，矛头纷纷指向黎元洪。黎元洪于是在8月19日致电袁世凯，解释杀张的理由，这就是著名的张振武“十罪文”。其全文如下：

铣电谅达览。张振武以初等小学副（副字衍）教员曾充鄂军务司副长，昔为功首，今为罪魁。元洪业于真电请大总统严饬查拿，按军法惩办在案。惟恐传闻失实，致起误会，爰将伊等谋逆原因再行宣布，以与天下共见之。起义以来，赴沪购枪，靡款六十余万两。枪械腐窳，无裨实用，任意浮报，鄂财政司有案可稽。误军需之要公，恣一己之挥霍。其罪一。自募军队六百余人，私立团名，强索饷需，人月二十元，实为逾格。又私收退伍之兵士六大队为护卫队，坐靡巨饷，阴遂私图。该团军士，大义素明，现愿退伍。是知伊之蓄谋，匪伊朝夕。其罪二。兼充军统，私夜横行，带队放枪，居民惶恐。其罪三。抢夺兵站枪支、军米。其罪四。强占铁路立中小轮船，自由行动。其罪五。暗煽义勇团团长梅占鳌增加营数，诱令石星川往联领事团，许事成任为外交司长，该员不为所动，谋遂无成。其罪六。广纳良女为姬妾，伙串某报为鼓吹。其罪七。私立民国公校，当众演说革命非数次不成、流血非万万人不止，言者称心，闻者咋舌。其罪八。亲率佩枪军队逼迫教育司，讹索学款，挟之以兵。其罪九。又令逆党方维勾结已开革之管带李忠义及已正法之祝制六等，分设机关、密谋起事。伊为原动，大众皆知，恐牵一以动百，故吞舟而漏网。其罪十。此外，索款巨万，皆密济其党援，来往京鄂，实阴行其诡计。种种不法，不胜枚举。元洪荐充大总统顾问，拟任东省屯垦使，并有蒙古调查员之命，无非追录前功，冀收将来。犹复请兵配饷，议设专局；又在汉口私设屯垦事务所，月索款千余元，档案俱在。欲壑未填，野心益炽，揭其始末繁伙，实属无可再原。鄂中亲故，多碍情面，虽稔逆谋，难予显戮。一击不中，大局遂危，倘非请由中央明正国典，何以昭示天下？自闻令下，喧传武汉，万众额手，欢声若雷。元恶既殄，民心大安。元洪自请大总统量予处分者，实因上负大总统，下负国民。既不能烛照于几先，惟冀补苴于事后。从优抚恤，俾生者得所，死者瞑目。天远听迩，吾言不食。临奠揽涕，咽不成声。元洪。皓。印。①

简而言之，张振武的十罪是：一罪靡费公款，购腐烂枪支；二罪自募军队，强索饷需；三罪兼充军统，私夜横行；四罪抢夺兵站，劫其枪米；五罪强占铁路，私立轮船；六罪鼓动义勇，联络领事；七罪纳良为妾，串通报馆；八罪私立公校，信口雌黄；九罪讹索学款，挟之以兵；十罪分设机关，密谋起事。

21 日，黎元洪再次致电袁世凯，张振武的罪行也增加到 14 条。这些罪状中最主要的是两条：一是购枪吞款；二是组织谋逆。湖北籍参议员张伯烈等 20 人就黎元洪罗列的罪状提出质疑。针对购枪吞款，张伯烈等认为："武汉军事吃紧之际，军火缺乏，副总统派张赴沪购办，以张廉干可恃也。振武回鄂，已由鄂督会同军政各界特开会议，将其经手之款根据清单报销，并无异言。乃事逾数月，忽翻前案，此不解者一。"②

可见张振武购枪事并非如此简单，它的过程非常曲折复杂。

第三节　购枪之谜

汉阳失守后，武昌危急，张振武赴沪购买枪械。需要指出的是，张振武此行并未受黎元洪委派，乃是自作主张前往上海。我们先看看关于此段历史的三种不同记录：

第一种，密议私行说。据胡祖舜所记："军务部长孙武、副部长张振武等，乃密议将藩库存银约三十五万两，悉数移至江轮。适被第七协统领邓玉麟所闻，就商余与第五协统领熊秉坤，有以阻止之。诘之孙、张，俱不承运走，实则以采购军械服装为名，存银终于运沪；张且在沪广事结纳，纵情挥霍，浪费一空，至招物议。"③ 胡祖舜的说法非常清楚：张振武沪上购枪是密议私行，而且"广事结纳，纵情挥霍，浪费一空，至招物议"，未得黎元洪

① 胡菊蓉：《袁世凯等有关张振武案的电文一组》，《历史档案》，1983 年第 1 期，第 73 页。

② 《鄂籍参议员张伯烈等就张、方案质询袁政府》，武汉大学历史系中国近代史教研室编：《辛亥革命在湖北史料选辑》，湖北人民出版社 1981 年版，第 634 页。

③ 胡祖舜：《六十谈往》，武汉大学历史系中国近代史教研室：《辛亥革命在湖北史料选辑》，湖北人民出版社 1981 年版，第 105 页。

批准。

第二种，平铺直叙说。汉口汉康印刷局铅印小册子，有民史氏著《张振武之革命战史》，仅说“君即赴沪购枪械以备和议决裂之需”。[①] 张振武战友仇亮所著《鄂军政府军务处长张振武》中只说“振武恐和议无效，赴沪购枪械备急需”。[②] 沈云龙在《黎元洪评传》里亦引用仇亮的说法。刘惠如在《黎元洪诬杀张振武始末记》中也蜻蜓点水地说张振武“在汉阳之战后，即在上海负责购买枪支、弹药和服装”。[③] 此种说法实属平铺直叙，未加褒贬。

第三种，振武请缨说。曹亚伯在《武昌革命真史》里明确记载，1911 年 12 月 13 日，“军务部张振武面陈黎都督云，现在武昌军火缺乏，设停战期满，再行续战，即无补充，深为可虞。请都督饬财政部拨银 40 万，赴日本购买军火，以备作战。都督已照允办，当派张振武往日本接洽”。[④] 此说是肯定张振武自动请缨，并得到黎元洪的批准，即“都督已照允办，当派张振武往日本接洽”。

张振武到底是受派遣还是私自出行购枪的，这个问题长期以来一直被研究者忽略，或故意忽略，其原因不外扬革命者抑黎元洪之思维。如果说张振武密谋私行，他的革命形象将大打折扣，人们会转而支持黎元洪，这又非那个时代的作者所愿见，索性就一笔带过，不提是否经过委派。

黎元洪在 1912 年 8 月 21 日致袁世凯电中径指张振武“汉阳失败，托词购枪，留函径去”。[⑤] “托词购枪”，这四个字实在是妙。按照曹亚伯的说法，张振武确实是主动找到黎元洪，言武昌军火缺乏，请黎元洪拨款 40 万，赴日本购买军火。而且曹亚伯还说黎元洪同意张振武的说法，并派其往日本办理购枪事宜。曹亚伯所言属实吗？无从知晓。曹的“当派张振武往日本接洽”与黎的“留函径去”，恰恰是两种表述：一个是委派；另一个是私行。那么张此行到底是被委派还是私自出行呢？没有答案。既然没有答案，我们还是把

---

① 民史氏：《张振武之革命战史》，湖北革命实录馆：《武昌起义档案资料选编》，中卷，湖北人民出版社 1981 年版，第 400 页。

② 仇亮：《鄂军政府军务处长张振武》，冯自由：《革命逸史》，第 6 集，中华书局 1981 年版，第 211 页。

③ 刘惠如：《黎元洪诬杀张振武始末记》，鲁永成主编：《民国大总统黎元洪》，中国文史出版社 1991 年版，第 183 页。

④ 曹亚伯：《武昌革命真史》，下，上海书店 1982 年版，第 431 页。

⑤ 胡菊蓉：《袁世凯等有关张振武案的电文一组》，《历史档案》，1983 年第 1 期，第 73 页。

视线转到购枪问题本身，看看张振武是何时购到枪的？

按照曹亚伯的说法，张振武大约于1911年12月中旬就出发购枪去了。大约过了一个月，即1912年1月11日，湘桂联军总司令官沈秉堃因枪支短缺，来电借枪。

沈秉堃借枪。沈秉堃（1862—1913），字幼岚，湖南善化人。1908年任云南布政使，并护理云贵总督。1910年擢广西巡抚。武昌起义后，沈在广西宣布独立，被推举为广西都督。后以北伐援鄂为名，带兵离开桂林，任湘桂联军总司令官。沈秉堃借枪400支、子弹50万发。按说400支枪并不多，可黎元洪当时也无米可炊，勉强凑得128支交给沈。黎在电报中解释说："鄂省枪支，自用不敷。所购之枪，尚未办来。兹拨士乃打步枪一百二十八支，子弹十五万，解送金口。俟新枪到，再行拨济。"① 此时虽已停战议和，但民军和清军还时有交火，民军内有兵无枪、有枪无弹的情况已属常态。12天后，湖南都督谭延闿亦来借枪。

谭延闿借枪。谭延闿（1880—1930），字组庵，湖南茶陵人。1909年任湖南谘议局议长。1911年辛亥革命后，任湖南都督。1912年加入国民党。谭延闿向黎元洪借枪5000支，黎元洪这回连128支都搞不到了。他给谭回电说："敝处所购之枪，尚未运到。敌军已退至孝感，和议正在磋商条件。"② 大敌当前，北伐在即，枪何时才能运到呢？五天后，有了结果。

枪运到武昌，却是废枪。1月28日，张振武来电，称："江宽谅已抵鄂。二批军火将到沪，武等拟于28日返鄂。"（因电报均录自武汉大学出版社1986年出版的《湖北军政府文献资料汇编》一书，故省略引文出处。）江宽号是一艘上海轮船招商局旗下的，载重量达3500吨的轮船。1918年4月25日，它被段祺瑞乘坐的楚材舰撞沉，船上700余人丧生。黎元洪收到张振武电报的当天，就连续复电两封：

第一封："江宽运来之枪，系日俄战争之废物，概不能用。如何速复。"

第二封："所购之枪，系日俄战争时日本所得俄国废枪，全不适用，不特虚靡鄂款，亦且贻笑外人。宜速与前途交涉更换为盼。"

在电报中，黎元洪首次批评张振武"虚靡鄂款"，要求其"交涉更换"这些日俄战争时期的废枪。张振武看罢黎元洪的电报，首先想到的是为自己

① 曹亚伯：《武昌革命真史》，下，上海书店1982年版，第570页。

② 曹亚伯：《武昌革命真史》，下，上海书店1982年版，第607页。

开脱。当天，他回复黎元洪，称：

查此次枪械到沪，当请丁复君往吴淞检验，因只有数箱旧物，尚属可用，已罚银万两。今既如此，只好赶办交涉，竭力相争。

堂堂湖北军政府军务部副部长，竟然把购买废枪的过错推给了丁复，真让人大跌眼镜。丁复，是张振武的手下。武昌起义，汉阳失守后，黎元洪准备逃离武昌，被张振武发现，便命丁复等二人看守黎元洪，不让其逃走。武昌起义后，丁复任军政府军务部参议，还是张振武手下。张振武赴沪后，黎元洪越想越觉得不对，就“命参议丁复追至上海”，目的是要“配定式样，只限购银廿万”。[①] 丁复到沪后检验货物，即使有失职之处，张振武的“领导责任”恐怕也推脱不掉吧。

张振武的回电还暴露了一个问题——他知道所运之枪是废枪。张振武在电报中辩解“只有数箱旧物，尚属可用，已罚银万两”。枪已经运到武昌，张振武怎么知道“只有数箱旧物”呢？而且这与黎元洪所说的“全不适用”也相去甚远。唯一的可能就是在启运前，张振武即已经知道这批货里有数箱废枪（我们暂且相信张振武所说）。既然已经知道有废枪，为什么还要运往急需武器的湖北前线呢？如果仅以渎职来解释，恐怕是轻了。按照湖北军政府的《军律》：“遗失军械资粮者论情抵罪。”[②] 那么，张振武所为是“遗失”吗？显然不是。他的行为是主观故意。他不仅故意将废枪运往湖北，而且还将责任推给下属丁复，于情于理于法都说不过去。

第二天，即1月29日，张振武继续以机关枪到沪的名义向黎元洪索要汇款，称“现到机关枪弹，七生的五日本速射炮弹均全。商请邵保拨款，渠不承认。请速另汇八万五千两找价，免延认罚。哈喇呢雨衣，已订万套，价五万两，十日内两交，亦祈汇款”。黎元洪这次学聪明了，他提出了货到付款。在复电中，黎称：“所购到鄂之枪，已经试验，均系废枪，不能适用，尚须速向该商严重交涉退换。又据来电，所购枪炮子弹，均已到沪，须汇款五万元；

① 胡菊蓉：《袁世凯等有关张振武案的电文一组》，《历史档案》，1983年第1期，第73页。

② 渤海寿臣：《实行立宪汇编》，沈云龙主编：《近代中国史料丛刊第四十二辑》，文海出版社1969年版，第148页。

但不知所购之炮弹、机关枪及该子弹各若干，已付银若干，尚欠款若干。分别电复，即将所购之枪炮子弹全数运鄂，俟试验后，如能合用，再行交款，庶免受欺。”黎元洪的“庶免受欺”，与其说是怕张振武被“欺”，倒不如说黎元洪自己怕被张振武“欺”吧。

黎元洪对张振武起了疑心，决定派陈宏诰前往上海调查。陈宏诰，生于1889年，亦名伯雄，字达五，号启民，湖北江夏人。1911年考入第一法官养成所，并于当年参加武昌起义。张振武得知陈宏诰到沪调查其靡费公帑的事情，竟“密遣人袖枪伺其登舟刺之”。① 陈宏诰并没有死，他还给张振武带去了黎元洪的电报，电文称：“足下购办军械，经手甚巨，仅据清册，恐难明晰。现正派员来沪接洽。务将所购军械全数交清后，再行北上为盼。”很明显，黎元洪开始调查张振武的账目了。

而张振武却做出了一个更令人匪夷所思的举动。在回复黎元洪的电文中，他说：“武所购枪械、军衣、银照杂件，造具清册，并交陈宏诰等解回。枪械因所欠余款，由谭人凤君交出，已分一半作为救烟扫北之用。”张振武擅自做主把本应运往湖北的武器，卖一半给谭人凤作北伐之用。

张振武从购枪到卖枪的举动也许并非如他自己说的那么简单。

杨玉如举报张振武叛逃。杨玉如，早年赴日留学，加入同盟会。武昌起义后任鄂军都督府秘书长。1912年，任副总统府秘书长。杨玉如当时正在上海，目睹了张振武的所作所为，非常震惊。1912年2月8日，杨玉如致电黎元洪，称：“张振武拟借北伐名携械窃逃，请急电沪督扣留。”黎元洪接电后，觉得此事非同小可，连忙致电上海都督陈其美，电称：“顷接驻沪员电，称敝省张振武，欲将所购之枪械，携往他处。祈代将枪械悉数截存，并将张振武扣留，即派员接收，以保款械为祷。”

至此，一场在湖北内部不断发酵的购枪事件终于将影响扩大到了省外。黎元洪本来已经怒不可遏，加以杨玉如来电云张振武拟借北伐名义携械窃逃，就立即电沪督陈其美，请其截存枪支，扣留振武。请沪督扣留本省的军务部副部长，如果没有确凿的证据，谁会出此下策？

张振武的行为就连《黎元洪诬杀张振武始末记》的作者刘惠如都说：“从上面这些零碎的往来电报中，可以看出张振武是个桀骜不听命令的人，他经

① 《陈君宏诰革命事略》，湖北革命实录馆编：《武昌起义档案资料选编》，中卷，湖北人民出版社1983年版，第350页。

手买的军火是否真如黎元洪电报中所说的那样不合用，还没有证据，不过他敢于随便把所购军火分一半自己要去救烟台扫北方，则太任性了。”① 该作者说得太委婉，违反军令的军人岂能用任性来形容？

就在张振武死后的第四天，一个叫高木千太郎的日本人致信黎元洪揭发张振武。高木千太郎的来历尚无史料记载，他的信函内容如下：

> 张振武之在沪行为，仆均多亲见，吞款营私，误事祸人等件，真罄笔难书。故自此事发生以来，仆对此事，将加注意，如购买军火时，在三井、大仓、高田等洋行，营私舞弊之确定证据，均已所详悉（中略）检出无遗，如蒙索取，当即寄奉。或由鄙人亲携来鄂面呈亦可。②

因为无法考证此史料所述内容的真实性，仅录其文于此，作为一种说法，不作评论。

黎元洪对张振武购枪吞款事有更详细的数字统计。据黎元洪 1912 年 8 月 21 日致袁世凯电：“只限购银廿万，乃横拨买铜元银四十万，仅购废枪四千支、子弹四百万，机关枪卅六支，子弹二百万，枪械腐窳，机件残缺，有物可查。设有战事，贻害何堪设想？且除买枪廿六万余外，另滥用浮报卅二万，无账二万，尚借谭君人凤五万，陈督复来电索款，均系不明用途，有账可据。”③ 从黎的电文中我们知道，张振武经手款额共 60 万，买枪仅用 26 万，滥用浮报无账 34 万，另外以军政府名义从谭人凤处借款 5 万，全部不明用途款额共 39 万元。当时张振武的月薪是 150 元，这笔钱是其 216 年薪水之和，可见此款之巨。当然，黎元洪数据的真实性由于无相关史料佐证，目前只能认为是一面之词。

还有一个证据不容忽视。在黎元洪 21 日致袁世凯电的“罪十三”中说：“近证蓝都督报告接济之账，尚匿交机关枪二支、子弹三万颗。私藏利械、图

① 刘惠如：《黎元洪诬杀张振武始末记》，鲁永成主编：《民国大总统黎元洪》，中国文史出版社 1991 年版，第 184 页。

② 《中华民国史档案资料汇编·第三辑·政治》，江苏古籍出版社 1999 年版，第 1024—1035 页。

③ 胡菊蓉：《袁世凯等有关张振武案的电文一组》，《历史档案》，1983 年第 1 期，第 73 页。

黎元洪与孙中山

谋不轨。”① 蓝都督，即蓝天蔚，因其曾为关外革命军讨虏军大都督，故称蓝都督。蓝天蔚是同盟会主要会员，曾于1907年与宋教仁、吴禄贞和张绍曾一起，成立同盟会辽东支部，蓝天蔚为负责人之一。同盟会在张案发生后，同盟派议员“亦未免有利用机会思想，以助成其党略”。② 而后来在此案的争论中，同盟会很快偃旗息鼓，是不是和黎元洪的这段言论有关，笔者认为可能性很大。因为同盟会也好、国民党也好、蓝天蔚也好，都未对此事予以反驳。

那么，究竟如何评价军法处决张振武呢？张振武购枪，仅从电文来看，他的罪状有四：（一）渎职。枪支质量的问题从电文里看，确实是存在的，前面笔者已说过。即便如张所说该批枪是丁复所查验，张作为上级，渎职的责任是免不了的。（二）越权。私自向湘督谭延闿借款办军火，这件事完全超出了一个军务司副司长的权限。（三）挪用。张振武以一半军火从谭人凤处借款5万，然后把这批军火运到烟台去了。（四）抗命。黎元洪作为都督在电报里多次命令张务必货到付款，可张拒不执行。搞得黎元洪最后不顾“贻笑外人”，亲自致电沪督陈其美要其扣留张。

综上所述，以军法处罚张振武是正确的，也是毋庸置疑的。就连孙中山亦对张不抱同情。

1912年8月28日，《亚细亚日报》记者（无署名）采访孙中山：

① 胡菊蓉：《袁世凯等有关张振武案的电文一组》，《历史档案》，1983年第1期，第74页。

② 黄远庸：《黄远生遗著》，台湾华文书局1938年版，第222页。

问：对张、方事件，先生之意云何？

答：据我观之，张、方不得谓为无罪。但在鄂都督，似当就地捕拿，诛之于武昌，即不生此问题。假手于中央，未免自无肩膀。而民国草创时代，法律不完，中央政府即接电报，若无依据，以致惹起反对。吾谓中央政府当日应将张、方拿获，解去武昌为上策；否则，亦当依法审判。而中央政府又不在行，故吾谓鄂、京两方皆有不当处。①

孙中山并未为张、方喊冤，他只是认为执法地点应该选择武昌而不是北京。也可以这么说，在孙中山眼里，张、方案不是冤案。但参议院里的部分议员和一些社团认为张案的执法程序涉嫌违法，向黎元洪发起了弹劾攻势和舆论指责。

黎元洪面对指责，进行了积极公关。他从三个方面着手，试图消除张案带来的负面影响。

其一，优恤家属。黎元洪说："俟灵柩到鄂，元洪当亲往奠祭，开会追悼，以致哀魂。"黎元洪给张振武之子进京路费2000元，命军务司每月支付30元抚恤金，直到张子自立。张振武的追悼会在抱冰堂举行，黎亲往祭奠，并作挽联云："为国家缔造艰难，功首罪魁，后世自有定论；幸天地监临上下，私情公谊，此心毋负故人。"

其二，制造舆论。派孙发绪前往南京，说服各军司令及柏文蔚都督，得到柏严守中立的保证；军界黎本唐等24人联名写信驳斥参议院对黎指责，强调召开军法会议，"依鄂军暂行刑令第57条，全体议决宣告死刑，电请大总统正法"。② 湖北教育界总会认为"张方之诛，鄂民称庆"。③ 建议取消弹劾黎元洪的湖北籍议员刘成禺的议员资格。汉口商务总会更以"振武一日不除，

---

① 《与〈亚细亚日报〉记者的谈话（1912年8月28日）》，广东省社会科学院历史研究室、中国社会科学院近代史研究所中华民国史研究室、中山大学历史系孙中山研究室合编：《孙中山全集》，第2卷，中华书局1982年版，第418页。

② 《黎元洪对抗各界舆论谴责之伎俩六则》，武汉大学历史系中国近代史教研室：《辛亥革命在湖北史料选辑》，湖北人民出版社1981年版，第648页。

③ 《黎元洪对抗各界舆论谴责之伎俩六则》，武汉大学历史系中国近代史教研室：《辛亥革命在湖北史料选辑》，湖北人民出版社1981年版，第648页。

则民不能安其居，商不能安其业”，[①] 力挺黎元洪。

其三，假意辞职。黎元洪电函袁世凯要求辞职，荐黄兴为湖北都督。黄兴在汉阳之战败后，已与武昌交恶，势必不会再来湖北做官。民政长刘心源率湖北各界名流致电袁世凯，谓“如听其（张振武）高蹈，则湖北势必动摇，而民国危亡且在旦夕”。[②] 力阻黎元洪辞职。

这些招数果然奏效，沸沸扬扬的张案很快就销声匿迹了。黎元洪经过此次风波，开始全面投靠袁世凯。

第四节　黎袁之盟

1913年8月29日，袁世凯手书“民国柱石”四字匾额，赠予远在武昌的副总统黎元洪，用以表彰黎在二次革命等事件中对北京政府和袁本人的大力支持。那么，黎元洪是如何获得袁世凯青睐的呢？我们还得从张振武案的后期影响说起。

袁世凯军法处死张振武、方维二人，客观上帮了黎元洪大忙。但时论多谓袁世凯在张振武案的安民告示上提及黎副总统，是袁世凯出卖了黎元洪。

出卖还是帮忙，我们先看黎自己的看法。在8月19日致袁世凯电中，黎说：“鄂中亲故，多碍情面，虽稔逆谋，难予显戮。一击不中，大局遂危，倘非请由中央明正国典，何以昭示天下？”[③] 黎元洪说得非常明白，自己处决张振武，顾虑重重，主要是担心“一击不中，大局遂危”，此次“请由中央明正国典”就扫除了障碍，以后可以“昭示天下”了。8月21日，黎元洪又说：“明正典刑，昭示天下，揆诸名义，似尚无妨。”[④] 一句话，黎元洪并不想隐瞒此事，选择在北京动手，就是为了达到除掉张振武的目的。

再看袁世凯。可以说袁是按照黎元洪的要求完成杀张计划的，他为什么

① 胡菊蓉：《袁世凯等有关张振武案的电文一组》，《历史档案》，1983年第1期，第75页。

② 胡菊蓉：《袁世凯等有关张振武案的电文一组》，《历史档案》，1983年第1期，第75页。

③ 胡菊蓉：《袁世凯等有关张振武案的电文一组》，《历史档案》，1983年第1期，第73页。

④ 胡菊蓉：《袁世凯等有关张振武案的电文一组》，《历史档案》，1983年第1期，第74页。

要这么做？因为于公，湖北不能乱。湖北位于国家地理中枢，联系南北，值"二次革命"之说风传之际，不能稍有闪失，否则内乱再起，民国不保；于私，袁世凯需要政治同盟，黎元洪作为副总统和首义都督，名望几乎无人可比。这个现成的一举两得的机会，政治经验丰富的袁世凯岂能放过？而所谓出卖之说，其实不过是政党之间较量的烟幕而已。袁世凯不会上当，黎元洪也不会。袁世凯帮助黎元洪铲除异己，黎元洪当然会回报袁世凯以政治支持。

袁世凯帮助黎元洪根除了一个自己体内的痼疾，自然黎元洪内心充满感激。投桃报李，这在黎元洪是理所当然的。黎元洪对袁世凯的政治支持主要表现在定都何处、善后借款、宋教仁案及二次革命四件大事上，有了黎元洪的支持，袁世凯的政治和军事力量大增，从而在与反袁势力较量的斗争中占尽上风。

第一件大事，定都之争。清帝退位后，孙中山即践前约辞职，让大总统位于袁世凯。因袁世凯素为临时政府所疑，1912 年 2 月 13 日，孙中山就在《咨参议院辞临时大总统文（1912 年 2 月 13 日）》里设了三个条件，用以限制袁世凯，以保障革命果实不被篡夺。这三个条件是：

1. 临时政府地点设于南京，为各省代表所议定，不能更改；

2. 辞职后，俟参议院举定新总统亲到南京受任之时，大总统及国务各员乃行辞职；

3. 临时政府约法为参议院所制定，新总统必须遵守颁布之一切法制章程。①

条件的第一条，在民初引起了一场定都之争。

"南北二京"之争。黄兴（时任南京临时政府陆军部总长）认为临时政府地点必须设在南京，他认为："袁公虽与清廷脱离关系，尚与清廷共处一城。民国政府移就北京，有民军投降之嫌，军队必大鼓噪……临时政府既立，万不能瞬息取消。清帝既退其统治权，统一政府未成立以前，当仍以南京为临时政府，自应受之于政府所在地，更无移政府而送其接收之理……袁公移

① 《咨参议院辞临时大总统职文（1912 年 2 月 13 日）》，广东省社会科学院历史研究室、中国社会科学院近代史研究所中华民国史研究室、中山大学历史系孙中山研究室合编：《孙中山全集》，第 2 卷，中华书局 1982 年版，第 84 页。

节南来，与清帝关系断绝，尤足见白于军民各界，而杜悠悠之口。袁公明哲坦白，固已见此，故日来亦有来宁之意。若移政府而北往，势不得不移南方之重旅，以镇北京。”[①]

此番言论一出，立即引起章太炎的反驳。关于“投降之嫌”，章太炎认为如果说是投降袁世凯，那袁世凯“已被选为大总统，大总统之所在，而百僚连袂归之，此自事理宜然，何投降之可说”？[②] 说到“接收”，章直言“南方虽有临时政府，本无图籍，所可接收者安在”？[③] 关于“断绝关系”，章认为“徒以与清帝同城，谓之关系未断，是断绝不断绝之分，不在名位权实，而在地点。然则临时政府所遣使人往迎袁公者，一入蓟门，亦即与清帝复生关系耶？”[④] 章太炎没想到，自己力挺袁，换来的是一年后“幽居京都，宪兵相守者三月矣”[⑤] 的以怨报德。

黎元洪主张定都武昌。1912 年 2 月 19 日，黎元洪致电袁世凯恳请南北代表来武汉会议，以便组织中央政府。他认为“改建共和，不可为一时计，当为久远计；不可为一省计，当为全国计；不专为对内计，当更为对外计……会议之区，似以汉口为适中”。[⑥] 黎元洪提出把代表会议移至汉口举行，目的是以武汉为民国的政治中心。2 月 27 日，黎元洪以“十万火急”电报致袁世凯、孙中山、各省都督、参议院及各报馆等，明确提出首都地点“居中驭远，莫若武昌”。他认为“暂时权益之计，必须规定燕京，借消隐患，将来宅中建国，仍在武昌，既足涤三百年旧染之污，亦可辟亿万世奠安之局。折中定策，莫此为宜。如蒙允诺，即请从速组织临时政府，规划一切，一面仍开辟武汉，

---

① 《驳黄兴主张南都电（1912 年 2 月）》，汤志钧编：《章太炎政论选集》，下，中华书局 1977 年版，第 565 页。

② 《驳黄兴主张南都电（1912 年 2 月）》，汤志钧编：《章太炎政论选集》，下，中华书局 1977 年版，第 565 页。

③ 《驳黄兴主张南都电（1912 年 2 月）》，汤志钧编：《章太炎政论选集》，下，中华书局 1977 年版，第 566 页。

④ 《驳黄兴主张南都电（1912 年 2 月）》，汤志钧编：《章太炎政论选集》，下，中华书局 1977 年版，第 567 页。

⑤ 《致袁世凯书（1913 年）》，汤志钧编：《章太炎政论选集》，下，中华书局 1977 年版，第 683 页。

⑥ 《黎元洪为请南北代表至汉会议组织中央政府致袁大总统电》，辛亥革命武昌起义纪念馆、中国人民政治协商会议湖北省委员会文史资料研究委员会合编：《湖北军政府文献资料汇编》，武汉大学出版社 1986 年版，第 205 页。

建筑新都”。[①] 这是黎元洪唯一一次最明确地呼吁以武昌为民国首都的通电。3月5日，黎元洪再发“万速火急”通电，这次他没有再提武昌，而是断言“舍南京，不至乱；舍北京，必至亡”，[②] 力挺袁世凯，建都北京。

袁世凯无意南下。孙中山辞去南京临时政府大总统那天，袁世凯即密派“曹汝霖、胡惟德分访日、美两公使，就其南下与否征询意见。曹、胡告两公使谓，如袁南下，北方必起动乱，各国利益定受影响。意在求列强出面干预”。[③] 曹汝霖（1877—1966），字润田，上海人，1900年赴日本留学。1911年任清政府外务部副大臣。辛亥革命后，曹改行当律师。胡惟德（1863—1933），字周吾，浙江湖州人，外交家。举人出身，1890年任驻英国使馆翻译学生，继升随员。1893年任驻美国使馆参赞。1911年任袁世凯内阁外交大臣。1912年3月至6月署理北京临时政府外交总长。此二人均是老牌外交家，且与袁交厚。

第二天，即1912年2月15日，袁世凯复电孙中山，以北方危机四伏，若“舍北而南，则实有无穷窒碍”为辞，拒绝南下。16日，袁世凯电复孙中山及南京临时参议院，再次强调南下为难。并会见各国公使，各国公使表示，必须在北京建立共和政府，否则不予承认。29日，就在孙中山迎袁南下专使蔡元培到达北京的第三天，袁世凯密派曹锟策划了北京兵变，迎袁专使驻所亦遭抢劫。3月4日，蔡元培以北京兵变，致电孙中山，提出“一、消灭袁君南行之要求；二、确定临时政府之地点为北京”。[④] 至此，定都之争接近尾声。

3月6日，南京临时参议院决议，允许袁世凯在北京就职。定都之争这个小插曲以袁的胜利而结束。在北京兵变后，黎元洪立即站在袁世凯一边，提出“即金陵形势果胜燕京，犹当度时审势，量为迁就”。[⑤] 为袁世凯增加了政

---

① 《黎元洪就中央政府地点致袁大总统孙大总统等电》，辛亥革命武昌起义纪念馆、中国人民政治协商会议湖北省委员会文史资料研究委员会合编：《湖北军政府文献资料汇编》，武汉大学出版社1986年版，第210页。

② 《黎元洪为请早定国都致南京孙大总统等电》，辛亥革命武昌起义纪念馆、中国人民政治协商会议湖北省委员会文史资料研究委员会合编：《湖北军政府文献资料汇编》，武汉大学出版社1986年版，第219页。

③ 李新总编，韩信夫、姜克夫主编：《中华民国大事记》，第1册，中国文史出版社1996年版，第186页。

④ 李新总编，韩信夫、姜克夫主编：《中华民国大事记》，第1册，中国文史出版社1996年版，第192页。

⑤ 《黎元洪为请早定国都致南京孙大总统等电》，辛亥革命武昌起义纪念馆、中国人民政治协商会议湖北省委员会文史资料研究委员会合编：《湖北军政府文献资料汇编》，武汉大学出版社1986年版，第219页。

治砝码。

第二件大事，善后借款。1913年4月26日，袁世凯委任内阁总理赵秉钧、外交总长陆徵祥、财政总长周学熙为全权代表，与英、法、德、俄、日五国银行，签订总额为2500万英镑的《善后借款合同》。规定：年息5厘，债券9折出售，净收额不下于84%，期限47年，实际到手仅760万英镑，而47年共需支付本息共计6789万英镑。这是一个丧权辱国的借款条约。

消息一出，举国哗然。当天，黄兴即发表通电，认为“非先得国会之承诺，政府不得自由募集分文”。[①] 袁世凯以该借款于1912年年底由临时参议院通过为由，拒绝将此借款案交国会表决。财政部发公电，强调“中央无涓滴之收入，各省又自顾之不遑。苟非借款，从何支持？”[②] 27日，参议院正副议长张继、王正廷通电反对大借款，指出：“六国借款虽经前参议院开秘密谈话会将政府提出大纲商榷一次，然未正式通过，且不足法定人数，当然无效。”[③]

5月5日，江西都督李烈钧、安徽都督柏文蔚、湖南都督谭延闿、广东都督胡汉民联名发表通电，谴责借款，认为“财权先亡，国本随之”，要求“大总统立罢前议”。[④] 国民党系四都督与袁世凯的斗争至此公开化了。5月8日，袁世凯呈咨文予参众两院，以“值兹财政艰窘，国际债权催逼更甚，借款一日不成，国本一日不定”[⑤] 为由，拒绝取消借款。

袁世凯在与参众两院和国民党系四都督就借款事交涉斗争时，没有忘记拉拢黎元洪做他的政治同盟。黎元洪曾有致电询问袁世凯借款事，袁世凯回电时强调“借款救急实迫不得已之策，时论不谅，肆为诋諆。其实苟有可以借手之方，政府亦岂乐于出此？”[⑥] 说完客观原因，袁世凯还夸奖黎元洪“独

---

① 《黄兴为阻止大借款通电（1913年4月26日）》，朱宗震、杨光辉主编：《民初政争与二次革命》，上海人民出版社1980年版，第247页。

② 《财政部致武昌黎副总统各省都督民政长上海黄克强先生电》，《政府公报》，第13册，第333号，印铸局1913年3月发行，第20页。

③ 《参议院正副议长张继王正廷反对大借款通电（1913年4月27日）》，朱宗震、杨光辉主编：《民初政争与二次革命》，上海人民出版社1980年版，第248页。

④ 《湘赣皖粤四都督联名反对大借款通电（1913年5月5日）》，朱宗震、杨光辉主编：《民初政争与二次革命》，上海人民出版社1980年版，第267页。

⑤ 《大总统咨参众两院大借款无可取消文（1913年5月8日）》，朱宗震、杨光辉主编：《民初政争与二次革命》，上海人民出版社1980年版，第335页。

⑥ 《覆黎副总统论借款利弊》，《袁大总统书牍汇编》，卷5，函牍，文海出版社1967年版，第233页。

立横流，发抒伟论”，“抑狂砭谬，字字珠玑，捧诵再三，莫名倾叹”，希望“共忍小忿小耻以维大计”。① 最后袁世凯还谦虚一番：“凯虽不敏，愿从公后。”② 拉拢归拉拢，忽悠归忽悠，袁世凯也知道黎元洪这样雄霸一方的力量，是不会轻易相信任何人的，必须述之以理，方能取信对方。于是，袁世凯再次致电黎元洪，商榷借款及国民捐问题，电报的全文如下：

民国成立，财政困难，借款与国民捐两大问题，全国争执，各有见地。然以二者相形比较言之，其利害之缓急，各有不同。若单独行之，则为害必矣。夫借款危险固人所共知，今之迫而出此者，非独款缺不得不借，且亦时迫不能缓借，使国民捐可急济军饷，即可垫款以济国虚。速废借款之约，何尝不可？今试问民生之凋敝如此，商业之恐惶又如彼，东南各省已捐不一捐，西北各省又捐无可捐。若普减官俸，则是中央少出款，不得谓中央添入款。朝三暮四，补救毫无，饮鸩解渴，不足为训。譬如人之外病恶疮，而内病虫毒，服砒石则可治，而徐图生机服硝磺，则无效而反速死命。今之中央，迨内病虫毒也，各省外病恶疮也，以国民视硝磺，外债视砒石，求死求生，何去何从，自不待繁言而明者矣。当此民信未立之际，上下交困，总民国军需计之。即以公私财用，尽数入于公项，亦难应付。况未必能得者乎。为今日计，轻减外债，缓图国捐，二者相扶而行，庶外人不致生借款违约之念，监督财政之心，民国得以支持，财政不致空虚，而无少补者也。设若力拒外债，徒恃国捐，亡国之祸，倚马可待。中国人普通之知识尚未充足，谁有爱国之真情，又谁肯解私囊以充公项，出脂膏以养公人？

国民捐自提倡以来，热心出捐者有几？故捐款亦属寥寥，迨至兵无饷，国无粮，必致同室操戈，自取灭亡。有识者早已洞见及此，未识副总统以为何如，应请裁决。电覆。③

---

① 《覆黎副总统论借款利弊》，《袁大总统书牍汇编》，卷 5，函牍，文海出版社 1967 年版，第 234 页。

② 《覆黎副总统论借款利弊》，《袁大总统书牍汇编》，卷 5，函牍，文海出版社 1967 年版，第 234 页。

③ 《致黎副总统商榷借款及国民捐》，《袁大总统书牍汇编》，卷 5，函牍，文海出版社 1967 年版，第 235 页。

袁世凯在电文中主要说了两点：为什么要借款；为什么不能依靠国民捐。关于借款，袁强调一是缺款，即无钱可用；二是时迫，即急需军饷。关于国民捐，袁认为已是捐无可捐。如果仅倚靠国民捐，那么亡国之日就近在眼前了。

黎元洪果然站到了袁世凯一边。5 月 9 日，黎元洪发表通电，谓："今日舍借款无救急之方，舍五国无现成之款。"[①]

黎元洪完全接受了袁世凯的观点，助袁世凯成功解决借款问题。

第三件大事，宋教仁案。宋教仁（1882—1913），字遯（遁）初，号渔父，湖南桃源人。国民党领袖之一，民初政党内阁制的主要推动者。1913 年 3 月 20 日夜 10 时 21 分，"黄克强、宋教仁两君趁夜半赴宁。在车站内宋被人连放三枪，中及要害"。[②] 22 日凌晨 4 点 47 分，不治身亡。

宋教仁究竟为谁所杀，谜底很快即被揭穿。听到宋教仁被杀，袁世凯假惺惺地怒斥道："何物狂徒，施此毒手！"还电饬江苏都督程德全："穷究主名，务得确情，按法严办。""主名"，即当事人或为首者的姓名。

中华民国的主要缔造者之一——宋教仁

其实，随着调查的深入，宋教仁案的幕后黑手直指袁世凯。袁世凯是刺杀宋教仁的"主名"昭然若揭。宋教仁是政党内阁制的积极倡导者、理想主义者。袁世凯送给他 50 万元交通银行支票，他原封退还。此事让袁世凯认识到，他"非高官厚禄所能收买，乃暗萌杀意，密令心腹赵秉钧谋之。赵又委其走狗洪述祖、程克二人主其事"。洪述祖和程克命上海流氓头子应桂馨负责执行，应桂馨则物色原清军军官武士英充当杀手。

① 《黎元洪主张和平办理宋案借款电（1913 年 5 月 9 日）》，朱宗震、杨光辉主编：《民初政争与二次革命》，上海人民出版社 1980 年版，第 341 页。

② 《黄兴程德全报告宋教仁遇刺电（三件）（1913 年 3 月）》，朱宗震、杨光辉主编：《民初政争与二次革命》，上海人民出版社 1980 年版，第 232 页。

孙中山在与日本政界元老井上馨的通信中，更直指“袁、赵诸人确为主名”。[①] 孙中山明确指出，宋教仁案的当事人就是袁世凯及内阁总理赵秉钧等人。

时论嚣嚣，袁世凯陷于舆论围剿之中。袁世凯疲于招架国民党关于宋案的指责，引起武昌黎元洪的注意。

起初，即5月9日，黎元洪致电谭延闿、李烈钧、柏文蔚、胡汉民四都督及黄兴，希望宋案法律解决。他认为：“（宋案）当然由法庭主持办理，政府有无罪犯，司法独立，自有特权”；“今者法庭未有正式裁判之确期，议会未有正式否认之成案，似不能遽为政府罪。共和国家既特设此立法、司法两大机关，人民自当以全权付托。我辈惟有各守秩序，静候法庭、议院之解决，以免举国纷扰。如其尚有疑猜之黑幕，元洪不难联合各都督，全力担保永守共和之责任，以取信于国民，而息无量之愤忾”。[②]

这是说，起初黎元洪赞成宋案由法庭主持办理，听候法律裁决。

然而随着局势的变化，黎元洪的法律解决主张发生了变化。黎元洪表态无论如何要力挺袁世凯。1913年5月下旬，黎元洪接受某国记者采访，即表示了这个态度。

> 记者问：副总统表同意于国民党乎？
>
> 元洪答：余绝不表同意于彼党，因彼党近日举动甚谬，亦甚愚。如谓宋案与政府有关，此其谬也；又彼等绝无势力而欲推翻政府，此其愚也……余此时有军四镇，即第一、第二、第三、第六等镇。将来如不幸以宋案、借款酿成南北战争，余必力助袁总统。[③]

即是说，黎元洪坚决表态：“将来如不幸以宋案、借款酿成南北战争，余必力助袁总统。”这是黎元洪第一次明确提出力助袁，这消息对国民党来说如晴天霹雳。也意味着二次革命未开始，在军事上的力量平衡已经被打破。

---

① 《致井上馨函》，广东省社会科学院历史研究室、中国社会科学院近代史研究所中华民国史研究室、中山大学历史系孙中山研究室合编：《孙中山全集》，第3卷，中华书局1984年版，第60页。

② 《黎元洪主张和平办理宋案借款电（1913年5月9日）》，朱宗震、杨光辉主编：《民初政争与二次革命》，上海人民出版社1980年版，第341页。

③ 《黎元洪表示“极端拥袁”五则》，武汉大学历史系中国近代史教研室：《辛亥革命在湖北史料选辑》，湖北人民出版社1981年版，第684页。

第四件大事，二次革命。宋教仁在世时，国民党分为两派。这两派按地域分，是南方派北方派。南方派的代表人物是孙中山、黄兴；北方派的代表人物是宋教仁。宋教仁的北方派也称为法律派或稳健派，概因宋提倡政党内阁制，主张在法律框架内解决中国问题。宋被暗杀后，南方派或称激进派的二次革命思想成为国民党内主流。一次革命也就是辛亥革命的宗旨是种族革命，即推翻满清统治，这种宗旨容易引起国人共鸣。由于有人民的支持，这样的革命也容易成功。而二次革命的宗旨实际上就是反袁，其宗旨无论在高层官员还是普通百姓中，很难引起共鸣和同情。在各省都督中，黎元洪的军事实力和政治影响力最大，黎很自然地成为国民党争取的对象。然而张振武案时国民党南方派对黎的弹劾和批判，无疑已经把黎推向了袁世凯的阵营。

黎若助袁，国民党将无胜算。“直到 1913 年春，大批部队集中在三个中心地区：华北的北京周围（最大的），华中的武昌周围，长江下游的江苏南京周围。”① 也就是说，当时的中国有京、汉、宁三个军事中心，如据其二，或武昌保持中立，南北或可一战。因本年将选举正式总统，国民党领袖人物黄兴先以选黎为总统为诱，希望以黎制袁。黎不应，并把相关情况悉数电报给袁。黄兴于是退而求其次，决定劝黎保持中立。“如不允，则合湖南全省以及江西兵之半攻武昌之后，武昌陷，则京汉自落南军手。”②

劝说是无用的。此时的黎元洪已不再是辛亥年那个清军协统，而是经过一年多战争洗礼、政治斗争、南北议和、外交斡旋，一心希望中国走向共和之路的军事和政治领袖。他早已认定革命事起，革命党消。他认为要走共和之路，必须要稳定社会环境，而不是继续革命。一年前，孙中山访问武昌受到黎元洪热烈欢迎。然而孙中山在武昌演讲二次革命，却引起武昌方面的不满。孙武四处散发传单，反对孙中山，“谓先生于此时乃主张第二次革命民生主义云云，不啻为武汉间流氓暴动之导火线”。③ 黎元洪也非常反对孙中山的言论，他对胡汉民说：“武汉之局，方忧摇动不安，先生（孙中山）奈何言此？”④ 可以看出，黎元洪、孙武等人虽为首义元勋，早已不支持二次革命的观点。

---

① ［美］费正清编：《剑桥中华民国史 1912—1949 年》，上卷，中国社会科学出版社 1994 年版，第 221 页。

② 《国民党南派最近之举动（1913 年 5 月）》，朱宗震、杨光辉主编：《民初政争与二次革命》，上海人民出版社 1980 年版，第 316 页。

③ 胡汉民：《胡汉民自传》，《近代史资料》，总第 45 号，中国社会科学出版社 1981 年版，第 66 页。

④ 胡汉民：《胡汉民自传》，《近代史资料》，总第 45 号，中国社会科学出版社 1981 年版，第 66 页。

国民党人在湖北的革命活动使黎元洪决定与北洋结盟。一年多来，“振武会”煽动南湖马队倒黎事件；同志乞丐团与军国建设会之谋乱，使黎元洪每日战战兢兢，四处灭火，疲于应付。而最让黎元洪心惊的还是改进团事件。

改进团成立于1913年3月26日。当天，“打响武昌起义第一枪”的熊秉坤、湖北第八师师长季雨霖、同盟会会员田桐（受黄兴委派）等假汉口汉南旅馆宴请各部队团长以上人员，提出反袁倒黎的口号。宴会后，一部分革命党人秘密会议，决定成立改进团，以季雨霖为团长，提出改进湖北军政，继续进行革命事业，并设立了秘密机关。

改进团的宗旨就是推翻袁世凯、黎元洪。1913年4月，季雨霖、詹大悲、熊秉坤等已在湖北设立机关数十处，结合之军人、土匪、游勇共计有数万人，以季雨霖为都督，以詹大悲为民政长，准备推翻黎元洪统治。后机关被破获，季雨霖等离鄂。《国报》直指此次倒黎运动为“黄兴造反”。6月底，改进团卷土重来。“宁调元、熊越山、季雨霖等先后来鄂，携带巨款，潜住租界，与詹大悲、钟仲衡、彭养光等分途运动。”① 这次运动同样以失败告终。改进团第一次倒黎后，黎元洪就请李纯军进鄂维持秩序了。李纯（1867—1920），字秀山。时任陆军上将，第六师师长。李纯部进鄂，标志黎袁的军事合作正式开始。

二次革命开始。1913年7月8日，李烈钧接受孙中山的指令，由上海返回江西湖口，制定武装讨袁的作战方略。7月12日，李烈钧在江西湖口宣布江西独立，自任“江西讨袁军总司令”。二次革命正式开始。7月14日，黄兴由沪莅宁，主持讨袁大计。15日，江苏独立，黄兴任“江苏讨袁军总司令”兼“各省讨袁军总司令”。此后，皖、沪、粤、闽、川相继独立。

孙中山是二次革命的旗帜。他多次在上海、香港、澳门等地召集革命党人研究形势和对策。他又多次发表通电和宣言，声讨袁世凯。

但由于讨袁军均属仓促上阵，孤军奋战，战事很快便急转直下，讨袁军力不能支。7月21日，袁世凯下达《平叛通令》，23日，第一军军长段祺瑞发布进军令。26日，李烈钧在日人帮助下逃亡日本。同日，袁世凯命令进军南京。29日，“南京方面更苦饷弹两竭，黄总司令遂听从一部分劝告，不愿

① 《二次革命前湖北党人密谋倒黎未遂八则》，武汉大学历史系中国近代史教研室：《辛亥革命在湖北史料选辑》，湖北人民出版社1981年版，第695页。

重苦人民，糜烂地方，悄然退出南京”。[1] 黄兴乘船赴沪，后前往日本。9月1日，南京攻陷。“由于讨袁军在军事上的失利，原来宣布独立的各省又相继宣布取消独立，随着南昌失守和南京被袁军攻占，江西、南京的反袁战争至此告终。二次革命也最后失败了。”[2]

黎元洪坚决反对二次革命。二次革命期间，黎元洪曾接受《大陆报》记者采访，在采访中，黎元洪清晰地阐述了自己的观点。全文如下：

> 《大陆报》主笔密拉君近至鄂省，谒见黎副总统。黎君明告密拉君曰：“此次叛徒起事，毫无充足之理由。所以起事者，不过为少数人欲壑，一己之欲壑耳。该党欲用叛徒之武力以改革政事，甚愚，且大逆不道。此次直接关系激成叛乱者，为孙文与黄兴二人也。自北京政府成立宣告共和后，孙、黄二人设种种之计策倾倒袁世凯矣，且孙、黄从未以诚心扶助袁世凯。至于此次之变乱，必有外人从中援助叛徒，不然断不能成事。孙文于革命之役，于推翻清政府，并无丝毫之功劳。革命事成，孙文始来中国。世人不察，为其蒙蔽，误矣！苟问孙文曾否援助革命，则非我之所知矣。而黄兴之战功更无足道矣。南京临时政府之设，若辈饱入私囊者有三千万之多。政府与彼党始也待之以和，推之以诚，处之以忍，持之以坚。今至此最后忍无可忍之地步，不能不用激烈手段严惩破坏共和之叛党矣！至于各国租界，不啻为叛党之保障，不然断不能起事如是之易。若列强苟能阻止叛党利用租界为酿成作乱之地，亦易事也。余所大惑不解者，有数国不欲中国共和之存在。倘列强能完全承认民国，则可免叛党之起事矣。而乱事若任其迁延，足使灭亡中国也。[3]

在这里，黎元洪斥责二次革命为“变乱”，斥责革命者为“叛徒”，斥责国民党为“叛党”。斥责孙中山对于推翻清政府“无丝毫之功劳”，斥责“黄兴之战功更无足道矣”。此二次革命在黎元洪看来，实为推翻共和之举，是叛

---

① 赵正平：《癸丑讨袁》，朱宗震、杨光辉主编：《民初政争与二次革命》，上海人民出版社1980年版，第585页。

② 来新夏主编：《北洋军阀史稿》，湖北人民出版社1983年版，第101页。

③ 《黎元洪表示“极端拥袁”五则》，武汉大学历史系中国近代史教研室：《辛亥革命在湖北史料选辑》，湖北人民出版社1981年版，第687页。

乱行为。他甚至认为："而乱事若任其迁延，足使灭亡中国也。"黎元洪反对二次革命的态度跃然纸上。由此，在二次革命的问题上，黎元洪成为袁世凯的帮凶。

但仅以此段文字还不能说明黎对袁的真正态度。1913 年 5 月，黎元洪在接受某西报记者采访时，被问及如果袁世凯有非常之志（即称帝），黎会如何反应。黎元洪非常明确地回答："谓袁公有非常之志，余决不信。使袁公而果变其初志，则余彼时亦必不助彼矣。"① 不信袁非常之志，黎元洪无疑是错了；不助袁非常之志，黎元洪后来确实做到了。

① 《黎元洪表示"极端拥袁"五则》，武汉大学历史系中国近代史教研室：《辛亥革命在湖北史料选辑》，湖北人民出版社 1981 年版，第 684 页。

第五章 险中求生继总统

1913 年 12 月 11 日，在公开发行的民国日报《政府公报》中刊登了这样一则《大总统令》："兼领湖北都督事黎元洪呈称因公来京请派员代理等语，著段祺瑞暂兼代领湖北都督事。此令。"① 看到这则新闻，人们才知道，黎元洪已经进京了。黎元洪是如何进京的，是自愿的还是被迫的呢？

第一节 秘进北京

1913 年 10 月 6 日、7 日，袁世凯和黎元洪分别当选中华民国大总统、副总统。袁世凯当天即致电黎元洪表示祝贺，贺电说：

> 本日国民选举公为正式副总统，为民国贺，踊跃无已。两稔以来，赖公协力同心，维护大局，甘苦安危，皆所与共。民国之不摧败，世凯之无陨越，繄惟公之力。国基渐固，复得同济舟楫，尤深欣幸。世凯现拟初十就职，盼公来京同时莅任。鄂地綦重，或即在武昌就职，悉候尊裁。此后巨川共济，惟望终始教勖，以匡不逮，巩我民国。凡五族生灵，实同受其赐。甫望江汉，不胜喁仰。②

袁世凯在表示祝贺之余，邀请黎元洪"来京同时莅任"。对黎元洪来说，这是不可能完成的任务。其原因有四：

① 《大总统令》，《政府公报》，第 20 册，第 577 号，印铸局 1913 年 12 月 11 日发行，第 297 页。

② 《致黎副总统请来京就职》，《袁大总统书牍汇编》，卷 7，函牍，文海出版社 1967 年版，第 294 页。

原因一，时间紧迫。因10月10日恰逢国庆二周年纪念日，袁世凯欲喜上加喜，遂定于是日举行总统就职礼。而袁世凯给黎元洪的贺电是7日发出的，也就是说，黎元洪最多有两天准备时间。

原因二，喧宾夺主。总统就职典礼的主角是袁世凯，黎元洪以“首义都督”“副总统”身份进京势必会抢袁世凯的风头。

原因三，主观抵制。即黎元洪本人不想进京。这点有可能性，但实际情况容笔者稍后详细分析。

原因四，地方未靖。二次革命刚刚结束，白朗起义军频繁在湖北各地展开武装行动，黎元洪一时无法离开湖北。

于是，黎元洪电告袁世凯：“鄂省仔肩未释，趋觐需时，北斗京华，谨当望风膜拜。至副总统忝荷虚名，未便同邀大礼。遵就武昌拜受嘉命。”①

其实袁世凯此时并不急需黎元洪进京，他还需要黎元洪的配合来完成一件大事，那就是解散国民党。此时的国民党，在袁世凯看来是眼中钉，在黎元洪眼里是肉中刺。两年来，张振武案、宋教仁案、二次革命运动种种风波，使袁、黎愈走愈近，使国民党愈来愈成为袁、黎的心腹大患。而宪法草案的公布，遂成为袁、黎解散国民党的导火索。欲了解这根导火索是如何点燃的，我们须先了解宪法草案的产生经过与内容。

宪法起草委员会之成立。1913年6月30日，参众两院召开宪法会议，选举宪法起草委员60人，“两院各半，联合组成宪法起草委员会，其中国民党33人，进步党19人，共和党7人，超然社1人”。② 可以看出，宪法起草委员会中，国民党籍委员占据半壁江山。正式国会开始后，以制定宪法为其唯一任务。“虽南北交战之间，而宪法起草委员会，仍于二年七月初旬，积极进行。”③ 1913年10月31日，宪法起草委员会通过宪法草案（即《天

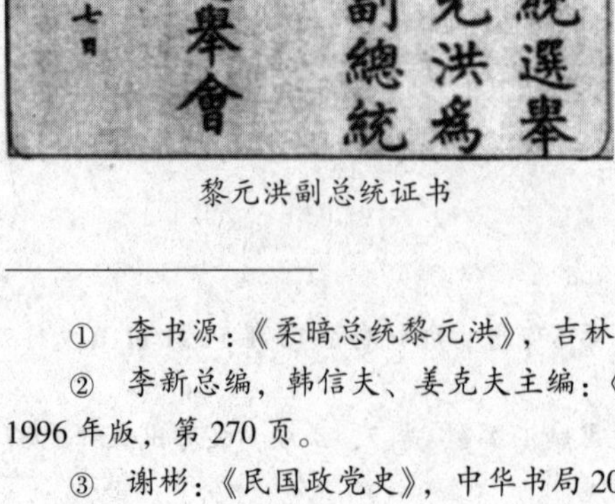

黎元洪副总统证书

---

① 李书源：《柔暗总统黎元洪》，吉林文史出版社1995年版，第154页。

② 李新总编，韩信夫、姜克夫主编：《中华民国大事记》，第1册，中国文史出版社1996年版，第270页。

③ 谢彬：《民国政党史》，中华书局2007年版，第58页。

坛草案》)，此草案共 11 章，113 条，“由国民党、进步党等妥协折衷而告成”。[①] 这部折中而成的宪法草案都有什么内容呢？我们不妨找几点主要的有争议的条款说说。

《天坛草案》的主要争议条款内容：

第四十三条　众议院对于国务员，得为不信任之决议。前项决议用投票法，以列席员过半数之同意成之。

第五十一条　国会委员会，于每年国会常会闭会前，由两院各于议员中选出二十名之委员组织之。

第八十六条　法院依法律受理民事、刑事、行政及其他一切诉讼，但宪法及法律有特别规定者，不在此限。

第一零七条　审计院以参议院选举之审计员组织之。

综合来看，《天坛草案》扩大了议会的权力，削弱了政府的权力。

《天坛草案》限制了总统的权力。如果说二次革命是国民党的激进派准备武力推翻袁世凯的统治，那么《天坛草案》就是国民党的稳健派（或称法律派）欲以法律限制袁世凯的权力。袁世凯知道国民党在国会中势力强大，就提议派法制局局长施愚等八人“前往（宪法会议）代达本大总统之意见”。[②] 实际上就是监视宪法起草委员会的工作。袁世凯的提议遭到宪法起草委员会的拒绝。被拒绝了的袁世凯意识到必须清算国民党才能保住自己的权力，于是他通电各省军政长官反对《天坛草案》，称“起草委员会，国民党居多。草拟宪法，妨害国家，比较《临时约法》，弊害尤甚”。[③] 袁世凯发出进攻信号，黎元洪自然心领神会。

黎元洪通电呼吁重行厘定宪法草案。1913 年 11 月 1 日，黎元洪发表《对于宪法草案意见会上大总统并致京内外各机关电》，针对前述有争议的四个条款，他提出四个自己的观点：

> 1. 国会仅有弹劾权。元洪等以为国会对于国务员仅宜有弹劾权，

① 《宪法起草委员会通过宪法草案》，万仁元、方庆秋主编：《中华民国史史料长编（民国二年）》，南京大学出版社 1993 年版，第 218 页。

② 《公文》，《政府公报》，第 18 册，第 528 号，印铸局 1913 年 10 月 23 日发行，第 525 页。

③ 《公布宪法起草委员会第一次提出宪法草案世称〈天坛草案〉》，万仁元、方庆秋主编：《中华民国史史料长编（民国二年）》，南京大学出版社 1993 年版，第 241 页。

而不宜取同意制及不信任投票制者一也。

2. 平政院行政诉讼。元洪等窃期期以为不可行政裁判为行政监督之作用，即使存而不用亦足使下级官吏有所严惮，若属于法院，是以司法干涉行政官吏其不可者一；其判决难其允当，而国与民交受其病，其不可者二；判决之结果必执行，乃徼有效，使判决者之上级官厅不以法院之判决为然，则争执易起。争执不已，进而轧轹；轧轹不已，至于纷扰皆为事实上必有之结果，其不可者三；人才之进退出处，随国法保障之厚薄为转移。今以法院裁判行政事件，其信用固已不厚，设使少失平允，则洁身自赉者，必至望而却步。在职者又以疑畏之心，幸求免过，全国政治必将沦于萎缩之地而不自知，其不可者四……元洪等以为宜另设平政院专管行政诉讼者二也。

3. 取消国会委员会。国会委员会为各国宪法所无，今草案规定国会闭会时，由两院各举委员二十人组织委员会。职权之广，直与国会相等。是不但以少数人专制多数人，不足以代表真正民意，且能使国家命脉惟其操纵而无如之何。即如紧急命令处分为国家元首宪法上之大权，在事实上万无可以反对之理。今草案竟以同意权予之数十委员，是直剥夺元首宪法上之大权，而使大总统无临机应付之余地也。元洪等以为国会委员会万无存在之必要者三也。

4. 总统选任审计院。元洪等以为审计院应由总统选任勋望最高、全国信仰之人，而不宜以议员组织者四也。①

黎元洪在电文的最后说："总之，我国正式政府甫告成功，法律造端实为宪法，稍有不善，则民国前途非常危险。务望两院诸公，共体时艰，顾全大局，将宪法委员会所拟宪法草案详加讨论，重行厘定，务期与我国历史习惯，现时情势适合，以袪流弊，而巩邦基……"② 黎元洪认为《天坛草案》需要推倒重来，呼应了远在北京的袁世凯。得到黎元洪的支持，袁世凯迫不及待地决定解散国民党。

---

① 黎元洪：《对于宪法草案意见会上大总统并致京内外各机关电》，万仁元、方庆秋主编：《中华民国史史料长编（民国二年）》，南京大学出版社 1993 年版，第 245 页。

② 万仁元、方庆秋主编：《中华民国史史料长编（民国二年）》，南京大学出版社 1993 年版，第 250 页。

袁世凯一日三令解散国民党。1913年11月5日，袁世凯连续下达三道命令，宣布解散国民党。

第一道命令：解散国民党各级机关。“饬北京警备地域司令官，迅将该国民党京师本部立予解散。仍通行各戒严地域司令官、各都督、民政长，转饬各该地方警察厅长及该管地方官，凡国民党所设机关，不拘为支部、分部、交通部及其他名称，凡现未解散者，限令到三日内一律勒令解散。嗣后再有以国民党名义发布印刷物品、公开演说或秘密集会者，均属乱党，应即一体拿办，毋稍宽纵。”①

第二道命令：区别对待国民党人士。“著各该长官留意考察其性情暴戾甘与逆谋固为法律所不宥，如心术纯正、才具优长，经此次解散之后，仍可量才任用，不得预设成见，故意诋诽。并饬各县知事告诫民人，不得怀挟私仇，借端报复。该党人既经解散，仍是公民。”②

第三道命令：驱逐国民党国会议员。“饬将该国民党立予解散，并饬追缴该国民党国会议员证书、徽章。”③

三道命令一出，黎元洪立即致电响应。1913年11月19日的《政府公报》刊登了一则黎元洪与湖北民政长饶汉祥致电袁世凯和国务院，电称：“大总统令一律解散，凡属省议会国民党议员及各县议会国民党议员，自不能听其把持，特予宽免。”④ 饶汉祥（1884—1927），字瑟僧，湖北广济人。1905年留学日本，入政法大学。武昌起义后入职鄂军都督府秘书室，获得黎元洪赏识，很快升任秘书长，也开始了与黎元洪的友谊。饶汉祥才华横溢，以擅长骈体文著称于世，很多黎元洪的电稿均出于饶之手。至今，仍有文学爱好者对饶的骈体文爱不释手，津津乐道。黎元洪对湖北省、县国民党议员早就恨之入骨，此刻是要借机将鄂省内的国民党势力一举消灭。解散国民党机关、驱逐国民党议员后，袁世凯无论在军事上还是政治上，都已取得控制权。现在，

---

① 《大总统令》，《政府公报》，第19册，第541号，印铸局1913年11月5日发行，第117页。

② 《大总统令》，《政府公报》，第19册，第541号，印铸局1913年11月5日发行，第119页。

③ 《大总统令》，《政府公报》，第19册，第541号，印铸局1913年11月5日发行，第128页。

④ 《武昌黎副总统等呈大总统暨致国务院等电》，《政府公报》，第19册，第555号，印铸局1913年11月19日发行，第439页。

他需要把黎元洪调入北京了。

黎元洪愿不愿意来北京呢？众说不一。归纳起来有两种说法：愿意与被迫。

持愿意说者。黎绍基，黎元洪长子。在《黎元洪的一生》一文中，黎绍基说："当时，由于我父亲操劳和忧心国事，致使他的健康情况不佳，适当的休息对他来说是有利的，于是他辞去了湖北都督的职务而前往北京担任副总统，并同时兼任参谋总长和参政院院长。"① 在《我父黎元洪二三事》中，黎绍基再次说："当时我父认为革命已经成功，军队已没有保留必要，也愿意北上。"②

持被迫说者。黎绍芬，黎元洪长女。在《我的父亲黎元洪》中，黎绍芬说："1913 年冬，袁世凯要先父进京，并令段祺瑞到湖北督促。我父虽不愿离开武昌，迫于环境没有办法。"③ 许兆龙，武昌起义元勋。在《黎大总统面面观》中，许兆龙说："黎知鸟尽弓藏之势已成，而'储贰'之职，不能不就（黎前接到被选为正式副总统之电后在告国人电中有忝列'储贰'之称），始以接替无人，继以交代须时相推，均未获袁之允准，忽然段祺瑞乘专车来鄂代理都督，黎氏遂不辞鄂人而往京。"④

从以上所列资料可以看出，亲近如黎元洪长女、长子对黎元洪北上问题竟持两种说法。查长女黎绍芬生于 1901 年、长子黎绍基生于 1903 年，黎元洪北上时，两人只是 10 岁左右的少年。受各种因素影响，所写文章有不同的表述也是可以理解的。那么，黎元洪自己是否愿意北上呢？笔者的回答是：他愿意。

1. **政治上黎元洪无奢望**。两年间黎元洪从清朝新军协统做到中华民国副总统、参谋总长的位置，已是一人之下，万人之上。他没有割据一方、自立门户的想法，这点是公认的。

---

① 黎绍基：《黎元洪的一生》，鲁永成主编：《民国大总统黎元洪》，中国文史出版社 1991 年版，第 18 页。

② 黎绍基：《我父黎元洪二三事》，鲁永成主编：《民国大总统黎元洪》，中国文史出版社 1991 年版，第 36 页。

③ 黎绍芬：《我的父亲黎元洪》，鲁永成主编：《民国大总统黎元洪》，中国文史出版社 1991 年版，第 27 页。

④ 许兆龙：《黎大总统面面观》，鲁永成主编：《民国大总统黎元洪》，中国文史出版社 1991 年版，第 57 页。

2. **军事上黎元洪无私军**。黎元洪最早提出军民分治，继而在湖北裁军，导致二次革命时鄂军不敷镇压叛军，不得不急电请北洋李纯部入鄂相助。

3. **党见上袁黎观点一致**。黎元洪不仅助袁世凯解散国民党，而且黎任党魁的进步党一直是袁在议会的支持力量。

4. **国体上黎坚持共和制**。黎元洪之所以极力支持袁世凯，是因为他此时依然坚信袁世凯也是共和制的支持者。

虽然黎元洪进京是自愿的，但却是一次秘密行动。黎元洪知道即将北上，就对许兆龙说："段祺瑞总长不日来湖北，你接到我的电话后，即率全团官兵到刘家庙车站欢迎，今夜回团，即作准备，候我的命令。"① 可以看出，黎元洪对段祺瑞何时来鄂是非常清楚的。他没有告诉许兆龙的是，他将北上。所以，许兆龙才有"及段氏到达武昌第三日，用代理都督名义召集会议，我才知道黎氏已往京"② 之语。为保障安全，副总统秘密进京是可以理解的，也是正常的。持秘密进京说的也不乏其人，据时任陆军部处长曾毓隽《六十年之回顾》云："癸丑一役结束，由是有迎黎之举。是年（民二）十二月袁派段祺瑞到鄂，余（曾自谓）亦随行，下车遂渡江谒黎，在副总统府两宿。黎召其参谋长金永炎，商整理军队事大致就绪，宣布段北归。黎送过江，到车站上车后，段反下车，黎遂北上。"③ 时任总统府秘书张则川曾告张国淦曰："迎黎之举，系由参谋次长（陈宧，作者注）与鄂方主持者暗中电商妥洽，乃派段到鄂。黎离鄂到京，酝酿不止一日，多数反对。故此次去京，出以秘密。"④ 黎元洪进京，在态度上是自愿的，在行动上是秘密的。由于是秘密进京，所以引起很多猜测，也是可以理解的。

黎元洪进京还有一种说法，认为是段芝贵的原因。段芝贵（1869—1925），字香岩，安徽合肥人。段早年赴日学习，1905 年任清陆军第三镇统制。1911 年 10 月护理湖广总督。1912 年任武卫军总司令，12 月任察哈尔都统。因为这个说法很少见，特抄录如下：

---

① 许兆龙：《黎元洪解散革命军与入京的经过》，鲁永成主编：《民国大总统黎元洪》，中国文史出版社 1991 年版，第 213 页。

② 许兆龙：《黎元洪解散革命军与入京的经过》，鲁永成主编：《民国大总统黎元洪》，中国文史出版社 1991 年版，第 213 页。

③ 张国淦：《北洋述闻》，上海书店出版社 1998 年版，第 63 页。

④ 张国淦：《北洋述闻》，上海书店出版社 1998 年版，第 63 页。

黄陂之入京也，其中原因复杂，言人人殊，论者咸谓其受亲信某君怂恿之故，而不知非也。袁氏自此次战胜后，异己者皆驱逐海外，于心亦快然自足。其不能释然者，惟黄陂耳。虽黄陂一意拥护中央，而自袁氏视之，仍觉其态度有不了之处。适段芝贵抵京，面陈南方战事，盛称今兹民党旋起旋仆，非仅恃所部战斗能力，实则黄陂不肯联合民党之功。袁亦赞黄陂不止。段即进言曰："以后南方之安危与否，悉视黄陂从违为断。然以名高望重之人物寄之阃外，实为国家前途隐患。脱不使之入樊笼中，将来恐终为党人利用。"袁聆语极韪之。盖段久垂涎鄂督一席，彼逆知袁氏素忌黄陂，故出为国计为袁计之语。先使袁去黎，然后再设他策以偿己之志，所谓小人之言可畏者是也。袁于是授密计于段祺瑞至鄂，诡言中央得侦探报告，谓民党失败，群归咎于君尔，日未肯独立，有一部分暴烈分子，日谋不利于君以报怨，盍姑入京暂避之。黄陂遂商诸其亲信之某君，某君亦表示同意。黄陂乃轻车简从，渡江北上。比段督视事，鄂人始知也。黄陂此行，初非以党人图己为虑，实则以北方军队遍驻鄂中，己虽负统御虚名，而号令不行、事权不一，且骎骎乎有反客为主之势，久欲呈请辞职。适段祺瑞传袁氏命，召己晋京，毅然舍此而去，盖即是中真相也。当时一般舆论鲜有能道及之者。①

这段记载说的是段芝贵觊觎鄂督之位，怂恿袁世凯召黎元洪进京。袁世凯赞成段的说法，于是有黎秘密进京之举。

段芝贵于1914年2月1日获任署理湖北都督，民间传有此说也不足怪。

黎元洪到北京即受到袁世凯的高规格欢迎。袁世凯派长子袁克定、总统府大礼官黄开文、侍从武官长荫昌前往车站迎接。袁世凯还特派自己所乘坐之金漆朱轮双马车前往，可谓礼遇有加。袁世凯初见黎元洪，"握手言欢，状极㧑谦。黄陂固推诚待人者，见袁拳拳，信其为谦光盛德，遂晏然处之而不疑"。② 袁世凯安排瀛台为黎元洪私邸。南海瀛台，慈禧太后软禁光绪皇帝之

① 贡少芹：《黎黄陂轶事》，上海国华书局1917年版，第54页。
② 贡少芹：《黎黄陂轶事》，上海国华书局1917年版，第55页。

地也。之后，袁电段祺瑞备专车送黎元洪眷属到京，“一应供给皆袁部署，服御饮食与袁相埒。袁更派禁卫军40名执役，名义上供奔走，实则暗中监督也”。[①] 袁世凯还命各色人等前往黎处拜谒，“实皆受袁之唆使，以侦察其举动者，即织悉之事必有所密告。黄陂向持镇静态度，寡言默坐，了无异人处。及久，袁谓所亲曰：此公仁让贤慈，吾极佩其人。由是猜忌之心稍稍冰释，防范仍未懈也”。[②] 从此，黎元洪开始了两年的瀛台生活。

北洋军阀、陆军上将段芝贵

这两年的瀛台生活是什么样的呢？我们不妨看看时任总统府军需处军事参议唐在礼的回忆：

袁对黎元洪用了很多心血。在袁左右说黎坏话的人很多，有人说如不加防范，黎的生命可能有问题，如果出了问题，袁将有口难辩，对袁将有很大的不利。当时黎的地位名望都很高，各方面的人都想拉拢黎，这也使袁很不放心。因此袁把他安置在瀛台居住，说是为了确保他的安全。当时府里警卫严密，出进瀛台的人很有限，黎当然对于这样的“优待”不免有些情绪。袁知道我和黎有一段渊源，就叫我去联系黎、照顾黎，并且郑重地叮嘱我，如果黎有所要求，一般的要让他十足满意，不用请示，马上给他办到。所以黎那时推荐什么人，安排个挂名差事，每月拿几百块钱，只要黎开口，提示姓名，我如奉到袁的命令一样，总是当天替黎办到。除此以外，我还常到瀛台去见黎，亡妻沈友琴三天两天常在黎家。我们夫妇俩都着意安慰他，把外面的事讲给他听。同时我按照袁的命令，常常把袁对他绝无歹意的话说给他听，千万让黎放心。黎表面上似乎没

① 贡少芹：《黎黄陂轶事》，上海国华书局1917年版，第55页。
② 贡少芹：《黎黄陂轶事》，上海国华书局1917年版，第55页。

有担忧的神情，但他内心难免也有些不满。这些情况，事后我都向袁回报，因为袁命令我，要勤到黎家去，事无大小都要回报。每次回报之后，袁都说我办得好。有时黎要见几个湖北的老朋友，我就一一给他找到，但事后也将情况回报袁。之后，到我调部接陈宧的事的时候，陈调四川将军，我病后就更常去黎处坐坐谈谈。黎不大说什么，送钱去，他总是如数照收。①

瀛台生活直到1915年10月为止。因黎元洪夫人患病，瀛台潮湿不适合养病，黎向袁提出要求搬家。袁世凯不得已，花费10万银元为黎在东厂胡同购置了一处房产。（张国淦说此房产由“袁克定购买东厂胡同住宅赠黎”②）客观地说，袁世凯对黎元洪确实慷慨，他送给黎元洪的这所房子面积颇大。大到什么程度呢？

据房契所载，东厂胡同房间数目为：“正宅121间；正宅东侧屋106间；正宅东花园99间；正宅南角屋41间；正宅极东墙外屋18间；正宅东花园东厂胡同对面屋3间，空地一块；正宅东厂胡同对面马号22间，共计房屋410间，空地一块。”③ 据说此宅为清末总理大臣荣禄故第，查房契的“立卖字人是良揆”。④ 良揆，荣禄子也。

宅院东部有花园，内有葡萄亭一座。“亭内悬缀紫绿乳颗，垂垂如贯珠，丛实炼以玻璃，藤叶镶金类蟠之。电弩一触，万灯齐发。黑夜款客，光彩艳目。云属西洋某公使赠送荣仲华者，黎有密语，多到此亭。”⑤ 之所以要介绍此亭，是因为与黎有关的大事多发生在这个葡萄亭（也称八角亭）。

房产是题外话。黎元洪抵京后的境遇，远非外表那样光鲜。对此，章太炎早有预见：“南方渐定，黎公必为刍狗，以后境遇，恐远不如前矣。道德太高，任人玩弄，夫复何言。”⑥ 章太炎预见到黎元洪的境遇，却无法预见自己的。

---

① 唐在礼：《辛亥以后的袁世凯》，杜春和等编：《北洋军阀史料选辑》，上册，中国社会科学出版社1981年版，第104页。

② 张国淦：《北洋述闻》，上海书店出版社1998年版，第64页。

③ 廖一中整理：《黎元洪部分房屋土地契约》，《近代史资料》，总62号，中国社会科学出版社1986年版，第178页。

④ 廖一中整理：《黎元洪部分房屋土地契约》，《近代史资料》，总62号，中国社会科学出版社1986年版，第178页。

⑤ 刘成禺：《洪宪纪事诗本事薄注》，卷2，文海出版社1967年版，第16页。

⑥ 汤志钧编：《章太炎年谱长编》，上册，中华书局1979年版，第447页。

第二节 搭救太炎

章太炎，时人称章疯子。章对“疯子”有自己的解释：“兄弟看来，不怕有神经病，只怕富贵利禄当面现前的时候，那神经病立刻好了，这才是要不得呢！”[①] 可见其傲骨。章太炎学问盖世、政见鲜明，时代显赫人物如孙中山、黄兴、袁世凯、梁启超、康有为均不入其法眼，偏偏对黎元洪一见如故，“独投分甚深，称道弗衰”。[②] 黎元洪亦投桃报李，视为知己。黎元洪抵京时，章太炎已经被袁世凯软禁四月之久。那么，袁世凯为什么要软禁章太炎呢？

有人说是参谋次长陈宧所陷害，起因源于章太炎之口无遮拦。民国初年，章太炎进京，“一见陈宧，惧然曰：‘中国第一人物，中国第一人物；他日亡民国者，必此人也。’翌日，此语传遍京师。人初以为太炎之偏执，后乃服太炎之神慧；而陈宧深恨之，乃设计诱太炎入京，囚之龙泉寺”。[③] 当然，真相不会如此简单，我们须先了解章太炎的政治背景。

清末民初民主革命家章太炎

章太炎是同盟会元老。同盟会成立时，由三大派构成，即孙中山的兴中会、黄兴的华兴会和章太炎的光复会。当时光复会的成员有蔡元培、秋瑾、徐锡麟、陶成章，均鼎鼎大名，可见章太炎的影响力。革命成功后，种族革命不再，遂与同盟会分离，组成中华民国联合会。后与张謇之预备立宪公会联合，组成统一党，与同盟会为敌，“于袁氏所为，皆极力赞助”。[④] 后与民社等五党联合，成立共和党，推举黎元洪为理事长。不久，

---

① 徐一士：《亦佳庐小品》，中华书局2009年版，第43页。
② 徐一士：《亦佳庐小品》，中华书局2009年版，第43页。
③ 刘禺生：《世载堂杂忆》，中华书局1997年版，第192页。
④ 谢彬：《民国政党史》，中华书局2007年版，第41页。

章太炎退出，仍维持统一党。大借款案后，章太炎对袁世凯的认识明显变化了。

在《致伯中书八（1913年7月3日）》中，章太炎云："项城溺职违法之事，已为全国所周知……盖帝王思想是其所无，终身总统之念是其所有，既不能正身轨物，使天下乐推，惟有滥借外款，用如泥沙。债负已多，抵押已尽，则第二任总统，任令何人不能接手，而己之地位可以永固……故就财政一端观之，项城不去，中国必亡。"①

二次革命开始后，章太炎致电黎元洪，称："时不再来，国无幸立，惟愿决机俄顷，以顺民情，既为全体生民起见，即不必以竞争权利为嫌。"② 呼吁黎元洪"厉兵北向，请诛罪人，以为南方指导"。③ 此时的章太炎，俨然反袁斗士。

章太炎决定冒险进京。1913年8月5日在《致伯中书十一》中，章太炎云："顷已买航直赴京、津，要与诸志士同处患难，为中夏留一线光明。项城甚欲购拿革命旧人，电已通布，吾辈亦不畏也。"④ 8月11日，章太炎抵京，宿于化石桥共和党本部。

有人说章太炎是共和党在袁世凯的授意下召入北京的，此事仍与陈宧有关。据吴宗慈《癸丙之间太炎言行录》记载："鄂人陈某献媚于袁，谓彼可致太炎于北京，袁颔之，陈乃商之共和党郑某、胡某，于党中集会，谓党势孤危，不如请太炎先生来京主持党事，党议韪之。不一月，先生遂入京，即寓化石桥共和党本部。到京后，仅一往晤黎公，袁遣人招之往见，弗应也。"⑤ 章太炎入京后，即被军警监视。

据8月18日《民立报》报道："章太炎前日到京，大为袁世凯所注目，

---

① 《致伯中书八（1913年7月3日）》，汤志钧编：《章太炎政论选集》，下，中华书局1977年版，第661页。

② 《致黎元洪电（1913年7月17日）》，汤志钧编：《章太炎政论选集》，下，中华书局1977年版，第665页。

③ 《致黎元洪电（1913年7月17日）》，汤志钧编：《章太炎政论选集》，下，中华书局1977年版，第664页。

④ 《致伯中书十一（1913年8月5日）》，汤志钧编：《章太炎政论选集》，下，中华书局1977年版，第672页。

⑤ 汤志钧编：《章太炎年谱长编》，上册，中华书局1979年版，第447页。

赵秉钧派四巡警出入监视。”[①]

8月20日《民立报》又报：“袁、赵、梁、陈忌章太炎甚深，除派四巡警监视外，又授意御用党报纸百般诬蔑。”[②]

8月23日《民立报》再报：“梁士诒因章太炎首斥其奸，目为四凶之一，切齿忿恨，日与赵秉钧、王庚聚议倾陷之策，闻将捏造证据，置章于死。”[③]

由于被监视居住，章太炎精神上感到非常压抑。在近3年时间里，他不断尝试各种方法以结束这样的生活，这些方法有：

1. 思归欲自决。1913年9月23日《家书》：“展转思之，惟有自杀，负君深矣。然他人皆无可与谋，以疏阔者多，周密者寡耳。此书恐成永诀也。”[④]10月2日《家书》：“都中豺狼之窟，既陷于此，欲出则难纵驱，委命无此耐心，故辄愦愦图自决耳。”[⑤] 在10月17日《家书》中，章太炎解释想自决的原因是“悲愁过当之言”。[⑥] 不过，章太炎很快就放弃了自杀的想法。

2. 移家至青岛。11月4日《家书》称：“立意欲移家青岛，而彼中尚未听从也。”[⑦] 11月9日《顺天时报》刊登《致袁世凯书》：“欲出居青岛，以返初服而养痾疾……终无报命。”[⑧] 11月18日《家书》：“前与袁、陆相商，欲往青岛，彼尚不舍。今日与陆强要，方得撤兵，吾亦约不他往。”[⑨] 章太炎以撤去住宅守兵为条件，放弃了去青岛的要求。

3. 大闹总统府。1914年1月1日，章太炎致信黎元洪言：“三五日当大去。人寿几何，亦或尽此。书与公诀。”[⑩] 章决定乘火车离开北京。3日，章在车站被军警阻拦，不得已又回到寓所。7日，章前往大总统府欲见袁，等待很久，袁始终未见，“先生怒，击毁招待室器物几尽”。[⑪] 袁遂命陆建章幽禁

---

① 汤志钧编：《章太炎年谱长编》，上册，中华书局1979年版，第448页。

② 汤志钧编：《章太炎年谱长编》，上册，中华书局1979年版，第448页。

③ 汤志钧编：《章太炎年谱长编》，上册，中华书局1979年版，第448页。

④ 汤志钧编：《章太炎年谱长编》，上册，中华书局1979年版，第451页。

⑤ 汤志钧编：《章太炎年谱长编》，上册，中华书局1979年版，第451页。

⑥ 汤志钧编：《章太炎年谱长编》，上册，中华书局1979年版，第452页。

⑦ 汤志钧编：《章太炎年谱长编》，上册，中华书局1979年版，第452页。

⑧ 谢樱宁：《章太炎年谱摭遗》，中国社会科学出版社1987年版，第84页。

⑨ 汤志钧编：《章太炎年谱长编》，上册，中华书局1979年版，第453页。

⑩ 汤志钧编：《章太炎年谱长编》，上册，中华书局1979年版，第467页。

⑪ 汤志钧编：《章太炎年谱长编》，上册，中华书局1979年版，第469页。

章于龙泉寺。

4. 绝食达半月。1914 年 5 月 23 日《家书》，决意绝食，“以死争之”。[①]6 月 26 日《家书》：“槁饿半月，仅食四餐。”[②] 袁世凯并不想章太炎死，就嘱咐京师警察总监吴炳湘，以章患病为由，安排其住进官医院徐院长位于东城本司胡同的寓所内疗养。

黎元洪对章太炎的境遇始终关心。1913 年 12 月 9 日，黎元洪进京。同一天，章太炎开始在北京讲学。这天开始直到袁世凯暴死，黎元洪一直在利用自己的影响力搭救章太炎，具体事件有三：

往劝袁世凯。《黎黄陂轶事》载：章太炎为文章泰斗，所著言论，足引起社会之观念，故袁深嫉之。因借他事，幽禁太炎，使警察逻守之。黄陂大不谓然，乃为章缓颊。谓：“太炎一文弱书生，且夙患神经病，即予以自由亦无妨碍。能否悯其狂易而释之？”袁笑曰：“公毋菲视彼也。大凡弄笔书生，成事则不足，败事则有余。彼挟其文字魔力，足以深入人之脑印。建设与破坏，悉视彼一言为转移，是文妖也。若纵而去之，隐患正无已时。所谓有神经病者，彼盖借此以给人耳。”黄陂知其言不易入，急乱以他语退，谓所亲曰：“项城手段愈逼愈紧，甚非国家幸福也。”然袁因黄陂为太炎解免一语，卒未□致其生命不尔者殆矣。[③]

助办考文苑。章太炎决定留京后，致信袁世凯云：“私心所祈向者，独考文苑一事。”他认为考文苑“经纬国常，著书传世，其职在民而不在官，犹古九两师儒之业。迩者方言国音、字典文例、文学史、哲学史等，皆未编成，而教育部群吏，又盲瞽未有知识，国华日消，民不知本，实愿有以拯济之”。[④]黎元洪到京后，惦念章太炎，召常与章联系的吴宗慈至瀛台，商量对策。黎元洪“嘱询先生在京愿为何事，经费可负责，并言袁对之尚具善意，但不欲其出京及发表任何文字耳”。黎元洪得知章愿办考文苑后，就与袁商讨此事。袁表示可以年拨经费 15 万元，但不必设机关办事。章先是坚持经费非 75 万

① 汤志钧编：《章太炎年谱长编》，上册，中华书局 1979 年版，第 473 页。
② 汤志钧编：《章太炎年谱长编》，上册，中华书局 1979 年版，第 475 页。
③ 贡少芹：《黎黄陂轶事》，上海国华书局 1917 年版，第 65 页。
④ 马勇编：《章太炎书信集》，河北人民出版社 2001 年版，第 454 页。

元，且必须设机关。双方你来我往，谈判“终告决裂。黎公徒为扼腕”。[①]后章缩小规模，拟做弘文馆。袁世凯表示：“只要章太炎不出京，弘文馆之设，自可照办，此不成何等问题也。”虽然说定，“而未能即日实行。延滞之间，章氏不能耐矣”。[②]

章太炎与汤国梨结婚照

助章家团聚。章太炎被幽居龙泉寺后，黎元洪念其孤独郁闷，命人前往上海接章夫人进京。章太炎致信夫人，称：“如果欲面谒，即当严拒弗见。”章太炎初时是想让夫人来京的，认为可以“消其疑忌”，此时却“不复念此矣”。[③] 1914年2月2日，《家书》云：“收拾房舍，乃黎公主意。黎公本煦煦为仁，性如老妪。最得意者，乃为家庭之乐，不欲人室家仳离，其中亦有诚意存焉。但今之黎公，亦笼中物耳。其意半出至诚，半受运动，吾固不能听其指挥，亦不能不虚与委蛇也。”[④] 可以看出，章对黎的善举也是存有戒心的。虽有戒心，但章仍需黎的资助。后来章租下钱粮胡同宅，等待子女来京时，已非常拮据。尝云：“眷属来后，黎公亦允为助，但亦恐不能久累耳。”[⑤] 7月24日，章迁居钱粮胡同新寓所。他感慨道：“此次事状，由黎副总统从中调护。”并加注：“黎本亦遭疑忌之人，近与当事通婚姻，疑忌颇释，故可进言。”[⑥] 通婚姻是指黎次女与袁世凯子袁克久之订婚事。

---

① 吴宗慈：《癸丙之间太炎言行轶录》，刘成禺：《洪宪纪事诗本事薄注》，卷二，文海出版社1967年版，第11页。

② 徐一士：《亦佳庐小品》，中华书局2009年版，第59页。

③ 汤志钧编：《章太炎年谱长编》，上册，中华书局1979年版，第469页。

④ 汤志钧编：《章太炎年谱长编》，上册，中华书局1979年版，第471页。

⑤ 汤志钧编：《章太炎年谱长编》，上册，中华书局1979年版，第475页。

⑥ 汤志钧编：《章太炎年谱长编》，上册，中华书局1979年版，第477页。

对章太炎的监视直到袁世凯去世才结束。1916 年 6 月 25 日，黎元洪派员护送章太炎至天津。7 月 1 日，章太炎回到上海家中。

第三节　救国大计

1913 年 11 月 4 日，袁世凯借口“二次革命”，下令解散国民党，取消国民党籍议员资格，追缴议员的证书会章。被追缴者共 438 人，导致议员无法达到法定人数，议会瘫痪。议会瘫痪、国民党被取缔，可《中华民国临时约法》对大总统的掣肘仍在。袁世凯需要修改约法以行独裁，但修改约法，必须得经过立法机关。而此时议会已经瘫痪，如何能合法地修改约法呢？袁世凯走了两步棋：

第一步，成立政治会议。1913 年 11 月 26 日，袁世凯发布大总统令成立政治会议机关，希望“集众思广，忠益以谋，利国福民，期于实事求是”，而“关于根本大计的讨论尤贵精详”。[①] 所谓根本大计就是指约法。袁世凯规定政治会议机关定员 80 人，由下列人员构成：

一、各省所派人员；

二、国务总理派二人；

三、各部总长派一人；

四、法官二人；

五、蒙藏事务局数人；

六、大总统派李经羲、梁敦彦、樊增祥、蔡锷、宝熙、马良、杨度、赵维熙八人。

袁世凯委任李经羲（李鸿章侄子）为议长，张国淦为副议长，顾鳌为秘书长。据张国淦回忆：“黎临时保我做这会议议员，希望我能得到会中实情。袁敷衍副总统面子，发表我为副议长。”[②]

可见，这个 80 人的政治会议就是袁世凯的御用政治机构，是为他所用的。1913 年 12 月 15 日上午 9 时 30 分，袁世凯在居仁堂接见政治会议议员。

① 《大总统令》，《政府公报》，第 19 册，第 563 号，印铸局 1913 年 11 月 27 日发行，第 591 页。

② 张国淦：《北洋述闻》，上海书店出版社 1998 年版，第 64 页。

10时，袁世凯致《大总统训词》。

《大总统训词》共3002字。袁世凯先讲平等、自由、民主，次讲民意、共和、舆论，然后谈到爱国。而其言论所指是《中华民国临时约法》，他攻击《约法》说：

《约法》因人成立，多方束缚。年余以来，常陷于无政府之地，使临时政府不能有所展布。以遂野心家之阴谋，置国家安危存亡于不顾，致人民重受苦痛。①

由此，他提出要重新制定法律。他说道：

开国之初，本无所谓法律，先由良善之政府根本规定，引导人民，使入轨道，以进于共和之域。②

他强调要由“良善之政府”制定法律，“引导人民，使入轨道”。

袁世凯的讲话很快得到黎元洪等的反应。三天后，即12月18日，黎元洪偕全国22省官员发表《咨询政治会议以救国大计》电，力挺袁世凯。电文内称：

上下两院，性质相同，无术调剂，因之立法成绩，毫无进步，中外援为诟病，国家日益阽危。上无道揆（即准则），下无法守。

又说：

历考中外改革初期，以时势造法律，不以法律强时势。③

① 万仁元、方庆秋主编：《中华民国史史料长编（民国二年）》，南京大学出版社1993年版，第507页。

② 万仁元、方庆秋主编：《中华民国史史料长编（民国二年）》，南京大学出版社1993年版，第507页。

③ 万仁元、方庆秋主编：《中华民国史史料长编（民国二年）》，南京大学出版社1993年版，第514页。

黎元洪在办公室

黎元洪等的观点非常清楚，一是赞同修改《中华民国临时约法》，二是赞同解散议会。袁世凯对黎元洪等的电报非常满意，当天即以“大总统令”发布该电。这份电报由副总统黎元洪领衔，全国22省都督、民政长具名，可以说是政治会议得以顺利进行的保障，分量极重。那么，黎元洪为什么要力挺政治会议呢？这里面有两个重要原因，也可以说是黎元洪的两个建国理念。

其一，维持国家统一。辛亥革命，黎元洪最终选择议和来结束战争，避免了中国分裂的危险；二次革命，黎元洪建议以法律解决争端，担心中国出现南北割据的局面。国都未定之际，黎元洪倡言“早定国都，组织政府，庶可收中央统一之效，杜外人干涉之端”。①

其二，保育共和政体。黎元洪对共和情有独钟，自任鄂督以来，矢志共和。他曾对《大陆报》记者丁格尔说：“中国必须建立一个以美国式联邦为样本的共和国。”② 他认为“共和不成，必致瓜分”。③

黎元洪认为实现其建国理念的人选只有袁世凯。当时，黎元洪还没有看透袁世凯是一个帝制自为者。民初，黎元洪曾在一份电报里称赞袁世凯：“以公之才之学之识，总统中华民国，建设共和政体，未有不成唐虞之盛治，驾欧美而上之也。”④ 袁世凯当选临时大总统后，黎元洪致电称：“我公望重中外，才贯天人，去专制而进共和，化干戈而为揖让，此不独五族颂胞与之功，

① 辛亥革命武昌起义纪念馆、中国人民政治协商会议湖北省委员会文史资料研究委员会合编：《湖北军政府文献资料汇编》，武汉大学出版社1986年版，第219页。

② ［英］埃德温·丁格尔：《辛亥革命目击记》，中国青年出版社2002年版，第12页。

③ 辛亥革命武昌起义纪念馆、中国人民政治协商会议湖北省委员会文史资料研究委员会合编：《湖北军政府文献资料汇编》，武汉大学出版社1986年版，第117页。

④ 辛亥革命武昌起义纪念馆、中国人民政治协商会议湖北省委员会文史资料研究委员会合编：《湖北军政府文献资料汇编》，武汉大学出版社1986年版，第205页。

即万国亦莫不乐和平之福。”[①] 黎元洪认为“项城柄国，人望攸归”，自谦“洪之才力，实难比肩”。[②] 袁世凯帝制自为之前，黎元洪对其施政方针无一不予支持。当然，黎元洪的支持不是盲目的，当袁世凯的政治行为偏离共和，走向帝制，黎元洪则坚决地选择了抵制。政治会议期间，黎元洪支持袁世凯取消国民党机关、解散议会、遣散议员，是因为在袁世凯和国民党之间，黎元洪始终认为国民党是破坏统一和共和的力量。在湖北期间，黎元洪首倡军民分治，由于财政困难，裁军不力，接连发生武昌二次革命、三次革命。黎元洪一直认为是国民党在暗中鼓动，使他这个曾经的同盟会协理，与国民党之间的关系越来越远。黎元洪愈来愈相信只有袁世凯才是中国统一和共和的希望，而国民党不除，则统一和共和将无望。国民党解散后，议会因不够法定人数而关闭。1914 年 1 月 10 日，袁世凯下令停止两院现有议员资格，国会完全解散。此时，束缚袁世凯的临时约法依然存在，而政治会议不是立法机关，设立立法机关修改约法势在必行。

第二步，组织约法会议。政治会议议决《约法会议组织条例》。受袁世凯委任，蔡锷、饶汉祥、许鼎霖、朱文劭、顾鳌、姚震、梁建章、沈铭昌、孙毓筠、邓鎔、方枢、那彦图、贝允昕、王印川、陈瀛洲等 15 人为审察员，1914 年 1 月 2 日和 6 日，“两次开会审查全体议决，于本月 7 日，具意见书提出报告”。[③] 政治会议详细讨论 15 位审察员的报告，议决“宣布停止两院现有议员职务，并声明两院现有议员既与现行国会组织法第十五条所载总议员过半数之规定不符，应毋庸再为现行国会组织法第二条暨第三条之组织”。[④] 1 月 10 日，政治会议议决“特设造法机关”以改造民国国家之根本法。政治会议议员认为“现在国事日棘，非刷新政治无以救国家之危；非增修约法无以立刷新政治之本”，“大总统提出揆之法理事实均属毫无疑义，本会议所当讨论者，即系以何种机关议决此项增修案之问题”。“本会议依据法理，参之时

---

① 辛亥革命武昌起义纪念馆、中国人民政治协商会议湖北省委员会文史资料研究委员会合编：《湖北军政府文献资料汇编》，武汉大学出版社 1986 年版，第 204 页。

② 辛亥革命武昌起义纪念馆、中国人民政治协商会议湖北省委员会文史资料研究委员会合编：《湖北军政府文献资料汇编》，武汉大学出版社 1986 年版，第 206 页。

③ 《公文》，《政府公报》，第 22 册，第 598 期，印铸局 1914 年 1 月 13 日发行，第 249 页。

④ 《公文》，《政府公报》，第 22 册，第 598 期，印铸局 1914 年 1 月 13 日发行，第 251 页。

势，佥以为宜于现在之咨询机关及普通之立法机关以外，特设造法机关，以改造民国国家之根本法。”“本会讨论至再，全体议决，并希望此种造法机关如果设立，应请召集各地方富于学识经验、声望素著之员，妥慎组织，以符尊重造法机关之本。”① 1月26日，袁世凯发布大总统令，公布《约法会议组织条例》。该条例共22条，其中第17条规定：约法会议议决事件咨由大总统裁可公布之。② 裁可公布权归总统，使约法会议完全成为袁世凯的傀儡。1月29日，袁世凯再次发布大总统令，公布《约法会议议员选举程序施行细则》。至此，筹备约法会议的准备工作全部结束。

约法会议的成立。袁世凯反对责任内阁制，主张总统制。袁尝曰：“往者本行内阁制，而只闻有讨袁，不闻有讨陆讨段！”③ 1914年3月18日，约法会议开幕，孙毓筠为议长，施愚为副议长。袁世凯致辞，谓：“本大总统对于此次增修《约法》，固信诸君发抒伟论，必有良好之结果。”④

《中华民国约法》的发布。5月1日，《中华民国约法》发布。时人称为“新约法”或“袁氏约法”。“袁氏约法”以根本大法的形式肯定了袁世凯破坏共和制的结果，确立了封建军阀专制制度。

第一，废除内阁制，实行总统制。《中华民国约法》规定：“大总统为国之元首，总揽统治权”；“行政以大总统为首长，置国务卿一人赞襄之”。此后，公布法律、发布命令，不需副署。不设国务院；设政事堂于总统府。国务卿为政事堂的首脑，下设左丞和右丞及参议八人。国务卿形同大总统的秘书长，没有国务员的地位。“《约法》乃庶政之本，今既更改，则一切设施，自随之而变。废国务院，而于总统府设政事堂，以徐世昌为国务卿，杨士琦为左丞，钱能训为右丞。”⑤ 民初以来的责任内阁制被大总统负责制取代。袁世凯的独裁梦得以实现。

第二，赋予总统以至高无上的权力。总统拥有通常的公布法律，提出法律案，发布命令，制定官制，任免文武职官，宣战，媾和，缔约，统率全国

---

① 《公文》，《政府公报》，第22册，第598期，印铸局1914年1月13日发行，第252页。

② 《约法会议组织条例》，《政府公报》，第22册，第619号，印铸局1914年1月27日发行，第681页。

③ 白蕉：《袁世凯与中华民国》，中华书局2007年版，第103页。

④ 白蕉：《袁世凯与中华民国》，中华书局2007年版，第103页。

⑤ 白蕉：《袁世凯与中华民国》，中华书局2007年版，第123页。

陆海军等权；召集立法院宣告开会、停会、闭会，否决立法院议决的法律案，直至解散立法院之权；议决宪法的国民会议，由大总统召集和解散，宪法由大总统公布实施。总之，一切大权大总统独揽。

第三，取消了三权分立的原则。本来《临时约法》实行的是三权分立的原则，即立法、行政、司法三权实行分立。这对比封建专制主义的集权制，是一个历史性的进步。但“袁氏约法”却完全破坏了三权分立的原则。其代行立法院的参政院的正副院长都是袁世凯委任的，是袁世凯的御用工具。而司法权由大总统任命的法官执行，司法机关也只是大总统属下的一个御用机构而已。因此，“袁氏约法”的三权尽为袁世凯独占。

黎元洪对约法会议的态度。据张国淦回忆：

政治会议完全为袁世凯操纵利用的机关，由此而产生的约法会议，于民国三年一月组织，以施愚为议长、孙毓筠为副议长（此处张国淦记忆错误，查《政府公报》第25册115页，孙毓筠得40票当选为议长，施愚得38票当选为副议长，作者注），其议员产生由政府限定人选，实则钦派。其所修改的约法，赋予总统以无限特权，换言之，即所谓独裁之皇帝不过如是。当其组织之始，黎还想推荐我参加这会议。我说：“前次参加政治会议，有何益处？此次会议专为改造约法。改造约法，就推翻民元临时约法，我们是维护临时约法的，何能参加？”黎至此始恍然大悟。①

黎元洪醒悟得晚了。5月26日，袁世凯任命黎元洪为参政院院长。据张国淦回忆：

参政院院长，袁预定以黎担任。在未发表以前，黎与我商议，最好推辞不就。至时，袁派杨士琦接洽，黎一再力辞。袁早有计划的，在这个情状下也逃脱不了。发表后，黎就约我做秘书长，说：“本人既已牺牲，我们一同牺牲。”②

① 张国淦：《北洋述闻》，上海书店出版社1998年版，第64页。

② 张国淦：《北洋述闻》，上海书店出版社1998年版，第64页。

黎元洪准备牺牲，可有人不想。

这个人就是蔡锷。

第四节 结交松坡

蔡锷（1882—1916），字松坡，湖南邵阳人。16岁入读湖南时政学堂，师从梁启超。后赴日，就读东京大同高等学校和横滨东亚商业学校。回国后，投笔从戎，1911年，任云南新军十九镇第三十七协统领。武昌起义后，云南军政府成立，蔡锷被推为都督。蔡锷与黎元洪的友谊也就在那时开始了，这种友谊主要表现在政治和军事上的七次合作。

（一）**响应武昌起义**。1911年10月30日，云南昆明爆发重九起义，蔡锷为临时总指挥。31日，大汉云南军都督府成立，蔡锷被推举为都督。其时，黎元洪正遭遇汉口失败、武昌危急。云南蔡锷的响应，不仅给黎元洪和辛亥革命以支援，而且使清政府左支右绌，兼顾不暇，客观上加速了清政权的瓦解。在现有历史资料中，蔡锷致黎元洪的第一份电报发于1911年11月10日，蔡锷谓："汉阳战情，请随时赐示。敌帅北归，军心必涣，似宜乘机招抚，俾归我用。滇居边远，分兵助战，缓不济急，至深愧愤。惟有以蜀事自任，现正准备入川。川定东下，会师长江，共图北进。"① 这是蔡锷在政治上响应武昌起义后，第一次提出军事上配合武昌，"共图北进"的战略意图。蔡锷认为"此次系政治革命，并非种族革命，不得妄生满汉意见"。② 革命初期，蔡锷认为"联邦

蔡锷将军

① 《致黎元洪电（1911年11月10日）》，曾业英编：《蔡松坡集》，上海人民出版社1984年版，第71页。

② 《致楚雄县议事会劝学所电（1911年11月13日）》，曾业英编：《蔡松坡集》，上海人民出版社1984年版，第78页。

制度于吾国不甚相宜，仍应主张建设一完全统一国家，设立民主立宪政府，内政外交均易措置”。[①] 蔡锷非常重视外交，他说：“对外非列入国际团体不能活动，欲列入国际团体，则中央政府之组织不宜稍迟。”他列出中央政府组织三纲要：（一）定国名为中华〈国〉，定国体政体为民主立宪；（二）建设一强有力之统一政府，俟军政撤销，方为完全立宪；（三）扩张国防辖境，缩小行政区域，以期消融疆界。[②] 蔡锷通电表示极力赞成“鄂都督府为临时政府，专任外交代表”，[③] 并请黎元洪“查各省公认之电，如已得多数，即由滇省急电知会各省就近照会领事。并由尊处先照会外交团速电达各该国承认，以便切实办理外交”。[④] 黎元洪回电称：“议决鄂为中央政府，所有外交暂由鄂担任，俟南京临时政府成立，即由南京主持。”[⑤] 蔡锷为避免过多伤亡，荐滇军政府军务部长曲同丰为北洋招抚使，黎元洪称赞其“所筹招抚北方军士之策，足见慧眼佛心”。[⑥] 黎元洪退守武昌时，电请各地派兵援鄂。蔡锷赞同“各省援鄂军队，应统由黎都督节制调遣，以一军戎”。[⑦] 蔡锷派所部援川，引发滇蜀两军种种矛盾。黎元洪调和两省矛盾，谓：“中原未靖，万不可同室操戈，致生种种障碍。况目下已与北军联为一致，清帝退位，不日即可发表。务望滇军即返昆明，川军仍还成都，各保本省治安，以奠西南大局。”[⑧] 后来，

① 《致黎元洪谭延闿等电（1911 年 11 月 15 日）》，曾业英编：《蔡松坡集》，上海人民出版社 1984 年版，第 80 页。

② 《致各省都督电（1911 年 11 月 18 日）》，曾业英编：《蔡松坡集》，上海人民出版社 1984 年版，第 83 页。

③ 《致陈其美电（1911 年 11 月 26 日）》，曾业英编：《蔡松坡集》，上海人民出版社 1984 年版，第 93 页。

④ 《致黎元洪电（1911 年 11 月 30 日）》，曾业英编：《蔡松坡集》，上海人民出版社 1984 年版，第 95 页。

⑤ 《黎元洪关于各省议决鄂为中央政府暂任外交事宜复云南蔡都督电（1911 年 12 月 8 日）》，辛亥革命武昌起义纪念馆、中国人民政治协商会议湖北省委员会文史资料研究委员会合编：《湖北军政府文献资料汇编》，武汉大学出版社 1986 年版，第 601 页。

⑥ 《致各省都督电（1911 年 12 月 7 日》，曾业英编：《蔡松坡集》，上海人民出版社 1984 年版，第 103 页。

⑦ 《致彭程万及各省都督电（1911 年 12 月 25 日）》，曾业英编：《蔡松坡集》，上海人民出版社 1984 年版，第 109 页。

⑧ 《黎元洪为调和滇蜀两军矛盾致云南成都两都督及两军司令官电（1912 年 2 月 12 日）》，辛亥革命武昌起义纪念馆、中国人民政治协商会议湖北省委员会文史资料研究委员会合编：《湖北军政府文献资料汇编》，武汉大学出版社 1986 年版，第 563 页。

蔡锷电告黎元洪："滇、蜀两军问题，已和平解决。"① 在民元准备北伐期间，蔡锷致电黎元洪称："滇简精兵为北伐队已出发，惟公马首是瞻矣。"② 临时政府时期，蔡锷以"黎副总统为通南北军情，以谋统一兵队，其苦心赤诚，早为全国所公认"③ 为由，推黎元洪为南北军界统一会临时会长。可见，从武昌起义到临时政府成立，蔡锷始终如一地支持黎元洪。

（二）**邀请元洪组党**。1912年2月29日，蔡锷致电黎元洪等称："民国成立，百度维新，缔造经营，责任尤巨，非合全国军界、政界极有能力及社会上极有学识资望之人，组织一强固有力之政党，借以监督政府，指导国民，鲜克有济。敝处顷拟联合海内同志，组织共和统一党。"④ 蔡锷、王芝祥为该党总干事，其党本部初设于南京，后迁至北京。此时，黎元洪为民社理事长、章太炎有统一党，蔡锷"闻宗旨大致相同，如能并为一大团体，势力雄厚，尤易扩张"。⑤ 蔡锷主张三党合并。虽然后来民社和统一党等合并组织了共和党，蔡锷的共和统一党并未并入（后并入国民党），但蔡锷邀请黎元洪组党，足见其对黎元洪的尊重，以及政治上的赞同。

（三）**力挺梁师回国**。1912年5月27日，蔡锷致电黎元洪等，敦促梁启超归国，参与民国新政。电谓："民国告成，迄今数月，建设之事，犹若棼纷，固由缔造艰难，然亦因政界乏人能定大计。锷意此时亟宜访求通才，不可稍存党见。新会梁公启超为国先觉，闳才硕学，道高德隆，海内所知，徒以政见素持稳健，致为少数新进所诟病。现在羁身海外，实为民国惜之。兹拟合词电请大总统为国求贤，以礼罗致。如果敦促回国，必能翊赞新猷。特先电商，倘蒙赞成，希即径电武昌，请由副总统主稿挈衔合请，并希裁复。"⑥

---

①《附蔡都督来电》，辛亥革命武昌起义纪念馆、中国人民政治协商会议湖北省委员会文史资料研究委员会合编：《湖北军政府文献资料汇编》，武汉大学出版社1986年版，第582页。

②《致黎元洪电（1912年1月12日）》，曾业英编：《蔡松坡集》，上海人民出版社1984年版，第156页。

③《致南北军界统一会等电（1912年2月14日）》，曾业英编：《蔡松坡集》，上海人民出版社1984年版，第264页。

④《致章太炎张謇熊希龄等电（1912年2月29日）》，曾业英编：《蔡松坡集》，上海人民出版社1984年版，第305页。

⑤《致章太炎张謇熊希龄等电（1912年2月29日）》，曾业英编：《蔡松坡集》，上海人民出版社1984年版，第305页。

⑥《致黎元洪谭延闿等电（1912年5月27日）》，曾业英编：《蔡松坡集》，上海人民出版社1984年版，第490页。

6月5日，蔡锷再次致电袁世凯和黎元洪等，认为梁启超是建国人才，“锷追随先生有年，觉其德行之坚洁，学术之渊博，持义之稳健，爱国之真挚，环顾海内，实惟先生之一人。现值民国肇基，百政待理，非仗通才硕彦主持国是，共济艰难，无以奠邦基”。[①] 黎元洪当天也应蔡锷之邀，致电袁世凯“请召梁启超回国，破格录用，翊赞新猷”。[②] 6月17日，《申报》报道：“黎副总统电致袁大总统及参议院，谓民国用人应勿拘党派，梁启超系有用之才，弃之可惜，保皇党诬说，不应见之民国。”[③] 梁启超于10月5日到天津，20日到北京。27日，蔡锷致电黎元洪等，“请诸公致电政府，共表欢迎，以为海内想望先生者之倡”。[④]

（四）**进言军民分治**。黎元洪提出军民分治后，蔡锷进行了认真思考。他认为军人秉政是有害的，并表示赞成军民分治，但实行军民分治应该是将来而不是现在。他的理由是“边省情形不同”。在致袁世凯、黎元洪和各都督的通电中，他说：“惟锷愚见，流弊固当预防，而现势亦宜详审，要未可以一概论。第就滇省而言，地逼强邻，眈眈虎视，而山深箐密，伏莽犹多，时虞蠢动，非地方官之势力所能震慑，一有骚扰，立酿外交。改革以来，人情惴恐，乃匪徒不得逞志，外人无凭借口者，实赖军政统一之故。”他认为“目前国本甫定，而边省情形不同，不能不统一事权，以立纲维”。[⑤] 5月30日，蔡锷再致通电，谓：“若以现在军民统于都督，而指为军人秉政，则界限殊觉未清。”[⑥] 客观地说，蔡锷的想法和其他省都督基本是一致的，就是害怕因军民分治的施行，而失去权力。蔡锷在电报中以退为进，称：“如得大总统派一文武兼资之员，以承其后，锷即可奉身而退，长揖归田园，不欲久揽政权，并

---

① 《致袁世凯及各省都督电（1912年6月5日）》，曾业英编：《蔡松坡集》，上海人民出版社1984年版，第505页。

② 万仁元、方庆秋主编：《中华民国史史料长编（民国元年）》，南京大学出版社1993年版，第525页。

③ 丁文江、赵丰田编：《梁启超年谱长编》，上海人民出版社1983年版，第645页。

④ 《致黎元洪等电（1912年10月27日）》，曾业英编：《蔡松坡集》，上海人民出版社1984年版，第613页。

⑤ 《致袁世凯及各省都督电（1912年5月8日）》，曾业英编：《蔡松坡集》，上海人民出版社1984年版，第459页。

⑥ 《致袁世凯及各省都督电（1912年5月30日）》，曾业英编：《蔡松坡集》，上海人民出版社1984年版，第497页。

不愿再操兵柄也。"[1] 从建设国家的角度看，蔡锷等都督对军民分治的认识，与黎元洪的初衷相去甚远。黎元洪军民分治的宗旨是裁军，因为国家进入建设时期，军队数量应陆续减少，这样可以把更多的劳动力投入到建设中去。裁军的另一个动因是政府财政紧张，无法维持庞大的军队。云南省同样也面临财政困难，"滇省饷银向由各省协济，现协款停顿，滇力难支，屡经请命中央，迄未奉复，一若云南边陲可弃置不顾者。若势不得已，只有裁兵，复何余力戍边，为国家捍卫牧圉？万一边境相继沦胥，实惟国务诸公之责，非滇省所能任咎"。[2] "惟审时度势，滇力实所难胜，以后国防所关，应请由中央筹备。"[3] 后来，蔡锷认识到国家财政紧张，需要节流，而节流之法，"首在裁兵"。他"拟请由中央划分军事区域，酌定应编师数，通令各省责成统兵大员查照办理，其溢额之兵悉裁汰"。蔡锷为什么突然赞成裁军？他自己道出了原因："云南近顷裁兵至30余营，上下帖然，毫无他故。"由于看到裁军带来的好处："若能一律裁兵，规复旧额，则各省出款锐减，无须嗷嗷待哺中央……免致陷中央于破产之地，而贻国家以覆亡之忧。"[4] 赞成裁军，但蔡锷还未同意民政长制。他说："每省设一都督，一民政长，其制必不能久存。与其多为更张，不如暂行维持现状，以速筹划一规制之为愈也。"[5]

（五）**省议会解散权**。1912年10月4日，黎元洪会同各都督致电参议院，请勿取消"大总统解散议会权"。蔡锷赞同黎元洪的主张，他认为"各省之行政，中央皆有责任。省议会既无中央议会之权限，可与政府对待，则谓政府不能解散省议会，理论上已不可通。更就事实言之，中央政府若无解散省议会权，设遇省议会之主张与中央政策冲突时，各省行政长官势将无所适从。脱令迁就省议会，则中央统一之计划必将破坏，中央议会更不能以行政统一之责任责备政府。其结果必省自为政，而彼此均有推诿谢过之余地。全国行

---

① 《致袁世凯及各省都督电（1912年5月8日）》，曾业英编：《蔡松坡集》，上海人民出版社1984年版，第459页。

② 《致袁世凯暨国务院电（1912年5月16日）》，曾业英编：《蔡松坡集》，上海人民出版社1984年版，第472页。

③ 《致袁世凯暨国务院电（1912年5月18日）》，曾业英编：《蔡松坡集》，上海人民出版社1984年版，第475页。

④ 《致袁世凯及各省都督电（1912年5月25日）》，曾业英编：《蔡松坡集》，上海人民出版社1984年版，第487页。

⑤ 《致袁世凯及各省都督电（1912年5月30日）》，曾业英编：《蔡松坡集》，上海人民出版社1984年版，第498页。

政不趋于混乱，必陷于萎靡”。蔡锷认为正式国会成立时，“将来宪法上种种大问题，皆不可不统筹全局，预为有统系之研究。省议会解散权不过其一小部分耳”。[①] 1913年2月7日，蔡锷致电各省都督曰：“大总统不可不有解散议会权。就法理论，立法权固当尊重，行政权亦须有严格之保障。若立法部对于行政部为过度之干涉，而无救济之途，则行政权直被立法权侵轧束缚而无所施。是国权将只有消极限制之作用，不能有积极活动之能力，势必日即于萎靡。且议会若有违反国民利害之事，不能解散，以诉讼多数之国民，亦与共和精神相背。就事实论，解散权与责任制关系极切，议会无宪法上之制裁，易流专横。”[②]

（六）**法律解决宋案**。宋教仁案发生后，黎元洪主张“静候法庭、议院之解决，以免举国纷扰”。[③] 蔡锷有着同样的想法。在致袁世凯等的通电中，蔡锷认为“应以静候法庭之裁判为主，勿挟成见，勿尚意气，勿凭势力而坏法纪，勿造言词而乱听闻”。[④] 5月7日，蔡锷致电黎元洪，谓：“副总统感电谓宋案由法庭详求，真犯终必获水落石出，无激意气以求逞。柏都督俭电谓宋案应法庭判决，各省都督此时宜竭力维持现状，严禁军人干预。立论正大，感佩实深。”[⑤]

（七）**列名元洪通电**。1913年5月30日，黎元洪牵头，蔡锷等18省都督联名致电参议院众议院，要求承认借款、整顿盐纲、统一中国，誓言“当共以铜筋铁血担保共和，著各省之先鞭，为诸公之后盾，断不使帝制复生，民权中斩，皇天后土，实闻斯言”。[⑥] 8月5日，蔡锷等18省都督再次与黎元洪

---

① 《致黎元洪及各省都督电（1912年10月15日）》，曾业英编：《蔡松坡集》，上海人民出版社1984年版，第607页。

② 《致各省都督电（1913年2月7日）》，曾业英编：《蔡松坡集》，上海人民出版社1984年版，第646页。

③ 《黎元洪主张和平办理宋案借款电（1913年5月9日）》，朱宗震、杨光辉主编：《民初政争与二次革命》，上海人民出版社1980年版，第342页。

④ 《致袁世凯孙中山及各省都督电（1913年5月5日）》，曾业英编：《蔡松坡集》，上海人民出版社1984年版，第683页。

⑤ 《致黎元洪及各省都督等电（1913年5月7日）》，曾业英编：《蔡松坡集》，上海人民出版社1984年版，第686页。

⑥ 《致参议院众议院电（1913年5月30日）》，曾业英编：《蔡松坡集》，上海人民出版社1984年版，第704页。

联名致电参议院众议院，“请将一切议案概从缓议，同心协力编制宪法”。[1]

以上是黎元洪与蔡锷自辛亥革命到黎蔡入京前的主要交往。这些交往完全以电报形式，黎蔡并未见面。因为黎蔡二人政见上相同的见解，以及为国家统一和维持共和的信仰，定能使他们一见如故。他们的第一次见面是在何时，现在已不可考。我们可以知道的是，他们第一次见面的地点是在北京。不幸的是，当时二人都已是袁世凯的监视对象，俨然一对难兄难弟。两人均有意离京他去。

元洪出逃失败。黎元洪出逃计划全赖秘书郭泰祺安排。郭泰祺（1888—1952），号复初，湖北广济人。美国宾夕法尼亚大学毕业，黎元洪英文秘书，官至中华民国外交部部长（1941年）。郭泰祺经人介绍认识了即将回国的日本驻华参赞小幡酋吉，郭试探着向小幡暗示黎元洪要离开北京，请其帮忙，小幡应之。恰遇美国驻东交民巷的军队300人换防，小幡决定利用此机会，遂求助美国驻华公使芮恩施。芮氏答应只要日人可以将黎送上美国部队换防专车，即可保证其安全离京。据芮氏回忆：“早在袁氏逝世前，黎元洪就搬出了皇城，这是走向自由的一步，虽然他继续受到警卫的表面上的保护，但实际上是在对他监视并限制他的行动。他的朋友们仍然对他的安全表示担心，我也多次询问，如果需要的话，我要不要接他到公使馆来，或者可能的话，甚至派一支卫队去把他接来……我得知某些美国人已经准备在这位副总统的处境一旦危险时营救他。”[2] 郭于是与小幡密定出逃计划。该计划分三步：一是凿墙入室。黎副官刘钟秀家与黎东厂胡同宅仅一墙之隔，秘密打通后，黎入刘宅内。二是金蝉脱壳。小幡嘱日人东方通信社驻京社长井上一叶驾

黎元洪英文秘书郭泰祺

① 《致参议院众议院电（1913年8月5日）》，曾业英编：《蔡松坡集》，上海人民出版社1984年版，第729页。

② ［美］保罗·S. 芮恩施：《一个美国外交官使华记》，文化艺术出版社2010年版，第182页。

驶同仁医院的救护车，驶到刘宅，以抢救刘的名义，接黎上救护车，然后井上把救护车开到美国使馆。三是乘船南下。黎由小幡陪同乘美军换防车到天津，由天津乘船南下。后此计划不幸泄露，袁派军警包围东厂胡同，黎的出逃计划至此失败。

黎的计划是如何泄露的呢？此事与黎的姨太太黎本危有关。黎本危与湖北交涉员胡朝栋之妻，关系极好，为手帕姐妹。胡朝栋接近袁克定，袁克定知道胡妻常去黎府，就重金收买胡妻，使持二万金珍珠，阴赠本危。当出逃计划确定后，“黎告本危，谓将有他适。本危苦诘何往，黎未明答，但曰将来派人迎汝而已。本危大哭，愿以身殉，极种种悲惨不忍离别之状”。① 黎本危暗地里告知胡朝栋。不久，步军统领江朝宗就派兵五百，把黎府包围了。郭泰祺急往东厂胡同，询问黎元洪是否对二太太及胡朝栋说出了密谋诸人的姓名，黎曰：“我可对天地父母发誓，未说过出走计划，亦未提尔等一人名字。只言意愿离京耳，包你们狗头不会落地。我是副总统，叫我易服钻洞，岂不失了体统？你若害怕，变只白鹤，飞回武昌黄鹤楼可也。”②

蔡锷成功离京。蔡锷在京，匆匆两年，袁世凯派人日夜监视。他是如何脱身北京的呢？这要感谢一次寿宴、一桌麻将和一个女人。

1915 年 11 月 10 日，哈汉章祖母 80 大寿，于北京钱粮胡同聚寿堂大宴宾客，京剧名角小叫天谭鑫培亦来唱堂会。哈汉章（1879—1953），字云裳，回族，湖北汉阳人。湖北陆军出身，师从张之洞，日本士官二期毕业，是黎元洪的亲信，黎曾推荐哈做参谋部次长。蔡锷与哈汉章过从甚密，所以很早就到了。哈汉章回忆说：

> （蔡锷）谓予曰：“今日大寿，可在此打长夜之牌。”
>
> 予知松坡有用意，即托刘禺生代为召集。松坡前执刘手曰：“我与你同案三年，今日要畅聚一夜，你要慎择选手。”
>
> 刘曰：“张绍曾颠，丁槐笨，二人如何？”
>
> 松坡曰：“可。宜到隔壁云裳家中，稍迟重要人物来，捧小叫天者必多，听戏开席皆不必来请。”予应之，明知袁之侦探亦将随往

---

① 刘成禺：《洪宪纪事诗本事薄注》，卷二，文海出版社 1967 年版，第 23 页。

② 刘成禺：《洪宪纪事诗本事薄注》，卷二，文海出版社 1967 年版，第 22 页。

也。蔡、刘、张、丁聚博终夜。

天未明，松坡踌躇曰："请主人来，我要走。"

绍曾曰："再打四圈，上总统府不迟。"

松坡曰："可。"

七时，松坡由予宅马号侧门出，直入新华门。门卫异之，意以为受极峰所传。侦探抵府门，亦即星散，未甚置意。

松坡抵总统办事处，侍者曰："将军今日来此过早。"

松坡曰："我表快两小时矣。"随以电话告小凤仙（沪妓凤云，在京张帜，易名小凤仙，名噪甚，松坡昵之），午后十二点半到某处同吃饭。故示闲暇，徜徉办事处中，若无事者，人亦不察。乃密由政事堂出西苑门，乘三等车赴津，绕道日本返滇。义旗一举，洪宪乃覆。①

袁世凯帝制自为后，蔡锷密谋离京。据说离京前，黎、蔡见了一面。

先是黄陂伏处京师，罕与社会交际，惟前云南都督蔡松坡君以私人名义，与黄陂过从甚密。黄陂极重其为人，故性情极契合。帝制发生时，蔡夤夜谒见黄陂探其意见。黄陂极端反对。

蔡曰："吾固谓公与我有同情，今果然矣。实告公，余此来，将欲别公南下协谋对付方法也。"

黄陂曰："吾固知之。然君果以何策制之？"

蔡曰："惟有以武力解决耳。"

黄陂曰："君抱此巩固共和宗旨，吾颇服膺。然彼人防君綦切，在在必设侦探，君乌由出此牢笼中哉？"

蔡笑曰："易耳。公试伫视吾出京后之四十日，行有佳消息传来。"

黄陂颔之。比蔡设计去京师，未几，云南独立之音耗至矣，其时日果一月有余。黄陂击节叹赏曰："松坡不愧豪杰也！"②

---

① 刘成禺：《洪宪纪事诗本事薄注》，卷二，文海出版社 1967 年版，第 4 页。
② 贡少芹：《黎黄陂轶事》，上海国华书局 1917 年版，第 76 页。

蔡锷出京后，先到天津，后经日本由越南，于 1915 年 12 月 19 日辗转回到云南。25 日，唐继尧、蔡锷等通电全国，云南独立。护国战争爆发。

第五节 定亲袁子

1913 年 12 月 16 日，美国《纽约时报》刊登一则来自上海的消息："今天有消息称袁世凯大总统的最小儿子不久将与刚抵京的黎元洪副总统的 11 岁女儿订婚。"① 很明显，虽然这则新闻与事实出入颇大，但我们也可以看到，黎、袁结亲在国际上也有一定影响。

事实是，结亲的是袁九子与黎次女。黎元洪一家入住瀛台不久，袁世凯就于 1914 年正月初五，请"汤化龙、阮忠枢、饶汉祥、孙武作伐求聘元洪幼女绍芳为其'庶出'之第九子克久妇。元洪知其意，许之"。② 袁克久，袁世凯第九子，1903 年出生，时年 11 岁。黎绍芳，黎元洪次女，1906 年出生，时年 8 岁。这桩娃娃亲是典型的政治联姻，按说也是很正常的。但是就因为袁克久是庶出，却遭到黎夫人吴敬君的强烈反对。

黎元洪与家人在天津

庶出，是指妾生子女，地位较嫡出低。袁世凯就是庶出，这也成了他一生不能碰的软肋。袁世凯的原配夫人于氏就因"庶出"问题得罪了袁世凯。据袁世凯三女袁静雪回忆：

> 有一天，我父亲看到她（原配于氏）经常喜欢系一条红色绣花

---

① 《纽约时报》，1913 年 12 月 16 日。

② 薛民见：《黎元洪年谱》，鲁永成主编：《民国大总统黎元洪》，中国文史出版社 1991 年版，第 343 页。

缎子的裤带，就和她开玩笑说："看你打扮的样子就像马班子。"（河南人称妓女为马班子）她并不认为这只是夫妇之间的一句笑话，却反而讥讽地说："我不是马班子，我有姥姥家。"她说的这句"我有姥姥家"的话，意思是说她是有娘家的人，也就是说她是一个明媒正娶的大太太，而不是没有娘家人的姨太太。我的父亲由于自己的生母正是一个姨太太，因此认为她这是有意揭他的短处，一怒之下，从此不再和她同房。所以她在生了大哥克定之后，也就没有再生其他子女。①

袁世凯尚且对"庶出"耿耿于怀，黎夫人的不满也就不奇怪了。那么，黎元洪为什么不指定个庶出的女儿许配给袁克久呢？

原因很简单，这个他真没有。黎元洪娶有一妻二妾，原配吴敬君早就介绍过，第一个妾是陶姑娘；第二个妾是危文绣，也就是黎本危。"危文绣为陶姑娘所不容，陶姑娘遂负气自动离去"。② 所以，实际上黎元洪就有一妻一妾。黎本危未育，黎元洪与原配吴敬君前后生过八个子女，见下表：

黎元洪生育子女表

排序	生　日	姓　名
	1891 年 8 月	生女不育，未命名
	1893 年 5 月	生女，逾月而殇，未命名
	1897 年秋	生双胞胎男，不育
长女	1901 年 6 月 16 日	黎绍芬
长子	1903 年 7 月 7 日	黎绍基
次女	1906 年 12 月 29 日	黎绍芳
次子	1911 年 7 月 31 日	黎绍业

那么，袁世凯没有嫡出的儿子吗？袁世凯妻妾成群，共有 17 子，15 女，可嫡出儿子只有袁克定一人，时年 36 岁矣。袁世凯儿子们的详情见下表：

① 袁静雪：《我的父亲袁世凯》，吴长翼编：《八十三天皇帝梦》，文史资料出版社 1983 年版，第 34 页。

② 黎绍芬：《我的父亲黎元洪》，鲁永成主编：《民国大总统黎元洪》，中国文史出版社 1991 年版，第 33 页。

袁世凯儿子详情表

排序	姓名	生卒年	生母	配偶	子女
长子	袁克定	1878—1958	原配于氏	吴大澂之女吴本娴	一子二女
次子	袁克文	1889—1931	三姨太金氏	刘梅真	四子三女
三子	袁克良	？—1948	三姨太金氏	张百熙之女	二子三女
四子	袁克端	？—1951	四姨太吴氏	何慎基	二子一女
五子	袁克权	1898—1941	二姨太吴氏	端方之女	四子四女
六子	袁克桓	1898—1956	五姨太杨氏	陈征	二子五女
七子	袁克齐	1899—？	二姨太吴氏	孙宝琦之女	一子
八子	袁克轸		五姨太杨氏	周馥（一说周学熙）之女周瑞珠	一子三女
九子	袁克久	1903—1973	五姨太杨氏	黎绍芳	无子女
十子	袁克坚	1904—1960	二姨太吴氏	陆建章之女陆毓秀	二子一女
十一子	袁克安	？—1952	五姨太杨氏	李宝慧	二子
十二子	袁克度	？—1976	二姨太吴氏	罗云章之女	一女
十三子	袁克相		八姨太刘氏（一说郭氏）	那桐之孙女	无子
十四子	袁克捷	？—1958	六姨太叶蓁	王氏	二子
十五子	袁克和	1914—1962	八姨太刘氏（一说郭氏）	张文仪	一子一女
十六子	袁克藩	早亡	九姨太刘氏		无子女
十七子	袁克有	1917—1953	六姨太叶蓁	于茹英	二子二女

从上表可以看到，袁九子与十子年龄相仿。就在黎袁结亲的时候，袁世凯第十子袁克坚亦与徐世昌之女定亲，这门亲事以后还生了变故，我们稍后会讲到。

黎夫人吴敬君不满意这门亲事，就开始与黎元洪冷战。据黎绍芬回忆："我母坚决不愿意，他们多年的和睦夫妻，竟因此失和，一月之内互不理睬。"[①] 饶汉祥劝黎元洪不要与袁联姻，据饶汉祥之子饶蘅华讲："记得我父回来曾向我母说，这是袁世凯的紧箍咒，绝不能上他圈套。我母说可向黎夫

① 黎绍芬：《我的父亲黎元洪》，鲁永成主编：《民国大总统黎元洪》，中国文史出版社 1991 年版，第 27 页。

人吴氏说，后我父向吴氏力劝拒绝此婚事，吴虽也不同意，但不能作主。”①袁家来索八字合婚时，黎夫人闭口不谈，后来还是由黎元洪弟妹口中探听出来的八字。订婚仪式时，黎夫人“不出来招待亲友宾客，后经众人一再劝解，才勉强出来应付”。② 黎夫人对袁家送来的聘礼也不满意，认为“聘礼不重，翡翠、珍珠、钻石都没有”。③ 反对这桩婚姻的饶汉祥，也没来喝订婚酒。

关于黎袁联姻，袁世凯女婿薛观澜的回忆稍有不同：

> 先是袁以第九子与第十一子生辰八字，征求黎夫人同意，二子皆袁之五姨太所生，五姨太贤明，深得袁心，黎夫人于选婿之时，发问曰：“这两位公子，哪个是大太太生的，哪个是姨太太生的?”黎氏（元洪）答：“都是姨太太生的。”黎夫人摇首曰：“不行，因为我的女儿是我生的。”黎也忙说：“不行，袁家嫡出只有克定一人，夫人将就些罢。”
>
> 黎夫人坚持不可，黎（元洪）又云：“李鸿章是姨太太生的，宣统皇帝也正与袁家提婚，袁七小姐亦是姨太太生的，我曾见过老九，下颚特长，主有后福，你答应了罢。”这才说服了黎夫人，完成文定手续。④

所谓文定，是中式婚礼中的一道程序。男女双方家长换过家谱（也叫换庚谱）后，就有了定亲的凭据。然后，男家会择吉日，带礼物到女家，正式奉上聘书。这就是文定。文定也称小聘。小聘之后是大聘，也称过大礼。

关于黎袁联姻，黎元洪长子黎绍基的说法必须一看：

> 袁世凯为了巩固自己的地位，就多方面笼络我父，两家的联姻，

① 饶萼华：《家父饶汉祥与黎元洪》，鲁永成主编：《民国大总统黎元洪》，中国文史出版社 1991 年版，第 230 页。

② 黎绍芬：《我的父亲黎元洪》，鲁永成主编：《民国大总统黎元洪》，中国文史出版社 1991 年版，第 27 页。

③ 黎绍芬：《我的父亲黎元洪》，鲁永成主编：《民国大总统黎元洪》，中国文史出版社 1991 年版，第 28 页。

④ 薛观澜：《袁世凯黎元洪结合之史实》，鲁永成主编：《民国大总统黎元洪》，中国文史出版社 1991 年版，第 224 页。

> 也是由于他的这种企图。我们到京后的第二年，袁就托人（我记得是唐在礼）前来说亲，他提出了两家交换联亲的办法：一是我的妹妹绍芳（当时年仅八岁）嫁给袁的儿子，袁子老九、老十年纪相仿，任挑一个。另一是袁的女儿嫁给我。这件事，遭到我母竭力反对，尤其是反对袁的女儿嫁过来。她说："袁世凯的女儿要做我的媳妇，我这个婆太太吃不消。"经过商量，觉得全部拒绝，怕会伤感情，结果是我妹妹做了政治牺牲品，与袁克久定了亲。①

母亲的态度，也影响到黎绍芳。绍芳长大后，尤其是袁世凯帝制自为失败后，觉得嫁入袁家是种耻辱，终日郁郁寡欢、闷闷不乐。在南开大学预科读了一年后，就休学在家，不再上学了。绍芳曾与父亲黎元洪商量退婚，黎元洪坚决不同意，认为"既经订婚，不能反悔，断然拒绝"。② 从此，绍芳更加抑郁，精神开始失常。黎元洪的坚持为自己赢得了好名声，却害了亲骨肉。这是怎么回事呢？

事情要从徐世昌悔婚说起。袁十子袁克坚留学美国期间，被哈佛大学开除。徐世昌一直关注这位女婿，知道他学业不成，很不高兴。加上袁世凯已经去世多年，袁家已没落，徐世昌早有悔婚之意。1925 年袁克坚回国后请前总理孙宝琦作为媒人前往徐府商办婚事，徐世昌以女儿精神失常为由，拒绝了这桩婚事。而黎元洪却不因袁世凯家族的没落而悔婚，这让孙宝琦大发感慨："黄陂本不是咱们北洋系，尚且守信，徐系多年兄弟，竟不念旧好，太不像话了。哪有拿儿女婚姻大事作儿戏的呢？"③ 黎元洪的"义气""守诺"为他赢得了声誉，而绍芳的痛苦还将继续。

黎元洪和黎夫人相继去世后，长子黎绍基当家。他请刘忠秀（黎元洪秘书）向袁家说明绍芳身体情况，询问袁家态度。袁克定说："我们有二代交情，父辈做的事，反悔也不好，有病婚后也可治疗。"④ 袁家坚持要娶，并说：

① 黎绍基：《我父黎元洪二三事》，鲁永成主编：《民国大总统黎元洪》，中国文史出版社 1991 年版，第 36 页。

② 黎绍芬：《我的父亲黎元洪》，鲁永成主编：《民国大总统黎元洪》，中国文史出版社 1991 年版，第 28 页。

③ 纪能文：《袁世凯家族》，金城出版社 2000 年版，第 294 页。

④ 黎绍基：《我父黎元洪二三事》，鲁永成主编：《民国大总统黎元洪》，中国文史出版社 1991 年版，第 37 页。

袁克文戏装照

"婚后老九陪她玩玩就会好的。"袁克久对黎绍芬说："我是为我的父亲才答应和令妹结婚牺牲我自己的。"① 可见，一桩包办婚姻害了两家人。婚后一年，绍芳被送入北京疯人院，解放后病故。如果黎元洪天上有灵，见到女儿这样的结局，还会坚持己见吗？

黎元洪把女儿许配给袁家，他自己在袁家也找到个忘年交——袁克文。袁克文，字豹岑，生于韩国首尔。据说，在克文出生前，袁世凯梦见韩王送其一只花斑豹，忽然挣脱锁链，直奔内室而生文，所以袁世凯为其赐字：豹岑。袁克文是袁世凯所有32个子女中，最具艺术修养的。他是昆曲名票、藏书大家，书法更是尽得硕儒严修真传。然而袁克文与长兄袁克定的关系始终不睦。"克定、克文虽为昆仲，而性质特异。克定阴狠险鸷，得乃父衣钵；克文则洒脱自喜，凡书画、诗词、金石、古玩，无不嗜若生命，颇有名士风度"。② 一天，兄弟二人再起争执，袁克定告于袁世凯。袁世凯听信其言，欲逐克文回彰德老家。克文母"知袁之言出令随，因往晤黎夫人，嘱之转丐黄陂向袁缓颊，黄陂颔之。及见，袁知黎来作说客也，先痛诋克文无状，以阻其进言。黄陂唯唯，既而徐徐曰：总统家事未便干预，第豹岑学问极淹博，且词锋敏妙。某迩来与渠接近，得渠清谈，消长日岑寂不少。渠若归故里，吾失一良好伴侣也。欲挽留知言不易入，无已，惟有嘱渠频通音问，时赐我教言也。袁逆料黄陂来意，亟致词曰：公既不令彼去，姑尼其行。黄陂逊谢再四，乃返邸。"③ 黎袁两家自此常走动，袁家开饭亦叫黎家同食用。

① 黎绍芬：《我的父亲黎元洪》，鲁永成主编：《民国大总统黎元洪》，中国文史出版社1991年版，第28页。

② 贡少芹：《黎黄陂轶事》，上海国华书局1917年版，第61页。

③ 贡少芹：《黎黄陂轶事》，上海国华书局1917年版，第62页。

转眼黎元洪五十整寿到了。袁世凯非常重视黎元洪的生日。由于袁的重视，黎元洪的生日操办得极其隆重。不仅举办盛大堂会，而且几乎全国省级长官都表祝贺，可谓荣极一时。

说到唱堂会，有一事让黎元洪始终耿耿于怀。那次是袁世凯生日，《新安天会》一剧成，黎元洪等前来为袁庆生并观剧。《新安天会》是由《安天会》改编的，京剧名段《安天会》剧情是这样的：托塔天王李靖奉御旨至花果山水帘洞，擒拿妖猴。天兵天将四面埋伏，并令二郎神杨戬为总先锋。一场鏖战，最后将妖猴擒拿，带领至天门请旨。而袁世凯主持改编的《新安天会》剧情却是这样的：

孙悟空大闹天宫后，逃归水帘洞。天兵天将十二金甲神人，围困水帘洞。孙悟空又纵一跟斗云逃往东胜神洲，扰乱中国，号称天运大圣仙府逸人，化为八字胡，两角上卷，以东方德国威廉第二自命，形相状态，俨然化装之中山先生也。其中军官为黄风大王，肥步蹒跚，又俨然化装之黄克强也。其先锋官为独木将军，满头戴李花白面少年，容貌俊秀，与江西都督李烈钧是一是二，难为分别。前锋左右二将，一为刁钻古怪，虎头豹眼；一为古怪刁钻，白鼻黑头，当日李协和守九江马当之二将也。……幕中布景，海天波涌，明月当空，孤岛沉寂。照见一人，坐盘石上，高唱怀乡自叹人一曲，其词曰：小生姓〇名〇，广东〇〇人氏。向来学医为业，奔走海外，诱惑华侨。中国多事，潜入国门，窃得总统一名。今日身世凄凉，家乡万里，仰看一轮月色，岂不惨杀人也？

黎元洪坐在首排首座看戏，虽然对剧情有些反感，但又不好表现出来。这时，湖北都督上将军段芝贵走了过来，问黎曰："副总统，这戏唱得好吗？"

黎答曰："我完全不懂得，不知所唱何戏。"

段曰："副总统不懂戏？台上化装的人，应该认得。"

黎曰："我耳聋眼瞎，教我如何看得见？"①

其实黎元洪不仅懂京剧，而且酷爱之。京剧唱腔由徽调和汉调在北京融合而成，汉调，流行于湖北，所以很多当时的京剧名家都是湖北人，如谭鑫培、余叔岩。黎元洪做总统后，常到北京城南游艺园看戏，尤其嗜好坤伶，

① 刘成禺：《洪宪纪事诗本事薄注》，卷一，文海出版社1967年版，第63页。

力捧金少梅、碧云霞、琴雪芳。袁世凯女婿薛观澜说："盖当时北京捧角之风甚炽，黄陂本是皮黄策源地，黎之好剧，天性使然也。"① 黎元洪以权宜之计避锋芒，实无奈也。

袁世凯帝制自为失败，恢复民国，有人问黎元洪当时的情形。黎说："当时我虽装聋装瞎，倒是袁项城今求唱一曲对月怀乡，自叹而不可得矣。我现在已是瞎子回光复明。比较项城闭眼长眠，尚能谈瞎不瞎乎？"② 可以看出，黎元洪瀛台两年的生活，虽外表光鲜，但内心却是相当痛苦。

生日贺礼做慈善。黎元洪五十大寿，京城文武官员和各省长官争先恐后献上寿礼，时任税务处督办梁士诒亦献一份大礼给黎元洪，事情是这样的：

> 是日，袁派梁士诒往三海代表庆祝。礼毕，梁要黎屏退扈从，袖出一雪茄烟盒授之，曰："此某敬意，敢乞公笑纳。"黄陂接而视之，见是盒乃翡翠琢成，状极玲珑可爱，四周镶以极伟大之钻石十数粒，光彩耀目。叩以价值几许，答云："约在三万金以上。"黄陂曰："公胡事以有用之金钱置此玩物赠某？某本武人，弗知珍藏而宝贵之。乞公转赠他人可乎？"梁惭而去。③

梁士诒出手怎么如此阔绰呢？梁士诒（1869—1933），字翼夫，号燕孙，清署理邮传部大臣。历任袁世凯大总统府秘书长、交通银行总理、财政部次长，是旧交通系首领。据总统府军事处军事参议唐在礼回忆："那时所办的铁路抵押借款多得很，梁士诒是总经手。他经手借款所拿的回佣，数目很大，很快就成了大富翁，加上他长袖善舞，擅长运用，所以人们就给他一个'梁财神'的徽号。"④

那些无法推却的礼品黎元洪是如何处理的呢？黄陂诞辰所收嘉礼不下千百具，并未辞却。事后，即变价充京师慈善经费。惟樊云门自撰之骈俪寿文，匪惟裔皇典丽，且颂扬处语语得体，深知黄陂心事。⑤

---

① 薛观澜：《黎元洪外史》，鲁永成主编：《民国大总统黎元洪》，中国文史出版社1991年版，第45页。

② 刘成禺：《洪宪纪事诗本事薄注》，卷一，文海出版社1967年版，第64页。

③ 贡少芹：《黎黄陂轶事》，上海国华书局1917年版，第62页。

④ 唐在礼：《辛亥以后的袁世凯》，杜春和等编：《北洋军阀史料选辑》，上册，中国社会科学出版社1981年版，第103页。

⑤ 贡少芹：《黎黄陂轶事》，上海国华书局1917年版，第62页。

第六节 拒封亲王

1915年12月16日，《政府公报》刊登一则大总统策令：光复华夏，肇始武昌。追溯缔造之基，实赖山林之启。所有辛亥首事立功人员勋业伟大及今弥彰，凡夙昔酬庸之典，允宜加隆。上将黎元洪建节上游，号召东南，拱护中央，艰苦卓绝，力保大局，百折不回。癸丑赣宁之乱，督师防剿，厥功尤伟。照约法第二十七条，特沛荣施，以昭勋烈。黎元洪著册封武义亲王，带砺河山，与同休戚，嘉名茂典，王其敬承。此令。[①] 这是《政府公报》在袁世凯帝制后，最后两天以“大总统策令”发布命令，18日直到帝制失败，命令都改由政事堂发布。

事实上，我们看到开篇那份武义亲王册封策令时，很自然地会问一个问题：为什么袁世凯用大总统名义册封亲王？这好像有些不伦不类。

原来12月12日，袁世凯已经宣布接受帝位，改国号为“中华帝国”，自称“中华帝国皇帝”。那么，袁世凯为什么不用“中华帝国皇帝”的名义为黎元洪册封呢？要回答这个问题，我们需要了解袁世凯帝制自为的始末。

要了解袁的帝制自为，必须要了解“三会”。所谓三会，就是筹安会、全国请愿联合会、国民代表大会。

先说筹安会。

筹安会的成立。该会是袁世凯密嘱杨度成立的。1915年8月12日晚，杨度访严复，邀其发起筹安会。严复亦主张帝制，“但对‘谁为之主’同杨度有分歧”，所以不愿列名筹安会发起人。杨度百般劝说，并表示“就令反对君主亦成表见”。13日，杨度致信严复，告以“昨所谈事，实告公，盖承极峰之旨与公商榷，极峰谕非得公为发起人不可，固辞恐不便”。[②] 极峰，是袁身边人对其称呼。袁真是选对人了，杨度曾说：“予之宗旨非立宪不能救国，非君主不能立宪，虽举国反对，予必一人坚持。无论何种利害祸福皆非所计。”[③] 20日，筹安会宣布成立，杨度出任理事长，孙毓筠任副理事长，严复、刘师

---

① 《大总统策令》，《政府公报》，第75册，第1296号，政事堂印铸局1915年12月16日发行，第219页。

② 孙应祥：《严复年谱》，福建人民出版社2003年版，第450页。

③ 《在北京与某人谈话（1915年9月7日）》，刘晴波主编：《杨度集》，湖南人民出版社1986年版，第594页。

帝制祸首杨度

培、李燮和、胡瑛为理事。同日发通电，谓：“本会之立，将筹一国之治安，研究君主、民主国体二者以何适于中国。专以学理是非、事实利害为讨论之范围，至范围以外各事，本会概不涉及，以此为至严之界限。”①

筹安会的工作。筹安会的幕后支持者是袁世凯，所以筹安会的发展异常顺利，在国内各城市均成立分会。到9月中旬，该会会员已有近万人，不得已用投票的方式，即在表决票上填写君宪或共和，以票数多少决定政体。“但该会不是法定机关，没有呈请实行的资格，于是改变方针，由该会各省的代表，以公民资格，请愿于代行立法院的参政院，由该院呈请实行。”②

筹安会的归宿。两个月后，即10月15日，筹安会改组为宪政协进会，确定“此后本会方针，应注重立宪问题”。③ 筹安会退居幕后，专做立宪工作。

次说全国请愿联合会。

全国请愿联合会的成立。该会于1915年9月19日成立，推定沈云霈为会长，那彦图、张锦芳为副会长，向参政院请愿，要求组织“国民代表大会”，投票解决国体问题。很多资料提到梁士诒为该会的发起者，但也有不同声音：“先生（梁士诒）目睹筹安会成立后，经贺振雄、李诲等上书而不问；经内务部、肃政厅、总检察厅参劾而不顾；罗文干、费树蔚辞职而不留，内外汹汹，

---

① 《筹安会通电（1915年8月20日）》，刘晴波主编：《杨度集》，湖南人民出版社1986年版，第591页。

② 李剑农：《戊戌以后三十年中国政治史》，中华书局1980年版，第206页。

③ 李新总编，韩信夫、姜克夫主编：《中华民国大事记》，第1册，中国文史出版社1996年版，第396页。

人心惶惑。先生欲洁身而去，则经手关系于财政外交者綦重；欲图自存之计，则铁路大惨案正在风雷震撼中。骎骎且及于自身，内患外忧，惟闭户而已。一日，京师步军统领来拜，视先生疾，且传上峰命，安慰先生，临去谓先生曰：'近日乱党乘机入京，治安可虑，我已派员弁为府上警戒。'乃留兵队及侦缉员弁而去。翌日，先生之汽车夫及内外仆从已易若干新人矣。先生从此举动遂失自由。"① 并且否认是该会发起人："此请愿联合会发起人中，某巨公竟代先生署名，其他文件因亦如之。在当时环境自无由自白，世遂谓先生为主动人之一，不知其时言动，且极不自由，他更无论矣。"②

全国请愿联合会的工作。9 月 24 日，该会向参政院递交请愿书，指责召集国民会议解决国体问题，是越俎代庖之行为，坚决反对。

全国请愿联合会的成绩。9 月 28 日，参政院议决以"国民代表大会"解决国体，指定梁士诒、汪有龄、陈国祥、蔡锷、王劭廉、施愚等起草办法。

三说国民代表大会。

国民代表大会的成立。《国民代表大会组织法》是该会成立的法律基础。10 月 6 日，梁士诒等组织起草该法，并建议召集国民代表大会表决国体问题。同日，参政院通过该法。8 日，袁世凯颁布《国民代表大会组织法》，该法第一条即开宗明义称："关于全国国民之国体请愿事件以国民代表大会代表国民全体之公意决定之。"③

国民代表大会的工作。10 月 25 日，全国按《国民代表大会组织法》进行国民代表的选举。三天后，开始国体投票。11 月 20 日，全国国体投票完成，1993 票全部赞成君主立宪。12 月 11 日，参政

曾任黎元洪总统府秘书长的张国淦

① 岑学吕：《三水梁燕孙（士诒）先生年谱》，上，文海出版社 1972 年版，第 278 页。

② 岑学吕：《三水梁燕孙（士诒）先生年谱》，上，文海出版社 1972 年版，第 280 页。

③ 《国民代表大会组织法》，《政府公报》，第 68 册，第 1229 号，政事堂印铸局 1915 年 10 月 9 日发行，第 419 页。

院自称“国民代表大会”总代表，推戴袁世凯为“中华帝国皇帝”。

袁世凯帝制自为，引起全国各地强烈反对。筹安会起，梁启超即以《异哉所谓国体问题者》、汪凤瀛著《致筹安会与杨度论国体书》反对之。贺振雄上书袁世凯，恳请诛奸救国。中华革命党政治部部长胡汉民自东京致书杨度，历数其发起筹安会罪状，该党还在东京组织千人集会，反对袁世凯复辟。贵州巡按使龙建章密电徐世昌，反对国体变更。肃政厅全体肃政史呈请袁世凯取消筹安会。广西将军陆荣廷致电政事堂，不同意变更国体。云南将军唐继尧决定以武力反袁。其实，筹安会的举动早就引起了黎元洪的警觉，他暗地里召集左右智囊商讨此事。

1915 年 8 月 17 日午后，黎元洪密召亲信张国淦、周树模、饶汉祥和瞿瀛前来东厂胡同黎宅，于东花园葡萄亭商议保留民国招牌事。据张国淦回忆：

> 黎以总统世袭之说，征求我等意见。周固不赞成帝制者，而因有此迁就之策，极为赞许。我不以为然，言：“袁若不帝制自为则已，今既为大总统矣，而新选举法任期五年又已改为十年，连任亦无限制，总统继任之人由现任总统预先书名，藏之金匮石室，是即为终身总统，其推荐继任，又无限制亲属之规定，于此而尚不满足，其为醉心皇帝毫无疑问，仅以总统世袭，哪能过瘾？我以为副总统如欲建议，应当光明磊落，直陈共和之不可推翻，帝制之不可复起，为国家计、为袁本人计均当如此。副总统本创造共和之人，不赞成帝制自是应有之主张。若如总统世袭，同一不赞成帝制，既不足昭示国人，亦不能挽回变局，我料袁必不能采用。是此项建议徒留历史上一大痕迹，万一采用，而宪法中有总统世袭之条，天下后世其谓之何？”
>
> 饶言：“如你这样直率措词，恐有危险。”
>
> 我言：“如怕危险，此时似无须表示。”
>
> 周仍赞成总统世袭之说，希冀不换民国招牌。
>
> 瞿言：“可再加考虑。”
>
> 黎嘿然。我们一再讨论，至晚间十一时无结果而散。[①]

---

① 张国淦：《北洋述闻》，上海书店出版社 1998 年版，第 66 页。

可见，黎元洪对袁世凯的帝制自为虽焦虑万分，却一筹莫展、无计可施。由于受到袁世凯的严密监控，黎元洪与左右智囊的一举一动自然无法逃过袁的掌控。虽然知道黎元洪反对帝制，但袁无意加害亲家，且希望借黎的声望争取更多的支持。袁世凯决定用最高的爵位——武义亲王，把黎元洪拉到帝制阵营里面。袁世凯是怕黎不肯接受而用大总统名义册封吗？当然不是。袁用大总统名义册封黎元洪为武义亲王，一是出于法律原因，二是洪宪纪年尚未启用。

1915 年 12 月 17 日《政府公报》刊登："教令第六十九号：修正大总统府政事堂组织令第四条第五条。第四条：政事堂依约法设国务卿一人赞襄。第五条：国务卿承大总统之命监督政事堂事务，大总统发布之命令由政事堂奉行，政事堂钤印，国务卿副署。"① 从这天起直到袁帝制失败，命令都是由政事堂发布并钤印。由于黎元洪拒绝受封，使我们有机会看到由政事堂发布的第二份册封令：

> 政事堂奉：申令前以武义亲王黎元洪盛德昭彰，策励封爵，式符名实，众论翕然。乃王独怀谦抑，恳切辞封，既见冲襟，益思往绩。王当辛癸多事之秋，坐镇鄂疆，功在全局。凡所建议，悉出真诚，谋国之忠，苦心无比，功懋懋赏，岂惟予一人之私？王其祗承前命，毋许固辞。此令。中华民国四年十二月十九日 国务卿陆徵祥 政事堂印。②

此时仍用中华民国纪年，明年 1 月 1 日起改为洪宪纪年。

两份册封令当然都被黎元洪拒绝了。他是如何下决心拒绝册封的呢？事实上，第一份策令发布前夜，黎元洪已经事先得到册封消息。

东厂胡同密议接受册封事。册封令发布前夜，黎元洪召集左右亲信到东厂胡同宅邸，大家于东花厅落座，商讨是否接受册封事，张国淦、饶汉祥是与会人。

① 《教令第 69 号》，《政府公报》，第 75 册，第 1297 号，政事堂印铸局 1915 年 12 月 17 日发行，第 267 页。

② 《政府公报》，第 75 册，第 1300 号，政事堂印铸局 1915 年 12 月 20 日发行，第 399 页。

我（张国淦）首先坚决言："以副总统立场，万无接受王位之理。"

饶汉祥言："就名义上着想，自不能接受；就安全上着想，又不能不迁就。似不妨容忍一时，再行从长计议。"

余（张国淦）言："袁固枭雄，但在此时期，决不敢危害副总统，以冒天下之不韪。如果有心危害，即令今日接受，将来亦不能避免。副总统果能保持约法上名义，中外观瞻所系，比较上还能达到安全地步，况且事变尚未可知，容有转危为安之一日，即不幸危险发生，副总统为创造民国之人，与民国始终，亦自足以千古。"

黎颇点头。

饶言："如君所言，直是牺牲副总统。我并非赞成王位，但是不愿意副总统牺牲个人耳。"

彼此辩论许久，其左右在座者亦先后发言。

黎对饶颇不怿，大声言："乾若（张国淦字）见解极是，你们不要多说，我志已定，决不接受，即牺牲个人亦所不惜"云云。①

黎元洪拒绝两次册封的过程非常有意思，第一次是国务卿陆徵祥率众请见。据黎元洪秘书刘钟秀回忆：

十二月十五日，即令封黄陂为武义亲王。项城令在京文武简任以上官员，赴东厂胡同黎邸致贺。是日晨七时许，即拥至东厂胡同，东至隆福寺，西抵皇城根，南过东安市场，北达安定门大街，拥挤不堪，路为之塞。及八时半，人员到齐，由国务卿陆徵祥率领请见。黄陂便装出见，陆徵祥致贺辞略谓："大总统以阁下创造民国，推翻清室，功在国家，故明令晋封为武义亲王以酬庸。特率领在京文武首领，恭谨致贺，恳即日就封，以慰全国之望。"黄陂当答称："大总统虽明令发表，但鄙人决不敢领受。盖大总统以鄙人有辛亥武昌首义之勋，故优予褒封，然辛亥革命起义，乃全国人民公意，乃无数革命志士流血奋斗，与大总统支持而成。我个人不过滥竽其间，因人成事，决无功绩可言，断不敢冒领崇封，致生无以对国民，死无以对先烈。各位致贺，实愧不敢当。"辞毕遂入内，各员亦默默散去。②

① 张国淦：《北洋述闻》，上海书店出版社1998年版，第67页。
② 张国淦：《北洋述闻》，上海书店出版社1998年版，第67页。

第二次是步军统领江朝宗自荐而来。江朝宗（1861—1943），字宇澄，安徽旌德人。因排行第四，俗称“江四”“四先生”。江是袁的心腹，见黎拒封，就自荐前往东厂胡同。

朝宗捧诏前往东厂胡同，当堂三跪九叩首。长跪不起，双手捧诏大呼请王爷受封，盖朝宗谒项城，自告奋勇来也。元洪深居不出，朝宗亦跪地长呼不起。对抗多时，元洪大怒，由旁房疾步而出，戟手勒袖，指朝宗面大骂曰：“江朝宗，你哪里这样不要脸，快快滚出去。”朝宗仍挺身直跪，双手捧诏，大呼请王爷受封不止。元洪怒呼左右赶快把江朝宗拖出去，否则连你们一齐打出。于是元洪左右劝者扶者慰者挤者，一拥而江朝宗出东厂胡同堂门矣。①

除两次册封外，袁世凯还使出“服、函、匾、敬、礼、府、逼、薪”等八招，欲迫黎元洪承认武义亲王的事实。

服。袁世凯派永增军衣庄成衣匠为黎元洪量身制作武义亲王服，元洪坚辞不受，谓：“我非亲王，何须制服？”②

函。政事堂以公函送武义亲王府官制到黎宅，封面书“政事堂”，背面大书“武义亲王开拆”。收信人未见背面，误剪。黎元洪见此函大怒，曰：“我非武义亲王，岂能收交武义亲王开拆之公文？”命令将公文原封送还。③

匾。袁世凯知黎元洪与次子袁克文素契，命克文送“武义亲王”金字匾到黎

曾任代理国务总理的江朝宗

① 刘成禺：《洪宪纪事诗本事薄注》，卷二，文海出版社 1967 年版，第 105 页。
② 张国淦：《北洋述闻》，上海书店出版社 1998 年版，第 68 页。
③ 张国淦：《北洋述闻》，上海书店出版社 1998 年版，第 68 页。

宅，曰："遵父命给大叔道喜。"[①] 黎元洪不受。又有：袁亲书"武义亲王邸"匾额赠之，强悬诸家门内。黄陂俟其使者去，乃摘而弃诸马厩下。[②]

敬。袁世凯命内史长阮忠枢等前往东厂胡同黎宅贺勋，开口即称王爷。黎元洪嗔怒："你们不要骂我。"[③]

礼。袁黎结儿女亲家，逢年过节，双方均有年礼互相馈赠。是年终，袁送黎家礼，用红帖书"赏武义亲王"。黎见帖不收。"越日，袁改仍旧用'姻愚弟袁世凯'字样，黎始受之。"[④]

府。袁世凯命内务府择地修建武义亲王府，派人请黎迁入，黎元洪坚辞不受。

逼。由于遭到多次拒绝，袁世凯决定逼迫黎元洪就范。元洪誓曰："辛亥创义，已碚军民无算。非为一人求官禄也，诸君如相逼，惟有触柱死矣！"[⑤]

薪。袁世凯派江朝宗送武义亲王月俸3万元到黎宅，黎元洪"闭门不纳，拒受乱命"。[⑥]

袁世凯知道黎元洪心意已决，就不再提武义亲王的事了。

第七节　继任总统

袁世凯一手炮制的新《大总统选举法》中关于"总统继承人"有如下内容："总统继承人，应由现任大总统推荐于选举会，其名额以三名为限。被推荐者的姓名，由现任大总统在选期前预先于嘉禾金简上，钤盖国玺，然后藏之'金匮石室'。临选时，始行取出，交付选举会进行选举，人们只能照单选举。"[⑦]

---

① 黎绍芬：《我的父亲黎元洪》，鲁永成主编：《民国大总统黎元洪》，中国文史出版社1991年版，第28页。

② 贡少芹：《黎黄陂轶事》，上海国华书局1917年版，第70页。

③ 薛观澜：《袁世凯黎元洪结合之史实》，鲁永成主编：《民国大总统黎元洪》，中国文史出版社1991年版，第226页。

④ 张国淦：《北洋述闻》，上海书店出版社1998年版，第68页。

⑤ 湖北文献资料室：《黎元洪传》，鲁永成：《民国大总统黎元洪》，中国文史出版社1991年版，第49页。

⑥ 许兆龙：《黎大总统面面观》，鲁永成：《民国大总统黎元洪》，中国文史出版社1991年版，第58页。

⑦ 来新夏主编：《北洋军阀史稿》，湖北人民出版社1983年版，第140页。

什么是金匮石室呢？金匮，是放先总统遗嘱的保险箱；石室，是石头房子。保险箱藏于石头房子内。金匮石室制度是仿清秘密建储制而设计的。清代秘密建储始于雍正皇帝。雍正元年（1723年），雍正皇帝即秘密建储，将秘匣藏于乾清宫“正大光明”匾额之后。

石室在哪里呢？它位于中南海居仁堂右侧，“过丰泽园转卍字廊小阜上。室建四方形全叠青白石门，用混金锁键坚牢，门扇单制”。①《新华秘记》说得更详细：“室以天池白石为廓，上下不施栋宇，四周咸以石灰浆等胶固，一面置铁门，下管键焉。”② 金匮就置于石室正中。

金匮是什么样子呢？所谓金匮，实是精铜打造，外表镀金。“凡高二尺五寸，长三尺五寸，厚五寸，外有扃钥，四围可以启闭，中附以纯金质之秘椟”。③ 承继书即藏于此椟中。

承继书即嘉禾金简是什么样子呢？据刘成禺所记：“黎（元洪，笔者注）曰：‘（嘉禾金简，笔者注）全用中国线装书装订，式长一尺，宽六七寸。书凡十页，用最名贵白夹宣。书边用黄丝线装订，书面用黄绫，书头用红绫包角。书签系项城亲书四大字“万民攸赖”。翻开绫面，又亲书四大字“中华民国”。再翻开一页，则画三长红格线，亲书三人姓名，顶格写每人姓名一行。’”④

自从设立金匮石室，人们就想知道藏在里面的嘉禾金简的内容，究竟是哪三位会享有继承殊荣？当然，人们也知道，只有满足一个条件才能开启石室：大总统缺位。

机会很快就到，袁世凯病重了。袁世凯得的什么病？说法不一。我们先看看这些说法。

袁世凯病症的五种说法：

1. **尿毒症**。袁世凯的医生中医师萧龙友，诊断袁患有膀胱结石症，只是小便困难，但不会有生命危险。由于袁不信任西医，所以仅服中药。没想到，病情很快恶化，导致无法进食，且无法排尿，中医此时已经无能为力。袁克

---

① 刘成禺：《洪宪纪事诗本事薄注》，卷一，文海出版社1967年版，第114页。

② 许指严：《新华秘记》，荣孟源、章伯锋主编：《近代稗海》，第3辑，四川人民出版社1985年版，第338页。

③ 许指严：《新华秘记》，荣孟源、章伯锋主编：《近代稗海》，第3辑，四川人民出版社1985年版，第338页。

④ 刘成禺：《洪宪纪事诗本事薄注》，卷一，文海出版社1967年版，第115页。

定只好请来法国医生贝熙业为袁导尿以缓解病痛，每次昏迷，都请贝熙业打强心针维持。最后，“以尿毒病薨逝”。①

2. **糖尿病**。袁世凯女婿薛观澜说：“袁氏以糖尿病逝世……当年袁公得病之时，口渴胸闷，小便频频，身体日渐羸瘦，针药罔效。”②

3. **腰子病**。这种说法虽然通俗，不妨一听。袁的亲信参谋总长唐在礼说：“除‘御医’刘绍业、萧龙友为他用中药滋补营养外，为他诊疗的还有一个他信任多年的法国医生贝熙业。袁最后患腰子病，就由贝替他局部麻醉，动手术，打针，抽水，抽血。”③

4. **膀胱结石症**。袁静雪说其父“致死的病症，是膀胱结石症”。④ 袁世凯三女袁静雪，原名袁叔祯。

5. **肾结石症**。七子袁克齐说其父“因为感冒，又患肾结石，小便不通，医治无效，郁郁死去”。⑤

还有心病说：

1. **袁静雪的说法**。袁世凯取消帝制后心情极坏，“连他最信任的四川将军陈宧、湖南将军汤芗铭也先后通电宣布独立，这真是对他的沉重打击。他这时羞愤交加，又恨又怕，就再也支撑不住，以至身死”。⑥

2. **黎元洪的说法**。陈宧在四川独立反袁，袁世凯大为恼火。袁召黎入问策，黎说：“兹事不能责二庵（陈宧字）也。追原祸始，则仍在杨（度）孙（毓筠）等人。此际若杀彼等，则各省之围立解。胡必鳃鳃然以四川为虑哉？”袁语塞。翌日，袁忽抱疾。众谓其伪。黄陂曰：非伪也。项城之疾，盖为陈

---

① 袁家宾：《我的大伯父袁克定》，全国政协文史资料委员会编：《中国文史资料文库军政人物编》，第9卷（20—9），中国文史出版社1996年版，第2013页。

② 薛观澜：《袁世凯黎元洪结合之史实》，鲁永成主编：《民国大总统黎元洪》，中国文史出版社1991年版，第227页。

③ 唐在礼：《辛亥以后的袁世凯》，杜春和等编：《北洋军阀史料选辑》，上册，中国社会科学出版社1981年版，第134页。

④ 袁静雪：《我的父亲袁世凯》，吴长翼编：《八十三天皇帝梦》，文史资料出版社1983年版，第64页。

⑤ 袁克齐：《回忆父亲二三事》，吴长翼编：《八十三天皇帝梦》，文史资料出版社1983年版，第84页。

⑥ 袁静雪：《我的父亲袁世凯》，吴长翼编：《八十三天皇帝梦》，文史资料出版社1983年版，第64页。

庖所致耳。[1]

袁世凯病重时，曾召黎元洪、徐世昌入新华宫，安排后事。“袁自知病不能起，于六月四日召黄陂及徐东海（徐世昌自号）入公府。径诣卧榻之侧，嘱以家国大事。时袁沉昏甚剧，少选，徐徐微苏，见黎、徐，乃执手哽咽曰：‘予殆将死矣，今邀二公来，余死后，国事宋卿（黎元洪字）主之；家事菊老主之。’余无他语，言已，泪下。”[2] 此事真伪不得而知，但袁世凯想让黎元洪继任总统的想法，我们可以找到史料佐证。据袁世凯孙子袁家宾回忆：“我祖父可能感到自己的病势严重，才叫我大伯父把徐世昌和段祺瑞两人找来，并让取出总统印，亲自交给徐世昌说：‘总统应该是宋卿（黎元洪的字）的了。我就是好了，也准备回彰德啦。’”[3] 也可以从张国淦的回忆里得到佐证：

> 我（张国淦）到内阁以后，即循例得常见袁，袁时时询问黎的起居及近日言论，微露：“总统地位，将来总是副总统的，本人但得机会能有较好的面子，便即下台。”一日，更明显地对我说：“要与副总统共操国事，可借以预先明了全国的军事、政治，经过设施。”叫我向黎说“要请他进府同桌办公”。

此时袁世凯已经病重，安排后事是可以理解的。但黎元洪拒绝了他。黎说：“我在癸丑革命时，极力拥护他，曾替他作十二分担保，结果如是，我不能一再受他欺骗。”[4] 黎元洪说得没错，他竭力维持共和，而袁世凯却与其虚与委蛇，暗中操纵帝制自为。如果说共和制是黎元洪的政治底线的话，那么袁世凯已经肆无忌惮地把它突破和蹂躏了。袁世凯在这种情况下想挽回黎元洪，已堪比登天。

袁世凯遗言提《约法》。6月5日，略感清醒的袁世凯命长子袁克定请徐世昌、段祺瑞、王士珍、张镇芳四人来总统府。当徐世昌最后赶到时，已是6日凌晨1时了。

---

① 贡少芹：《黎黄陂轶事》，上海国华书局1917年版，第81页。

② 贡少芹：《黎黄陂轶事》，上海国华书局1917年版，第82页。

③ 袁家宾：《我的大伯父袁克定》，全国政协文史资料委员会编：《中国文史资料文库军政人物编》，第9卷（20—9），中国文史出版社1996年版，第2012页。

④ 张国淦：《袁世凯与黎元洪的斗争》，杜春和等编：《北洋军阀史料选辑》，上册，中国社会科学出版社1981年版，178页。

袁世凯对徐说："菊人（徐世昌号）来得正好，我已经是不中用的人了。"

徐回答："总统不必心急，静养几天自然会好的。总统有话，早点安排出来也好。"

袁嘴唇微微颤动了一下，吐出"约法"两个字来。徐、段二人正要动问，守在病榻前的袁克定急忙代袁回答说："金匮石屋。"此时袁世凯"已气如游丝，噤不能言，把头微微动了一下，似乎表示同意"。①

袁世凯所说的《约法》只有一部。有人会说不对，明明是有两部《约法》，一部是1912年3月11日公布的《中华民国临时约法》（下称《临时约法》），另一部是1914年5月1日公布的《中华民国约法》。所谓"约法"，其作用等同于一国的"宪法"，宪法作为一国的根本法，具有唯一性。同样《中华民国约法》公布生效后，《临时约法》的法律意义就不存在了。袁世凯作为力主《中华民国约法》诞生的人，亲手把《临时约法》送进了坟墓，难道会在自己行将入土时把坟墓里的《临时约法》唤醒？当然，即使把《临时约法》唤醒，两部《约法》对总统继承人的规定是一致的，且看：

北洋政府国务总理、陆军总长段祺瑞

《中华民国临时约法》第42条规定：临时副总统于临时大总统因故去职，或不能视事时，得代行其职权。

《中华民国约法》第29条规定：大总统因故去职或不能视事时，副总统代行其职权。

法律障碍扫除后，必须有实权人物保驾护航，才能确保黎元洪顺利继任。谁能担此重任呢？这个人非段祺瑞莫属。

段祺瑞（1865—1936），字芝泉，人称"北洋之虎"，时任国务卿。民

① 袁家宾：《我的大伯父袁克定》，全国政协文史资料委员会编：《中国文史资料文库军政人物编》，第9卷（20—9），中国文史出版社1996年版，第2013页。

国成立，段就任陆军总长。1913年，段曾任国务总理近四个月。徐世昌辞国务卿后，段继任。可以说，段是横跨军政两界最有实力的人物。就连北洋老臣徐世昌都得看他眼色。

袁世凯薨逝，段祺瑞决定支持黎继任总统。决定总统继承人是一件非常慎重和严肃的工作，当然也是非常耗时的。张国淦曾对黎元洪长子黎绍基说："段曾召集幕僚整整开了一夜会。"[①] 这里出现一个问题：按官方说法，袁世凯是6月6日巳正（具体是10点40分）因病薨逝，而张国淦赶到中南海"春藕斋的时候已经是初六日上午5点"。[②] 难道袁世凯未死，他们已经开始讨论继承人问题了？当然不会。唯一的可能性就是公布的袁薨逝时间有问题。据沈云龙先生讲："其（袁世凯）死实在六月五日，袁氏左右以布置未妥，秘未发布。"[③] 如果沈云龙先生所言是真，那么有些问题就很好理解了。从袁去世到6日晨，段祺瑞、徐世昌、王士珍、张镇芳等一直在讨论总统继任人的合适人选，"有主张复辟者；有主以袁克定嗣立者；有主以段祺瑞继任者；世昌以北京秩序，唯段有维持之可能，须听段之主张；段主依新约法，以总统名义与元洪，而自负政治上一切责任，遂定议"。[④] 我们可以看到，徐世昌推举段，是因为段手中实权在握；而段举黎，却是从新约法的角度出发，同时也考虑到南方的局势。因为南方反袁护国军政府早已提出"恭承现在副总统黎元洪为中华民国大总统"。段知道黎的声望对国家稳定和平息南方独立的作用，而且黎无系无派，易于掌控，所以段决定举黎元洪为总统继任人。

徐世昌曾把当晚与段祺瑞的讨论讲给张国淦：

> 在袁死后，徐、段等到春藕斋时，提出谁来担任总统的问题，当时徐表示："最好是请黎副总统出来，他的声望在对南北的统一等问题上，做总统比较合适。"继而一想，他自己是个局外人，这问题应该由负责的段总理表示意见才好，因此又向段说："这是我个人的意见，应该怎么办，还是看总理的意见。"这话说过后，段停了约有二三分钟后说："相国这样说，就这样办吧！"徐认为："决定这样大

① 黎绍基：《我父亲黎元洪二三事》，鲁永成：《民国大总统黎元洪》，中国文史出版社1991年版，第38页。

② 张国淦：《北洋述闻》，上海书店出版社1998年版，第208页。

③ 沈云龙：《黎元洪评传》，台湾"中央研究院"近代史研究所编印发行，第74页。

④ 沈云龙：《黎元洪评传》，台湾"中央研究院"近代史研究所编印发行，第74页。

的事，他考虑二三分钟，也是应该的。”[1]

从这段记载看，徐世昌自己非常想让黎元洪继任总统。徐在表明自己的态度后，再请段祺瑞决定。段当时考虑最多的也是南北统一问题，也认为黎是最合适的人选。段祺瑞即举黎元洪为总统，乃以实际行动支持之。

1. **亲自邀黎出山**。6月6日晨5时，段就拉上张国淦前往黎宅请其出任总统。据张国淦记载：“我们走进黎的办公室（东花厅）见到黎元洪，段向黎鞠躬后，黎坐在一个长桌的西首，我（张国淦）和段坐在南北靠近两头，黎、段相对而视，都不说话……这样足足坐了半个多钟头没说一句话。忽然段站了起来和黎握了手，然后向我（张国淦）说：‘乾若，你今天不要到国务院去，黎总统这里没有人，你就在这里帮忙吧！’说完后，他点了点头就走了。大总统就是用这样的方式请出来的。”[2] 其实段的无声实胜有声，他在黎宅的出现等于是告诉各方势力：他和黎是站在一起的。

2. **平息军人反对**。6月6日上午9点，听到消息的北洋职业军人身穿军服、腰挎军刀，蜂拥至府学胡同段祺瑞办公室，反对黎元洪做大总统，要求段拥徐世昌出来。张国淦费了很大力气才找到段，见段也是全副武装，段问张：“你来这里做什么？”张回答：“黎总统听到外面一些事情，让我来问问。”段说：“我既然请副总统出来，这就是我的事了，他不要管，如果他怕的话，就请他来管吧！”[3] 段确实说到做到，到夜里3时，这些军人都被劝散了。

3. **告知六国公使**。6月6日下午1点，英、法、俄、比、意、日六国公使见到段祺瑞，英使代表六国询问袁死后谁继任总统，段回答：“根据《约法》第二十九条规定，当然应由黎副总统继任。”[4] 英使代表六国对黎继任表示满意，并声明对黎将给予道义上的支持。这是段在外交层面上公开支持黎元洪继任。

4. **通电全国表态**。6月6日，段祺瑞以国务院的名义通电全国，电文曰：“袁大总统于本月六日巳正因病薨逝，业经遗令依《约法》第二十九条，宣告以副总统黎元洪代行中华民国大总统之职权。各省地方紧要，务望以国家为

---

① 张国淦：《北洋述闻》，上海书店出版社1998年版，第211页。
② 张国淦：《北洋述闻》，上海书店出版社1998年版，第208页。
③ 张国淦：《北洋述闻》，上海书店出版社1998年版，第210页。
④ 张国淦：《北洋述闻》，上海书店出版社1998年版，第211页。

重，共维秩序，力保治安，是为至要。”[1] 这是段在政治上支持黎元洪继任。请注意，段祺瑞在电报中用的是“代行”而不是“继任”大总统。这两个词牵涉的法律不同，还引出一番争议，稍后笔者会仔细讲。

至此，黎元洪继任大总统的准备工作基本结束。6 月 7 日，黎元洪向全国发出通电告知各方：

> 本副总统依法接任中华民国大总统职权，于本年六月七日就任，特此电告。黎元洪。虞。印。[2]

黎元洪就职仪式简朴而且庄严。6 月 7 日上午 10 时，黎元洪的大总统就职仪式在东厂胡同黎宅东花厅举行，出席者仅有国务卿段祺瑞和内阁总长们。除临时悬挂几面旗帜外，厅内布置一如平时，庭院中有军乐队一队。10 时 10 分，黎元洪在亲信、副官的簇拥下准时来到东花厅正中央。这时，军乐队奏乐，黎元洪向两旁站立的阁员们鞠躬，众阁员亦还礼。礼毕，黎元洪发表就职宣言：“现在时局艰难，补救之方，以遵守法律为主。元洪谨本前大总统救国救民之意，继任职务。嗣后一切设施，自应谨遵法律办理。惟元洪武人，法律知识较浅，尚望诸公同心协力，匡我不逮，无任感盼。”段祺瑞即席致答辞，表示“谨遵大总统训示，竭力办理”。[3] 典礼就这样结束了。事前有人建议黎元洪隆重办理

黎元洪 1916 年 6 月 7 日就任大总统

---

① 徐辉琪、李希泌、曾业英编：《护国运动资料选编》，下，中华书局 1984 年版，第 665 页。

② 中国第二历史档案馆、云南档案馆编：《护国运动》，江苏古籍出版社 1988 年版，第 741 页。

③ 李书源：《柔暗总统黎元洪》，吉林文史出版社 1995 年版，第 181 页。

就职仪式，黎元洪回答说：“国家正多事之秋，且财政颇形支绌，胡必以有用金钱掷之虚牝哉？”①

细心的读者一定会有个疑问，黎元洪已经就职了，怎么没见开启金匮石室呢？事情是这样的：金匮石室制度是在袁氏的《大总统选举法》中制定的，而袁临终之际仅提“约法”，未提《大总统选举法》，正是要段、徐等北洋势力扶助黎元洪继任总统。因为无论是《临时约法》，还是《中华民国约法》，都明确规定副总统有继任权。

也许有人会有疑问，段、徐不想当总统吗？笔者只能说如此好事没有人会不想。但段、徐任何一人做总统，即使他们能和谐共处，维护北洋内部的各种势力，但对正在闹独立的南方，他们却都无计可施。此时，能让南方重回民国的政治人物只有黎元洪一人，同时黎元洪也是最让段、徐等北洋派放心的一人。段、徐既然决定黎为总统，藏在金匮里的嘉禾金简就成了一件毫无意义的摆设。而身为总统的黎也就有了开启金匮石室的特权。

黎元洪独自展阅嘉禾金简。6月9日，在秘书黎澍陪同下，黎元洪前往石室准备开启金匮。三海指挥官徐邦杰负责掌管石室钥匙，亦随往。据黎澍回忆：“徐邦杰献钥于总统，总统亲手拆去封条，开锁启门。徐邦杰再献匮钥，总统拆去封条，开键启匮。再启匮中金函，取出黄绫面线装书一册。总统令随行人等，一概退立门首，自展册阅之。阅毕合卷，纳册衣中，闭室回府。随行人等，皆不知书中所言何事、所题何人，只知为大总统继承人而已。予（黎澍）移至春藕斋，一日陪黎闲话，黎无意中说出金匮石室所藏：黎为第一人；徐世昌为第二人；段祺瑞为第三人。”② 当时，黎元洪长女黎绍芬年少好奇，亦尾随其父身后，“见取出一红色硬纸卷，即匆匆走回我母房中。我看到白底黑字，第一名是黎元洪。我说：‘第一个名字是您，当然是您应该做大总统！’我父说：‘副总统当然继任大总统。’”③

① 贡少芹：《黎黄陂轶事》，上海国华书局1917年版，第84页。

② 刘成禺：《洪宪纪事诗本事薄注》，卷1，文海出版社1967年版，第116页。

③ 黎绍芬：《我的父亲黎元洪》，鲁永成主编：《民国大总统黎元洪》，中国文史出版社1991年版，第29页。

第六章 府院相争免合肥

黎元洪就任大总统的当天，发布大总统令，命国葬袁世凯，曰："民国肇兴，由于辛亥之役。前大总统赞成共和，奠定大局，苦心擘画，昕夕勤劳。天不假年，遘疾长逝。追怀首绩，薄海同悲。本大总统患难周旋，尤深怆痛。所有丧葬典礼，应由国务院转饬办理人员参酌中外典章，详加拟议，务极优隆，用符国家崇德报功之至意。"① 袁世凯的葬礼就这样开始筹备了。

第一节 厚葬项城

袁世凯的葬礼是黎元洪就任总统后办的第一件大事，黎元洪为什么要为曾经帝制自为的盗国者举办国葬呢？其原因有四：

1. **崇德报功**。黎元洪虽然不耻袁帝制自为，但袁翊赞共和，使民国得以肇兴，这是袁对民国的"德"与"功"。而黎元洪以"首义都督"称誉民国，其"德"与"功"亦在赞成共和。黎与袁的合作，自共和始，至帝制结束。如果否定袁的共和之"功"，那么黎的"功"安在？

2. **合法继任**。黎的总统职位得自袁，这是《临时约法》和《中华民国约法》共同的规定。承认袁的合法总统地位，黎继任总统的合法性也就顺理成章了。

3. **平息谣言**。袁去世前，他中毒的谣言已经传遍整个世界。驻德全权公使颜惠庆1916年5月29日写道："据传袁被人投毒。"② 5月31日的《纽约

① 《大总统令》，《政府公报》，第88册，第153号，上海书店1916年6月版，第140页。

② 上海市档案馆译：《颜惠庆日记1908—1919》，第1卷，中国档案出版社1993年版，第393页。

时报》曾报道“中华民国总统袁世凯已中毒，情况危险”。这种谣言往往显示国内政局动荡，不利于国家对外形象。

4. **安抚袁党**。袁世凯帝制失败，恢复民国，依然任职总统，说明袁的政治势力非常强大。段祺瑞曾反对袁实行帝制，托病不出。袁取消帝制，段即出任国务卿。这种情况说明很多人反对袁实行帝制，但不反对袁本人。张勋说：“凡我军人夙荷深泽者计十之七八。”① 可见袁党势力在军队中之大。

黎元洪对袁葬礼非常重视。6月10日，黎元洪发布大总统令，命曹汝霖、王揖唐、周自齐办理“前大总统丧典礼”。② 这三位可是大有来头：曹汝霖时任外交总长和交通总长；王揖唐任内务总长；周自齐任财政总长。国务卿段祺瑞所掌的国务院共有六位总长，三位办理袁的葬礼，可见规格之高。需要额外说一句，此时段祺瑞的职务依然是国务卿而非国务总理。可曹汝霖的回忆却有出入：“项城薨逝，政府派周自齐、袁乃宽及余三人为治丧委员。时周已出京，袁亦不常到，我则每午祭必亲自上祭。”③ 袁乃宽，自称袁世凯侄子，是其亲信管家。袁世凯的阴沉木棺停放在怀仁堂正厅，灵堂也设在那里。在怀仁堂左厅设立了“恭办丧礼处”。据袁静雪回忆：“所有有关丧事的重大事项，都要由恭办丧礼处随时请示黎元洪、段祺瑞、徐世昌以后才能办理。当时丧礼处实际办事的大总管是袁乃宽，和我们家里人往返联系的也是他。”④ 有关此次国葬的标准礼仪也很快制定完成。

国务院制定前大总统丧礼议定条目。规定凡13条：

1. 各官署、军营、军舰、海关下半旗二十七日（自六月六日起）。出殡日下半旗一日。灵柩驻在所亦下半旗至出殡日为止；
2. 文武官吏停止宴会二十七日；
3. 民间辍乐七日，出殡及国民追悼日各辍乐一日；

---

① 《徐州张勋来电（6月7日）》，《政府公报》，第88册，第158号，上海书店1916年6月版，第219页。

② 《大总统策令》，《政府公报》，第88册，第156号，上海书店1916年6月版，第183页。

③ 曹汝霖：《一生之回忆》，（香港）春秋杂志社1966年版，第159页。

④ 袁静雪：《我的父亲袁世凯》，吴长翼编：《八十三天皇帝梦》，文史资料出版社1983年版，第68页。

4. 文官左臂缠黑纱二十七日；

5. 武官及兵士左臂及刀柄上缠黑纱二十七日；

6. 官署公文封面纸面用黑边（宽约五公分）二十七日；

7. 官署公文书盖用黑色印花二十七日；

8. 官报封面用黑边（宽约五公分）二十七日；

9. 自殓奠之后一日起至释服日止，在京文武各机关除公祭外，按日轮班前往行礼。京外大员有来京者，即以到日随本日轮祭机关前往行礼。驻京军队按日分班在新华宫举枪行敬礼；

10. 各省及特别行政区域与驻外使馆自接电之日起，于公共处所由长官率同僚属设案望祭凡七日；

11. 出殡之日鸣炮一百零一响，官署、民间均辍乐一日。京师学校均于是日辍课（凡国民追悼之日亦一律辍乐辍课）；

12. 新华公府门置黑边素纸签名簿二本（一备外交团签名用；一备中外官绅签名用）；

13. 军队分班至新华门举枪致敬。①

国务院还规定前大总统大丧典礼奠祭事项。事项凡8条：

1. 每日谒奠礼节均著大礼服（不佩勋章），左臂缠黑纱，脱帽三鞠躬；

2. 祭品用蔬果酒馔按日于上午十时前陈设；

3. 在京文武各机关及附属各机关，每日各派四员，由各该长官率领于上午九时三十分齐集公府景福门外，十时敬诣灵筵前分班行礼；

4. 单内未列各机关，有愿加入者，可随时赴府知照，亦于每日分班行礼；

5. 外省来京大员暨京外员绅谒奠者，可随时赴府签名，于每日各机关行礼时，另班行礼；

6. 外宾及蒙藏回王公等谒奠者，即由外交部蒙藏院不拘时日，

① 《国务院通告》，《政府公报》，第88册，第154号，上海书店1916年6月版，第161页。

先期赴府知照，届时，仍由外交部蒙藏院派员接待导往灵筵前行礼；

7. 清室派员吊祭时，应由特派接待员接待；

8. 除各机关每日谒奠外，其各机关中如另有公祭者，先期一日赴府知照，另班上祭。①

从上面两份文件可知葬礼规模之庞大。如此规模的葬礼，没有钱是办不到位的。那么这次葬礼共花费多少呢？

其具体数字是个谜。此次葬礼因是国葬，政府肯定要承担大部分的开支，这部分开支目前没有资料提供数据支持。我们目前已知的葬礼资金有两个来源：

（一）**政府拨款**。国务会议议决，由政府指拨银币 50 万元，充作丧葬经费。②

（二）**旧属奠仪**。徐世昌、段祺瑞、王士珍等八人联名发布公启，请求各地要人解囊相助，以补葬礼开销之不足。“从当时的大总统起，总理、各部总长、各省督军，还有护军使、镇守使、师长等多有捐赠。他们捐款的数目，绝大多数是一万元，最少的是二千元，总计共收到捐款二十五万余元”。③ 黎元洪也送了一大笔钱给袁家，据黎绍基讲：“袁死后，我父送了 10 万元奠仪，作为归还（买东厂胡同宅时，袁出资 10 万元）。”④

这两笔资金共计 75 万元，主要用来支付丧事、丧礼、移灵、墓地购买建设、安葬等事项。当然，这笔钱肯定是不敷使用的。葬礼场面之宏大，连前来奠礼的外国使节都暗暗咋舌。

黎元洪以大总统身份和 13 国驻京使节参加追悼仪式。6 月 28 日，袁世凯前总统追悼仪式在中南海怀仁堂举行，黎元洪总统亲诣灵堂。英、美、俄、

① 《大总统策令》，《政府公报》，第 88 册，第 157 号，上海书店 1916 年 6 月版，第 209 页。

② 袁静雪：《我的父亲袁世凯》，吴长翼编：《八十三天皇帝梦》，文史资料出版社 1983 年版，第 68 页。

③ 袁静雪：《我的父亲袁世凯》，吴长翼编：《八十三天皇帝梦》，文史资料出版社 1983 年版，第 71 页。

④ 黎绍基：《我父黎元洪二三事》，鲁永成：《民国大总统黎元洪》，中国文史出版社 1991 年版，第 36 页。

袁世凯葬礼

日、奥、法等 13 国公使及使馆官员，亦准时列队参加追悼仪式。黎元洪参加追悼仪式的礼节如下：

大总统就行礼位，众皆起立，赞引官恭导大总统至行礼位前。赞：就位。大总统就位。乐作。赞礼官赞：鞠躬、再鞠躬、三鞠躬。大总统三鞠躬，赞：奠帛。司帛官进帛，大总统受帛，拱举，授司帛官奠于案。退。通赞官赞：展祭文。读祭文官一人，展祭文官二人进，立案东北向展祭文，赞：读祭文。读祭文官读文毕，卷讫置于□□。退。赞引官赞：鞠躬。大总统一鞠躬，赞：祭酒。司爵官进爵。大总统祭酒三爵（每祭皆以空爵授司爵官反奠旋几）毕，司爵官退。赞引官赞：鞠躬、再鞠躬、三鞠躬。大总统三鞠躬，通赞官赞：送燎。读祭文官捧祭文，司帛爵官捧帛酒送燎，由中路出，赞引官引大总统转立东旁西向俟过毕，赞引官赞：礼毕。赞引官引大总统先退。乐止。众就坐如前，乐再作。①

随后，各国公使依次率随员诣灵前行礼。据美国公使芮恩施回忆：“我们

① 《通告》，《政府公报》，第 88 册，第 172 号，上海书店 1916 年 6 月版，第 496 页。

站起来，每个人依次在袁的灵柩台前放一个大花圈，并按照中国通常的最高礼仪行三鞠躬，然后回到原来的位置。继外交官之后，前来表示悼念的有国务卿和其他中国高级官员以及外国顾问。”①

黎元洪送灵柩到新华门止。黎元洪从怀仁堂出，往新华门稍事休息。“灵柩由宝光门出，循中海西岸，经仁曜门、丰泽园门前，循南海西岸往新华门”。② 黎元洪立于新华门左侧，向灵柩一鞠躬。礼毕，黎元洪先返。灵柩出新华门，左行向东，经金水桥，往火车站方向而去。

出殡的队伍极其壮观。因袁的灵柩要运往彰德墓地安葬，所以从怀仁堂到京汉路车站（前门车站）沿途，观看的队伍人山人海，军警密布维持治安。“路上事前铺上黄土，并泼清水净街”。③ 据芮恩施回忆：安放袁氏遗体的大灵柩台由一百名男人用交错在一起的杆子抬着。灵柩台的上面覆盖着由金线刺绣的深红色的绸子；它的帝王的光辉着重说明了这个事件的悲剧性质。沿用了中国送葬的一些旧的习惯做法，如把像钱币形状的纸片撒投向空中。有二十个人骑着马在送葬行列前面领路，接着跟在后面的是人数众多的三列倒背着枪的步兵队。每两个队列之间有一个军乐队。跟在步兵之后的是中国乐师，他们用笛子吹奏着悲哀的曲调。接着是送葬行列中最引人注目的好看的部分——一大队骑兵身穿中国古装、扛着大旗、长三角旗和五彩缤纷的飘带，当这些旗子和飘带在空中优美地飘动时，形成了一派迷人的景象。中国人有用旗子产生眼花缭乱效果的天分。接着是护送一辆空的御用马车的手执长矛的骑兵；敲鼓打镲的和尚；总统的乐队；长长的几排人抬着殉葬的器皿和安放袁氏的灵牌的轿子；接着还有几排人抬着食物祭品、袁氏的个人生活的纪念品，以及所有在前两天追悼仪式上送的花圈；接着是步行的高级官员，身穿军服或礼服，看来，这时穿大礼服和戴大礼帽确实与整个气氛不大协调。一群身穿白衣的送葬者走在灵柩的前面；袁氏的儿子们在一顶白布篷下面走着。袁克定走在当中，他们全都显得悲伤。④

---

① ［美］保罗·S. 芮恩施：《一个美国外交官使华记》，文化艺术出版社 2010 年版，第 179 页。

② 《通告》，《政府公报》，第 88 册，第 172 号，上海书店 1916 年 6 月版，第 497 页。

③ 萧景泉：《袁葬琐记》，吴长翼编：《八十三天皇帝梦》，文史资料出版社 1983 年版，第 319 页。

④ ［美］保罗·S. 芮恩施：《一个美国外交官使华记》，文化艺术出版社 2010 年版，第 180 页。

袁世凯墓地

很多人不知道，此时灵柩里躺着的袁世凯穿的是龙袍。这件龙袍是紫红色，上绣九条平金线金龙，龙眼明亮，栩栩如生，系用珍珠镶嵌而成。龙头各部镶有无数颗小珍珠，龙鳞由珊瑚断片绣成。龙袍是袁洪宪称帝时所自备，尚未使用。袁去世后，因身体浮肿，无法穿其他衣服，家人就想到了这件龙袍，准备给袁穿上。"后经黎元洪、徐世昌、段祺瑞同意，就把那领龙袍给我父亲穿上了"。①

史学家李泰棻的叙述与袁克齐的稍有出入："袁世凯死后，关于殓服，其儿女姬妾争执不下。有主张以总统制服（即陆海军大元帅的戎装）入殓的，有主张以帝制甲种礼服（即平天冠，以旒分等级，衣服以团花多少分等级）入殓的。袁世凯的妻子于氏穿着丧服至外客厅面见徐世昌。她先向徐世昌行稽首礼，然后说：'您的兄弟，搞了一次帝制，因此丧生，可见他是喜欢这一套的。现在孩子们主张不一，但我的意见，还是以甲种礼服入殓，不枉他搞了一场，让他死也瞑目。此事还望大哥做主！'徐世昌答允，随即发令，以甲种礼服入殓。"② 此事据说是徐世昌亲自告诉其弟弟徐世章，世章又告诉自己的内弟杨

① 袁克齐：《回忆父亲二三事》，吴长翼编：《八十三天皇帝梦》，文史资料出版社1983年版，第84页。

② 李泰棻：《杨翠喜案及其它》，吴长翼编：《八十三天皇帝梦》，文史资料出版社1983年版，第313页。

立坦，杨立坦告诉李泰棻的。无论何种说法，袁确实是穿着龙袍入殓的。

彰德袁世凯墓地是黎元洪指派田文烈督工建造的。田文烈（1853—1924），字焕亭，毕业于北洋武备学堂，时任河南巡按使，授将军衔。田文烈与袁世凯的交往始于朝鲜，至此已近35年，可谓友谊深厚。黎元洪也是用人得当，田文烈认真负责，袁家于8月24日准期安葬。整个墓地的工程直到1918年6月才告竣。

袁世凯时代就这样结束了，而黎元洪的时代才刚刚开始。

第二节　统一南北

黎元洪在就职中华民国大总统那天，即1916年6月7日，收到一封来自梁启超的电报，其电文曰："北京黎大总统钧鉴：项城奄逝，时局锐变。我公继任，根于约法上严正之程序，早经南省敬谨宣言。今当危疑之时，恳即日就职，昭告中外，以定民志。更与段芝老戮力保持中央秩序，克期召集国会，妥筹善后，国家幸甚。"①

梁任公电文中"南省敬谨宣言"指的是什么呢？

它是指一份南方四省拥护黎元洪继任大总统的宣言。当年5月，云南都督唐继尧、贵州都督刘显世、广西都督陆荣廷、广东都督龙济光、两广护国军都司令岑春煊、两广护国军都参谋梁启超、护国第一军总司令蔡锷、护国第二军总司令李烈钧等八人，代表护国军政府联名发布《拥黎元洪继任大总统领陆海军大元帅宣言书》，曰："查民国二年九月，国会参众两院议决公布之大总统选举法第三条云：大总统任期六年。第五条云：大总统缺位时，由副总统继任，至本任大总统期满之日止。等因。今大总统既以犯罪缺位，所遗未满之任期，当然由副总统继任。本军政府谨依宣言，恭承现任副总统黎公元洪为中华民国大总统，领海陆军大元帅。"②

宣言明确指出黎元洪继任大总统的法律依据是《临时约法》，这与段祺瑞6月6日的通电所称黎元洪依约法第29条代行大总统的说法是矛盾的。表面上是"继任"和"代行"的矛盾，实际上是两部约法孰去孰留的斗争。而黎

① 丁文江、赵丰田编：《梁启超年谱长编》，上海人民出版社1983年版，第788页。

② 中国第二历史档案馆、云南档案馆编：《护国运动》，江苏古籍出版社1988年版，第735页。

元洪要面对的问题不止于此。

为促进南北统一，黎元洪复约法，召国会，组内阁，息纷争，惩祸首。

复约法。约法是根本法，南方护国军政府坚持恢复《临时约法》，北方则倾向维持现状。选择哪部约法事关今后谁将在政治上获得更多优势，这点孙中山等早有预见并有明确指示。6月9日，孙中山发布《规复约法宣言》，称："袁氏凡百罪孽，皆由其以天下为私之一念而来。残暴专制，既无不为，而又以金钱诈术济之，以至于败。今求治无他，一言蔽之曰：反其道而已。庶事改良，或难骤举，至于规复约法，尊重民意机关，则惟一无二之方，无所用其踌躇者。"①

同日，黄兴于日本致电黎元洪，请"规复旧约法，除去袁氏一切伪造之法律与民国抵触者"。② 梁启超发出"复旧约法"等时局六项主张，指出："黎频电海上名流，段未有电，都中新旧约法之争颇烈。"③ 唐绍仪、康有为、孙洪伊等也发来内容相似的电报。此外，四川旅沪议员、黑龙江旅沪议员、上海旅沪议员、吉林旅沪议员、江西旅沪议员等亦纷纷致电黎元洪要求恢复旧约法、召集国会。

黎元洪希望恢复《临时约法》。为什么说黎元洪希望恢复《临时约法》呢？于公，南方只接受《临时约法》，这是南北统一不可逾越的条件。只有恢复《临时约法》，南方才会谈统一。于私，《临时约法》下的《大总统选举法》规定"大总统缺位时由副总统继任至本任大总统任满之日止"④，就是说，依照此法，黎元洪可以直接继任大总统。而依据新约法即《中华民国约法》下的《修正大总统选举法》第11条规定："大总统任期未满因故去职时，应于三日内组织大总统临时选举会，临时选举会未举行前，大总统职权由副总统依约法第二十九条之规定代行之。"同时第12条还规定："届行临时选举之日，由代行或摄行大总统之职权者咨行大总统临时选举会会长，指任会员

① 《规复约法宣言（1916年6月9日）》，广东省社会科学院历史研究室、中国社会科学院近代史研究所中华民国史研究室、中山大学历史系孙中山研究室合编：《孙中山全集》，第3卷，中华书局1984年版，第305页。

② 毛注青编：《黄兴年谱》，湖南人民出版社1980年版，第283页。

③ 丁文江、赵丰田编：《梁启超年谱长编》，上海人民出版社1983年版，第788页。

④ 《大总统选举法》，岑德彰编辑：《中华民国宪法史料》，新中国建设学会1934年版，第2页。

十人监视开启尊藏金匮石室，恭领金匮到会，当众宣布被推荐三人中依第九条之规定投票选举。”① 第9条规定的是投票方法，规定出席投票人数要达到会员总数的3/4，得票超过2/3方为获胜。如果三人中无人得票超过此数，那么选择票数最多的两个人再次投票，得票多者当选。可见，依照《临时约法》，黎元洪可以直接继任，无须经过选举。当然由于新约法实行的是总统负责制，且破坏了三权分立的原则。如果继续沿用新约法，那么恢复国会将无法可依，共和国体也将无法保证。这些都是黎元洪希望恢复《临时约法》的原因。

要恢复《临时约法》，仅有南方的支持还不够。要让段祺瑞转变心意，黎元洪必须要得到另一支重要力量——冯国璋的支持。6月13日，黎派林长民前往南京拜会冯国璋。林长民（1876—1925），字宗孟，福建福州人。时任国务院参议、法制局局长。林长民向冯转达“组织国会，恢复约法，惩办帝制祸首，特赦党人四项主张”，② 冯表示同意。次日，冯致电北京政府，“请惩祸首，改组内阁，恢复约法，迅筹纸币兑现”。③ 15日，宣武上将军督理江苏军务冯国璋与江苏巡按使齐耀琳联名致电北京政府，表示赞成恢复《临时约法》，召开国会，电文云：“国不可以无法，现在只有《临时约法》之可遵。法不可以不良，举国当为制定宪法之监视。国璋等与政府诸公，分属公职，身亦国民，璋有所见，极盼随时商定，依法主张，以为舆论之导。约法不得已而暂复，宪法即不可以多延。速开国会，速开宪法起草委员会，速开宪法会议，速定宪法，当务之急，似无逾此者。”④ 19日和20日，冯又两次致电北京政府要求恢复约法，挽救危局。黎元洪这招以冯制段取得了预期的效果。

段祺瑞不再坚持新约法。黎元洪初任大总统，段以新约法第29条为其“代行”总统的法律依据。南方以旧约法坚持认为黎元洪是“继任”而非“代行”大总统。段祺瑞在南方的压力下，改变初衷，提出修正旧约法，“其所拟修正手续有二，（一）仿行约法会议办法；（二）参照南京参议院成例，由各省长官委派委员三人或指选该省国会议员三人组织修正约法委员会修正约法”。⑤ 这种提议当然应者寥寥。段于是以“不可命令废法”为由，通电各

---

① 《修正大总统选举法》，岑德彰编辑：《中华民国宪法史料》，新中国建设学会1934年版，第3页。

② 公孙訇：《冯国璋年谱》，河北人民出版社1989年版，第58页。

③ 公孙訇：《冯国璋年谱》，河北人民出版社1989年版，第59页。

④ 公孙訇：《冯国璋年谱》，河北人民出版社1989年版，第59页。

⑤ 游悔原：《中华民国再造史》，沈云龙主编：《近代中国史料丛刊第十九辑》，文海出版社1968年版，第149页。

省将军、巡按使、都统、护军使、都督和唐绍仪、梁启超、岑春煊等，电文云："然就约法而论，多人主张遵行元年约法。政府初无成见，则今日之所龈致争辩者，又惟如何复行之办法而已。此项办法多愿命令宣布以期迅捷，而在政府则期期以为不可。盖命令变更法律，为各派法理学说所不容，贸然行之，后患不可胜言。是以迟回审顾，未敢附和也。或谓三年约法不得以法律论，虽以命令废之，而无足议此不可也。三年约法履行已久，历经依据，以为行政之准。一语抹煞，则国中一切法令皆将因而动摇。"①

段祺瑞这番话实际上是对黎元洪说的。此时的北京，关于如何恢复约法，黎、段有两种不同意见。据黄群致梁启超电中，对此有所表述："两谒黎、段，首商旧约法及国会事，黎、段均主恢复，惟方法不同。黎欲径以命令发表，段欲先令各省长官分知各该省旧国会议员，各举代表三人……限期到京会议。"② 黄群，字溯初，中华民国元年（1912 年）被推举为临时参议院议员，参与制定《中华民国临时约法》。第二年，又当选为第一届国会众议院议员。是民国初年的政治家。

孙中山见黎、段相持，欲打破僵局，多次致电黎、段。在致段祺瑞的电文中，孙中山云："至于目前，规复约法，尊重国会，为共和根本大计，而内外人视瞻所存，文已再三为黎总统言之。愿执事翊赞当机，不为莠言所惑，重陷天下于纠纷，亦文之望也。"③ 黎、段相持的局面，很快被打破。

打破相持局面的是上海海军独立事件。6 月 25 日，上海海军宣布独立，推海军上将李鼎新为总司令，并发布宣言："……今黎大总统虽已就职，北京政府仍根据袁氏擅改之约法，以遗令宣布，又岂能取信天下，餍服人心？其为帝党从中挟持，我大总统陷于孤立，不克自由发表意见。即此可以类推，是则大难未已，后患方兴。今率海军将士于六月二十五日加入护国军，以拥护今大总统，保障共和为目的。非俟恢复元年约法、国会开会、正式内阁成立后，北京海军部之命令概不承受，誓为一劳永逸之图，勿贻姑息养奸之祸。"④

---

① 《公电》，《政府公报》，第 88 册，第 169 号，上海书店 1916 年 6 月版，第 427 页。

② 丁文江、赵丰田编：《梁启超年谱长编》，上海人民出版社 1983 年版，第 789 页。

③ 《致段祺瑞函（1916 年 6 月 23 日）》，广东省社会科学院历史研究室、中国社会科学院近代史研究所中华民国史研究室、中山大学历史系孙中山研究室合编：《孙中山全集》，第 3 卷，中华书局 1984 年版，第 312 页。

④ 游悔原：《中华民国再造史》，沈云龙主编：《近代中国史料丛刊第十九辑》，文海出版社 1968 年版，第 151 页。

黎元洪授予蔡元培的北京大学校长委任状

海军独立为什么会打破黎段相持的局面呢？其时，中华民国有舰队三支：第一舰队、第二舰队和练习舰队。此次宣布独立的是在沪的第一舰队和练习舰队。“第一舰队所统军舰最多，其势力足代表海军全体。万一要求不遂，战事忽起，则沪上海军逆流而上，其取有上海、南京、安庆、南昌、武昌也，易如拾芥，故北京政府闻之失色”。[①] 可以说，“海军的独立，使北洋军阀政府完全失去了制海权”。[②] 四天后，北京政府妥协了。

黎元洪申令遵行《临时约法》。6 月 29 日，黎发布大总统申令：“共和国体，首重民意。民意所壹，厥惟宪法。宪法之成，专待国会。我中华民国国会，自三年一月十日停止以后，时越两载，迄未召复，以致开国五年，宪法未定。大本不立，庶政无由进行，亟应召集国会，速定宪法，以协民志而固国本。宪法未定以前，仍遵行中华民国元年三月十一日公布之临时约法至宪法成立为止。其二年十月五日宣布之大总统选举法系宪法之一部，应仍有效。此令。”[③] 至此，《临时约法》正式恢复。

召国会。在各方呼吁恢复《临时约法》的时候，也在积极召集国会。冯国璋认为“约法既复其旧，则由该法发生之国会，势不能不相因而复”。[④]《临时约法》未恢复前，旅沪议员以参、众两院名义发布通电，其电文曰：“民国议会集会通告，希速通知本省议员，查照切盼。文如下：《临时约法》第二十条参议院得自行集会、开会、闭会；《国会组织法》第十四条‘民国宪

---

① 游悔原：《中华民国再造史》，沈云龙主编：《近代中国史料丛刊第十九辑》，文海出版社 1968 年版，第 152 页。

② 高晓星：《民国海军的兴衰》，中国文史出版社 1989 年版，第 61 页。

③ 《大总统申令》，《政府公报》，第 88 册，第 175 号，上海书店 1916 年 6 月版，第 563 页。

④ 《冯国璋等主张速开国会制定宪法电（1916 年 6 月）》，中国第二历史档案馆、云南档案馆编：《护国运动》，江苏古籍出版社 1988 年版，第 768 页。

法未定以前，《临时约法》所定参议院职权为民国议会之职权’；又第十条‘民国议会开会及闭会，两院同时行之’。现依以上规定自行集会开会。凡两院议员除附逆者外，务于六月三十日前齐集上海。七月十日行开会式，各议员到沪后，费用由两院支给。特此通告。”① 这份通电告诉我们两点：一是国会即将自行开会；二是会议地点在上海。

接到该电后，反对意见随之而来。这些反对意见均来自地方军阀大员，他们是：

1. **冯国璋**。6月21日，冯国璋发布通电，指出《临时约法》未复，“不能遽行引用”；旧议员已经解散，其“议员资格亦不能遽行认为有效”。关于会议地点，冯认为“只应在北京”，因为“两院举行旧约法内并未载有任在何处召集条文，其他地点又何能自便？”他忠告：“应商之点尚多，必须诸事妥就规范，方能以命令发表。乃若辈不及静候辄复举动自由，势必更招内外之诋谌，且益损两院之名誉。此事关系大局，国璋不能缄口不言。”② 赞成恢复《临时约法》的冯国璋，反对两院自行在上海集会，希望循法律途径召集国会。

2. **张勋**。张勋，时任长江巡阅使。6月21日，张勋发表通电，反对自行召集议会，称：“该两院旅沪议员等，不待中央命令，竟行擅用两院名义通电各省，自行招集，俨以私人资格认为法定机关，已属非是。且复任意将原定国会地点移至上海，尤不知凭何理由？据何法律？似此妄为，藐视国宪，实为五洲四域共和先进之国之所未闻。如果任所欲为，则今日之中央政府，几同虚设。国家之威信何存？”③

3. **倪嗣冲**。倪嗣冲，时任督理安徽军务。6月23日，倪嗣冲发表通电，云：“私假两院名义，擅自招集，违法自由，不知将置政府何地？且政府现在北京，国会远开沪上，五洲万国，尤无先例可援。”④

---

① 《南京冯国璋来电（6月21日）》，《政府公报》，第88册，第175号，上海书店1916年6月版，第581页。

② 《南京冯国璋来电（6月21日）》，《政府公报》，第88册，第175号，上海书店1916年6月版，第581页。

③ 《徐州张勋来电（6月21日）》，《政府公报》，第88册，第175号，上海书店1916年6月版，第551页。

④ 《蚌埠倪嗣冲来电（6月23日）》，《政府公报》，第88册，第175号，上海书店1916年6月版，第552页。

其他还有督理湖北军务王占元、察哈尔都统田中玉、督理吉林军务孟恩远等也发表通电，反对沪上议员的举动。这段上海办议会的小插曲很快就结束了。

6月29日，在《临时约法》宣布恢复的当天，黎元洪发布大总统申令："兹依据《临时约法》第五十三条，续行召集国会，定于本年八月一日起继续开会。此令。"① 同时宣布："民国三年五月一日以后，所有各项条约均应继续有效。其余法令，除有明令废止外，一切仍旧。此令。"② 还有一条申令："民国议会业经续行召集，所有关于立法院、国民会议各法令，应即撤销。此令。"③ 当天，还裁撤了参政院，成立了筹备国会事务局。

以黎元洪为首的北京政府为什么会如此迅速地出台恢复约法、召集国会等申令呢？我们把上海海军独立和旅沪议员集会结合起来看，这一武一文两大压力确实让北京政府如坐针毡。况且海军独立已成事实，如果旅沪议员集会成真，黎元洪将面对更大的政治威胁——民初南北两个政府的局面将再次上演。以黎元洪为首的北京政府及时出台申令显然是以最小的成本抑制了更大的政治动荡。

旅沪议员非常欢迎黎大总统的申令。接到申令后，旅沪议员集会事告吹，取而代之的是沪上举办的各种欢送会。这些欢送会有：

其一，7月13日汇中饭店议员欢送宴会。此次宴会由黄兴做东，孙中山、章炳麟、唐绍仪、柏文蔚、于右任、谭延闿、胡汉民等作陪，到会议员有200余人。孙中山发言指"袁氏今已自毙，民国之大障碍已除，此后中国存亡责任将在我国会诸君"。④ 黄兴强调："今日诸君北上就职，甚望诸君此后不树立形式上之党别，而为精神上之结合……国会开后，对于借款问题，特加注

---

① 《大总统申令》，《政府公报》，第88册，第175号，上海书店1916年6月版，第564页。

② 《大总统申令》，《政府公报》，第88册，第175号，上海书店1916年6月版，第564页。

③ 《大总统申令》，《政府公报》，第88册，第175号，上海书店1916年6月版，第565页。

④ 《在沪欢送国会议员宴会上的演说（1916年7月13日）》，广东省社会科学院历史研究室、中国社会科学院近代史研究所中华民国史研究室、中山大学历史系孙中山研究室合编：《孙中山全集》，第3卷，中华书局1984年版，第319页。

意……勿令非正义之人，更得借金钱之能力，行政治之罪恶”。[①] 章太炎亦起立发言，曰：“三年以来，诸君子备尝艰苦，轻肆之气渐衰，沉毅之略渐生，诚可为前途庆贺。”[②]

其二，7月15日尚贤堂议员欢送会。此欢送会由驻沪粤籍国会议员举办，孙中山、黄兴、章太炎、伍廷芳等及上海名流亦出席。孙中山发言说：“吾人今既易专制而成代议政体，然何可故步自封，始终落于人后。故今后国民，当奋振全神于世界，发现一光芒万丈之奇采，俾更进而底于直接民权之域。”[③] 黄兴演说道：“中国之所以穷，穷在贫富不均耳。欲均贫富，当令全国人民无一不有谋生之智能；欲全国人民有谋生之智能，非普及教育不可。”[④] 章太炎发言道：“国家之所以能成立于世界，不仅武力，有立国之元气也。元气维何？曰文化。”[⑤]

其三，7月17日张园安垲第茶话会。孙中山为与各界人士交换政见，研究建国方针，在此举办茶话会，“到会者有两院议员、旅沪名流、商、学、政、军各界、新闻记者等一千多人”。[⑥] 孙中山演讲曰：“今建中华民国，亦与古国不同。既立以后，永不倾仆，故必筑地盘于人民之身上，不自政府造起，而自人民造起也。”[⑦]

其四，7月20日两公司主持两院议员欢送会。上海金星公司和南洋烟草公司主持两院议员欢送会，孙中山在会上提出五权分立主张，即立法、司法、行政、御史弹劾、考试五权。

其五，7月22日上海报界议员欢送会。黄兴到会演讲，指出：“昔日之国

---

① 毛注青编：《黄兴年谱》，湖南人民出版社1980年版，第285页。

② 汤志钧编：《章太炎年谱长编》，上册，中华书局1979年版，第535页。

③ 《在沪尚贤堂茶话会上的演说（1916年7月15日）》，广东省社会科学院历史研究室、中国社会科学院近代史研究所中华民国史研究室、中山大学历史系孙中山研究室合编：《孙中山全集》，第3卷，中华书局1984年版，第323页。

④ 毛注青编：《黄兴年谱》，湖南人民出版社1980年版，第286页。

⑤ 汤志钧编：《章太炎年谱长编》，上册，中华书局1979年版，第536页。

⑥ 《在沪举办茶话会上的演说（1916年7月17日）》，广东省社会科学院历史研究室、中国社会科学院近代史研究所中华民国史研究室、中山大学历史系孙中山研究室合编：《孙中山全集》，第3卷，中华书局1984年版，第325页。

⑦ 《在沪举办茶话会上的演说（1916年7月17日）》，广东省社会科学院历史研究室、中国社会科学院近代史研究所中华民国史研究室、中山大学历史系孙中山研究室合编：《孙中山全集》，第3卷，中华书局1984年版，第326页。

会、报馆，因随世界潮流，为有党之结合，不免互生误会，舍政见而为私争，不商榷大计而攻击个人。今往事已矣，重振旗鼓，脱专制之束缚，以建共和民国，当一本良心之主张，以谋国是。尽舍私见而谋国政，此实第一要义也。”①

其六，7 月 23 日日本人举办议员北上欢送会。日本青木中将、有吉总领事在沪举办“中国国会议员欢送会”，“到者有张继、王正廷、谷钟秀、李述膺诸议员，与孙中山、黄兴、唐绍仪、伍廷芳、章炳麟、温宗尧、孙洪伊、王宠惠等南方重要人物”。②

仔细研究以上几次欢送会，不难看出每次都有孙中山或黄兴等参加，说明黎元洪召集国会的主张得到了南方护国军政府的支持。南方议员的北上可以让瘫痪的国会得以达到法定人数而重新召开，这是南方护国军政府的和平期望，也让黎元洪得以暂时坐稳大总统的宝座。这是一场双赢的政治较量。

民国国会第二次常会如期召开。8 月 1 日，开幕典礼在北京举行，到会参议员 138 人、众议员 318 人，大会主席为参议院议长王家襄。黎元洪总统偕段祺瑞国务总理及内阁全体成员出席。黎元洪依照民国二年《大总统选举法》第 4 条规定，宣誓就职。誓词云：“余誓以至诚，遵守宪法，执行大总统之职务。谨誓。”③ 黎元洪还向大会致辞，曰：“天佑吾华，政局肇新，经纬万端，宜叩众意。议会诸君子为国民所选举，其于民生国计，筹之熟矣。方今时局艰危，正赖贤豪补救，望诸君子一心一德，无党无偏，以法治为指归，立宪政之基础。国运昌隆，政象清明，皆将于诸君子是赖。元洪不敏，忝膺重寄，惟竭至诚，从诸君子后，冀有造于家邦。躬莅盛会，无任欢欣，谨贺一言为民国议会祝。”④

组内阁。6 月 29 日，黎元洪发布大总统策令，“特任段祺瑞为国务总理。此令”。⑤ 这一天，对黎元洪时代的中华民国无疑是非常重要的。在这一天，

---

① 毛注青编：《黄兴年谱》，湖南人民出版社 1980 年版，第 286 页。

② 汤志钧编：《章太炎年谱长编》，上册，中华书局 1979 年版，第 536 页。

③ 《大总统选举法》，岑德彰编辑：《中华民国宪法史料》，新中国建设学会 1934 年版，第 1 页。

④ 丁中江：《北洋军阀史话》，第 2 册，中国友谊出版公司 1992 年版，第 366 页。

⑤ 《大总统策令》，《政府公报》，第 88 册，第 175 号，上海书店 1916 年 6 月版，第 568 页。

黎元洪不仅解决了约法问题，还解决了国会和政府首脑问题。球踢到段祺瑞脚下，段要提名内阁人选，待黎元洪批准后，才能完成组阁。

段祺瑞提交的内阁名单如下：外交总长汪大燮，内务总长许世英，财政总长陈锦涛，海军总长刘冠雄，司法总长章宗祥，教育总长范源濂，农商总长张国淦，交通总长曹汝霖，陆军总长段自兼任。

段祺瑞亲自到总统府面呈名单给黎元洪。“段祺瑞在袁世凯时代不轻易到府，此次特表示恭顺”。[①] 可以看出，此时的段祺瑞欲与黎元洪合作共建共和的渴望显然是真诚的，可名单放在黎元洪那里却迟迟没有下文。段祺瑞很着急，就嘱时任总统府秘书长的张国淦催黎速办。

黎元洪要求名单内加入两人，去掉三人。张国淦见黎，说了段的要求。黎元洪说：“我别无意见，但有两人须加入，唐绍仪、孙洪伊；有三人不可用，刘冠雄、章宗祥、曹汝霖。”[②] 唐绍仪和孙洪伊有个比较八卦的共同点：俩人都曾因避溥仪讳而改名，唐绍仪曾改为唐绍怡；孙洪伊原名是孙洪仪。俩人还有共同的政治理念：都曾加入同盟会，追随中山先生。唐绍仪曾任民国第一任内阁总理；孙洪伊先后参与成立共和统一党、民主党、进步党，实为政治领袖。黎元洪欲在段氏内阁中安插党人，显而易见是为南北政治力量的平衡。黎元洪认为刘、章、曹三人是袁帝制派人物，坚决反对他们入阁。段祺瑞得知黎元洪的想法后，说：“即遵总统意旨。加入唐、孙，更换刘、章、曹可也。”[③] 于是段再拟一份内阁名单交黎，黎仅易海军总长名，段氏内阁告成。

6月30日，黎元洪发布大总统策令，“特任唐绍仪为外交总长，许世英为内务总长，陈锦涛为财政总长，程璧光为海军总长，张耀曾为司法总长，孙洪伊为教育总长，张国淦为农商总长，汪大燮为交通总长。此令”。[④]

段祺瑞兼任陆军总长的策令是当天单独发布的，以示尊荣。同时还有两份策令，一份是唐绍仪未到任前由陈锦涛暂兼外交总长；张耀曾未到任前由张国淦暂兼司法总长。至此，黎元洪时代的第一届内阁（段氏内阁）组成。

息纷争。黎甫上任，极力谋求南北统一。除恢复约法、重开国会、组织

① 张国淦：《北洋述闻》，上海书店出版社 1998 年版，第 142 页。
② 张国淦：《北洋述闻》，上海书店出版社 1998 年版，第 142 页。
③ 张国淦：《北洋述闻》，上海书店出版社 1998 年版，第 142 页。
④ 《大总统策令》，《政府公报》，第 89 册，第 176 号，印铸局 1916 年 6 月版，第 3 页。

内阁外，还积极制定各种政策，沟通南北军界，力求早日结束国内纷争。具体做法有：

稳定现任官吏。就任伊始，黎元洪即发布大总统申令，敦促京外文武官吏仍原位供职。申令曰："现在时局颠危，本大总统骤膺重任，凡百政务，端资佐理，所有京外文武官吏，应仍旧供职，共济时艰，勿得稍存诿卸。此令。"①

释放政治罪犯。袁世凯当政时期，曾颁布条例，取缔国民党。黎元洪为弥合南北裂痕，发布大总统申令宣布释放及取消通缉政治犯。申令曰："现在惩办国贼条例及附乱自首赦令，业经废止，所有本年七月十二日以前因政治犯罪被拘禁者，应即一律释放，其通缉各案，亦一律撤销。但触犯刑事罪名者，不在此限，此令。"②

努力罢兵息民。黎继任大总统的当天，段祺瑞的学生、加入护国军的督理陕西军务陈树藩第一个宣布取消独立，这无疑给黎元洪的政府很大的支持，当然，从护国军政府角度看，陈树藩的行动无疑是背叛。翌日，黎元洪曾经的下属兼同乡、加入护国军的督理四川军务陈宧在黎元洪的策士蒋作宾、金永炎、哈汉章三人的策动下，宣布取消独立。第三个也是第三天宣布取消独立的是督理广东军务龙济光，龙当初的独立就是不得已而为之，且在独立时，还密电袁世凯请求秘密指示和谅解。6月16日，黎元洪发布停战申令，曰："本大总统依法继任，自应力谋统一，于此风雨飘摇，危机一发，政纲如何整饬，国基如何奠安，万绪千端，诸待推诚商略，苟利于国，政府无不开诚采纳，立见施行。罢兵息民，最为先务。所有派出军队，著即一律停战。并由该管部署分筹办法，克期撤退。各该省军政长官，各应严束所部，力卫地方。务期草木不惊，萑苻尽净，倒悬之苦，庶其少瘳。此令。"③

可战争并未因黎的命令而停止。此时的战争主要是局部战争，一是广东龙济光与李烈钧之战；二是四川陈宧与周骏之战。广东方面，黎元洪先是派龙济光督办两广矿务，授李烈钧勋二位陆军中将并加上将衔，极力安抚双方。

① 《大总统申令》，《政府公报》，第88册，第153号，上海书店1916年6月版，第139页。

② 《大总统申令》，《政府公报》，第89册，第188号，印铸局1916年6月版，第285页。

③ 《大总统申令》，《政府公报》，第88册，第152号，上海书店1916年6月版，第265页。

令陆荣廷督粤，再派汤芗铭和萨镇冰前往调查调解。8月21日，黎元洪发布大总统令命龙李息争，令曰："迭据各方报告，广东纷扰，祸犹未已，生灵涂炭，外人复有烦言，长此迁延，靡知所届。龙济光未交卸以前，责任守土，自应约束将士，保卫治安。李烈钧统率士卒，责有攸归，著即严勒所部，即日停兵。该省督军陆荣廷、省长朱庆澜，现已星夜赴任，龙济光应将各项事宜妥速预备交代。此后如再有抗令开衅情事，定当严行申讨，以肃国纪。此令。"[①] 25日，黎元洪再发大总统令命龙李军队一律撤退，令曰："粤省纷扰，前令萨镇冰选调兵舰驶往查办。现在，陆荣廷、朱庆澜先后莅粤，两方军队，应克期一律撤退，分别交代。著萨镇冰严重监视，据实呈报。此令。"[②]

四川方面，陈宧宣布独立后，袁世凯任命第十五师师长周骏，督办四川军务，所以才有陈周之争。黎元洪委任蔡锷为益武将军，督理四川军务兼四川巡按使；曹锟会办四川军务；王陵基为重庆镇守使。召陈宧、周骏来京。25日，陈宧电告黎元洪："昨周骏等派员来谢罪，此间将士亦均顾全大局，以操戈同室糜烂地方为非计，同联请求愿得和平了结。"[③] 黎元洪解决广东和四川问题的手法，基本是以抚为主，就是以高官爵禄同时授予敌对双方，避免武力征服，涂炭生灵。当然，采用这种方式也和民国财政能力及中央权力威信有很大关系。

沟通独立海军。海军独立前面已经提及，海军独立消息一出，着实让很多人摸不着头绪。前后有数批人与李鼎新沟通探听其独立原因。杨善德(1873—1919)，时任淞沪镇守使兼江苏军务会办。杨派员密晤李鼎新，李保证，"此次之举，正因约法、国会、内阁三事不能速决，但有一事早决，即服从中央，此外无论何人，如再有无理要求，彼决不为军务院之傀儡，使大局糜烂"。[④] 冯国璋也不理解李鼎新的做法，"执事既以拥戴黎大总统为职志，今日之政府，即黎大总统之政府，初不能强为区别，执事如有何种政见，尽

---

① 《大总统要求广东龙李息争令（1916年8月11日）》，中国第二历史档案馆、云南档案馆编：《护国运动》，江苏古籍出版社1988年版，第791页。

② 《大总统著广东龙李双方军队一律撤退令（1916年8月25日）》，中国第二历史档案馆、云南档案馆编：《护国运动》，江苏古籍出版社1988年版，第794页。

③ 《陈宧报告奉命启程赴京日期电（1916年6月25日）》，中国第二历史档案馆、云南档案馆编：《护国运动》，江苏古籍出版社1988年版，第803页。

④ 《杨善德关于李鼎新就海军独立表示态度电（1916年6月27日）》，中国第二历史档案馆、云南档案馆编：《护国运动》，江苏古籍出版社1988年版，第754页。

可剀切直陈，今计不及此，而有意外之宣告，则心存拥护，而迹近要挟矣”。①冯国璋在致段祺瑞的密电中，誓言“国璋职在守土，惟知保境安民，李鼎新如有别项行为，妨害地方秩序，自当竭力对待，不敢有旷厥司”。冯认为“恐终必出于武力之一途”。②

黎元洪急派萨镇冰前往调查海军独立实情。萨镇冰亲晤李鼎新，“知海军宣言，系本爱戴大总统热诚，宗旨纯正，乃为奠定国本起见”。这点与杨善德、冯国璋所得到的消息基本相同。但段氏国务院并不相信这些，国务院复电萨镇冰云：“军人干涉政治，足以召乱，且该军无故宣言，惊恐商民，外人啧有烦言，可知希望和平、维持秩序等语，均系假托之词。”③ 萨坚持认为：“海军希望和平，尚非托词，惟求中央推诚相与。”④ 7 月 14 日，军务院撤销的当天，李鼎新通电宣布取消海军独立。一个月后，8 月 15 日，李鼎新宣布撤销上海临时海军总司令部，舰队听中央调遣。这说明萨镇冰的看法是正确的。

8 月 18 日，黎元洪发布大总统令，曰：“前据海军中将李鼎新电称军院撤废，海军归隶中央等语，当派海军上将萨镇冰前往慰劳。兹据报称，驻沪临时海军司令部即日撤销，一应舰队静听中央调遣等情。该将领等深明大体，良用嘉慰，后此永奠海宇，以固邦本，将惟诸将领是赖。本大总统有厚望焉。此令。”⑤ 可见，黎元洪对海军独立事件的和平解决还是非常欣慰的。

惩祸首。帝制祸首，不言自明，乃袁世凯也。然惩办帝制祸首的鞭子，从始至终都没有打在袁的身上。第一鞭子是由湖南人贺振雄所发，筹安会甫成立，贺振雄即上书肃政厅长要求惩办筹安六君子，曰：“国家将亡，必有妖孽，妖孽者谁？即发起筹安会之杨度、孙毓筠、严复、刘师培、李燮和、胡

① 《冯国璋录致李鼎新电劝其慎重将事密电（1916 年 6 月 28 日）》，中国第二历史档案馆、云南档案馆编：《护国运动》，江苏古籍出版社 1988 年版，第 754 页。

② 《冯国璋就驻沪海军参加护国军扬言不惜以武力对待与段祺瑞等往来密电（1916 年 6—7 月）》，中国第二历史档案馆、云南档案馆编：《护国运动》，江苏古籍出版社 1988 年版，第 761 页。

③ 《萨镇冰奉命赴沪调查海军独立实情与国务院往来电（1916 年 7 月）》，中国第二历史档案馆、云南档案馆编：《护国运动》，江苏古籍出版社 1988 年版，第 762 页。

④ 《萨镇冰奉命赴沪调查海军独立实情与国务院往来电（1916 年 7 月）》，中国第二历史档案馆、云南档案馆编：《护国运动》，江苏古籍出版社 1988 年版，第 763 页。

⑤ 《大总统令》，《政府公报》，第 91 册，第 225 号，印铸局 1916 年 8 月版，第 95 页。

瑛诸贼也。”[①] 除此六人外，云南又提出七凶即“朱启钤、段芝贵、周自齐、梁士诒、张镇芳、雷震春、袁乃宽（合起来称为十三太保）”。[②]

名单出炉后，马上有人向黎元洪求情。“首先袁克定由彰德打来急电为雷震春、张镇芳乞情，这两个人就从名单中剔出了；随后冯国璋为段芝贵乞情，李经羲又力保严复、刘师培是‘当代不可多得的人才’，名单中又剔出了这三个人；又有人说李燮和、胡瑛都是老同盟会会员，为了对国民党表示善意，通缉祸首的名单中不宜罗列与国民党有关的人物，因此这两个国民党变节分子也可逍遥法外了；袁乃宽因与袁世凯有同族之谊，段也把他的名字剔出了”。[③] 现在，名单中只剩杨度、孙毓筠、梁士诒、朱启钤、周自齐五人。不久，又补顾鳌、夏寿田、薛大可三人入名单中。7 月 14 日，黎元洪发布大总统申令，令曰：“自变更国体之议起，全国扰攘，几陷沦亡，始祸诸人，实尸其咎。杨度、孙毓筠、顾鳌、梁士诒、夏寿田、朱启钤、周自齐、薛大可均著拿交法庭，详确讯鞫，严行惩办，为后世戒。其余一概宽免。此令。”[④] 三天后，徐州传来反对惩办帝制祸首的声音。

7 月 17 日，张勋发出反对惩办帝制祸首电。其反对理由有三：

1. **言帝制是政治主张**。“第平情论之，共和帝制主张，虽有不同，功罪原难遽定。若以相煎之急，不为余地之留，窃恐胡越同舟，冰炭共器，怨毒所积，报复相寻，即开攻讦之端，非国家之福”。

2. **言帝制者是政治犯**。“且读大总统十二日申令，所有以前因政治犯罪被拘禁者，应即一律释放，其通缉各案，亦一律撤销等因，廓然大公，曷胜钦佩。夫此辈获邀宽典，以其为政治犯也。然则倡言帝制，独非政治犯乎？法者，所以持天下之平。若犯同罚异，是法律因人为轻重，何以昭天下之公”？

3. **归罪八人亦非公允**。“且帝制议起，当时军政各界一致赞成，即首鼠

① 《贺振雄请严拿筹安会祸首杨度等明正典刑呈（1915 年 8 月）》，中国第二历史档案馆、云南档案馆编：《护国运动》，江苏古籍出版社 1988 年版，第 703 页。

② 陶菊隐：《北洋军阀统治时期史话》，第 3 册，生活·读书·新知三联书店 1978 年版，第 16 页。

③ 陶菊隐：《北洋军阀统治时期史话》，第 3 册，生活·读书·新知三联书店 1978 年版，第 17 页。

④ 《大总统申令》，《政府公报》，第 89 册，第 190 号，印铸局 1916 年 7 月 15 日发行，第 327 页。

两端、前后异辙者流，均非与帝制问题全无关系，今独归罪八人，于理亦非公允”。①

平心而论，张勋之言是有道理的。政府有宽释政治犯之法在先，又发惩政治犯之令于后，前者宽释的是帝制时代的国民党人；后者惩办的是再造共和时代的帝制派，两者均因政治主张而获罪，均是“因言入罪”。至于军政各界一致赞成帝制一语，更不虚遑。查当时力请袁世凯早就帝位的北洋将领就有唐在礼、曹锟、倪嗣冲、孟恩远、陆荣廷、阎锡山、朱瑞、赵倜、汤芗铭、李纯等。袁世凯死后，段祺瑞成了这些北洋将领的精神领袖，这是没有把军阀列入帝制祸首名单的原因之一。

列入名单内的祸首，政府也无意惩办。以祸首中的祸首杨度为例，我们可以窥其一二。杨度与南方革命党领袖交情颇深，他曾两次东渡日本求学，第一次与黄兴同学，第二次与汪精卫同学。杨度主张君主立宪，不是为袁世凯一人，乃其自身思想认识。在日本，杨度曾与孙中山于永乐园畅谈三昼夜，互相钦佩。晳子（杨度）执（中山）先生手为誓曰：“吾主张君主立宪，吾事成，愿先生助我；先生号召民族革命，先生成功，度当尽弃其主张，以助先生。努力国事，期在后日，勿相妨也。”② 俩人终因政见不合，没有走到一起。杨度介绍黄兴认识孙中山，才有孙黄的革命友谊。在日本，杨度还与蔡锷、梁启超结识，且互相欣赏，引为知己。这些是杨度在革命党高层中所拥有的人脉关系。这些关系可以保证他在南方革命党那里是安全的，事实也是如此。北京政府方面，在惩办令发表前，就“预先示意榜上有名的人赶快离开北京，因此，杨度、孙毓筠、梁士诒等从容不迫地由北京搬到天津。这批祸首有的由天津南下到上海、香港一带，有的则被张勋召往徐州礼为上宾”。③北京采取“通而不缉”的办法，八个帝制祸首全部逍遥法外，没有抓到一个。

帝制祸首惩办令发表的当天，南方军务院也同时宣布撤销。南方军务院唐继尧、岑春煊、梁启超、刘显世、陆荣廷、陈炳焜、吕公望、蔡锷、李烈钧、戴戡、李鼎新、罗佩金、刘存厚联名通电全国，谓：“今约法国会次第恢复，大总统约法继任，与独立各省最初之宣言适相符合”。宣布取消军务院，

---

① 《张勋反对惩办杨度等电（1916年7月17日）》，中国第二历史档案馆、云南档案馆编：《护国运动》，江苏古籍出版社1988年版，第706页。

② 刘禺生：《世载堂杂忆》，中华书局1997年版，第207页。

③ 陶菊隐：《北洋军阀统治时期史话》，第3册，生活·读书·新知三联书店1978年版，第18页。

“其抚军及政务委员长、外交专使、军事代表，均一并解除，国家一切政务，静听元首、政府、国会主持”。①

随着南方军务院的撤销，南北统一完成。

第三节 奠基空军

中国早期的航空事业都与黎元洪有关：中国第一支航空队——武昌航空队成立于1911年11月，黎元洪时任湖北都督；中国第一所航空学校——北京南苑航空学校成立于1913年9月1日，黎元洪时任北京政府副总统兼参谋部参谋总长；南苑航空学校于1916年10月12日升级归参谋部直管，黎元洪时任中华民国大总统。这三个时期，也可以看作黎元洪参与中国航空建设的三个阶段，即湖北都督时期；参谋总长时期；民国总统时期。

湖北都督时期。1911年11月，湖北军政府成立中国第一支航空队。该队队长刘佐成，潘世忠为顾问。刘佐成（1883—1943），原名刘国云，字鹰公，福建永安人。1906年赴日本学习，在那里结识孙中山先生，并加入同盟会。1910年刘佐成与同乡李宝焌在日本合作自制“飞机一号”，同年，俩人随清政府驻日公使胡惟德回国，并带回自制的飞机。潘世忠（1889—1930），江苏青浦人。曾赴法国学习飞行，获得法兰西国际航空联合会证书。

湖北军政府航空队最初有两架飞机。这两架飞机的来历是这样的：1911年5月6日法国飞行员环龙（Vallon）驾驶法国法曼厂生产的苏曼（Sommer）4型飞机，在上海上空做飞行表演，这是中国境内的第一次飞行表演。不幸的是，飞机失事，环龙身亡。上海的复兴公园内曾建有环龙纪念碑，可惜，抗日战争时因故拆除。环龙带来的2架苏曼飞机辗转来到武昌，归黎元洪的航空队使用。苏曼4型飞机是初级教练机，短距离起降能力强，但不具备攻击性。

黎元洪还曾购买一艘飞艇。1911年12月17日，黎元洪回复南京鄂代表电时称：“万武定所解飞艇已到鄂。”②

---

① 李新总编，韩信夫、姜克夫主编：《中华民国大事记》，第1册，中国文史出版社1996年版，第440页。

② 《黎元洪关于飞艇已到鄂等事南京鄂代表电（1911年12月17日）》，辛亥革命武昌起义纪念馆、中国人民政治协商会议湖北省委员会文史资料研究委员会合编：《湖北军政府文献资料汇编》，武汉大学出版社1986年版，第452页。

中国上空最早的飞行侦察器——“山田式”气球

万武定（1878—1940），本名万声扬，字武定，湖北黄陂人，以书法见长。1905年在日本加入同盟会。曾任湖北军政府顾问，南京临时政府陆军部秘书。飞艇到武汉后，运至葛店存放。需要说明的是飞艇和飞机是两种不同的飞行器。飞艇，以德国著名的齐柏林飞艇为例，上有1个用金属丝缠着的铝壳，铝壳外面裹着装有16个氢气囊的棉布，配备2台16马力发动机，航行时速是14英里。在飞艇下的座舱内还可以携带炸弹，由于当时无对空火器，故飞艇被视为进攻型武器。据说，革命军曾用此飞艇吊大炮到洪山顶，用以攻击清军。1913年4月，湖北都督府在武昌南湖修建一个飞艇库，可惜该库于同年8月被大风吹倒，飞艇也被压毁。

黎元洪能较早地意识到飞机在战争中的作用，这里面有张之洞的功劳。1905年，张之洞从日本购回一个“山田式”气球。该气球形状椭圆，直径3米，充气后长10米，下系巨型绳缆，绳缆固定在一个大齿轮上，由10名兵士摇动升降。气球升高数里，仍觉球体庞大无比。球下有一个篮子，人立篮中，瞭望远方和指挥军队。与地面联系使用电话或旗语。可以看出，张之洞时代气球的功能还不具备进攻性，只是起到一个移动瞭望塔和指挥台的作用。按照清《陆军编制法》，清军每镇应编气球队一队，在湖北的部队为陆军第八镇，镇统制张彪。气球队隶属工程营，管带王永泉负责管理，日本人本村指导兵士练习。

影响黎元洪的还有清政府对气球的重视。1909年，清政府军谘处、海军处、陆军部颁布《陆军气球预备法》，制定了向国外购买气球、培养气球应用人才、各省新军组织气球侦察队等规定。同年2月，陆军大学堂编印《气球学》，讲授一些气球升空的原理，并教授士卒如何操控气球，为气球侦察队训练提供专门教材。

一个国家的军事装备和人才培养，不能只靠引进，必须要有自己的专门学校和工厂。袁世凯就任中华民国大总统、黎元洪任职副总统和参谋总长期间，中国建立了第一所航空学校——北京南苑航空学校。

参谋总长时期。1913 年春，袁世凯的总统军事顾问法国人白理索(G. Brissaud）建议：中国应购置飞机，开办航空学校，培训飞行人员，作为编制空军的基础。袁世凯采纳了他的建议，决定创办航空学校，为建设空军造就人才，并将此事交参谋本部办理。“参谋总长黎元洪、次长陈宧命主办的第四局局长姚仲伊（即姚任支)，向白理索所介绍的法国欧亚公司经理布瓦克索，订购了法国哥德隆式飞机十二架，其中一架是水上飞机。并聘用了法国陆军中尉飞行员篷、驾驶员欧白勒、机械员马耳帝内世、机身员包发，来中国担任教练飞行和建筑飞机场、仓库、机器厂和校舍等”。[①] 可以看出，中国第一家航空学校以法国的技术为主。选择法国技术不仅仅是因为白理索的关系，主要原因是法国的航空技术在当时是非常先进的。1909 年 7 月 25 日法国航空先驱布莱里奥驾驶自己设计的“布莱里奥”Ⅺ号单翼机，首次飞越了英吉利海峡，在 37 分钟的时间内飞行了约 40 公里。这是最早的飞机跨国飞行记录。1910 年 3 月法国工程师法布尔设计的浮艇式水上飞机，把飞机的使用范围从陆地扩大到水上。1909 年 8 月在法国兰斯举行了第一次航空博览会。会上展出了 38 种不同型式的飞机，其中 23 架作了飞行表演和竞赛。在这些飞机中最远的飞行距离为 180 公里，飞行时间超过 3 小时，最高速度为 75 公里每小时。这些成就在当时的世界航空界绝对是领先的。

参谋部决定在北京南苑建设航空学校和飞机场，并拨建校专款 6 万元。“在北京南苑的营房以南、练兵操场以西，建筑航空学校一所，包括用房百余间，停机棚厂和修理飞机的工厂各一座，并将原来练兵的操场加以扩修，作为练习飞行的起落场”。[②] 学校的全称是南苑航空学校，秦国镛为第一任校长。

秦国镛（1876—1940)，字子壮，土家族，湖北咸丰县人。1901 年被清政府选送出国，先后在法国、比利时学习陆军及机械 7 年。1913 年 3 月 2 日，被授予陆军骑兵上校。[③] 张勋复辟时，秦国镛向讨逆军总司令段祺瑞请战，驾

---

① 吴承禧：《中国的第一所航空学校》，《文史资料选辑》，第 10 辑，中华书局 1981 年版，第 142 页。

② 杜裕源：《南苑航空学校》，《文史资料选辑》，第 10 辑，中华书局 1981 年版，第 143 页。

③ 《临时大总统令》，《政府公报》，第 11 册，第 295 号，印铸局 1913 年 3 月 3 日发行，第 69 页。

机轰炸紫禁城，炸伤轿夫一人，炸坏御花园水池一角，使清宫上下胆寒。后于北京大学任教，1940年去世，终年64岁。

南苑航空学校于1913年9月1日正式开学。有关开学的情况，我们可以从参谋部呈大总统的公文中略知一二：“本部所办航空学校，其学员本以八十名为额。嗣因南方乱事未靖，特先录取六十二名，随即于九月一日开学。届期由本部派王科长鄂到校，会同该校秦校长国镛暨中外教职各员，行正式开学礼。其开学礼之次序，先读本部颂词，继及校长祝词，终则教员授课。”①开办初期，航空学校规模尚小，归参谋部第三局管理，所以仅仅是第三局的王鄂科长作为代表参加开学典礼。（南苑航空学校于民国二年到民国五年间，到底归参谋部第三局还是第四局管辖，说法不一。据时任航空学校机械厂厂长的吴承禧回忆，是归第四局管辖。而民五参谋总长王士珍给大总统的公文中，明确说“查航空学校创办于民国二年，向归本部第三局管辖”。② 笔者认为公文的说法更可靠。）

航空学校学员主要来自现役军官。原定额80人，因逢南方爆发二次革命，仅招62人。对学员的要求也比较严格：学员先由所在机关军队选拔推荐，然后至航空学校进行身体检查，要求“必须五脏健强，毫无宿疾，身长、体重适度；检查目力，更加严格，不但远视、近视不行，色盲尤为所忌”。③ 身体检查合格者，准予参加入学考试。考试合格，予以录取。学员带薪学习，且额外有津贴。

南苑航空学校教官与一架英国制造的艾佛罗教练机

1913—1916

① 《政府公报》，第17册，第486号，印铸局1913年9月11日发行，第213页。

② 《政府公报》，第94册，第280号，上海书店1916年10月版，第431页。

③ 杜裕源：《南苑航空学校》，《文史资料选辑》，第10辑，中华书局1981年版，第144页。

年的三年间，航空学校“2 期毕业学员共 48 人”。① 这个数字与杜裕源先生所提供的资料有很大出入：“第一期毕业者为四十一人，二期毕业者为四十二人。”② 二期共计 83 名毕业生。不仅提供数字，杜先生还给出了 83 位毕业生的姓名。其他如第一期毕业生李藻麟在《我的北洋军旅生涯》，卢济明、田钟秀在《中国的空军》里，均给出了一样的毕业生名单。那么，为什么人数会有如此大的出入呢？查 1914 年 1 月 15 日公布的《航空学校毕业学员技工待遇条例》③，得知在校内学习的学生分两类：学员和技工。学员学习驾驶；技工学习制造维修。很有可能杜先生等的学生名单是学员和技工的全部名单，而参谋总长王士珍的公文里因只提学员，故出现人数的不同。当然，这只是笔者个人依据现有史料的分析，由于缺乏更进一步的资料，还无法准确判断孰是孰非。笔者依然以参谋总长王士珍的公文内的数字为准，即二期毕业学员共 48 人。

毕业学员的去向有四种：任职航空军队；服务航空学校；选送国外见习；回原机关军队。还明确规定，毕业学员非经政府许可不得受外国聘用，希望把人才控制在国内。

南苑航空学校在飞机制造方面取得了一定成绩。1914 年航校修理厂厂长潘世忠自行设计制造和试飞“枪车”，该机机首配有机枪一挺，为中国最早的武装飞机。

航校还曾参与一些军事活动。1914 年，秦国镛、潘世忠、厉汝燕等奉命各驾驶一架飞机，深入河南、陕西、甘肃侦察、轰炸白狼起义军。1915 年，航校组织两支飞机队，每队两架飞机，进驻四川、湖南，阻止讨袁护国军北上。

黎元洪任参谋总长时期，南苑航空学校隶属参谋部第三局，中国空军在这段时间里，培养了一些飞行和维修、制造人才，为空军和民航事业以后的发展奠定了一定基础。

民国总统时期。黎元洪 1916 年就任中华民国大总统后，南苑航空学校也升级为参谋部直管。为此，还重新修订《航空学校条例》。

---

① 《政府公报》，第 94 册，第 280 号，上海书店 1916 年 10 月版，第 431 页。

② 杜裕源：《南苑航空学校》，《文史资料选辑》，第 10 辑，中华书局 1981 年版，第 146 页。

③ 《政府公报》，第 22 册，第 609 号，印铸局 1914 年 1 月 27 日发行，第 402 页。

《航空学校条例》是由参谋总长王士珍呈报。王士珍（1861—1930），人称“北洋之龙”，字聘卿，直隶正定人。1885 年，由上司聂士成保荐入北洋武备学堂，学习西方军事，操行学绩俱优，三年肄业。1894 年，随叶志超赴朝鲜参加中日战争，骁勇善战，左手无名指因亲自操炮轰击日军被炸掉。1895 年，袁世凯小站练新军，王被任命为督操营务处会办兼讲武堂总教习，旋转任工程营管带，兼工兵德文学堂监督。1901 年，任北洋军政司总参议。1907 年，外放江北提督。1915 年 5 月，任中华民国陆海军大元帅统率办事处办事员，办事员共六人，皆地位显赫之军人。1915 年 8 月，王任陆军总长。1916 年 4 月 23 日，任参谋总长。黎元洪任大总统后，王仍任参谋总长。

王士珍呈给黎元洪的《航空学校条例》都有什么内容呢？

该条例共 8 章 60 条，规定了航空学校的宗旨、隶属关系、职员、学员、课程安排、待遇、考试等内容。

条例明确规定：航空学校为养成陆海军航空人才并研究航空器制造学术之所；航空学校隶属于参谋本部；航空学校常设驾驶学员班，并附设工厂，厂内设技工任工作事宜；校长直隶于参谋总长管理全校事务。

条例明确规定学员定额 50 人。“学员由陆海军各机关及各军队、舰队挑选曾经陆海军学校毕业，年在二十以上，三十以下兵学科学。具有根基，志向坚定，胆略优异，目力精明，肺量宏大，试验合格者充之”。① 还规定工厂铁木技工定额 80 人，视情况增减，铁木技工从各地兵工厂或其他工厂中挑选粗通文字，略懂科学者任之。

学员的待遇是这样的：学员带原薪上学；遇升职之时仍照常升职；教科书、机器材料均由学校供给；学员每月津贴 10 元，技工 24 元。

学员毕业考试分为两种：寻常毕业试验和高等毕业试验。学员学习六个月后可以申请寻常毕业试验，试验分学科（理论）、术科（实践）两项，术科分场面绕行、八字飞行、直线飞行三种。寻常毕业学员继续留校学习六个月后，可以进行高等毕业试验，试验也分学科（理论）、术科（实践），术科分高度飞行、直线飞行、三角形之长途飞行、空中侦察及兵器使用。毕业证书同样分寻常毕业证书和高等毕业证书两种。

黎元洪步入中国政坛的这三个阶段，也是中国航空事业从无到有的阶段。尤其是南苑航空学校，为中国空军和航空事业的发展，培养了一些人才。这

① 《政府公报》，第 94 册，第 280 号，上海书店 1916 年 10 月版，第 433 页。

些如果没有黎元洪在各个阶段的支持，是不能办到的。

1917年7月1日，张勋复辟。秦国镛奉命率飞机2架，“飞临辫子军阵地投弹，继又在紫禁城投弹两枚，一落东华门伤市民及马匹，一落御花园荷花池中未炸。以空军配合作战，为北洋内战中创举也”。[①] 事后得到时任大总统冯国璋的嘉勉，称“该校攻击逆军，奋勇堪嘉仰，传谕慰勉”。[②]

第四节　查禁烟土

一提起鸦片，我们会很自然地想起鸦片战争、虎门销烟，可很少有人知道黎元洪也曾厉行禁烟。

还在湖北任都督时，黎元洪就禁止种植和吸食鸦片。由于无法解决“禁运”，黎元洪致电南京临时政府，希望可以与英国交涉，“将洋药归我官卖，倘能办到，土药自易就理”。但临时政府却认为“专卖一节，非禁烟之良法。现时南洋各埠办此，于禁烟进步有阻。盖视为一种收入，必难收净尽之效”。[③]黎元洪在湖北的禁烟没有得到南京临时政府的支持。

黎元洪就任大总统第二个月，即1916年8月13日，发布大总统令，严禁鸦片，令称：“近年以来，严禁鸦片，三令五申，内地已绝种植。而贪利不法之徒，巧借护符，暗中贩卖，蠹国病民，殊堪痛恨。著内务、司法两部，通行各省行政长官暨稽查、运输各官署，遵照迭次命令，于禁种、禁吸、禁运各端，切实查惩，以期永绝根株，净消流毒。此令。”[④]

这纸命令清楚说明对于鸦片要实行三禁，即禁种、禁吸、禁运。那么，黎元洪为什么要发这个禁烟令呢？

此事与司法总长张耀曾涉嫌私运烟土有关。张耀曾（1884—1938），字镕西，云南大理人。早年赴日本留学，毕业于第一高等学校及东京帝国大学法学部。同盟会会员。1914年任北京大学法科教授。1916年6月任司法总长。

---

① 曾毓隽：《忆语随笔》，杜春和等编：《北洋军阀史料选辑》，上册，中国社会科学出版社1981年版，第276页。

② 《大总统致航空学校秦校长电》，《政府公报》，第112册，第539号，上海书店1917年7月版，第149页。

③ 曹亚伯：《武昌革命真史》，下，上海书店1982年版，第646页。

④ 《大总统令》，《政府公报》，第90册，第220号，上海书店1916年8月版，第371页。

黎元洪南苑阅兵

1917年6月9日因病请假离职。1917年8月7日，张耀曾一行途经上海，在大新街孟渊旅社下榻。午后3点，狂风大作，雷电交加。突然，几名巡捕房的中外捕探带着翻译闯入孟渊旅社，要求检查云南来客的随身行李。很快，捕探们就在行李中搜出云南烟土四大衣箱及部分军火。随后就将住在房内的云南人孙世琦（有说是北京商人）连同烟土、军火一起带回巡捕房。经过沪上各大报纸报道，新任司法总长私运烟土的新闻很快传遍全国。一时间，张耀曾玷污国体、破坏烟禁的指责甚嚣尘上。面对丑闻，北京政府非常尴尬，于是才有了前面黎元洪发出的大总统令，命令严禁鸦片。

那么张耀曾真的私运烟土了吗？非也。

张耀曾到沪后，在孟渊旅社小憩后，即往法租界明德里13号自宅居住。而且张随身仅带一名仆从，行李及仆从被褥共七件。张耀曾在随后的声明中指出："鄙人既未寓居孟渊，行李亦未存在孟渊，更无随员仆从寓居孟渊，报纸所传殊属毫无根据。"[①] 22日，上海会审公堂审判私运烟土，判孙世琦有罪，但因其年轻，且非主犯，只判监禁四个月。至此，真相大白，张耀曾确实是无辜的，与烟土案无丝毫关系。

黎元洪的大总统令还与10年前清光绪帝的一道谕旨有关。光绪帝对禁烟

① 《烟土案与张》，季啸风、沈友益主编：《中华民国史史料外编——前日本末次研究所情报资料 中文部分》，第1册，广西师范大学出版社1997年版，第30页。

事非常重视，认为鸦片烟是生民之害。但他所采取的禁烟方法与先皇帝的激进方式不同，光绪帝禁烟是以缓代急，以限促禁，不求一日之功，但求永远根除。鸦片烟的主要来源分国外进口和国内自种两种。1906 年 9 月 20 日，光绪帝谕内阁：

> 自鸦片烟弛禁以来，流毒几遍中国。吸食之人废时失业，病身败家。数十年来日形贫弱，实由于此，言之可为痛恨。今朝廷锐意图强。亟应申儆国人，咸知振拔，俾祛沉痼而蹈康和。著定限十年以内，将洋土药之害，一律革除净尽。其应如何分别严禁吸食，并禁种罂粟之处，著政务处妥议章程具奏。寻奏，遵议禁烟办法十一条。一限种罂粟。二分给牌照。三勒限减吸。四禁止烟馆。五清查烟店。六官制方药。七准设戒烟会。八责成官绅督率。九严禁官员吸食。十商禁洋药进口。十一分饬张贴告示。从之。①

此道谕旨虽然是以光绪帝的名义发布的，但当时光绪帝处于慈禧太后的软禁之中。因此，此道谕旨所表达的应该是慈禧太后的旨意。

同样想起这道谕旨的还有一个人，叫丁义华。

丁义华（Edward Waite Thwing），美国基督教传教士，1868 年生于波士顿，1887 年来华传教。其间，丁的父母亦来华，并在中国去世。丁安葬父母于广东白云山，故此，丁常称中国为“父母之邦”。丁是进步人士，早年加入同盟会，曾到中国各地发表“禁烟”演说。1910 年，丁与南开之父张伯苓博士在天津成立万国改良会，旨在“一是改良自已，二是改良家庭，三是改良社会，循序渐进，以改良自已为起首。联合众力改良不善之风俗，除去无益之嗜好，黜邪崇正，益世济人，造社会之幸福，助世界之进化，使天下万国同登文明至善之域”。1916 年 9 月 12 日，丁义华以万国改良会代表的身份在北京国务院与秘书长徐树铮进行交流。

> 丁君云：中国肯牺牲多数金钱，厉禁鸦片，此等毅力，殊令外人异常钦佩，故鄙人尤愿竭力帮助以求速清此毒。

---

① 《清实录第五十九册德宗景皇帝录（八）》，卷 563，中华书局 1987 年版，第 448 页。

徐云：感甚，中国极愿扫除烟害，余亦亲见受鸦片害者甚夥，欲图兴强，非脱离此鸦片苦海不可，去岁国家多故，以至督催间有松懈，现在政府竭力进行毫不宽贷。

丁云：一千九百零六年九月二十日清廷曾降谕旨，极言鸦片之害，决定以十年为期，不准外国烟土输入中国，并将国内吸、贩、种三项一律禁绝，彼时清廷所定之十年期限至今日仅有八日即届期满，愿请政府明颁命令，晓谕国民，万勿忘此纪念。

徐曰：诺。

丁又云：至一千九百零七年再订《中英禁烟条约》亦以十年为期，此事尤不宜稍事忽略。①

丁义华提到的《中英禁烟条约》值得说几句。中国的鸦片主要进口自波斯和英属印度。波斯和印度与中国没有协约，不享受治外法权与最惠国待遇，故关键要看英国的态度。1908 年 1 月，中英以照会形式，达成共识，英国同意限制从印度出口鸦片，从 1908 年起，每年减少 1/10，为时三年。具体规定是：全部出口限于每年 51000 箱，从 1908 年起，每年减少 5100 箱，直到 1910 年年底。如果这三年之内，中国种植、吸食确实减少，则三年期满后，英国方面的出口仍照前数逐年减少，直到全部停止出口。这就是通常所说的《中英禁烟条约》，实际上只是清政府与英国政府间的外交照会。

按丁义华的算法，只有八天时间禁烟的最后期限就来临了。1916 年 9 月 19 日，黎元洪再次就禁烟一事颁布大总统令，令曰："鸦片流毒，垂数十年，腾笑环球，重为国僇。有清之季，幸赖士庶之呼号，邻邦之协助，订期禁绝，限以十年。民国代兴，厉行前政，禁种、禁运、禁吸，具有专条，有司考成，视为殿最。比年以来，中外会勘，差无訾议。万国禁烟会既声明限制洋药商业，各省又经后先停运，足见友国善意，望我富强。凡我国人，允宜急起直追，自湔前耻。乃者订约之期，本月届满，自今以往，时不再来。深虞猾吏舞文，奸商玩法。或托词稽征罚款，或私自存土运销。阳假官符，阴扬毒焰。一隅横溃，功败垂成，是负友国之盛心，而失人民之责望。用特重申前令，著内务、司法两部行知各该地方官吏，恪遵禁令，严切进行。其有犯种、运、

① 上海市禁毒工作领导小组办公室、上海市档案馆编：《清末民初的禁烟运动和万国禁烟会》，上海科学技术文献出版社 1996 年版，第 315 页。

售、吸诸罪者，并由法庭从重惩治。”①

黎元洪的想法是美好的，但现实却是另外一样。1915 年开始的反袁战争，让多省军费短绌，无奈重种鸦片，维持军饷。以陕西陈树藩为例，为筹军饷，颁发布告，令种鸦片。这些情况使本月内根绝鸦片成为泡影，怎么办呢？内务部长孙洪伊找到了解决办法。

黎元洪着军礼服照，勋一位章（上）、一等大绶宝光勋章（下左）、一等文虎勋章（下右）

原来孙洪伊想到了《中英禁烟条约》。《中英禁烟条约》，英文直译是《鸦片协定》，是由清政府署理外务部大臣邹嘉来与英国驻华公使朱尔典，在宣统三年，即 1911 年 5 月 8 日签署而成。《中英禁烟条约》第一条规定：“自一千九百十一年正月一号起，七年之内，中国每年减种当以英国按照此次条件及附件所载每年减运之数为比例，至一千九百十七年全行禁尽。”② 也就是说，1917 年 12 月 31 日是全国全面禁烟的最后截止日期。有人会问，清宣统时期签订的中外条约到了民国怎么还执行？其实，这是武昌起义时黎元洪为争取“交战团体地位”而对列强做出的承诺，即所有清国前此与各国缔造之条约，皆继续有效。此事一直被看作是辛亥革命不彻底性和对外妥协性的范例。其实，必要的妥协可以避免在战争中无谓的牺牲，并能获得利益最大化。黎元洪在武昌起义时，果断争取交战团体地位，第一时间让列强选择中立立场，使清廷对外无所依恃，这也是武昌起义能够取得胜利的原因之一。和胜利相比，妥协的付出显得微不足道。再者清廷对外条约如汗牛充栋，除了我们耳熟能详的不平等条约外，还有大量的铁路、工程、矿物、电报、木材、邮寄、武器等协定，如果一概而废，那么新国家的国际信誉就得从零开始，孰轻孰重，不言自明。

---

① 《大总统令》，《政府公报》，第 93 册，第 256 号，印铸局 1916 年 9 月 20 日发行，第 83 页。

② 北京大学法律系国际法教研室编：《中外旧约章汇编》，第 2 册，生活·读书·新知三联书店 1959 年版，第 711 页。

内务部于1916年9月20日发出咨文，曰："查《中英禁烟条约》所订十年期限，计至明年年底为满。是各省种烟一律肃清之期，当在明年春夏之交。现在我国未经停运印药省份尚有苏、粤、赣、云、贵、陕六省，均应于明年春季一律会勘。惟是会勘之期虽在明春，而握要之图端在本年罂粟下种之时，先期认真查禁。"① 内务部的咨文不仅合法地为政府解了围，而且还告诉我们：目前苏、粤、赣、云、贵、陕等六省是禁烟难点，而且明春是关键的时间点。

内务部部长孙洪伊还提出烟毒未被肃清的三弊说："《中英禁烟条约》以广州、上海二口为最后禁尽之区，奸商乘机盈利，私相贩运。小民愚昧无知，自甘沉溺。稽查稍疏，则法网遽逃，其弊一。自上年蔡乃煌（禁烟特派员）与洋商订立特别合同，准其将印药行销于苏、粤、赣三省，范围更广，防御愈难。而毗连省份，犬牙相错，夹带偷漏，百弊丛生，不特人民均以贩运烟土，私销内地为得计，而江苏、江西请会勘禁绝之期，且因以延误，其弊二。去岁，滇黔事起，各省相继独立，专注意于军事，以禁烟为缓图。强者藐视禁令，弱者复且效尤，法律效力遂为政治潮流所摇撼，其弊三。"② 此三弊是鸦片所以未根绝的主要原因，如何解决这三弊呢？

孙洪伊有自己的看法："欲杜上海、广州二口之弊，首在履行《中英禁烟条约》，查禁烟期限以明年年底为止，转瞬即届。迭经国务会议议决，禁烟限满，不再推展，以绝其来源。来源一绝，则奸贩无所施其伎俩，此筹划之一端也；欲杜特别合同之弊，首在另派专员，设法补救。查当时订立此项合同，本属非法，而办理手续，尤未妥善，致为天下所诟病。现经国务会议议决，已将特派员蔡灏元撤差，由财政部另行遴员整理，总期逐渐缩小范围，减销印土。庶几明年禁烟期满，收束较易，此筹划之又一端也；欲杜种、运、吸三项之弊，首在严申禁令，切实整顿。查罂粟播种本在冬间，亟应先事预防，以绝根株。现拟于未禁尽各省，呈请另设禁烟督办，以督察稽查为其职权，以禁种、禁运、禁吸为其专责。至县知事为亲民之官，耳目最近，消息较灵，禁烟要政，尤属责无旁贷。由本部咨行各该省督军、省长，通令各县知事，值此罂粟尚未下种之时，务须认真劝戒查禁。倘来春仍有毒卉发生，即按照

① 《内务部咨江苏广东江西陕西云南贵州督军省长中英禁烟条约期限将满乘此烟种未播之时请认真查禁文》，《政府公报》，第93册，第259号，印铸局1916年9月23日发行，第204页。

② 《咨呈》，《政府公报》，第93册，第264号，印铸局1916年9月28日发行，第379页。

禁种罂粟条例，由该长官呈请，从严惩戒。似此多方救助，势在必行，或可收廓清之效果，此亦筹划之一端也。”① 孙洪伊还策划把未禁六省划为三区，即粤、苏、赣为一区；云、贵为一区；陕为一区。每区各派禁烟督办一名，会同地方长官协力禁烟。

各地接到内务部禁烟电，即安排禁烟事宜。云南督军唐继尧率先回电提出办理方法：“督饬各地方官，上紧严厉查禁，若有寸茎出现，立即铲除，其民俗强悍抗铲素著之区，遴派军队，分驰前往补助。倘人民抗铲，准其便宜行事，务尽本年内一律肃清……”② 唐继尧对付抗拒禁烟的方法总的说来有两种：对民，武力镇压；对官，削职剥爵。贵州督军刘显世来电说，已经派五路禁烟督办，随员数十名，到贵州各地检查禁烟情形，希望以雷厉风行之势，取得尽绝根株之效。全国禁烟联合会来电警告，称停运之16省个别地方发现烟苗。内务部警告“已经停运之十六省，一体认真查禁，以免此六省届时报告肃清，万一彼十六省中或有一二省烟苗复现，转令外人有所借口”。③

曾任中华民国大总统的冯国璋

正当全国协力禁烟之际，江苏发生了副总统冯国璋收买存（烟）土案。

1917年1月7日，经北京政府国务院议决允许，副总统冯国璋以江苏督军名义与上海洋药公所订立

① 《咨呈》，《政府公报》，第93册，第264号，印铸局1916年9月28日发行，第380页。

② 《云南唐继尧来电（9月13日）》，《政府公报》，第93册，第263号，印铸局1916年9月27日发行，第353页。

③ 《内务部咨绥远都统湖北省长据全国禁烟联合总会函告所属县内均有发现烟苗之案请严厉查禁以绝根株文》，《政府公报》，第95册，第283号，上海书店1916年10月版，第61页。

购买存土合同。所谓存土，是指1915年袁世凯特派蔡乃煌与上海、香港洋药商行，订立苏、赣、粤三省准销洋药合同，于1917年3月31日禁绝期前，在三省销售库存鸦片即存土6000箱。由于各种原因，存土无法如期售完，洋商要求展期，遭北京政府拒绝。北京政府拟用民元公债收买存土，然后作为药品发售。合同签字时，存土尚有2100箱。预计到3月底，所收买的存土为1100箱。收买价每箱8200两，共计民元债券1000万元，分10年摊还。存土制药后，分10年出售，以售药款回收债券。

合同签订后，舆论哗然。万国改良会会长丁义华亲至南京，面晤冯国璋，诘问收买存土理由。冯答以“英国政府强迫”，并说：“此事全由上海国民党员唐绍仪、温钦甫所主张，予固不担责任也。”① 丁义华到上海后，询问唐绍仪，唐答不知情；托人问英使馆，答没有强迫事。唐绍仪说：“惟禁烟一事，为予十三年前所首先主张，则予是否干涉此事无足辩白。”② 财政总长陈锦涛在回答参议院议员丁世峄收买烟土是否冯副总统自动抑或政府授意时，答：“政府接冯副总统来电，并非授意。”③ 可见，冯是“自动”签署合同的。

那么，冯为什么要签订此合同呢？有一位北京政府官员说的有些道理：“中英条约虽期满，吾国因革命事务有不得已之处，以致尚有六省未告禁绝，须中英派员会勘，果已禁绝再议废约。但会勘多请在阴历三月、五月之间，为期尚远，况一日不会勘肃清，则条约所限一日不能禁止鸦片进口，如此则禁止洋药进口亦须延至三五月之后，故发生收买问题。一经买尽，则广州、江苏、江西三省即可限制鸦片进口。”④ 也就是说，收买是为了早日肃清国内烟毒。

实际上，签订收买烟土合同是冯国璋犯的一个错误。《申报》曾经刊文云：“盖国务院以为此种交易无需乎国会之同意，何则既系副总统之主意，且非以现银购买，于预算自无关涉。讵知此种国库公债一经发出，落于外人之

① 上海市禁毒工作领导小组办公室、上海市档案馆编：《清末民初的禁烟运动和万国禁烟会》，上海科学技术文献出版社1996年版，第404页。

② 上海市禁毒工作领导小组办公室、上海市档案馆编：《清末民初的禁烟运动和万国禁烟会》，上海科学技术文献出版社1996年版，第405页。

③ 上海市禁毒工作领导小组办公室、上海市档案馆编：《清末民初的禁烟运动和万国禁烟会》，上海科学技术文献出版社1996年版，第397页。

④ 上海市禁毒工作领导小组办公室、上海市档案馆编：《清末民初的禁烟运动和万国禁烟会》，上海科学技术文献出版社1996年版，第400页。

手，将来必须兑付，故仍属国库上之负担。试问国库所负担之事焉得不求国会同意乃悍然不顾而竟暗度陈仓，况国库公债乃填补预算之不足者。今以旧存者贸然拨用，外人固无惧乎新旧，只认为中国政府之有价证券足矣，然他日财政上之筹付将何善法处理之？如云此项烟土非但不致亏本，当可得利，第此种口吻成何政体。"①

至于此次收买烟土存在巨额回扣之事，更是传遍南北，由于无史料证明，只能看作是一个对冯不利的说法。

冯国璋感到舆论苗头不对，忙设法补救。1917 年 3 月 29 日，冯国璋致电北京，要求："（一）请查因收购存土图利之人；（二）对于烟土之防弊方法；（三）各省如有余土不能再买。"② 4 月 1 日，冯致电存土查办使张一鹏，"恳查存土案后，将存土改制药为销毁，并以事关公益，拟令土商减价"。③

北京政府的立场也转变了。政府决定取消冯国璋签订的收买存土合同，欲严行查究其中舞弊情节，并致电冯国璋取得其同意。

此后，府院之争达到极点，黎元洪免去段祺瑞总理职务。接着，张勋复辟，冯国璋接任大总统，禁烟之事就此沉寂。后徐世昌任大总统，于 1919 年 1 月在上海浦东陆家嘴建汽窑四座，焚烧收买烟土，上演"徐东海销烟"，为此事画上句号。

第五节　国葬蔡黄

1916 年，中国失去了两位伟大的革命者——黄兴和蔡锷。10 月 31 日，黄兴病逝于上海；11 月 8 日，蔡锷病逝于日本福冈。

噩耗传来，闻者悲痛，黎元洪亦伤心不已。黄兴、蔡锷是两造共和的伟人，他们的革命与黎元洪渊源颇深。一造共和时，黎元洪武昌首义，蔡锷云南响应，黄兴亲身督战汉阳；二造共和时，蔡锷在云南举兵反袁，黄兴在美国为护国军筹款，拥护黎元洪任大总统。

11 月 2 日，黎元洪发布大总统令，命妥善办理黄兴丧事，令曰："勋一位

---

① 上海市禁毒工作领导小组办公室、上海市档案馆编：《清末民初的禁烟运动和万国禁烟会》，上海科学技术文献出版社 1996 年版，第 421 页。

② 公孙訇：《冯国璋年谱》，河北人民出版社 1989 年版，第 82 页。

③ 公孙訇：《冯国璋年谱》，河北人民出版社 1989 年版，第 82 页。

黄兴、蔡锷遗像

陆军上将黄兴，缔造共和，首兴义旅。数冒艰险，卒底于成。功在国家，薄海同瞩。乃以积劳遘疾，浸至不起。本大总统患难与共，夙资匡辅。骤闻溘逝，震悼尤深！著派王芝祥前往致祭，特给治丧费两万元。所有丧殡事宜，由江苏省长齐耀琳就近妥为照料。并交国务院从优议恤，以示笃念殊勋之至意。此令。”[①] 11日上午，王芝祥到沪。王芝祥（1858—1930），字铁珊，直隶通县人。黄兴为南京留守府留守时，王任留守府军事顾问，与黄兴颇熟识。王芝祥代表黎元洪到位于上海福开森路393号（今武康路）的黄宅，隆重祭奠，恭读祭文。“致祭毕，孙中山、唐绍仪、谭人凤、胡汉民、蔡元培、柏文蔚等以及中外来宾照普通仪式分别致祭。并由孙中山等以主丧友人名义复电黎元洪致谢”。[②]

远在日本福冈大学医院治疗的蔡锷闻黄兴去世，“为之大戚，因此下痢更甚，精神益衰”。[③] 蔡锷委托张君劢往祭黄兴。张君劢（1887—1969），原名嘉森，字君劢，号立斋，江苏宝山人。早年赴日本早稻田大学政治经济科留学。武昌起义后，任宝山县议会议长。1913年赴德国柏林大学留学。1915年年底回国。蔡锷致信张君劢，代其祭奠黄兴。谁知信到之日，蔡锷却因病辞世，“欲祭人之公，乃已为受祭之人耶”。[④] 黄兴逝世九天后，蔡锷在日本福冈走到生命尽头。

黎元洪闻讯悲伤不已，破天荒连发三份“大总统令”追悼蔡锷。蔡锷去世的消息，第一时间传到大总统府。当时，黎元洪正与陕西省长李根源谈话，

① 《政府公报》，第96册，第299号，上海书店1916年11月版，第71页。

② 毛注青编著：《黄兴年谱》，湖南人民出版社1980年版，第292页。

③ 《石陶钧致张孝准函（1916年11月）》，曾业英编：《蔡松坡集》，上海人民出版社1984年版，第1441页。

④ 毛注青编著：《黄兴年谱》，湖南人民出版社1980年版，第291页。

秘书把电报呈给黎元洪。据李根源回忆："黄陂阅未毕，泪下如注。余与松坡久经患难，感念畴昔，泪亦涔涔然下，岂仅为天下恸哉。"①

11月10日，黎元洪发布第一份"大总统令"追忆蔡锷将军，嘱妥办后事，令曰："勋一位上将衔陆军中将蔡锷，才略冠时，志气宏毅。年来奔走军旅，维护共和，厥功尤伟。前在四川督军任内，以积劳致疾，请假赴日本就医，方期调理可痊，长资倚畀。遽闻溘逝，震悼殊深。所有身后一切事宜，即著驻日公使章宗祥遴派专员妥为照料，给银二万元治丧。俟灵榇回国之日，另行派员致祭，并交国务院从优议恤，以示笃念殊勋之至意。此令。"②

11月28日，黎元洪为蔡锷事发布第二份"大总统令"，追赠蔡锷为陆军上将。

12月4日，黎元洪得知蔡锷灵榇将到沪，发布第三份"大总统令"，令曰："勋一位赠陆军上将、前四川督军蔡锷在日本福冈病故，当经专派袁华选赴日照料。兹据电称该故督灵榇于本月二日上船回国，五日到沪等语。该故督功在国家，宜隆飨食，灵榇到沪，著派淞沪护军使杨善德前往致祭，以示优崇。此令。"③ 这里需要特别说明的是，蔡锷灵榇是黎元洪派海军第一舰队的"海容"号巡洋舰专程赴日接回的。

12月1日，北京政府于中央公园公祭黄、蔡二公。国务院下令各机关停止办公一天，并下半旗致哀。这时，黎元洪已经开始考虑国葬制度的建设了。

黎元洪向国会提出《国葬法案》。12月14日下午，参议院常会上，讨论了黎元洪提出的《国葬法案》。12月19日，中国第一部《国葬法》颁布施行。

《国葬法》共八条：

第一条　中华民国人民有殊勋于国家者，身故后经大总统咨请国会同意或国会之议决，准予举行国葬典礼。已经私葬者亦得依前项之规定补行国葬典礼；

第二条　国葬经费五千元由国库支出；

① 李根源：《雪生年录》，沈云龙主编：《近代中国史料丛刊第二辑》，文海出版社1966年版，第75页。

② 《政府公报》，第96册，第307号，上海书店1916年版，第355页。

③ 《政府公报》，第98册，第331号，上海书店1916年版，第155页。

第三条　国葬墓地由国家于首都择定相当地址建筑公墓，或于各地方择定相当地址修筑专墓，或由死者遗族自行择定茔地安葬，均由国家建立碑铭以表彰之；

第四条　关于葬仪及修墓一切事宜由内务部派员办理；

第五条　予国葬典礼者由大总统亲往或派员致祭；

第六条　举行国葬之日，所在地之官吏均往与祭，同时，全国官署及公共团体均下半旗设位遥祭；

第七条　殡葬时所在地及经过地方之官署及公共团体均下半旗，并由国家派遣军队、军乐护送；

第八条　本法自公布日施行。①

12月22日，黎元洪再发"大总统令"，曰："国会议决故勋一位陆军上将黄兴与蔡锷，应予举行国葬典礼，著内务部查照《国葬法》办理。此令。"② 24日，黎元洪令内务部拟定《国葬修建专墓事宜及致祭礼节》，进一步完善国葬制度。

内务部很快拟定完毕。内务部放弃了清代"赐葬之礼等级区分体制"，参考"中外情形拟具专墓办法并致祭礼节"，提交国务会议公决。内务部拟定的《国葬修建专墓事宜及致祭礼节》，分三部分，即专墓制度、呈报葬期、致祭事宜。

专墓制度

（一）墓地四周环以墙垣，前置墓门，立碑于门外之左（碑铭由内务部呈请大总统颁给）；

（二）坟墓高宽方圆无定式，墓前或后竖石碑一标题姓氏；

（三）相度地势，建筑飨堂三楹，中间龛一。安设神位前设案一、置炉一、灯二。另备馔桌、祭文案各一，两旁陈列生前衣冠剑带之属。左右余屋各二间，存置祭器什物及为致祭者休息之所。

说明：凡墓地广狭，石碑高下及建筑飨堂方向，均由建造员因地制宜，以期合度。缘各省山地平地，形势既殊，且又关系财力，

① 《政府公报》，第99册，第345号，上海书店1916年版，第127页。

② 《政府公报》，第99册，第349号，上海书店1916年版，第275页。

均难悬断，是以不为规定。

呈报葬期

葬有日，内务部预以葬期呈报大总统，并请派简任以上官一员随带祭文、花圈前往会葬致祭（祭文由公府撰写，花圈由特派员制备），并由内务部通行全国各官署、各团体，届日均下半旗，设位遥祭。京内由内务部择地设位，通知各官署、各团体派员致祭；省会地方由行政长官派员择地设位，各官署、各团体一律致祭。

说明：《国葬法》第六条有全国官署及公共团体均设位遥祭等语，京师官署众多，团体亦夥，若分处设位致祭，迹近烦琐。拟由本部择定地点，定为公共祭所较为利便。

致祭事宜

（一）殡前一日，特派员亲诣灵前献花圈一，行三鞠躬礼，诸会葬者亦随同行礼；

（二）出殡日，应由所在地方长官酌量遣派军队、军乐护送；

（三）墓地预张灵幄（用芦席、蓝布均可），并设特派员及诸会葬者暂憩处所。灵柩至升入灵幄内，其前张帏幔设灵位、陈祭品。特派员致祭，地方官吏均列班与祭。祭毕，由所司监视掩圹，并鸣葬炮十七发。

说明：《国葬法》第五条予国葬典礼者由大总统亲往或派员致祭等语，湖南举行国葬典礼，远隔京门，似未便率请大总统亲行，届时或派该省地方长官致祭，抑或由京另派专员，俟有定期，再行由部呈请。[①]

黄、蔡二人的国葬事宜依法进行。先是二人灵榇相继运抵长沙（因二人均是湖南人），墓地“拟商遗族指定”，[②] 最后选定在岳麓山。湖南省长谭延闿负责墓地修建相关事宜。葬期初定在1917年的3月中旬举办，后推迟到4月份，最后确定4月12日举行蔡锷国葬典礼，15日举行黄兴国葬典礼。葬期

① 《补登内务部拟订举行国葬修建专墓及致祭礼节单》，《政府公报》，第103册，第407号，印铸局1917年版，第401页。

② 《长沙谭延闿等来电》，《政府公报》，第100册，第357期，印铸局1917年1月6日发行，第103页。

将近时，内务部致公函给总统府秘书厅，提出依《国葬法》，国葬者国家须建立碑铭以表彰其功勋，希望秘书厅“预行撰拟碑铭祭文各一，通呈大总统阅定后，缮交本部”。① 4月1日，黎元洪发布“大总统指令第573号”，命湖南省长谭延闿于蔡锷、黄兴国葬日时，前往致祭。内务部派秘书唐才质于国葬日时前往会葬。唐才质（1880—1966），著名革命人士唐才常之二弟，在湖南时务学堂和日本东京大同学校学习时与蔡锷是同学。内务部通知所有京内各机关、各团体于国葬日均下半旗并派员前往先农坛致祭。具体规定如下：“上午十时各官署致祭人员在先农坛招待室齐集；下午二时至五时为各团体致祭时间由本部派员招待；是日先农坛公园开放任人游览参观。”② 京师警察厅亦通告致祭：“人员车马均至二道坛门止，由本厅饬区先在二道坛门外，指定停车处所，依次停放，以昭整肃。”③

湖南方面对黄蔡二公国葬事非常重视。湖南省议会同意拨款16万元专款用于墓地、铜像、公园建设。政府方面成立国葬筹备处，下设黄兴、蔡锷营葬事务所，负责制定、规划出殡规模、经过路线、码头选择、船只调配等具体工作。事务所还组织工人对沿途道路和岳麓山道进行整修加宽，以便灵柩可以顺利运达。长沙市警察厅向全市发出二公国葬“出殡通告”，规定出殡日全市人民悼念的方式：1. 各居民店铺住室于十二、十五两日一律下半旗；2. 各居民于十二、十五两日停止嫁娶；3. 各戏团于十二、十五两日停演戏剧；4. 各经过街道于十二、十五两日禁止人力车及轿车通行；5. 各酒馆于十二、十五两日停止宴会；6. 各伎户于十二、十五两日禁止弦歌。

4月12日为蔡锷国葬日，长沙市雷雨交加，天为之悲。送葬队伍达几千人。黎元洪大总统、冯国璋副总统、段祺瑞内阁，以及广东、广西、陕西、山西、云南、贵州、四川、福建、湖北、吉林、热河等省，岳州、衡阳、宝庆全省各道，全国参议院，美洲国民党，粤汉铁路局，宪法研究会，中国大学等单位，都派出了会葬代表送葬。上午9时，在鞭炮和哀乐声中，28个队列组成的出殡队伍出发。下午2时，灵柩运抵墓地，由谭延闿领首，举行了

---

① 《内务部致总统府秘书厅函》，《政府公报》，第105册，第427号，上海书店1917年3月版，第195页。

② 《内务部通告》，《政府公报》，第106册，第447号，上海书店1917年4月版，第333页。

③ 《京师警察厅通告》，《政府公报》，第106册，第448号，上海书店1917年4月版，第372页。

明信片上的黎元洪、孙中山、黄兴

隆重的下葬礼仪，礼毕，在17声葬炮和哀乐鞭炮声中，蔡锷灵柩徐徐降下墓内，予以安葬。黎元洪挽蔡锷联为“一身肝胆生无敌；百战灵威殁有神”。蔡锷是中华民国依《国葬法》进行国葬的第一人，故史称“民国之有国葬，实自松坡始”。

黄兴是中华民国依《国葬法》进行国葬的第二人。三天后，即4月15日，黄兴国葬礼在长沙举行。这天，阴云密布，举城悲哀。上午10时，黄兴出殡队伍由学院街出发，经南正街、走马楼、南阳街、府正街、福星街、西长街出大西门至中华汽船公司码头，送葬队伍分别从几个码头乘轮过江。渡河送葬者达6000人以上。下午2时，灵柩安全运抵岳麓山顶黄兴墓地，随即，以谭延闿首领主祭，各部、各省、各处、外国来宾陪祭。礼毕，鸣葬炮17响，哀乐声起，黄兴灵柩徐徐降下墓内，予以安葬。黎元洪挽黄兴联为“成功却爰身萧散，大勇那知世险夷”。

黎元洪在第一次大总统任内建立中华民国国葬制度，是其完善国家行政制度的一个主要政绩。

第六节　争权府院

以黎元洪为首的总统府和以段祺瑞为首的国务院之间的权力争夺、政见摩擦，史称“府院之争”。

府院之争不是黎段二人的私人矛盾。很多书一写到府院之争，必先说一番什么当年段的职务比黎高，段看不起黎之类的话。段真的看不起黎吗？笔者认为不会。段是三造共和之人，而他的前两次造共和都与黎有直接关系。第一次是辛亥革命，黎首义于武昌，倡言共和。段初受命率军攻打革命军，后受革命感染，通电翊赞共和，形势因此逆转；第二次是袁氏称帝，黎段均反对帝制，袁世凯死后，二人再造共和。可以看到，这两位民初中国政坛举足轻重的大人物，在选择共和政体这个问题上，观点和行动始终一致。如果仅从个人地位、出身不同的角度，看待历史上政治人物之间的合作，未免把这些曾经的伟人看得太低。有人说，是段把黎“押送”到北京的，这是黎段之间的心结。笔者说这所谓的“押送”是不符合历史事实的。黎进京，是袁邀请，段护送，仅此而已。黎进京之前，对何时进京，谁人来送，谁人接鄂督这些大事，均清清楚楚。怎么能说是被押送进京的？黎在鄂倡导军民分治、主张裁军，不肯做割据一方的军阀。当然，如果他想做，袁世凯的政治生命在二次革命时也许就终结了。我们看后来冯国璋在南京做副总统不肯入京，就知道黎为共和理念身先士卒的付出了。有人说，段认为黎“好摆布”，才让黎做总统。首先，黎做总统是根据约法，以副总统身份接任大总统。其次，段亲赴东厂胡同黎宅，告之任大总统事，这是段以实际行动支持黎任总统（参见本书第五章第七节）。再次，黎根本不是什么“好摆布”的人，如果黎是傀儡，那么袁世凯亲封的武义亲王，傀儡敢拒绝？最后，段肯让黎做大总统，是和黎的共和理念，以及南方对黎的支持分不开的。综合评价，黎是当时大总统的最佳人选，而段之挺黎，并不是看其“好摆布”，而是依法办事，对国负责。那么，府院之争从何而来呢？

黎段的府院之争始于公务往来。1916 年 8 月 26 日，《政府公报》发布了一个奇怪的呈文，内容是：“查国务院呈请阅核文件关系重要，逐日由祺瑞指示办法，交由秘书长徐树铮躬自呈递。于奉阅核印后，仍自赍回，未便假手他人致生歧误。除训令该员凛遵办理外，理合呈报大总统鉴核。再该员伉直自爱，不屑妄语。其于面对时，凡有声明为祺瑞之言者，祺瑞概负全责。”[①] 这份呈文告诉我们两点：一是国务院秘书长徐树铮亲自负责府院间文件呈递；二是段祺瑞完全信任徐树铮。它透露的一个重要信息是府院不和。徐树铮（1880—1925），字又铮，江苏萧县人。徐时任国务院秘书长兼陆军次长，“俨然总理第二”。[②] 需要说明的是，徐并非唯段命是从之人，而是非常有自己的政治见解的。这就导致府院矛盾越来越大。与徐正面冲突的是内务总长孙洪伊。孙洪伊（1870—1936），字伯兰，天津人。与徐树铮不同，孙是政治家，是民主党、进步党、统一共和党等党派的创办人或高层，1912 年加入国民党

① 《政府公报》，第 91 册，第 235 号，印铸局 1916 年 8 月 29 日发行，第 427 页。
② 沃邱仲子：《段祺瑞》，中篇，上海世界书局 1923 年版，第 59 页。

任评议员，韬园派领袖。韬园派，也称“小孙派”，是国民党内的小集团，因常在北京韬园开会，发表政见而得名。孙洪伊任段阁内务总长后，“无日不至总统府，参与庶政。黄陂每与人言事，孙辄越俎代谋，雌黄黑白，旁若无人，隐然执府中之牛耳”。[①] 二人皆人中龙凤，个性鲜明、政见迥异，遂于公务交往中，摩擦不断。“院中公牍送府用印者，孙洪伊辄指摘之或加以删改，由是孙徐不能相能，日以争执意气为事”。[②]

中国银行借款案让孙徐矛盾总爆发。

事情是这样的。为回购中国银行债票，段内阁秘密开会，决定借款五百万美金。此事黎元洪亦同意。不意孙洪伊将此事透露给报界，报纸全文发表，尽人皆知。这件事的后果是使原本仅四五折的债票，飙升至八折以上。政府损失颇多。徐树铮调查得知，孙洪伊事先大量收购债票，然后放出消息使债票大涨，从中渔利，损公肥私。段祺瑞“认为此人不能共事，去孙之意甚决”。[③] 而黎元洪也早已不满徐树铮之跋扈，早欲去之。黎段遂请徐世昌入京调停府院冲突。徐世昌提出免孙职、徐树铮辞职的办法，解决府院之争。黎段认可这种方法，孙去职离京，徐树铮辞职后，仍做段幕僚。府院之争看似解决，实则更大的危机还在后面，它直接导致段祺瑞被免去国务总理职务。

这个危机就是中国政府对德外交问题，我们也可以把它看作是府院之争的高潮。这个高潮共分两个阶段：对德断交阶段和对德宣战阶段。协约国和同盟国是第一次世界大战期间形成的两个交战集团，协约国是以英国、法国、俄国为主的国家联盟，还包括南斯拉夫等弱小的欧洲国家。它与以德国、奥匈帝国为中心的同盟国集团形成了对立双方。

中国在对待协约国和同盟国的态度上究竟何去何从呢？在此，对待德国的态度是一个试金石。

第一阶段：对德断交阶段。

德国潜艇政策。第一次世界大战期间，德国海军实力逊于英国，遂出奇招，藏主力舰队于军港，用潜艇袭击英国军舰。后德国亦袭击交战国商船，甚至中立国商船。1915 年 5 月 7 日，德潜艇击沉英国“露西塔尼亚”号商

---

① 沃邱仲子：《段祺瑞》，中篇，上海世界书局 1923 年版，第 58 页。

② 沃邱仲子：《段祺瑞》，中篇，上海世界书局 1923 年版，第 59 页。

③ 曾毓隽：《黎段矛盾与府院冲突》，杜春和等编：《北洋军阀史料选辑》，上册，中国社会科学出版社 1981 年版，第 262 页。

船，船上死亡乘客中有百余位美国人。时美国以中立国身份向德国提出抗议。德国以英国武装商船为借口，称不得已击沉之，应由英国负责此次事故。美国认为英德之间的战事，美国人反受其害，故无法忍受德国的说法。交涉甚久，亦无结果。1917年1月31日，德国驻美大使向美政府宣布无限制潜艇政策，声明“自二月一日起，实行潜艇封锁，美国现在停泊英法之商船，限五日内离欧……如擅进封锁区域遇险，与德国无涉”。[①] 消息一出，美国震动。

美国德国断交。美国认为，德国的声明不再保护中立国的安全，且违反人道主义精神，蔑视国际法规。美国国务会议议决与德国断交。2月3日，美国总统威尔逊赴参众两院报告美德交涉经过，并宣布断交。同时，驱逐德国驻美大使，电召美驻德大使回国，并电告各中立国与美采取一致行动。“当时欧美诸中立国，如瑞士、丹麦、挪威、荷兰、西班牙、巴西、秘鲁、智利、乌拉圭、阿根廷、玻利维亚等，其答复德国公文，皆反对无限制潜艇战术，严词抗议，惟未与美国取同一之态度焉”。[②] 美国需要外交支持，它想到了中国。

中国对德态度。本来2月1日即生效的照会，德国驻华大使辛慈2月2日才送达中国政府，可见弱国外交之屈辱。而这一次是中国走出外交屈辱的机会，就看政府高层如何把握了。4日，美国政府电告美国驻华大使芮恩施美德断交，希望中国放弃中立国地位与美国联合行动。4日晚，芮恩施分别约见黎元洪大总统和段祺瑞国务总理。据芮恩施回忆：

> 我发现黎元洪总统饭后在他的宫殿里休息，脸上露出亲切期待的表情。跟他在一起的，有他的英文秘书郭泰祺先生。想到他得考虑这么一件大事，总统显然感到吃惊，他起初没有说什么而是坐在那儿沉思。他没有直截了当地说，但是透过他提的一些问题就可看出他对美国的建议的怀疑和不赞成。“当前的战况怎样?”“交战各方的力量对比或消耗的程度怎样?”“协约国即使在美国的援助下能赢

① 平佚：《对德绝交之经过》，《东方杂志》，第14卷，第4号，1917年4月上海商务印书馆印行，第15页。

② 平佚：《对德绝交之经过》，《东方杂志》，第14卷，第4号，1917年4月上海商务印书馆印行，第16页。

得决定性的胜利吗？”①

从黎元洪所问的问题可以看出，中国对当时欧洲战况知之甚少。美国需要中国放弃中立国的立场，与美国站在同一阵线。中国的领导人则需要判断评估改变中立国立场后，中国能够获得的利益或将面临的损失。黎元洪的问题还是很有智慧的，他一针见血地问在美国的帮助下，协约国能否战胜？言外之意是，如果不能，中国放弃中立国的立场就太草率了。芮恩施没有也无法给予黎元洪承诺，他另辟蹊径地说道：

为了正义事业和友好的伙伴而采取的在国际方面的主张这种积极的行动对中国可能产生的影响，即可以使中国不再去注意它的无休止的党派斗争。②

芮恩施大使这句绕口的话，意思就是中国可以利用此机会，转移国内矛盾。据芮恩施判断，“当我谈到这件事情的道德意义时，（黎元洪）总统完全同意我的看法”。③ 黎元洪则非常谨慎：“这种对中国国内形势具有深远影响的国际行动，我们必须予以仔细考虑。”④

芮恩施随后驱车前往府学胡同段府，会见段祺瑞。据芮恩施回忆：

起初，段将军似乎并不接受我们的建议。他说：“德国如果修改一下它的潜艇政策就会是明智的，因为在陆战中它可以给它的对手施加极大的压力，以致除非美国参战，否则要想彻底打败它是很难的。”看来他已认真考虑中国采取与一个大国断交这种前所未有的步骤的可能性了，但他没有像总统那样表现出忧虑，我们安排在第二

---

① ［美］保罗·S. 芮恩施：《一个美国外交官使华记》，文化艺术出版社 2010 年版，第 217 页。

② ［美］保罗·S. 芮恩施：《一个美国外交官使华记》，文化艺术出版社 2010 年版，第 218 页。

③ ［美］保罗·S. 芮恩施：《一个美国外交官使华记》，文化艺术出版社 2010 年版，第 218 页。

④ ［美］保罗·S. 芮恩施：《一个美国外交官使华记》，文化艺术出版社 2010 年版，第 218 页。

天再进行一次较长时间的讨论。[1]

5日，芮恩施与大总统黎元洪举行第二次会谈。黎元洪问芮恩施："采取一项积极主动的对外政策，尤其是万一导致战争，那岂不会加强军方的势力吗？"[2] 黎元洪说出了自己的担心：如果因此导致中国出现军人政府，那五年来的共和努力将付之东流。芮恩施回答："依我看，这样一件非常的大事肯定会加强中央政府的权力，使它能够把军队置于它作为一个国家机构的适当地位，并防止从袁世凯那里继承下来的拟封建主义的进一步发展。"[3] 芮恩施的话有一定道理，如果中国宣布对德绝交，中国社会的凝聚力会因中国国际地位的提高而加强。这时，黎元洪不失时机地问了一个关键问题："美国政府会不会帮助中国承担这样一个步骤的责任呢？"[4] 这个问题反映出黎元洪的外交智慧，他知道何时使用哪种筹码。黎元洪是在告诉美国：美国要想得到中国的支持，是要付出代价的，而不是无偿的。芮恩施无法直接给黎元洪一个答案，因为美国政府未授权他回答此问题。芮恩施于是致电美国国务院询问，可是据他讲，同美国的电报始终处于中断状态，无法得到国务院的答复。

5日下午，芮恩施与国务总理段祺瑞再次会谈。段问："要是采取直接的军事行动，美国会怎么样呢？请记住，我不希望别的，我只希望有一个强大的美国，能够在世界事务中发挥指导的影响。"[5] 显然，段祺瑞考虑的已不仅是对德断交问题了。段又问："那么战争结束后又会发生什么情况呢？"[6] 芮恩施知道，无论是黎或段，都在考虑卷入战争的后果。芮恩施知道，他必须给出一颗定心丸："美国的建议并没有超越对德国断绝外交关系的范围，中国

---

① ［美］保罗·S. 芮恩施：《一个美国外交官使华记》，文化艺术出版社2010年版，第219页。

② ［美］保罗·S. 芮恩施：《一个美国外交官使华记》，文化艺术出版社2010年版，第220页。

③ ［美］保罗·S. 芮恩施：《一个美国外交官使华记》，文化艺术出版社2010年版，第220页。

④ ［美］保罗·S. 芮恩施：《一个美国外交官使华记》，文化艺术出版社2010年版，第220页。

⑤ ［美］保罗·S. 芮恩施：《一个美国外交官使华记》，文化艺术出版社2010年版，第221页。

⑥ ［美］保罗·S. 芮恩施：《一个美国外交官使华记》，文化艺术出版社2010年版，第221页。

采取这个步骤，就可以在实际上斥责和阻止德国在公海上的非法的和野蛮的行为，并保留着将来采取行动的完全自由。如果而后还需要进一步采取行动，道路是畅通的。”① 芮恩施的回答是标准的外交辞令，他只说对德断交是美国的建议，断交以后的事，则是中国自己的“完全自由”。这样，中国政府就必须仔细考虑对德断交及断交后的一系列问题了。

5 日至 8 日，北京政府连开四次特别外交会议，讨论对德问题善后之策。参加会议的除全体国务员外，还有“陆徵祥、汪大燮、曹汝霖、荫昌、胡惟德、王宠惠、梁启超等”。② 会议决定向德国提出抗议。9 日，外交部复照德国公使辛慈，抗议德国实行无限制潜艇政策，称：“期望贵国政府勿实行此新战策。若事出望外，此项抗议竟归无效，使敝国不得已而断绝两国现存之外交关系，实属可悲。”③

同日，北京政府咨复美国政府，曰：“敝国政府对于阁下通牒中所表示之态度，全表赞同，故特与贵国政府共采一致之态度，关于海上封锁策，向德国政府提出严重之抗议。”④ 北京政府亦告知各国驻京公使对德抗议的决定。

日本表示赞同。9 日，日本外务大臣本野一郎召见驻日公使章宗祥，表示“中国仅是抗议，于中国地位似非得计，不如即行宣布断绝国交，并不必俟抗议回答”。⑤ 日本此时的态度与“一战”初迥异，有分析认为，日本不希望中国紧随美国，而是盼望中国能加入协约国。日本等协约国也怕中国加入同盟国，为“一战”增添变数。

段祺瑞开始考虑参战问题了，他经过深思熟虑，立场由最初的跟随美国转向加入协约国，他认为这样会给中国带来最大利益。

段祺瑞于是拟定《参加协约国条件节略》。其内容为：“停止支付德、奥两国赔款，暂缓十年偿付协约国赔款；同意中国将进口税调为百分之七点五，

① ［美］保罗·S. 芮恩施：《一个美国外交官使华记》，文化艺术出版社 2010 年版，第 221 页。

② 平佚：《对德绝交之经过》，《东方杂志》，第 14 卷，第 4 号，1917 年 4 月上海商务印书馆印行，第 16 页。

③ 平佚：《对德绝交之经过》，《东方杂志》，第 14 卷，第 4 号，1917 年 4 月上海商务印书馆印行，第 16 页。

④ 平佚：《对德绝交之经过》，《东方杂志》，第 14 卷，第 4 号，1917 年 4 月上海商务印书馆印行，第 17 页。

⑤ 李新总编，韩信夫、姜克夫主编：《中华民国大事记》，第 1 册，中国文史出版社 1996 年版，第 465 页。

待裁撤厘金后，增加至百分之十二点五；取消《辛丑条约》关于不允许中国在天津驻军等条款。”① 协约国方面对中国参战的态度是积极的，他们愿意在改正关税、收回领事裁判权、缓付赔款等方面做出让步。

黎元洪对参战问题持谨慎态度。他主张追随美国，警惕日本。黎元洪对日本的警惕是有道理的，就在日本外务大臣本野一郎召见中国公使章宗祥鼓吹中国参战的当天，日本与英、法等国达成秘密协定，保证将来在讲和会议中，日本要求割让德国在山东及赤道以北岛屿之领土权利。警惕日本的同时，黎元洪还警惕国内各党派在此问题上的斗争。2 月 27 日，黎元洪就时局答记者问时指出：

> 今日国人对于我国加入战争问题，似有一种视为党派问题与党派关系之趋向，诚为不佳现象。盖今次之大战争，实为国家与国家之战争……吾人更不可以冒险投机之精神加入战争。”黎元洪表示应依据宪法行事，倘代表民意之国会决定赞成加入联盟，则他必不反对。②

黎元洪对德问题的态度，势必将与段祺瑞的观点产生摩擦。

府院危机大爆发，段祺瑞一怒辞职。段祺瑞为能成功加入协约国，做了大量努力。首先，获得日本的政治支持。2 月 11 日，段致电章宗祥，令其探询日本政府对中德断交的意见，当天就获得

北洋督军合影
（前排左三为段祺瑞、左四为黎元洪、左五为冯国璋）

① 魏宏运主编：《民国史纪事本末·北洋政府时期·上》，第 1 册，辽宁人民出版社 1999 年版，第 482 页。

② 魏宏运主编：《民国史纪事本末·北洋政府时期·上》，第 1 册，辽宁人民出版社 1999 年版，第 482 页。

了日本的回复，并直言支持中国加入协约国；其次，取得日本的经济支持。2月13日，日本以中国对德宣战为条件，与段的代表曹汝霖签订第二次西原借款2000万日元的临时合同；最后，转变冯国璋的态度。副总统冯国璋一直主张严守中立，反对与德断交和宣战。段祺瑞利用买卖存土案，邀请冯进京晤谈，使冯转变态度，支持与德断交并加入协约国。

3月4日，段祺瑞持发给驻日公使章宗祥的电报，请黎元洪盖印。黎元洪看到电文中有对德绝交字样，“虑异日国会于绝交一事不予同意，有丧国际信用，拟先交国会通过，以是与段总理冲突”。[①] 段祺瑞见黎元洪以国会为托词，非常恼火，一气之下，提出辞职。然后直奔火车站，准备回天津。此时，身在北京的副总统冯国璋正在陆军部演讲，听到消息后，连忙赶往火车站企图挽留段。段怒气未消，说：“国会与我为难，我可忍受，大总统屡与我为难，实不忍受，惟有一去，诸君不必强留也。”[②] 遂返天津。府院之争，从此变成黎段二人的正面冲突。

黎元洪急忙安排对策。3月5日，黎元洪邀请冯国璋、徐世昌、王士珍商议总理继任人选问题。黎提议由徐世昌接任总理一职，徐婉拒。冯、徐、王均主张邀段回京复职。黎无奈，只好请副总统冯国璋赴津请段。行前，冯国璋曾与黎元洪商定段复职条件：“一、阁定外交方针总统不加反对；二、阁拟命令总统不拒盖印；三、阁训电各使、各督军省长，总统不加干预。”[③] 3月6日，段祺瑞回京复职。

此后，经参众两院投票通过，3月14日，中国政府正式与德国绝交。我们可以把由于对德绝交问题导致黎段的正面冲突看作是府院之争高潮的第一阶段。第二阶段，对德宣战阶段，则更加精彩和惨烈，它直接导致黎段二人双双下台。

第二阶段：对德宣战阶段。

当时，舆论认为断交分广义和狭义两种：广义的断交，是指断交后就要宣战；狭义的断交仅仅是断交而已。无论是黎元洪还是段祺瑞，都已经明了一点：那就是断交之后，宣战与否是中国政府必须选择的态度。要做出正确

---

① 平佚：《对德绝交之经过》，《东方杂志》，第14卷，第4号，1917年4月上海商务印书馆印行，第17页。

② 公孙訇：《冯国璋年谱》，河北人民出版社1989年版，第80页。

③ 李新总编，韩信夫、姜克夫主编：《中华民国大事记》，第1册，中国文史出版社1996年版，第469页。

选择，必须要根据及时准确的欧洲前线战况。

也许你会问，当时的政府是如何了解“一战”战况的呢？主要有四种途径：一是报纸；二是中国驻外使馆；三是外国驻华使馆；四是外国顾问的报告。当时的英国人辛博森是黎元洪总统府顾问，在“一战”期间，“他向北京政府提出了有关第一次世界大战的局势、列强概况、中立国的特殊地位、战争的进程、列强之间的相互关系、德国的潜水艇政策、美国的总统选举及其参战、日本的侵华阴谋等一系列报告，并提出了中国对战争应采取的政策。他的报告和意见，对北京政府的外交政策，如对德抗议、绝交以及参战等，产生了一定的影响”。[①] 由于有专业的顾问报告和及时的信息沟通，我们有理由相信，黎元洪和段祺瑞在做宣战与否的决定时，是有的放矢的。由于当时中国的国际地位较低，他们在做决定时，都会面对外国列强的压力。

第一个压力来自美国。1917 年 4 月 6 日，美国总统威尔逊对德宣战。美国宣战后，希望包括中国在内的中立国与其采取统一步骤。此时的中国，财政几近崩溃，急需来自外国的借款支持国家运转。而袁世凯时代给中国提供借款的英、法、德、俄、日五国银行团，只有日本游离于战争之外，且大发战争财。同日本一样，美国也靠“一战”大发其财，“其借与协约各国之款已及美金三十万万（六万万英镑）”。[②] 中国要想取得美国政府的借款，加入协约国是必须的一步。当然，美国民间资金也一直在中国寻找出路。4 月，美国芝加哥大陆商业储蓄银行行长约翰·艾博特来到北京，驻华公使芮恩施引荐其去见黎元洪大总统和各部总长。黎元洪说：“我将支持制定美国专家们认为适当组织中国信贷所需要的财政法规。”[③] 可见，中国政府对外国借款是极其期待的。1917 年 5 月 9 日，美国驻华公使芮恩施与黎元洪晤谈，黎元洪表示“赞成宣战，如果国会在立法方面不拒绝的话”。[④] 需要注意的是，黎元洪提到尊重国会的意见，这个态度与其后来和段祺瑞冲突时的表态是一致的。同

---

① 《辛博森外务报告》，来新夏主编：《中国近代史资料丛刊·北洋军阀》，第 3 册，上海人民出版社 1993 年版，第 121 页。

② 《外务报告（第 29 次报告）》，来新夏主编：《中国近代史资料丛刊·北洋军阀》，第 3 册，上海人民出版社 1993 年版，第 251 页。

③ ［美］保罗·S. 芮恩施：《一个美国外交官使华记》，文化艺术出版社 2010 年版，第 232 页。

④ ［美］保罗·S. 芮恩施：《一个美国外交官使华记》，文化艺术出版社 2010 年版，第 235 页。

美国一样，大发战争财的日本也在为资金寻找出路。

第二个压力来自日本。黎元洪接任大总统不久，日本的大隈内阁下台，寺内内阁成立。寺内正毅曾任朝鲜总督元帅，是元老山县的直系军阀巨头，日本政府也因此从政党内阁倒退回军阀内阁。日本政治上虽然倒退，但经济上却因第一次世界大战而加速繁荣。“日本之富力，因欧战及其商务膨胀，其增加之额超过常率，今（1916年年末）其存金及七万万日金，而一千九百十六年贸易总额约及二千兆日元，较之去年其增加之比例为百分之三十或四十”。[①] 这些财富必须找到投资的出路。于是，寺内内阁打出“王道主义”旗帜，“企图通过对华贷款来达到超过‘二十一条’之目的。‘西原借款’就是寺内内阁这种政策的产物”。[②] “一战”初期，日本拒绝中国参战，其目的是要获得德国在山东的利益。及协约国承认其在山东的殖民地利益后，加之日本内阁更替，日本就开始支持中国参战，因为只有中国加入协约国，才能获得日本借款。1917年5月3日，日本驻华公使林权助偕船津氏面晤大总统黎元洪，谓参战事“关系中国甚大，贤明之大总统于举国一致之义，谅必注意及之，可无俟外人之多言，若不幸而有‘无聊的事’，不特影响于中国，即日本亦同利害”。[③] 船津氏在翻译时，把“无聊的事”译成“非常政变”，黎元洪闻之大愕。黎元洪随后告诉章士钊等，“谓林权助忽来警告，若中国不幸而有内乱，日本必出兵相助”。[④] 主战派张君劢为此致信梁启超，说：“凡可以挑拨恶感者，不惜捏造外国代表之言。呜呼，吾复何言？”[⑤] 黎元洪由此开始警惕日本要求中国参战的真实目的了。

第三个压力来自协约国。1917年3月19日，英、法、日、俄、意、比、葡七国驻华公使致书中国外交部，劝中国加入协约国。协约国争取中国的目的在于中国庞大的廉价劳动力，可以为战争服务。

外国有压力，国内也有争论。国内的舆论主要为宣战与反战两种观点，赞成宣战的代表人物是梁启超，反战派的代表人物是孙中山。

梁启超赞成宣战的理由主要有两点：（一）采取积极的外交政策，提高国

---

① 《外务报告（第10次报告）》，来新夏主编：《中国近代史资料丛刊·北洋军阀》，第3册，上海人民出版社1993年版，第173页。

② 吕万和：《简明日本近代史》，天津人民出版社1984年版，第228页。

③ 丁文江、赵丰田编：《梁启超年谱长编》，上海人民出版社1983年版，第819页。

④ 丁文江、赵丰田编：《梁启超年谱长编》，上海人民出版社1983年版，第819页。

⑤ 丁文江、赵丰田编：《梁启超年谱长编》，上海人民出版社1983年版，第819页。

黎元洪南苑阅兵与众官合影

际地位。"以结纳友邦获得奥援增高国际地位为前提，而以孤立退婴为大戒"；[①] 退婴，是指像婴儿一样柔弱无争。（二）德国如战胜，中国必亡。"谓德能乘胜而统一全球耶，则修怨报复，必灭英、灭俄、灭法、灭意、灭美、灭日。而乃及我，我因参战而得亡，亡亦无恨，即不参战而能容我独存耶"？[②]

孙中山反对宣战的理由主要有五点：（一）外交手段未尽用。他以日本为例，"前此外交失败与我相同，及其渐习知外交之道，遂能补救昔日之过误，撤去领事裁判权，改正关税，彼何尝借战争之力以致此，又何尝以加担某国为条件"。[③]（二）此次战争无正义可言。他认为如果说德国虐待比利时、塞尔维亚人民，强行通过比利时、卢森堡无公理，那么，"英国之进兵希腊，与德之进兵比、罗（卢森堡）有以异乎"？[④]（三）德国开战以来未有加害中国人民；（四）德国对中国土地侵犯最浅、野心最小；（五）德国随英法之后侵

① 梁启超：《外交方针质言（参战问题）1917年》，张品兴主编：《梁启超全集》，第4卷，北京出版社1999年版，第2959页。

② 梁启超：《外交方针质言（参战问题）1917年》，张品兴主编：《梁启超全集》，第4卷，北京出版社1999年版，第2959页。

③《中国存亡问题（1917年5月）》，广东省社会科学院历史研究室、中国社会科学院近代史研究所中华民国史研究室、中山大学历史系孙中山研究室合编：《孙中山全集》，第4卷，中华书局1985年版，第41页。

④《中国存亡问题（1917年5月）》，广东省社会科学院历史研究室、中国社会科学院近代史研究所中华民国史研究室、中山大学历史系孙中山研究室合编：《孙中山全集》，第4卷，中华书局1985年版，第42页。

我主权。“我国处理德人，稍不如协商诸国之意，便劳诘责。然则，协商国果在何处曾尊重我国主权也”？①

支持梁启超的国内政治集团以国务总理段祺瑞为代表，军事集团以督军团为代表。支持孙中山的国内政治集团以国民党和国会为代表。

段祺瑞为达成宣战目标，主要做了三项工作：

（一）**转变副总统观点**。副总统冯国璋此时依然受存土案困扰，1917 年 3 月 27 日，众议院议决咨请政府不得收买存土。29 日，参议院亦通过此案决议。4 月 8 日，冯国璋致电北京，反对加入协约国。10 日，北京政府以行政处分与法律案有别为由，将国会不得收买存土议决案退回。同一天，冯态度大变，表示将派代表参加全国军事会议，“所有中央计划自应遵照一致进行”。② 11 日，冯继续投桃报李，通电各省，主张加入协约国。

（二）**转变督军团观点**。督军团，是“各省区联合会”的俗称。1916 年 9 月 22 日，山东、奉天、吉林、黑龙江、河南、直隶、浙江、江苏、湖北、江西、绥远、察哈尔、热河 13 省督军代表召开第二次徐州会议，由张勋、倪嗣冲宣布成立“各省区联合会”，拥张勋为盟主。督军团是北洋势力的代表，是国内最强大的军事集团，他们最初基于利益考虑是反战的。1917 年 4 月 25 日，段祺瑞邀集督军团代表在京召开军事会议，说服督军团代表支持宣战，加入协约国。

（三）**转变国务员观点**。1917 年 4 月 10 日，段祺瑞内阁讨论对德宣战案，无果而散。5 月 1 日，国务会议再次讨论宣战案。这次，倪嗣冲等四督军破门而入，以军界领袖的名义宣布支持段的外交方针，要求内阁成员同意加入协约国。国务员慑于其淫威，无奈通过宣战案。

5 月 1 日，段祺瑞率国务员往总统府面请黎元洪批准。同对德断交阶段时的态度一样，黎元洪依然强调“一俟通过国会，即将命令盖章”。③ 有人说黎

① 《中国存亡问题（1917 年 5 月）》，广东省社会科学院历史研究室、中国社会科学院近代史研究所中华民国史研究室、中山大学历史系孙中山研究室合编：《孙中山全集》，第 4 卷，中华书局 1985 年版，第 46 页。

② 李新总编，韩信夫、姜克夫主编：《中华民国大事记》，第 1 册，中国文史出版社 1996 年版，第 473 页。

③ 李新总编，韩信夫、姜克夫主编：《中华民国大事记》，第 1 册，中国文史出版社 1996 年版，第 475 页。

是用国会做挡箭牌，实际是反对参战，其实不然。黎元洪对中国是否参战以及参战后中国能获得的利益等问题，已经通过外籍顾问，做了充分了解。他之所以再次提出国会通过，即命令盖章，是其维护共和、尊重国会思想的具体体现。还有一层原因是当时欧洲胜负难料，公开支持参战的话，如果德国战胜，黎自己或将被千夫所指，成为历史罪人。如果说黎挟国会以制段，那就更荒唐了。

但黎无法操纵国会。当时，参众两院共有议员 631 人，分九派：

1. **唐绍仪派**。张继、吴景濂为此派领袖，以上海金星保险公司为根据地。张继和吴景濂还组织益友社，益友社后分为益友社和政余俱乐部两派，共集合国民党籍议员 200 名。

2. **孙洪伊派**。以前内务部长孙洪伊为领袖，设有国会通信处，骨干成员为旧进步党人，共有议员 60 人。

3. **谷钟秀派**。以《中华新报》为机关报，司法部部长张耀曾、殷汝骊等稳健派为奥援，此派以文字能力见长。张耀曾和谷钟秀亦为政学会主要成员。此派共有议员 75 人。

4. **张伯烈派**。此派为旧共和党人，湘、蜀议员多为此派，共有 30 人。

5. **李烈钧派**。也称丙辰俱乐部。旧国民党激进分子田桐、白逾桓、马君武均属此派，陈其美是此派领袖。共有议员 30 人。

6. **梁启超派**。也称宪法研究会，以《时事新报》为机关，范源濂、蓝公武系此派人物，代表进步党之一部，共有议员 70 人。

7. **汤化龙派**。也称宪法研究同志会。进步党之一部分党员组成，刘崇佑、梁善济、林长民为此派代表人物，此派亦被称为湖北派及黎总统派。该派后与梁启超的宪法研究会合并，成为段派势力，共有议员 66 人。

8. **帝政派**。宪法协议会李庆芳为代表人物，包括黄云鹏的平社、靳云鹏的澄社、杨士聪的宪政会、景耀月的苏园、梅光远的衡社，共有议员 80 人。

9. **其他**。派系不明的议员共有 20 人。

可以看出黎元洪有可能控制的议员仅为汤化龙派 66 人，占全体议员总数的 1/10，无法左右议会投票。有人会问，黎元洪继任大总统时，国民党和国民党系议员不是支持他吗？当然。不过我们要清楚的是，当时是国民党系选择黎，而不是黎选择国民党。这是政治选择，属于利益平衡后的选择。黎不是国民党的领袖，他对国民党也没有什么好感，这点从二次革命时黎元洪带兵攻打李烈钧那刻起就众所周知了。那么，黎本人对参战问题是什么态度呢？

黎是赞成参战的。1917年5月9日，美国驻华公使芮恩施面晤黎元洪大总统，询问其对于参战的态度。黎元洪明确告诉芮恩施，“他说他赞成宣战，如果国会在立法方面不拒绝的话”。[①] 细心的读者肯定会注意到，黎元洪再次提及国会。无论与所谓亲日的段祺瑞，还是与美国驻华公使，黎元洪的态度竟然出奇的一致，这足以说明黎元洪的决定是自己思考后做出的，并没有受到外来压力，也说明黎元洪赞成参战的态度是认真的，主张把参战问题交予国会通过也是认真的，希望通过法律程序完成参战手续，这些都可以看作是黎元洪民主思想的具体体现。球已经踢到议会门前，下一步，就看段祺瑞如何施展了。

段祺瑞和督军团宴请国会议员。从总统府出来后，段祺瑞就嘱咐手下安排与国会议员沟通。1917年5月3日，“段祺瑞宴请国会议员疏通参战案，要求议员认清世界大势，予以赞同。同日，倪嗣冲等亦纷宴议员，为段祺瑞疏通参战案。5月4日，督军团宴请国会议员，为段祺瑞疏通宣战案，出席者300余名。李厚基代表各督军演说，以‘为国民请命’自诩，扬言‘不惜一时之名誉’，主张对德宣战，要求议员‘务谅政府之方针进而赞助’”。[②] 主动积极与议员沟通，可以看作是段祺瑞与督军团诚意的表现，这种做法也是必要的。据时任总统府秘书长张国淦回忆：“国会方面，于外交素少专门之研究，故无一定之主张，复经数月之酝酿，与各方之接洽，据教育范（范源濂，时任教育总长）告我：‘预料此次参战案，可望通过。’”[③] 与议员沟通的同时，督军团还主动疏通黎元洪。没想到，督军团在黎元洪处却碰壁了。

黎元洪斥责督军团干涉外交。5月3日，段祺瑞宴请国会议员的当天，督军团成员倪嗣冲、张怀芝、曹锟、孟怀远、李厚基等前往总统府面晤黎元洪。黎元洪要求每次只会见一人，于是安徽督军倪嗣冲抢先入觐。倪此行的目的是想与黎沟通对德宣战问题，可没想到一见面，黎就质问他身为地方军事长官为什么与外国公使接触？为什么不请假就来京？倪听到黎这么一问，来时的精气神顿时没了踪影。黎见好就收，说：“这些过节本不是什么要紧的事，

① ［美］保罗·S. 芮恩施：《一个美国外交官使华记》，文化艺术出版社2010年版，第235页。

② 李新总编，韩信夫、姜克夫主编：《中华民国大事记》，第1册，中国文史出版社1996年版，第476页。

③ 张国淦：《中华民国内阁篇》，杜春和等编：《北洋军阀史料选辑》，上册，中国社会科学出版社1981年版，第208页。

但外省长官时时电诘国会，太不应该，本身应遵守法律为好。参战一事，如果国会通过，当然要依照民意来进行；如果国会否决，你们也不可通电要求解散国会，那是谋反的举动。”[①] 张国淦的记载则说众人见黎时，“公推李厚基发言，黎大加申斥，以为‘军人不能干政’，彼等唯唯退出”。[②] 无论按哪种说法为准，黎元洪对督军团都没有客气，这也给之后的变故埋下了祸根。黎的态度激怒了段祺瑞的亲信、陆军次长傅良佐。傅扬言要“搞掉黎元洪”。张国淦见状，忙说：“‘这是非常举动，不敢与闻，但此案有正当手续可循，何以这路不走？’段问如何，张说：‘约法上对外宣战，当交国会，可由国务会议议决，备文送府盖印，总统平时总说从多数，今提交国会，即是依法多数，料想总统不致拒绝盖印。’段即决定这个办法。”[③] 谁都没想到的是，盖印时发生了一个让院方难以接受的插曲。

事情是这样的。5 月 6 日，段祺瑞主持内阁会议，提出“对德参战提交国会案”，阁员通过。随后段偕众阁员，带“对德宣战大总统提国会咨文”进总统府，请黎元洪盖印。总统略一翻阅，即递与监印官唐浩镇。唐是黎元洪的亲家，黎元洪长子黎绍基的岳父，也是总统府中的反战派之一。“向例，公文盖印时，唐在侧，总统递与后，唐即盖印，此次唐悻悻言：‘此案我不能盖印！’且将原件推出。”段大怒。同去的教育总长范源濂尤怒不可遏：“‘尔何人！不配说不盖印！’于是推门径出，玻璃震碎，段亦负气退出”。[④] 黎元洪一看事情要闹大，就亲自盖印，然后让张国淦带回。7 日，该案咨送国会。一场盖印风波就这样过去了，更大的风浪还在后面。

此时益友社和政学会相继决定反对宣战。此两团体人数共 275 人，几乎占议员总数的一半。督军团看到对德宣战获得国会通过的希望非常渺茫，遂决定如国会否决参战案，即设法解散国会。此时，段的手下也在设法挽救不利局面，可他们没有想到的是，事情闹大了。

公民请愿团事件，段系搬起石头砸了自己的脚。1917 年 5 月 10 日，众议

① 李书源：《柔暗总统黎元洪》，吉林文史出版社 1995 年版，第 219 页。

② 张国淦：《中华民国内阁篇》，杜春和等编：《北洋军阀史料选辑》，上册，中国社会科学出版社 1981 年版，第 208 页。

③ 张国淦：《中华民国内阁篇》，杜春和等编：《北洋军阀史料选辑》，上册，中国社会科学出版社 1981 年版，第 208 页。

④ 张国淦：《中华民国内阁篇》，杜春和等编：《北洋军阀史料选辑》，上册，中国社会科学出版社 1981 年版，第 208 页。

院开全院委员会，讨论对德宣战案。“忽有街市流氓，杂以兵士，约数千人，自称‘公民请愿团’，将国会层层包围，各执请愿旗帜，要求当日将宣战案通过，否则不许议员出院。议长即将全院委员会改为大会，议场大哗，连电政府诘问，请总理会同内务总长到院制止。此时议院情势紧张，不能议及本案。段、范到院时，所谓公民团愈逼愈多，旋散旋聚。段令巡警总监吴炳湘解散，延至晚八九时许，始陆续遣去，‘通过’两字邈然如梦矣”。①

据张国淦讲，此次公民团事件的策划人是段祺瑞的四大天王之一“傅良佐”。傅良佐（1873—1924），字清节，祖籍江西，生于湖南。北洋武备学堂毕业，时任陆军部次长。也有一说，指公民团为靳云鹏和傅良佐共同指挥。（陶菊隐的《北洋军阀统治时期史话》和郭廷以的《中华民国史事日志》均持是说）无论哪种说法，矛头都指向段。如果我们把黎元洪指责督军团干政看作是黎政治上不成熟，缺乏手腕的话，那么段系操纵的公民团事件就是胡闹了。当时，虽然益友社和政学会表示反战，但也只是以微弱多数通过，况且政学会的谷钟秀和张耀曾是赞成参战的内阁成员，这对段系来说是一个有利因素；众议院议长汤化龙此时已经和梁启超的宪法研究会结合在一起，可以用议长的声望为参战案通过服务，这是段系的另一个有利因素。舍弃有利因素，运用不利手段，不是胡闹是什么？如此胡闹，连段派议员都被激怒了。中和俱乐部成员张伯烈“提议请内阁总理、内务总长、司法总长三人到会，质问北京秩序是否尚能维持”。②

公民请愿团事件后，支持段对德参战的内阁成员谷钟秀、张耀曾、程璧光、伍廷芳相继辞职，教育兼内务总长范源濂托病不出，内阁仅剩段一人。至此，段系沟通国会的努力付之东流，然而段祺瑞并没有放弃。

段祺瑞仍期望国会通过参战案。1917 年 5 月 14 日，督军团宴请协约国公使，表示政府愿加入战团，俟国会通过即可。15 日和 16 日，段祺瑞两次咨请国会从速议决对德宣战案。15 日，督军团宴请国会议员，为内阁疏通参战案。可是，国会对段祺瑞却无法再信任了。19 日，众议院以现内阁仅剩总理一人，不足信任，决定宣战案待内阁改组后再议。

公民请愿团事件发生后，黎元洪也承受着很大的压力。黎元洪承受的压

① 张国淦：《北洋述闻》，上海书店出版社 1998 年版，第 100 页。

② 陶菊隐：《北洋军阀统治时期史话》，第 3 册，生活·读书·新知三联书店 1978 年版，第 117 页。

力有三：妥善处理公民请愿团的压力；妥善处理阁员辞职事的压力；妥善处理督军团干政的压力。

妥善处理公民请愿团的压力。公民请愿团事件发生后，议员非常气愤，孙中山、岑春煊、章太炎等致电黎元洪，请其严办公民请愿团。事件发生后的第二天，即5月11日，黎元洪发布大总统令："据内务部呈称本月十日众议院开全院委员会，有多数请愿团麇集院门发布印刷品，致有议员被殴情事，当经严令警察厅驰往解散并将滋事之人查究等语。著司法部交该管法庭从速检察，依法究办，并责成内务部随时饬警，妥为防护，毋得稍涉疏懈。此令。"① 政府内部也在自查。12日，段祺瑞以陆军总长身份发布陆军部16号部令："据报载，赴议院请愿有闲散军人孱入其内，若如所称情形，殊属不成事体。军人名誉关系至重，差遣候差，虽非身任专职，要皆名列军籍，自不得干预外事务，宜恪守纪律，断不准偭越范围，致干军纪，凛之切切。此令。"② 14日，内务总长范源濂转呈京师警察厅总监吴炳湘《呈报公民请愿团麇集众议院前弹压解散情形》一文，谓"被伤议员经检察官到场检验，至夜十二时各议员散会，尚未有其他事故，此当日之大概情形也。除饬区严查滋事首要暨其中有无借公共团体肆行私人报复者，再行送交法庭严办外，京师首都议院重地，该公民等竟因请愿而肆扰，炳湘身任地方，负惭无似。惟事起仓卒，尚幸未酿事端，或可少抒廑虑"。③ 吴炳湘的报告竟然想把公民请愿团事件淡化成"私人报复"，其动机不言自明。

妥善处理阁员辞职事的压力。5月10日，谷钟秀等四阁员递交辞呈后，黎元洪并没有例行劝留，除伍廷芳外，辞呈均予批准。张国淦不解，问黎元洪："伍何以独留？"黎元洪回答："外交关系耳。"④ 实际上，黎元洪留下伍廷芳，是为下一步免段祺瑞职务后的内阁安排做准备。伍廷芳留学英国，曾任清政府驻美国、西班牙、秘鲁公使，南北和谈时任军政府的外交总长，深得黎元洪信任。时年75岁，德高望重，老于外交。除伍廷芳外，黎元洪还安

---

① 《大总统令》，《政府公报》，第108册，第479号，上海书店1917年5月版，第403页。

② 《陆军部令第十六号》，《政府公报》，第108册，第481号，上海书店1917年5月版，第469页。

③ 《公文》，《政府公报》，第108册，第481号，上海书店1917年5月版，第476页。

④ 张国淦：《北洋述闻》，上海书店出版社1998年版，第102页。

排了一名备用人选，即李经羲。时年58岁的李经羲，是李鸿章的侄子，此时已被黎元洪任命为财政总长，还未到任。其实，黎更希望徐世昌、王士珍等北洋系大佬组阁，但沟通后，俩人都婉拒。

妥善处理督军团干政的压力。督军团见内阁动摇，参战案通过渺茫，决定设法解散国会。5月18日，身在北京的山东督军张怀芝入见黎元洪请求解散国会，黎元洪以军人不得干政和约法上无解散议会条款为由，拒绝了张的请求。19日，福建督军李厚基入见黎元洪再次代表督军团请求解散国会，黎以同样的理由再次予以拒绝。连遭两次拒绝，督军们非常气愤，19日晚，众督军聚集倪嗣冲家，决定向黎元洪发难。这时，与督军们共同进退的研究系政客提出了自已的看法。这些政客认为以参战为名的发难不会有作用，而应改以对正在制定的宪法发难；督军们不宜久留北京，如果黎拒绝解散国会，督军们就要回到各自地盘继续抗争。政客们的说法得到督军们的赞同，于是连夜起草致总统呈文、总理呈文和各省军政长官的通电，呼吁解散国会。黎元洪接到督军们的呈文后，邀请众议长汤化龙、政学会谷钟秀、益友社吴景濂、政余俱乐部王正廷入府讨论。黎元洪当众表示自己对督军团的不法行为的回答只有九个字：不违法、不盖印、不怕死。21日，黎元洪召见督军代表吉林督军孟恩远、湖北督军王占元，再次告诫督军团切勿干政，并透露希望段自动离职。会见结束后，孟、王二人将情况报告督军团，众人一致反对改组段内阁。是晚，孟、王二人再入总统府陈述督军团意见，黎元洪不为所动。督军团知道黎的态度无法改变，决定返回各自地盘抵抗中央。当晚，督军们乘坐专列出京。

以上三个压力，最危险的就是来自督军团的压力。黎元洪面对督军团时，缺少政治家的手段，更多展现的是军人的刚直，以致与众督军格格不入、剑拔弩张。同样是军人出身，段祺瑞可以劝说众督军同意参战，而黎元洪虽然也赞同参战，却始终咬定督军干政，致与众督军势同水火。督军团离京后，黎元洪即着手准备免去段祺瑞的总理职务。

段祺瑞还在设法保住内阁。段始终在努力争取议会通过参战案，不想前功尽弃。因议会认为内阁只剩段一人不足信任，需内阁改组后再议参战案。段只有想法补充内阁，争取时间。在张国淦、范源濂的建议下，段提出了与黎关系密切的夏寿康、饶汉祥、汤芗铭等人组成的内阁名单，希望黎能批准。具体如下："夏寿康长内务、饶汉祥长司法、汤芗铭长海军、孙宝琦长财政、庄蕴宽长农商、汪大燮长交通。此中大半系总统部属及各方认为有资格者，无一段派中人”。[①] 段祺瑞想促成参战案的心是何等之迫切啊！可惜，一切都晚了。

黎元洪宣布免去段祺瑞国务总理职务。5 月 23 日下午 2 时，黎元洪召见张国淦，将免段令、伍廷芳暂代总理令、王士珍任北京警备司令三个命令交与张。

黎元洪说：“此令有外交总长署名，不算不合法，即刻召印铸局局长吴笈孙来，可交其发表。”

张问：“我为总统事实上着想，各方面都顾到否？”

黎答：“交民巷方面，伍总长连日分途说明，已得谅解；军队方面，王聘老（王世珍）担任，可保无虞，你尽管放心。”

正说话间，黎元洪的四大金刚之一金永炎突然闯入，拔枪面对张国淦，曰：“此处不是你说话之地，你若说话，我便以手枪对待。”

张国淦很惊讶，就对黎元洪说：“总理不辞职，总统要免职，我是奉令之人，原不配赞一词。但总统素来不许军人干政，此事是否与政治有关，何以容金某干涉？”

黎元洪忙挥手命金退。张国淦非常气愤，继续说道：“院方固然不是，府方处置亦岂能尽善？我本爱护总统，此项办法，恐不免生出无数反响，日后总统当思我言。”[②] 张国淦的这段回忆，让我们了解到所谓的府院之争，已到你死我活的程度了。纵然是张国淦这样与黎、段关系均深厚的人物，亦无法再承担沟通府院的责任了。张国淦甚感无奈，回复段祺瑞后，即乘 4 时快车去津，离开这是非之地。

段祺瑞收到免职令后，一面去津，一面通电各省：“查共和各国责任内阁制，非经总理副署，不能发生效力。以上各件，未经祺瑞副署，将来地方、国家因此发生何等影响，祺瑞概不能负责，特此布告，国务总理段祺瑞。漾。印。”[③]

段祺瑞免职去津，标志府院之争的结束。让黎元洪想不到的是，院去后，府将安在？更大的危机即将出现。

---

① 张国淦：《北洋述闻》，上海书店出版社 1998 年版，第 102 页。

② 张国淦：《北洋述闻》，上海书店出版社 1998 年版，第 103 页。

③ 《段祺瑞漾电》，章伯锋、李宗一主编：《北洋军阀（1912—1928）》，第 3 卷，武汉出版社 1991 年版，第 108 页。

第七章 复辟辞职离北京

黎元洪免了段祺瑞国务总理的职务，本以为可以靠伍廷芳或李经羲完成内阁重组，民国政府仍可正常运转，但他低估了负气离开北京的督军团的力量。督军团乘专车离京南下徐州，召开所谓“第四次徐州会议”。会议期间，忽闻段被免职，众督军气愤异常，痛骂黎元洪，扬言北上，出兵驱黎。

第一节 十省独立

所谓“第四次徐州会议”，是相对前三次而言。前后召开四次会议，使徐州这座6000年古城，俨然成为中国第二个政治中心。促成这一切的，是中国近代史上一个地方军阀——张勋。

张勋（1854—1923），字绍轩，江西奉新人。勋8岁丧母，12岁丧父，14岁继母亡，遂成孤儿。后做牧童、书童糊口，谋生之余，读书练字。28岁娶妻曹琴，后从军报国。42岁投袁世凯，获任新建陆军头等先锋官。48岁奉命护驾慈禧回京，得到嘉赏。54岁，投门生帖于徐世昌，随徐任职东北。49岁，授云南提督。55岁，奉旨回京，逢光绪、慈禧薨逝，随班哭临、穿孝。56岁，护慈禧灵柩于东陵安葬。隆裕赏“淑气清芬”匾额。1914年，61岁，任定武上将军兼长江巡阅使。1916年，63岁，兼任安徽督军。

张 勋

张勋，人称“辫帅”。民国成立后，孙中山致电各地命剪辫，北洋将领相继遵命剪去辫子，张勋及其所部却始终未剪。连袁世凯的规劝，张勋都以“宁死不剪”以对，以示效忠清廷，袁也无可奈何。所以人们称张勋为“辫帅”，称其军为“辫子军”。张勋的江防营改编为武卫前军，移驻山东兖州。在兖州，张勋日与复辟人物刘廷琛、王宝田等相谈，谋反正之计。刘廷琛，字幼云，江西九江人，清末京师大学堂监督，学部副大臣。王宝田，字饴山，清末御史，办理山东团练。刘、王二人是张勋复辟的智囊。1913 年 4 月，张勋曾策划癸丑复辟，因袁世凯事先已对复辟党人的活动有所警觉，复辟夭折。12 月，张勋任长江巡阅使，驻防徐州。到 1916 年，张勋的“辫子军”已有 57 营，约 2 万人，成为北洋系的中坚力量。

张勋通过四次徐州会议，确定其盟主地位。徐州会议的首倡者是冯国璋。1916 年 5 月，袁世凯帝制自为失败，国内政局动荡。冯国璋企图得渔翁之利，在南京召开未独立各省会议，出席代表 23 人，张勋派万绳栻代表出席。万绳栻（1879—1933），字贡雨，江西南昌人，时任张勋的参谋长。会议期间，袁世凯病亡，于是大多数代表赶紧回省。此时，袁死黎继，段祺瑞操纵内阁，西南反袁各省尚未取消独立，政局十分混乱。张勋果乘势抓住这个时机，“一边发出要求‘定孔教为国教’的通电，支持以康有为为头子的‘孔教会’，大造复辟舆论；一边以团结北洋军阀对抗国民党人和西南地方势力为理由，召开徐州会议，图谋通过徐州会议争取北洋军阀支持他使清朝复辟”。[1] 于是，万绳栻奉张勋之命，邀请吉、黑、奉、直、晋、皖、豫七省代表来到徐州。

第一次徐州会议。1916 年 6 月 9 日，七省代表通过“会议要纲”十条，号召北洋各省团结起来，共同胁迫南方独立各省取消独立，抵制“迭次倡乱的一般暴烈分子参与政权”。第一次徐州会议形成了以张勋为首的对抗国民党和南方势力的北洋地方军阀政治同盟。

第二次徐州会议。1916 年 9 月 21 日，山东、奉天、吉林、黑龙江、河南、直隶、浙江、江苏、湖北、江西、绥远、热河等 13 省的督军代表由张勋、倪嗣冲领衔组成“各省区联合会”，发布八条纲领（序号为笔者所加）：“一、固结团体，巩卫中央，庶免为少数人所牵率，致贻大局之虞；二、破坏告终，建设方始，凡我军民长官各宜精白乃心，竭诚卫国，共谋郅治；三、战事虽停，乱机隐伏，各宜培养实力，以为中央之后盾；四、国会为立国机

① 李宗一：《张勋》，《民国人物传》，第 1 卷，中华书局 1978 年版，第 216 页。

关，本应尊重，倘竟各怀党见，违反真正民意，不顾国家，至不得已时，应谋正当之对待；五、宪法为立国要素，务在审度国情，按切时势，倘有必不可行之处，当共抒正论，以除流弊而垂久远；六、云土一案，阴谋滋大，张耀曾实犯嫌疑，靦然就司法总长之职，各省建议无效，应如何为最后之力争；七、外交关系中国全局，应有海内人望主持一切方为妥协；八、此次会议，宗旨坦白，应不避嫌怨，一致进行。”① 会议决定推“张上将军为领袖”。② 这个“各省区联合会”俗称“督军团”。

第三次徐州会议。1917 年 1 月，段祺瑞手下徐树铮、靳云鹏、吴光新、曾毓隽、丁士源等借道南下为冯国璋祝寿，来到徐州，参加张勋主持的第三次徐州会议。会议提出解决时局四主张，即解散国会、修改约法、改组内阁和总统府。此次会议，被看成是段祺瑞为首的院方借张勋控制的督军团打击国会中的国民党势力。

第四次徐州会议。1917 年 5 月 23 日，离京南下的众督军在徐州开会，冯国璋的代表胡嗣瑗亦与会。当天，黎元洪免职段祺瑞的消息也电传到了徐州。众督军闻讯非常气愤，就议定了军事行动计划：一、请张怀芝、赵倜即日回省，做好军事准备；二、由李厚基便道访冯国璋、卢永祥、杨善德，求冯中立，运动卢、杨一致进行；三、致电张作霖、陈树藩、吴光新、张敬尧等人，求同日响应；四、皖鲁军及定武军由津浦路、汴鄂军由京汉路、奉军由京津路，三道进攻北京；五、以闽浙抵抗粤桂军，以吴光新抵抗湘军。最后目的是解散国会，驱逐黎元洪，立段祺瑞为大总统。

张勋的目的是复辟，当然不满意众督军的计划。于是把复辟的想法向众人和盘托出。倪嗣冲和张怀芝首先表态赞同，接着福建督军李厚基也表示要效力。段祺瑞的代表徐树铮为达到解散国会和倒黎的目的，当场表示同意。张勋见木已成舟，遂命人取来黄绫一块，众人在上面签字确认。然后命万绳栻保存黄绫。签字后，众督军还商定了复辟计划，拟为三步，即解散国会、黎元洪退位、溥仪复位。最后，万绳栻说：“诸公一面进行，而大帅做一调停之人甚好，万不得已时，大帅无有不起而扶植者。”众督军皆赞同。此次会

① 《张勋在第二次徐州会议上提出的八条大纲（1916 年 9 月）》，张黎辉等编：《北洋军阀史料·黎元洪卷》，第 1 卷，天津古籍出版社 1996 年版，第 907 页。会议决定推“张上将军为领袖”。

② 陶菊隐：《北洋军阀统治时期史话》，第 3 册，生活·读书·新知三联书店 1978 年版，第 60 页。

议，又被称为“复辟会议”。

张勋的盟主地位并非牢不可破。督军团虽然制定了八条纲领，确定了张勋的盟主领袖地位，但并不代表张勋的话就是一言九鼎，其他督军必须无条件执行。张勋组织督军团，目的是为复辟服务，想在政治乱局中捞到油水，实现复辟。本来督军团对德是持反战的态度，并没有与段祺瑞站在一个立场上。可当以倪嗣冲为代表的督军团应段祺瑞之邀进京讨论外交大计后，他们的态度发生了180度的变化，由反战变成赞同宣战。这么重大的决定，张勋是通过亲信商衍瀛和阮忠枢的密函了解到的。商衍瀛说倪嗣冲，“昨来津，又有赞段之意”。[①] 阮忠枢的信中叙述倪的原话：“我未到京之前，本系反对加入，即各省督军，除非北洋系外，其余十七省，我敢断言，其与我同一意见。及到京后，察看政府情形，乃幡然变计。”[②] 通过这件事可以看出，张勋与督军团之间是松散的政治和军事同盟，在重大问题的决定上，督军可以自由选择立场。

黎元洪认为张勋是可以依靠的政治力量。当得知张勋未能来京参加军事会议，黎元洪让总统府顾问哈汉章利用南下之机顺访张勋，以示拉拢。哈汉章带有黎元洪亲笔信函一封，内容如下：

> 绍轩仁兄督军阁下：
>
> 前闻玉体违和，谅早痊愈。此次军事会议，未得驱从莅都，藉聆伟论，实深歉仄。兹哈中将汉章因事南行，特命到徐致候，并聆教益。临颍神驰，不尽欲言。此颂公祺，诸惟亮察。黎元洪。[③]

这封信写于1917年5月。当时府院之争已经白热化，黎元洪看到张勋公开反战，认定张勋一可以为己所用对付段祺瑞，二可以用张勋牵制督军团，可谓一举两得，遂派亲信哈汉章南下与张勋沟通，期待得到张的支持。对张勋来说，黎元洪的橄榄枝，抛得正是时候。

张勋充分利用了这次机会。张勋从黎元洪所表示的友谊里，看到了自己的价值，他知道如何利用好自己的价值。恰逢黎元洪免了段祺瑞的职，北京

① 史华：《张勋藏札》，《近代史资料》，总35号，中华书局1965年版，第37页。
② 史华：《张勋藏札》，《近代史资料》，总35号，中华书局1965年版，第44页。
③ 史华：《张勋藏札》，《近代史资料》，总35号，中华书局1965年版，第49页。

政局动荡，张勋决定利用这个机会充当调停人，进入北京，实现复辟计划。

黎元洪军礼服礼帽照

5 月 24 日，根据第四次徐州会议决定，张勋致电黎元洪，先是谴责总统府秘书厅越职非法发布免职段祺瑞的通电，“殊属创举，当然不能认为有效”，继而威胁“中央现既首先破坏法律，则各省惟有自由行动”。所谓自由行动，不言而喻，就是脱离中央，各省独立。老练的张勋还留给黎元洪一线希望，“事关法律问题，理由极为充分。如无持平办法，必将激生他变”。[①] 而此时有能力且愿意出来“持平”的人，唯张勋耳。为什么这么说呢，我们来看看这时候黎元洪四处求助而不得的窘态就了然了。同一天，即 24 日，黎元洪派人请徐世昌出山。黎元洪免职段祺瑞让北洋系震惊，但黎知道除了以北洋制北洋，无法平息政局动荡。他首先派饶汉祥和吴笈孙赴津请徐出任内阁总理。徐世昌是老牌政客，政治嗅觉远在黎元洪之上，他审时度势，决定不蹚此浑水。徐拒见饶、吴二人，仅叫人传语“不能入京”。

徐世昌不行，黎元洪又想到了王士珍。25 日，黎元洪亲至王士珍宅，请王出山。王开始以取代段祺瑞有卖友求荣之嫌，拒绝了黎的邀请。后在黎百般劝说下，谓“不担任陆军，无以对总统及国家；兼任总理，无以对芝泉。”[②] 答应出任新内阁的陆军总长。

黎元洪无奈，只得使出最后一招，向国会提案以李经羲为国务总理。李经羲（1859—1925），字虙生、仲宣、仲轩，号仲仙，李鸿章侄子。民国三年任政治会议议长，李自认淮军前辈，“李以徐州张勋为淮军系中有力者，在津时极力与张勋结合”。[③] 黎元洪希望李经羲可以成为他与北洋之间沟通的新桥

① 陶菊隐：《北洋军阀统治时期史话》，第 3 册，生活 · 读书 · 新知三联书店 1978 年版，第 139 页。

② 李书源：《柔暗总统黎元洪》，吉林文史出版社 1995 年版，第 234 页。

③ 张国淦：《北洋述闻》，上海书店出版社 1998 年版，第 153 页。

梁。27日，黎元洪发布感电："芝泉解职，初议请东海出山，未获允诺。遂坚请聘卿担任，专使络绎，继以亲往，再三敦劝。聘卿既推荐仲轩（李），自愿居陆军总长之职，时期急迫，不得不曲徇其请。"[①] 黎元洪说聘卿（王士珍）推荐李，是想以王在北洋及中国政坛的地位和影响，使李的提名案可以在北洋系和国会顺利通过。当天是星期日，众议院破例开会讨论此案，"计出席人数四百六十三，开票结果，同意票三百八十八，多数通过"。28日，"参议院以一百九十六人出席，同意票一百六十六通过"。[②] 形势看似在朝着对黎元洪有利的方向发展，然而事与愿违，督军团无法再等待了。

奉天督军张作霖首先发难。28日，张作霖致电黎元洪，称"应请大总统毅然独断，解散国会，屏斥群邪，仍任命段总理组织内阁，一面迅即改选议员，以奠国基，而餍众望，中国幸甚。作霖忝领军民，兴亡有责，执戈待命，急不择言。如不蒙垂察，惟有断绝关系，以谢天下"。[③] 这份电报犹如当头棒喝，紧接着10省宣布独立，更让黎元洪几天的努力化为乌有。

10省宣布独立。第一个宣布独立的是安徽省长倪嗣冲。倪嗣冲（1868—1924），字丹忱，安徽阜阳人。倪嗣冲在来京参加督军团会议之前，是持反战态度的。按张国淦的说法，"倪嗣冲虽袁世凯旧部，向不得志于段，到京后即思献身府方"。[④] 倪想得到的无非是封官加爵，这对大总统来说完全是小事一桩。用爵位安抚地方大员可以说是历代通行的做法，且成本极低，效果极佳。袁世凯称帝后，第一时间授予倪嗣冲一等公，倪千恩万谢，肝脑涂地为洪宪卖命。可黎元洪毕竟出身行伍，政治经验较袁世凯差得太多，且为人憨厚耿直，不会运用手腕。倪进京后，"首先进府表示亲昵，又开单为其侄某某请给一中将，此即在袁时故态也。总统不明其意，盛气责备，并谓授官系总统大权，非疆吏所当请求。倪俯首无辞而去"。[⑤] 黎元洪逞一时之气，把督军团推向了院方，也给自己树了政治强敌。5月29日，倪嗣冲率先发布艳日通电：

---

① 陶菊隐：《北洋军阀统治时期史话》，第3册，生活·读书·新知三联书店1978年版，第141页。

② 章伯锋主编：《北洋军阀（1912—1928）》，第3卷，武汉出版社1991年版，第107页。

③ 章伯锋主编：《北洋军阀（1912—1928）》，第3卷，武汉出版社1991年版，第114页。

④ 许田：《对德奥参战》，《近代史资料》，总2号，科学出版社1954年版，第69页。

⑤ 许田：《对德奥参战》，《近代史资料》，总2号，科学出版社1954年版，第70页。

大总统继任以来，群小弄权，扰乱政局，国会议员乘机构煽，日事纷呶。派别竞争，权力攘夺，正人则多方阻抑，党人则尽力疏通，以致赃私之案，层见迭出，几乎政府一空。所订宪法，又系议院专制。现象如此，其何能国？为大局计，为小民计，非筹解决之法，不足以拯危亡。世有救国之英杰乎？嗣冲不敏，愿执鞭以随其后矣。自今日始与中央脱离关系，合特奉闻。倪嗣冲。艳。印。[①]

艳电一发，陕西督军陈树藩、河南督军赵倜、河南省长田文烈、浙江督军杨善德、省长齐耀珊、奉天督军张作霖、山东督军张怀芝、黑龙江督军兼省长毕桂芳、直隶督军曹锟、直隶省长朱家宝、福建督军李厚基、山西督军阎锡山等省先后宣布独立，其他宣布独立的还有上海护军使卢永祥、第二十师师长范国璋、绥远旅长王丕焕等。众督军在天津设立“各省军务总参谋处”，任雷震春为处长。需要注意的是，张勋并没有宣告独立，“而用十三省省区联合会的名义，电请黎总统退职，这是他举动不同的处所”。[②] 张勋在为自己合法带兵入京创造条件。

更让黎元洪感觉雪上加霜的是，段祺瑞决定在天津组织临时政府。段下野回到天津后，研究系、交通系以及亲日派纷纷到其府上拜访。段推举徐世昌为陆海军大元帅，“一俟独立各省会师北京逐走黎后，即召集临时国会推举徐为临时大总统”。[③] 好在张勋认为段的举动有碍自己的复辟计划，致电段说“不得于通常名目之外，别立名目”，[④] 临时政府计划就此胎死腹中。这也间接为黎元洪解了围。然而就在几天后，即 6 月 2 日，以雷震春为首的总参谋处在天津河北中州会馆成立。该处把矛头直指黎元洪，称其“继任后，中央政务日益丛脞，居不负责任之地，事事干涉，破坏内阁制度，听信群小，排斥正士，盘踞议会”等，主张“巩固共和国体，另订根本大法，设立临时政

① 《蚌埠倪嗣冲艳日通电（1917 年 5 月 29 日）》，章伯锋主编：《北洋军阀（1912—1928）》，第 3 卷，武汉出版社 1991 年版，第 115 页。

② 李剑农：《中国近百年政治史（1840—1926）》，复旦大学出版社 2002 年版，第 441 页。

③ 陶菊隐：《北洋军阀统治时期史话》，第 3 册，生活 · 读书 · 新知三联书店 1978 年版，第 142 页。

④ 张国淦：《北洋述闻》，上海书店出版社 1998 年版，第 104 页。

府，临时议会”。[1] 开幕式上，雷震春、张镇芳代表张勋发言，“甫提及复辟二字，段系军人吴中英等，挺身反对，会场秩序大乱，几至用武”。[2] 总参谋处因此矛盾，仅昙花一现，未能在军事上助力张勋，这也是后来复辟失败的一个原因。这是后话，我们还是继续关注黎元洪吧。

黎元洪必须自己解决眼前困境。5 月 31 日，黎元洪急召王士珍、张绍曾、陈光远入府，商讨倪嗣冲等独立叛乱事。当天，黎元洪嘱文胆饶汉祥起草一份通电，表明自己的立场：

> 比来讹言朋兴，奸人互煽，疆吏不察，竟有误据传闻，激为横决者，曷胜骇异。疆吏膺政府之寄，屏藩邦国，保义闾阎，上下相继，休戚与共，苟有疑窦，宁不可剀切陈明，乃竟同然一辞，推波助浪，贻祸所及，岂可胜言。元洪猥以藐年，谬投艰局，所以慨然不辞者，原见丧乱之余，群伦望治，军人皆腹心之寄，总理尤患难之交，方期牖户之谋，岂有堂廉之隔。匝岁以来，虚己以听，纵府院议政，持论偶殊，卒无不降心相从，和衷共济，每谓芝泉刚介之性，实为元洪直谅之资。国交猝绝，政变迭生，阁员内睽国会，外逼改组之声，再接再厉，私心耿耿，讵忍谓然。顾维护调停，苦无良策，诚恐争持日久，荆棘日深，一意孤行，群呶四起。临崖而返，则威信全无，越轨以趋，则纲维尽抉，必陷芝泉困难之地，转违元洪爱护之心。何若暂予解官，俾其养望。往绩未远，去思弥深，金玉之音，宁容久闭。不然新陈代谢，贲萃藐躬，稍存卖友之心，岂少谋身之术，度诸君爱惜芝泉，尚不如元洪之真挚也。阁员副署，先例可征，且既经国会之质问，自应俟内阁之答复。法理之争，终有定论，必径指为违法，亦似失于平情。至若总理去职，军寄无人，首都治安，观瞻所系，非得资深望重者，不足以领袖军旅，绥靖人心。警备之设，原为暂举，内阁成立，宁事骈枝。中央各省，何嫌何疑，而猥以蕞尔之师，遥相监视，此尤不攻自破者也。国会再召，

---

① 《各省军务总参谋处之通电》，季啸风、沈友益主编：《中华民国史史料外编——前日本末次研究所情报资料·中文部分》，第 4 册，广西师范大学出版社 1997 年版，第 120 页。

② 孙毓筠：《复辟阴谋纪实》，中国科学院近代史研究所近代史资料编辑组：《近代史资料》，总 35 号，中华书局 1965 年版，第 100 页。

党帜纷歧，成绩鲜闻，争端迭起。迩者议宪之举，过为束缚，利用时机，率行可决，万夫愤激，目为祸胎。督军不忍立法之偏，遂有修正之请，老成远虑，实获我心。稍抱公忠，忍持异论。顾念明达，尚多讨论，未竣竭诚，疏浚岂必无功，但使启悬崖勒马之心，何苦蹈蹊田夺牛之咎。留呈不报，职是之由，曾于孟、王二督军表明斯意，必谓袒护议员，弁髦疆吏，法之受缚，政于何施，自计之愚，亦不出此。道途谣诼，甚到谓拒言加谴，半予免官。元洪于各督军分同公仆，情则家人，袍泽之交，干城之寄，喜肥戚瘠，息息相关。何况仆仆长途，谆谆谠论，建言纵激，谋国皆忠。当四郊多垒之秋，赖万里长城之托，而乃自残手足，罚出无名，脱有缓急，谁足恃乎！谓此令为交局，则御事犹存；谓此令为在府，则外人安见。流言止于智者，不谓以堂堂督军之尊，竟甘为一二奸人所蛊惑也。外交未决，险象环生，江淮之间，赤地相接，饥民潜滋，伏莽未靖，天意人事，盖可知矣。国家设官，以为民也，协力拊循，犹虞弗济。若复阻兵安忍，倒行逆施，假军势为声援，以流言相号召，责议员以联邦之罪，而顾据一省以称尊，纠内阁以违法之嫌，而顾挟三军以抗命。推其流毒，必至分裂之危，沦诸五季，保护之痛，侪诸三韩，复辟共和，皆成画饼，青史之罪，纵不动心，诸君旦夕之间，将何所托足乎。夫赣宁之役，谋统一也；滇黔之师，护共和也。今日为宪法而独立，则尚在二读之时；为元首而独立，则并无谋叛之事。若乃一夫下野，群帅称兵，举无名之师，贻去者之玷，岂惟以私害公，亦且反德为怨，自误误人，更何取焉。诸君之明，当不若是。元洪老矣，一叶两豆，或蔽聪明，深渊薄冰，常怀惕惧，耳提面命，深所欢迎。苟有利于国家，亦何惜于顶踵。若必动摇邦本，擅启戎端，以国徇身，悍然不顾。元洪忧患余生，饱经世变，始终民国，心力俱殚，俯仰此身，了无愧怍，万不忍身见沦亡，同为臣仆，固当于全国父老之前，谨谢不敏也。掬诚相告，实式图之。黎元洪。三十一。印。[1]

---

① 《黎元洪痛斥军阀干政电（1917 年 5 月 31 日）》，章伯锋主编：《北洋军阀（1912—1928）》，第 3 卷，武汉出版社 1991 年版，第 119 页。

然而，宣布独立的军阀们已经行动了。倪嗣冲截留津浦路车辆，运兵北上；张作霖派第五十三旅旅长张景惠率同奉天独立军混成一旅向滦州进发，并令驻锦州第五十六旅开赴山海关；岳阳驻军司令吴光新宣布戒严，地方行政、财政、司法、交通、金融各机关，归司令部监督保护；直隶曹锟命驻涿州混成旅移驻长辛店，并派军开赴良乡，直逼北京；洛阳张敬尧率军开赴郑州，得令即北上；安武军"北伐总司令"倪毓棻奉命率部由蚌埠出发抵达天津；山东张怀芝派军开赴天津之良王庄、独流镇。北京岌岌可危矣。

黎元洪视张勋为最后的救命稻草。张勋是北洋系众督军中真正的实力派，他的"辫子军"号称有5万人，而其他省督军手下的兵力也就1万人。黎元洪在继任大总统之初，就非常重视与张勋的合作。为此，他派公府顾问李盛铎为信使，往来北京徐州之间进行沟通。李盛铎（1859—1937），字椒微，江西九江人，著名藏书家，曾任清政府出使比利时大臣，立宪派人物。李盛铎作为黎的信使第一次赴徐州与张勋沟通的时间是1916年6月17日。当天，张勋致电黎元洪称："李君盛铎已于今晨抵徐，赍奉钧函，并传温谕。渥承光宠，感悚奚如，谨先复闻，请纾廑系。"① 李盛铎也致电黎元洪："盛铎谏日起程，本日抵徐。一切遵照钧谕传达。张上将军非常感激。并称，以后遇有艰难之时，必当力图报称。余容回京详陈。"② 不久，张勋再次致函黎元洪，全文如下：

大总统钧鉴：

国本未固，时局方危，中夜彷徨，殷忧正切。适值李顾问奉命远来，敬承钧谕，钦感无已。此次各省督军同到徐州，群情愤激，颇以宪法不平，议员挟逞意气，不能代表民意为言。曾经力为排解，即将实情电陈钧座。勋忝膺疆寄，无补时艰，任重才疏，心长力薄，有辜期许，惶悚莫名。所有未书事宜，已恳李顾问回京代为陈述。恭肃敬请钧安，伏乞垂鉴。张勋谨肃。③

---

① 《张勋致黎元洪电（1916年6月17日）》，来新夏主编：《中国近代史资料丛刊·北洋军阀》，第3册，上海人民出版社1993年版，第419页。

② 《李盛铎致黎元洪电（1916年6月17日）》，来新夏主编：《中国近代史资料丛刊·北洋军阀》，第3册，上海人民出版社1993年版，第419页。

③ 《张勋致黎元洪电》，来新夏主编：《中国近代史资料丛刊·北洋军阀》，第3册，上海人民出版社1993年版，第420页。

黎元洪与张勋联络上后，孙毓筠等致信称："徐州会议，表面上为反对民党，其黑幕中实为筹备清室复辟。"① 这说明，黎元洪对张勋的复辟计划是应该有所警惕的。但形势的发展让黎元洪的手里只剩下张勋这张牌还可以打出来。1917 年 5 月 31 日，李盛铎由徐州返京，向黎转达张勋的话，说："总统若令我入京，愿任调停。"② 黎元洪大喜过望，致电张勋：

徐州张督军鉴：

赓密。卅电计达。李顾问归，备述维持大局盛意，令人感佩。我公功高望重，中外倾心。近年坐镇江淮，指挥若定。大疑大计，取决良多。当此危疑震撼之交，必有排难解纷之策。惟念事情复杂，恐非文电所能畅宣，倘承移驾津门，与仲宣总理缜密筹商，并即联袂来京，立图解决。执事之功，国民之福也。夙仰忠肝义胆，照耀人寰。用敢掬示微忱，借助鼎力。此时惟以国家安危为重，宁复忍为个人曲直之争。但须在宪政范围以内，于民国根本无妨，苟有维持调护之方，自不惜为委曲求全之计。虚己以听，惟我公实图利之。卅一。③

在这封电报中，黎元洪首次邀请张勋来京调停，并要求其行事"须在宪政范围以内，于民国根本无妨"。这是黎元洪为自己和张勋设的底线。黎保证"苟有维持调护之方，自不惜为委曲求全之计"。当天，黎元洪收到张勋的回电，张勋在电中提出调停五条件：督军参与宪法制定；段祺瑞复职；罢斥总统左右宵小；赦免帝制犯；清除议员中的"暴烈"分子。6 月 1 日，黎元洪复电。

徐州张督军鉴：

赓密。卅一电悉。老成谋国，语长心重，感佩无已。承示各省

① 《孙毓筠致黎元洪密函》，来新夏主编：《中国近代史资料丛刊·北洋军阀》，第 3 册，上海人民出版社 1993 年版，第 434 页。

② 李剑农：《中国近百年政治史（1840—1926）》，复旦大学出版社 2002 年版，第 442 页。

③ 《黎元洪致张勋电（1917 年 5 月 31 日）》，来新夏主编：《中国近代史资料丛刊·北洋军阀》，第 3 册，上海人民出版社 1993 年版，第 458 页。

来电，集矢三端。就中惟国会一层，以为《约法》所束缚，不得不加以审慎。日内正尊重公意，妥筹办法，业已促改正。宪法克期公布，此后或留或去，皆有法律轨道可循。否则另筹对付，并非绝不可能之事。至阁员秽德，早已去职解组。宵小弄权，亦均避嫌引退，皆属不成问题。事势至此，惟以国家存亡为重，宁计个人曲直之争。尊论根本解决，所云但在宪政范围以内，于民国名义无妨，苟有方法维持，无不委曲迁就。顷已商之仲宣总理，渠意极思借重一行，所以迟迟不来，系在津门专候。台端身系安危，举国宗仰。元洪尤望如饥渴，业已明令请驾入都。务恳即日首涂，与仲宣联袂北行，俾早决疑定计。事机危迫，拥慧待之。东。①

在第二封电报中，黎元洪再次强调自己的底线是“在宪政范围以内，于民国名义无妨，苟有方法维持，无不委曲迁就”。黎元洪仅试图保留议会，为大总统留最后一点尊严。当天，黎元洪发布大总统令电召张勋来京：

大总统令：

据安徽督军张勋来电，沥陈时局，情词恳挚。本大总统德薄能鲜，诚信未孚，致为国家御侮之官，竟有藩镇联兵之祸，事与心左，慨歉交深。安徽督军张勋，功高望重，至诚爱国，盼即迅速来京，共商国是，必能匡济时艰，挽回大局，跂予望之。此令。②

这份大总统令就是一份正式的邀请函，让张勋可以合法地带兵进入北京。日本驻华公使林权助听说张勋要来北京调停，立即往见黎元洪。林权助说：“‘听说阁下已叫张勋前来北京。阁下叫他来究竟有何打算？’总统坦率地向我说出了真实的情况：‘正如阁下所知，欧战的影响已经波及全世界。因此，中国方面，关于应不应该参战，北京政府内部意见发生了分歧，因而陷于分裂状态。为了加以调停，我才叫他来。’林权助说：‘冒昧得很，我认为阁下的

① 《黎元洪致张勋电（1917年6月1日）》，来新夏主编：《中国近代史资料丛刊·北洋军阀》，第3册，上海人民出版社1993年版，第460页。

② 《黎元洪电召张勋来京令（1917年6月1日）》，来新夏主编：《中国近代史资料丛刊·北洋军阀》，第3册，上海人民出版社1993年版，第460页。

想法错了。张勋如果到北京来，他一定要抓住这个时机，使自己成为独裁者。我是这样观察的，不知阁下以为然否？’黎元洪看来具有非常不同的见解。他认为我的担心是多余的，他以很坚定的口吻说：‘不，不会发生这样情况。为此我曾和张勋书信往来，进行了充分的商量，所以不需如此多虑。谢谢你提起注意，此点我已有充分的信心。’”① 黎元洪邀请张勋进京的决定让美国驻华公使芮恩施非常意外：“可是张勋将军原来是一个旧时代的土匪和军阀。他的思想里对代议制根本缺乏理解，怎么能够依靠这位将军来拥护国会，这实在是我想象不到的。总统看见我抱着怀疑态度，就再说一遍：‘真的，你可以相信我。我能够依靠张勋将军。’”②

其实，从黎元洪在信中两次强调坚持民国这个底线，我们可以知道，黎元洪明知张勋入京有复辟危险，出此下策实属无奈之举。此时，淮军宿将姜桂题发表通电，表示即日入京，居中调停。黎元洪回电曰：“仍恳借重鼎言，电催冯（国璋）、张（勋）、谭（延闿）三君，克日来京，以收合力主持，调停解释之效。”③ 姜虽有名望，却无实力，且其主张“解散国会”与张勋无异。黎元洪仍视张勋为唯一救命稻草，期待他尽快北上。黎元洪没想到的是，这棵稻草差点压垮民国。

第二节 国会解散

张勋北上调停，并未准备立即实施复辟。张勋在接到黎元洪的大总统令后，召集一次参谋会议，表面上是征求部下意见，实际他的主意已定。会上讨论激烈，多数军官主张趁北上之机，复辟帝制。最后张勋发言，说：“本人经过多方考虑，认为黎元洪此次敦促本人北上，说明他已智绌计穷，无法收拾时局。但本人乃一介武夫，即使能排解一时的纠纷，暂时稳定局面，但若长期主政，则断不适宜。因此，本人早有打算：将来复辟之时，拟请徐世昌出来掌政。此次北上，如能推举徐世昌出掌政权，则日后要想发动复辟，随

① 杨凡译：《林权助笔下的张勋复辟》，《近代史资料》，总35号，中华书局1965年版，第115页。

② ［美］保罗·S. 芮恩施：《一个美国外交官使华记》，文化艺术出版社2010年版，第237页。

③ 《黎元洪复姜桂题电（1917年6月5日）》，来新夏主编：《中国近代史资料丛刊·北洋军阀》，第3册，上海人民出版社1993年版，第465页。

时均可顺利实现。此次北上，不能趁此良机一举实现我等宿志，固属遗憾万千。但日本既不愿我等于此时发动复辟，我们也无须过拂其意，急于求成。只要能解散国会，修改宪法，推徐世昌出来执政，即可不虚此行。”① 张勋明确表示非己不想，而是日本不愿其复辟。那么，日本为什么反对张勋复辟呢？

这得从张勋与日本的联系说起。正如李盛铎是黎元洪与张勋之间的信使，张勋与日本之间也有一个信使，他就是佃信夫。佃信夫，日本黑龙会成员，号斗南。他认为共和不能拯救中国，中国唯一的出路是复辟。获得张勋的信任后，他就一直为张的复辟计划出谋划策。

佃信夫曾安排张勋的代表升允会见日本首相寺内正毅。升允（1858—1931），字吉甫，号素庵，姓多罗特氏，清蒙古镶蓝旗人，清末任陕甘总督，辛亥后策动复辟。升允是宗社党的骨干。宗社党，全称“君主立宪维持会”，由满族贵族、遗老组成，活动地点在青岛、上海、大连等地。代表人物，文有肃亲王善耆、恭亲王溥伟、满清遗老郑孝胥、清末学部副大臣刘廷琛、清末江西候补道恽祖祁、恽祖祁之子恽毓昌、清末陕甘总督升允等；武有三张一徐，即张勋、山东督军兼署省长张怀芝、奉天督军兼省长张作霖和扬州军政长徐宝山（1913 年 5 月 23 日被炸死）。由于有武力为后盾，张勋俨然成为复辟的代言人。张勋知道复辟的成功离不开列强的支持，而可依靠的列强也因“一战”原因，不得不舍德国而就日本。

张勋非常重视日本对复辟的态度，佃信夫就对张勋说：“寺内首相当会满足阁下的希望，赞成复辟，并尽力保护宣统皇帝之安全。但从程序上来看，大帅应该先向日本政府表明：复辟是全国舆论之归趋，然后再请求予以谅解。幸而大帅已召开两次徐州会议，立有誓约，可否将该誓约提示寺内首相。徐州会议，虽南方五省督军未曾出席，但其余十三省督军全部参加，并均对复辟表示赞成，故该誓约亦可视为舆论的代表。如能将该誓约持往日本，不但寺内首相可以谅解，即其他有心之人亦将一致同情。如有适当的人持誓约前往日本，本人愿做引介，与寺内首相会见。”②

张勋于是请升允赴日本办理此事。1917 年 1 月 10 日，佃信夫在上海初次

---

① 邹念兹译：《张勋与佃信夫》，《近代史资料》，总 35 号，中华书局 1965 年版，第 131 页。

② 邹念兹译：《张勋与佃信夫》，《近代史资料》，总 35 号，中华书局 1965 年版，第 125 页。

与升允见面。13日，升允坐日船“博爱丸”号赴日本。佃信夫为避舆论，故意乘第二天的船回日。抵达日本后，佃信夫安排寺内与升允会面。当时寺内正患感冒在家静养，听说是张勋派来的代表，破例接见。寺内说：“张勋氏的希望，本人业已详知。当命驻北京日本公使注意保护宣统帝的安全，尽可放心。诸君既已根据十三省督军联名宣誓的精神图谋复辟，日本没有理由加以反对，请勿顾虑，尽可按计划行事。张氏既已声称不要求日本给予任何援助，本人也但愿如此。然而此等事体是需要多方准备的，故请转达张勋，如有何需要援助之处，尽可提出。”升允听后非常感动，后来寺内嘱咐升允：“听说先生寄寓青岛，归国之后，可能遇到某些不便之处，届时尽可与日本驻军司令官大谷商量，不必客气。本人亦将致函大谷说明此意。”升允闻后，竟然“啜泣起来，老泪横流，不能自禁；连声称谢，竟至语不成声”。[①]

会见之后，升允即于2月14日返回上海。23日，升允坐神户丸返回青岛。不久，佃信夫也返回了徐州。正当徐州和上海方面为寺内的肯定欢欣鼓舞时，事情发生了根本变化。升允派人从青岛送密信一封给佃信夫。这封信的里面，还有一封日本陆军大臣大岛健一于3月26日发给青岛日本驻军司令官大谷的一道训令，其内容如下：

> 关于复辟之举，贵官与升允会谈时应注意下列原则立场：日本政府对于中国的内政问题本无干涉之意；但在此时发动复辟，造成混乱，不但对中国不利，即对宗社党的前途亦颇不利。故望贵官无论在任何情况之下，都应力劝升允：发动复辟，目下尚非其时。[②]

这是说，日本政府明确表态，反对张勋复辟。佃信夫看到日本政府方面的态度已经转变，知道事情非同小可，立即报告给张勋。得到张勋的首肯后，佃信夫先是到济南发报给寺内，结果三周后才接到一封他人代寺内的回信，明确表示不赞成复辟。佃信夫于是返回徐州，告知张勋回信的内容，准备亲自返回东京，面见寺内争取支持。佃信夫刚走，田中义一也来到了徐州。

---

① 邹念兹译：《张勋与佃信夫》，《近代史资料》，总35号，中华书局1965年版，第126页。

② 邹念兹译：《张勋与佃信夫》，《近代史资料》，总35号，中华书局1965年版，第127页。

田中反对张勋复辟。田中义一，就是后来那个臭名昭著的《田中奏折》的炮制人，时任日本参谋次长。田中本来是赞成张勋复辟的。田中曾在中国做过一次巡游，还特意去徐州拜会张勋。当田中返回北京时，日本公使林权助问："你见了张勋吧？关于复辟问题他一定说了些什么，你恐怕随声附和了吧？"田中含糊其辞地说："也不是没谈过。但是……"林权助认为"田中的话是极其含糊不清的，正因为他的答复极不明确，所以会使对方认为复辟已经得到日本军部的谅解"。林权助对田中说："如果按照日本方式作模棱两可的回答，这一派人就会做出适合于他们自己的解释，认为我们已经同意了他们的计划。这样一来，会给日本带来很大的麻烦。因此，日本必须明确说明：现在绝对不能同意他们的计划。"① 田中接受了林权助的劝说，派人（一说是亲自去）到徐州，明确告知张勋："时机尚早，希慎重考虑。"②

没有了日本的支持，张勋自然不敢擅自行动。然而，宗社党的骨干们看到张勋的态度变化，非常气愤。《郑孝胥丙丁日记》记载，十六日（6月5日），升允请郑孝胥代致张勋书一封，曰："今贼党内乱方剧，以足下宗旨素定，正宜立建龙旗，宣言复辟，使薄海远近，望风兴起，忠义奋发，必将天旋地转，旦夕遂定。今乃按兵犹豫，坐令邪说日盛，摇惑人心，将士怀疑，天下解体，机会一失，身败名裂，必随其后，悔之何及！伏望足下电布誓师复辟，将共和政体一概划除，此乃斩断乱丝之策，非得毅力主张，决不足以收民心，定众志。彼曹夺气，自然溃败，何虑之有。若犹以调停为事，则较之乱党相去几何！自欺欺人，非所望于贤者也。专肃驰布，鹄候督复。升允拜启。"③

升允慷慨激昂，企图说动张勋。但张勋主意已定，不为所动。然而，远在北京的黎元洪此时却为府院危机忙得焦头烂额。

黎元洪一度打算辞去大总统职务。6月初，农商总长谷钟秀曾拜访黎元洪，他感到黎有些"消极主义"。在致夏寿康的信函中，他说："昨谒极峰，关于此次祸变解决办法，有取消极主义，宁愿让诸副座之表示。"④ 6月5日，

① 杨凡译：《林权助笔下的张勋复辟》，《近代史资料》，总35号，中华书局1965年版，第114页。

② 邹念兹译：《张勋与佃信夫》，《近代史资料》，总35号，中华书局1965年版，第130页。

③ 中国历史博物馆供稿：《郑孝胥丙丁日记》，《近代史资料》，总35号，中华书局1965年版，第74页。

④ 《夏寿康往来函电》，章伯锋主编：《北洋军阀（1912—1928）》，第3卷，武汉出版社1991年版，第123页。

黎元洪致电冯国璋请其代理大总统职务，冯拒绝。冯于当天，“以近来时局急迫，无术救济，电达参众两院，请辞副总统一职”。[1] 冯国璋居然首先提出辞去副总统一职，以回应黎元洪请他担任总统职务的表示。

同日，参谋总长王士珍见黎元洪有引咎避贤之心，遂主动搬入公府陪伴黎元洪，“以示患难与共，安总统之心也”。[2] 6日，黎元洪再次致电冯国璋准备“推贤让位”，曰：“非我公出任艰巨，则民国立致危亡，特先密请即日入都，依法继任。”[3] 冯国璋当然不愿搅这潭浑水，2天后，冯国璋再次致电中央辞职。黎元洪此时急需冯国璋这支力量，当然不能批准他的辞呈。于是，黎元洪致电冯：“时局纷扰，副总统辞职影响甚巨，务将此意取消。”[4]

总统、副总统均欲辞职，北京政府已经处于瘫痪状态。而让黎元洪打消辞职念头的是来自美国公使的声明、日本田中义一的谒见，更重要的是张勋的起程北上。

美国驻华公使的声明。6月5日，受美国政府之命，美国驻华公使芮恩施向中国政府发表了一个声明。据芮恩施回忆：“声明说，中国的参战问题与中国政界团结和把党派争端放在一边的问题相比，是一个次要问题。我口头上又连带提出了一个个人声明，说美国认为这是一场为了民主原则的战争，如对美国劝请中国参战有任何曲解，认为美国企图对中国的行动自由加以强制和限制，美国对此将感到遗憾。我明确表示：不论美国多么愿意中国与它在战争中合作，它都不愿利用政治纷争或无视国会而跟任何派系合作来达到这一目的。”[5] 美国的声明，明确说明“美国尤为深切关心者，在中国之维持中央统一与单独负责之政府”。[6] 美国政府公开反对各督军的独立，犹如给北京政府打了一剂强心针，黎元洪当然非常欢迎。

---

① 公孙訇：《冯国璋年谱》，河北人民出版社1989年版，第88页。

② 季啸风、沈友益主编：《中华民国史史料外编——前日本末次研究所情报资料·中文部分》，第4册，广西师范大学出版社1997年版，第122页。

③ 《黎元洪致冯国璋电（1917年6月6日）》，来新夏主编：《中国近代史资料丛刊·北洋军阀》，第3册，上海人民出版社1993年版，第472页。

④ 公孙訇：《冯国璋年谱》，河北人民出版社1989年版，第89页。

⑤ ［美］保罗·S. 芮恩施：《一个美国外交官使华记》，文化艺术出版社2010年版，第240页。

⑥ 李新总编，韩信夫、姜克夫主编：《中华民国大事记》，第1册，中国文史出版社1996年版，第482页。

田中义一谒见黎元洪。6 月 6 日，日本参谋次长田中义一谒见黎元洪。此时的田中义一已经听从日本驻华公使林权助的劝告，明确向张勋表明日本反对其复辟。得到日本的表态，黎元洪的后顾之忧自然减轻许多。

张勋决定起程北上。6 日，张勋致电独立各省，“宣布 7 日‘挈队入京，共商国是’，要求‘各省业经出发军队，均望暂屯原驻处所，勿再进扎’”。[①] 同日，张勋在接受《大陆报》记者采访时，否认复辟的说法，强调北上调停的具体做法还未确定，但解散国会是必须之举，还说“黎元洪已允解散国会”。[②] 黎元洪得知张勋即将北上，马上致电，谓“尊驾于七日启程北上，不胜欢忭。兹派钮督办传善来津迎候，到时希赐接洽为荷”。[③] 当得知张勋将带十二营辫子军入京，黎元洪表现得非常警惕。6 日，黎元洪致电天津的徐世昌、段祺瑞和李经羲，电曰：“顷复闻定武明午北上，随带军队十二大营，敝处未接定武来电，不知确否？近来京师地面讹言蜂起，一夕数惊，请速查明，转告毋庸多带军队。如军队业已启行，亦请暂在天津以南驻扎，庶不致人心摇动。至北京军警林立，对于定武自能完全保卫。”[④] 黎元洪担心张勋带兵入京，变数太大，急命有关人等转达张勋的部队“亦请暂在天津以南驻扎”，不得入京。这就说明黎元洪对张勋带兵入京是保持高度警惕的。

不带兵入京，张勋自然不能答应。狡猾的张勋心生一计。

辫子军先行入京。根据津浦铁路局 1917 年 6 月 7 日电：“张督军专车今晨七钟由徐开，约八钟到济。明早七钟半到津。拟在津停一日即进京，马步炮十营，分五列车驻永定门、丰台一带。”[⑤] 细心的读者一定会注意到，前面说张勋带 12 营，这里又说 10 营。其实，张勋入京所带兵总数各史料记载出入颇大，从 4000 人到 6000 人，各种说法都有。不过，这个问题不是我们要

---

① 李新总编，韩信夫、姜克夫主编：《中华民国大事记》，第 1 册，中国文史出版社 1996 年版，第 482 页。

② 郭廷以编著：《中华民国史事日志》，第 1 册，中央研究院近代史研究所 1980 年版，第 306 页。

③ 于铁丘、杨西木整理：《黎元洪未刊信电稿》，《近代史资料》，总 93 号，中国社会科学出版社 1998 年版，第 107 页。

④ 于铁丘、杨西木整理：《黎元洪未刊信电稿》，《近代史资料》，总 93 号，中国社会科学出版社 1998 年版，第 107 页。

⑤ 《照录津浦局电（1917 年 6 月 7 日）》，来新夏主编：《中国近代史资料丛刊 · 北洋军阀》，第 3 册，上海人民出版社 1993 年版，第 472 页。

关注的。我们要关注的是辫子军大部先于张勋进京的事。8 日早 7 时，张勋抵津。“所部定武军 12 营 4300 余，直开北京，分驻天坛、先农坛”。[①] 还有一个说法是 9 日，“辫子军先头部队开到北京，分驻天坛、先农坛两处”。[②] 记载相差一天，但都说明一个问题：辫子军先于张勋进京，造成既成事实，让黎元洪的“毋庸多带军队”的电报成为一纸空文。

张勋提出调停五条件暂留天津。8 日下午，总统府秘书长夏寿康赴津迎张。张勋提出调停五条件（一说是六条件，即加解散各省议会），即（一）解散国会；（二）惩办左右佥壬；（三）修正宪法；（四）优待清室条件，加入宪法；（五）赦免帝制犯。“且声言不解散国会，即行返徐，各省督军自由行动，不能劝止”。[③] 黎元洪收到夏寿康转达的五条件后，立即致电张勋，电曰：“承示各项办法，具见极费苦心，唯有曲从，以副盛意。”[④] 并下令撤销总统府军事幕僚处，以“惩办左右佥壬”。然而，这还远远不够，张勋的目的是解散国会。

解散国会的压力不仅来自张勋。身居天津的北洋大鳄段祺瑞和徐世昌、督军团的代言人倪嗣冲、总参谋处的雷震春、参谋总长王士珍均通过不同渠道向黎元洪表示维护总统、解散国会之意。

段祺瑞之态度。6 月 4 日，段祺瑞致信王士珍言三事：（一）拥护元首；（二）解散国会；（三）反对复辟。6 月 6 日，教育总长范源濂作为段的代表入见黎元洪，“传述合肥（段祺瑞）之意，请总统不要灰心”。[⑤] 黎元洪非常高兴得到段的声援，命公府秘书长夏寿康赴津答谢。

徐世昌之态度。6 月 4 日早，赴津劝徐世昌来京的国务院印铸局局长吴笈孙甫下车即奔公府，与王士珍密谈，谓徐世昌的意见是“元首此时宜先将国

① 李新总编，韩信夫、姜克夫主编：《中华民国大事记》，第 1 册，中国文史出版社 1996 年版，第 483 页。

② 陶菊隐：《北洋军阀统治时期史话》，第 3 册，生活·读书·新知三联书店 1978 年版，第 153 页。

③ 来新夏主编：《中国近代史资料丛刊·北洋军阀》，第 3 册，上海人民出版社 1993 年版，第 606 页。

④ 于铁丘、杨西木整理：《黎元洪未刊信电稿》，《近代史资料》，总 93 号，中国社会科学出版社 1998 年版，第 108 页。

⑤ 《政局之謦闻九志》，季啸风、沈友益主编：《中华民国史史料外编——前日本末次研究所情报资料·中文部分》，第 4 册，广西师范大学出版社 1997 年版，第 125 页。

会解散，不必辞职”。[①] 6月8日，徐世昌致电冯国璋，称：“现拟以解散国会，由各省派员议宪，撤销不合法之命令，实行责任内阁制度各条件，要求元首承诺”。[②]

倪嗣冲之态度。6月5日，倪嗣冲派安徽警察厅厅长易廼谦来京晋见黎元洪，告以倪之态度。谓：“‘倪意此次举兵颇近冒昧，亦有悔心。但事已发动，不便收束。只要总统与以面子即可收兵。’总统谓：‘何种面子方可解兵，我实想不到。’易廼谦谓：‘倪等请解散国会，总统即下令解散国会得矣。’总统谓：‘此事我办不到。’”黎元洪当场打电话召吴景濂、王正廷、褚辅成入府。黎意让易当面与吴等讲解解散国会事，易不愿。黎即邀吴等入别室告以易之来意。吴等闻之，颇为反对，谓：“此事不能办。盖议会为总统之后盾，若解散议会，总统岂不孤立乎？”[③] 黎出，将会谈内容如实告以易。易无奈返回蚌埠汇报。

雷震春之态度。王士珍派张志潭、陆锦、鲍贵卿三人为代表前往天津会晤总参谋处雷震春。6月6日，三人返京。雷的意见是解散国会、驱逐宵小。

王士珍之态度。6月8日晨，王士珍约同江朝宗入谒黎元洪，以解散议会相逼，“极言照此办法得将大局收拾起来，已为最大便宜。倘因循坐误酿成进一步之破裂，某等亦惟有辞职而去，不负一切责任”。[④] 6月10日，由于担心张勋因解散国会事不成而放弃调解，王士珍、陈光远、吴炳湘、江朝宗四人晋见黎元洪，声称“大总统如不发解散国会命令，恐京师发生变故亦未可知。鄙等不能负维持治安之责”。[⑤]

可以说，当时解散国会的呼声是比较普遍的，而且这些声音来自手握军队的大军阀。坚持维护议会的声音主要是议会内的民党议员，两者力量相比，胜负可知。黎元洪也不再坚持他的“不违法，不怕死，不恋位”之说法了。

---

① 《时局昨闻》，季啸风、沈友益主编：《中华民国史史料外编——前日本末次研究所情报资料·中文部分》，第4册，广西师范大学出版社1997年版，第122页。

② 《东海电复河间之大要》，季啸风、沈友益主编：《中华民国史史料外编——前日本末次研究所情报资料·中文部分》，第4册，广西师范大学出版社1997年版，第129页。

③ 《政局之警闻九誌》，季啸风、沈友益主编：《中华民国史史料外编——前日本末次研究所情报资料·中文部分》，第4册，广西师范大学出版社1997年版，第125页。

④ 《国会最后之运命》，季啸风、沈友益主编：《中华民国史史料外编——前日本末次研究所情报资料·中文部分》，第4册，广西师范大学出版社1997年版，第149页。

⑤ 《国会解散决定》，季啸风、沈友益主编：《中华民国史史料外编——前日本末次研究所情报资料·中文部分》，第4册，广西师范大学出版社1997年版，第153页。

民国国会议场

黎元洪解散国会之前奏。首先，黎元洪寻找法律依据。6月8日下午3时，应黎元洪之邀，法制局局长方枢偕英国顾问莫里逊和日本顾问有贺长雄入见。有贺的意见让黎元洪眼前一亮："（有贺）以为在法律上不成问题，第一，《临时约法》载明临时大总统于十个月内召集国会等语，故召集国会惟二年之临时大总统有此特权，上年之召集命令本非适法，今之解散即为纠正前失，亦未尝说不过去；第二，上年召集令之措辞本在制定宪法。今以议员纷纷辞职之故，宪法会议事实上已不能成会，则解散之举与上年召集之令根本不生冲突。有此二种理由，故解散国会在法律实无问题。"① 其次，黎元洪希望议员总辞职。6月8日晚，黎元洪召集议长吴景濂及28人入公府会议。黎元洪首先发言："据代表报告，张勋之传言调停条件中，以解散国会为主要。故国会究竟难免予解散。惟由政府命令解散颇不稳当，且予亦所不忍为。议员诸君能否自行全体辞职，以便收拾时局？"议员答称："吾辈依约法而当选为议员者，自顾今日议员无辞职之理由，且议员辞职须依各人之自由意思，而决不应强制执行。吾辈甚希望大总统不怕死，贯彻从来之主张，以固约法而维国命。"② 议员总辞职的路走不通，黎元洪决定孤注一掷。

① 《国会最后之运命》，季啸风、沈友益主编：《中华民国史史料外编——前日本末次研究所情报资料·中文部分》，第4册，广西师范大学出版社1997年版，第149页。

② 《总辞职乎解散乎》，季啸风、沈友益主编：《中华民国史史料外编——前日本末次研究所情报资料·中文部分》，第4册，广西师范大学出版社1997年版，第148页。

黎元洪解散国会之实施。就在黎元洪犹豫不决是否解散国会时，远在南京的副总统冯国璋帮他解了围。6月9日，冯国璋发表《致各省督军通电》，就解散议会问题，冯国璋指出："现在两院议员，出京星散，开会不成，已与解散无异。夫议员为人民代表，今之国会，是否合乎人民心理，毋庸讳言。约法虽无政府解散之明文，亦无不得解散之规定，势成骑虎，岂可久持。以国会与元首较，与其动摇元首，毋宁动摇国会；以国会与国家较，与其牺牲国家，不如牺牲国会。当千钧一发之际，惟有两害取轻。"① 冯国璋的"两害取轻"之说，主要是想保住"国体不致变更"，这也是黎元洪最关心的问题。得到副总统的支持，黎元洪立即嘱咐手下拟好解散国会令，交代总理伍廷芳副署，伍予以拒绝。10日，张勋电斥伍廷芳："兵临近畿，旦夕即可横决，设以一人之梗议，致大局之全毁，责有专归，悔将何及？"② 伍廷芳不为所动，坚持"约法无解散国会明文，非得全国一致赞同，不能遽然从事"。黎元洪见无法劝动伍廷芳，就转而求助还在天津的正式国务总理李经羲。黎元洪于是派人携带拟就的命令找李经羲副署。李经羲以尚未就职为由拒绝了黎元洪的请求。12日，黎元洪下令免去伍廷芳的代总理职务，改由江朝宗代理总理。13日，由江朝宗副署的解散国会令正式发布。令曰：

上年六月，本大总统申令，以宪法之成，专待国会。开国五年，宪法未定，大本不立，亟应召集国会，速定宪法等因。是本届国会之召集，专以制宪为要义。前据吉林督军孟恩远等呈称："日前宪法会议及审议会通过之宪法数条，内有众议院有不信任国务员之决议时，大总统可免国务员之职，或解散众议院，惟解散时，须得参议院之同意；又大总统任免国务总理，不必经国务员之副署；又两院议决案，与法律有同等效力等语，实属震悚异常。考之各国制宪成例，不应由国会议定，故我国欲得良妥宪法，非从根本改正，实无以善其后。以常事与国会较，固国会重，以国会与国家较，则国家重。今日之国会，既不为国家计，惟有仰恳权宜轻重，毅然独断，

① 吉迪辑：《冯国璋往来函电》，《近代史资料》，总40号，中华书局1979年版，第77页。

② 李新、李宗一主编：《中华民国史》，第2编，第2卷，中华书局1987年版，第73页。

将参众两院即日解散，另行组织，俾议宪之局，得以早日改图，庶几共和政体，永得保障”等语。近日全国军政商学各界，函电络绎，情词亦复相同，查参众两院组织宪法会议，时将一载，迄未告成。现在时局艰难，千钧一发，两院议员纷纷辞职，以致迭次开会，均不足法定人数。宪法审议之案，欲修正而无从，自非另筹办法，无以慰国人宪法期成之喁望。本大总统俯顺舆情，深维国本，应即准如该督军等所请，将参众两院即日解散，克期另行选举，以维法治。此次改组国会本旨，原以符速定宪法之成议，并非取消民国立法之机关，邦人君子，咸喻此意！此令。①

明确宣布：“将参众两院即日解散，克期另行选举，以维法治。”

黎元洪下达解散国会命令后，觉得应该向全国解释清楚自己的立场，解散国会是“为保存共和国体，保全京畿人民，保持南北统一”，自己“踌躇再四，法律事实，势难兼顾”。于是发布通电，向各省区说明解散国会缘由，通电全文如下：

元洪自就任以来，首以尊重民意，谨守约法为职志，虽德薄能鲜，未餍舆情，而守法勿渝之素怀，当为国人所共谅。乃者国会再开，成绩鲜鲜，宪法会议，于行政立法两方权力，畸轻畸重，未剂于平，致滋口实。皖、奉发难，海内骚然，众矢所集，皆在国会，请求解散者，呈电络绎，异口同声。元洪以约法无解散之明文，未便破坏法律，曲徇众议，而解纷靖难，智勇俱穷，亟思逊位避贤，还我初服。乃各路兵队，逼近京畿，更于天津设立总参谋处，自由号召，并闻有组织临时政府与复辟两说，人心浮动，讹言繁兴。安徽张督军北来，力主调停，首以解散国会为请，迭经派员接洽，据该员复称：“如不即发明令，即行通电卸责，各省军队，自由行动，势难约束”等语，际此危疑震撼之时，诚恐藐躬骤然引退，立启兵端，匪独国体政体，根本推翻，抑且攘夺相寻，生灵涂炭。都门首善之地，受害尤烈，外人为自卫计，势必至始于干涉，终以保护，

① 《大总统令》，《政府公报》，第110册，第511号，上海书店1917年6月版，第403页。

亡国之祸，即在目前。元洪筹思再四，法律事实，势难兼顾，实不忍为一己博守法之虚名，而使兆民受亡国之惨痛。为保存共和国体，保全京畿人民，保持南北统一计，迫不获已，始有本日国会改选之令，忍辱负重，取济一时，吞声茹痛，内疚神明。所望各省长官，其曾经发难者，各有悔祸厌乱之决心，此外各省，亦皆曲谅苦衷，不生异议，庶几一心一德，同济艰难，一俟秩序回复，大局粗安，定当引咎辞职，以谢国人。天日在上，誓勿食言。黎元洪。①

黎元洪解散议会，安抚了张勋和众督军，却激怒了以孙中山和章炳麟为代表的南方势力。早在5月，孙中山在致唐继尧的电报中就明确指出："黄陂（黎元洪）已属张勋、李经羲调和，是即降于叛党。"② 孙中山号召武力解决，称："今日法律已失制裁之力，非以武力声罪致讨，歼灭群逆，不足以清乱源、定大局。"③ 在一封孙中山和章炳麟联名发表的致两广巡阅使陆荣廷、广东督军陈炳焜、省长朱庆澜、李烈钧、陈炯明、广西督军谭浩明、省长刘承恩、云南督军唐继尧、贵州督军刘显世、湖南督军谭延闿、四川罗佩金、刘存厚的电文中，对徐世昌、段祺瑞、冯国璋、张勋、梁启超、汤化龙、熊希龄以及独立督军、省长下达必死令，称："有一不诛，兵必不罢。"④ 6月10日，孙中山和章炳麟联名致电黎元洪和伍廷芳，正式宣布西南各省扶义而起，称："今者西南诸省扶义而起，为救民国，非但为扶总统一人。"再次重申徐、段等"有一不诛，西南诸省之兵义不能罢"。警告黎元洪"若徇彼叛徒强请，赦其既往，或至危及国会，各省恐亦不能信为中央之治命，违法曲从。种种维持统一之愚言，列强干涉之危语，皆不足以感西南真正之舆论"。希望总统

① 《大总统致各省区等通电》，《政府公报》，第110册，第512号，上海书店1917年6月版，第447页。

② 《致唐继尧电（1917年5月）》，广东省社会科学院历史研究室、中国社会科学院近代史研究所中华民国史研究室、中山大学历史系孙中山研究室合编：《孙中山全集》，第4卷，中华书局1985年版，第100页。

③ 《致陈炳焜等电（1917年6月8日）》，广东省社会科学院历史研究室、中国社会科学院近代史研究所中华民国史研究室、中山大学历史系孙中山研究室合编：《孙中山全集》，第4卷，中华书局1985年版，第102页。

④ 《致陆荣廷等电（1917年6月10日）》，广东省社会科学院历史研究室、中国社会科学院近代史研究所中华民国史研究室、中山大学历史系孙中山研究室合编：《孙中山全集》，第4卷，中华书局1985年版，第103页。

"勿为所蔽，奉大法以治国，依民意以御暴"。[①] 6月11日，李烈钧、陈炳焜、谭浩明联名致电黎元洪，宣布联合西南各省，兴师讨逆。[②] 12日，驻粤滇军第三师师长张开儒通电全国，要求西南各省速兴义师，拥护国会。15日，张开儒与驻粤滇军第四师师长方声涛发表通电，出师讨逆。西南各省起兵讨逆，让黎元洪的处境犹如雪上加霜。

黎元洪致电西南劝息兵。西南诸省本来被视为支持总统的一方军事和政治力量，却在黎元洪被迫解散国会之际，以要求恢复国会为名护法讨逆，这让黎元洪感到左右为难，颇为无奈。黎元洪期望北京的问题可以通过政治手段，加以和平解决，所以他一直反对军事行动。6月2日，在《复岑春煊、李烈钧电》中，要求他们"婉劝西南诸公，但为言论上之主张，勿为军事上之行动"。12日，黎元洪复电张、方二位师长，劝其"系养威重，稳重从事"，称"日来李总理与张定武业已议有端绪。如此问题设法解决，即可息事宁人，原不必以兵戎相见……（元洪）所以忍辱负重，不用武力者，诚恐轻于一掷，更难收拾，致同胞爱国之举，适为祸国之媒"。[③] 13日，在《复唐继尧电》中，强调其"忍辱负重，委曲求全，两害取轻，无非为维持共和统一起见"，希望唐"转告西南壮士，共体时艰，勿生误会"。[④] 可以看出，此时的黎元洪对西南的举动，除致电规劝外，已经束手无策矣。好在张勋看到国会解散后，即通电独立各省"撤回军队，效顺输诚"。[⑤] 这或多或少让黎元洪感到一丝安慰。

张勋进京。6月14日下午3时，张勋偕李经羲等抵达北京前门车站。黎元洪派将军府奋威将军丁槐、前财政次长钮传善、法制局局长方枢、步军统领江朝宗、陆军第十二师师长陈光远、京师警察厅总监吴炳湘等前往车站迎

---

① 《致黎元洪伍廷芳电（1917年6月10日）》，广东省社会科学院历史研究室、中国社会科学院近代史研究所中华民国史研究室、中山大学历史系孙中山研究室合编：《孙中山全集》，第4卷，中华书局1985年版，第104页。

② 于铁丘、杨西木整理：《黎元洪未刊信电稿》，《近代史资料》，总93号，中国社会科学出版社1998年版，第106页。

③ 于铁丘、杨西木整理：《黎元洪未刊信电稿》，《近代史资料》，总93号，中国社会科学出版社1998年版，第108页。

④ 于铁丘、杨西木整理：《黎元洪未刊信电稿》，《近代史资料》，总93号，中国社会科学出版社1998年版，第109页。

⑤ 李新总编，韩信夫、姜克夫主编：《中华民国大事记》，第1册，中国文史出版社1996年版，第484页。

接。前门车站至南河沿张公馆之间道路，净水洒街，黄土铺道。沿途警卫分两层，外层由黎元洪派军警负责，内层是张勋的辫子军。黎元洪特意打开中和门迎接张勋。中和门，明代时称大明门，清代时称大清门，位于正阳门北，今毛主席纪念堂处。中和门与天安门及天安门北的端门，构成皇城的三大中门，只有太后慈驾、皇帝乘舆、皇后大婚，方得以从这三座大门逐一通过。打开中和门迎接张勋，足见黎元洪对其的重视。

辫子军进入北京

不想半月后，张勋竟然发动了震惊中外的复辟闹剧。

第三节　张勋复辟

张勋进京的第二天与黎元洪见了面。15 日一早，黎元洪即派前财政次长钮传善、总统府秘书长夏寿康前往南河沿张公馆等候。10 时，张勋在钮、夏二位的陪同下来到公府。黎元洪在中南海的居仁堂设宴，隆重迎接张勋。席间双方书面提出解决时局五办法：（一）组织责任内阁；（二）召集宪法会议；（三）改良国会规则，减少议员名额；（四）赦免政治旧犯；（五）屏退公府佥壬。因为最困难的国会问题都已经解决，这五个条件不再是障碍。黎元洪在条文上亲笔批明："交院分别办理。"

张勋还额外口头补充三条件：（一）将优待清室条件列入宪法；（二）定孔教为国教；（三）批准定武军增招 20 营军队。

黎元洪也提出了自己的条件：（一）独立各省取消独立；（二）天津总参谋处撤销；（三）各省军队回防；（四）各省不得扣留中央税款。

张勋对会谈结果很满意，黎元洪也是如此。如果没有西南诸省的讨逆行动，北京政府看似要走上正轨了。6 月下旬开始，黎、张各自在履行对方提出的条件。

独立各省宣布取消独立。18 日，张勋通电独立各省，电曰："入都以后，更折衷各方意见，条举磋商。如组织责任内阁、召集宪法会议、改良国会规制、减少议员额数、赦免政治旧犯、屏退公府佥壬等事，均蒙主座批准，次第举办。虽手续略分先后，而承认实已完全。按此次各省宣告脱离之始，所提条件，虽各有不同，而其大端，要不外此数者。今者既经解决，则收束兵事，亟须实践前言。电到之日，请即取消独立名义，以慰邦人望治之殷，通电寰区，宣明义问，其军队已出发者，并即日调回原驻地点。勋俟部署粗定，亦即率队回徐。从此海宇澄清，一心同德，国家虽迭经创痛，吾侪奋力，犹可图强，旋乾转坤，匪异人任。"[①] 各省督军非常配合。6月19—22日，直隶、河南、安徽、陕西、奉天、山东、山西、浙江、福建等9省相继宣布取消独立。黑龙江省因许兰洲胁迫督军毕桂芳退职，遭到军人反对，要求北京政府调离许兰洲，仍令毕桂芳督军复职。黑龙江省出了个小插曲，不过也可以视为已经拥护中央。

黎元洪命令迅速设立内务部办理选举事务局。关于制宪，黎、张同意援引民国元年南京临时参议院的成例，由各省推荐代表二人组成宪法会议。

雷震春取消"各省军务总参谋处"。6月22日，处长雷震春宣布该处撤销，这个诞生仅20天的临时政府机构应声而倒。

同日，李经羲宣布正式就任国务总理，随后着手组阁。而困难重重的组阁过程，让张勋再次萌发了复辟的想法。让张勋重拾复辟想法的原因主要有三个：

其一，李经羲之艰难组阁。初，李经羲答允安排张勋信任的三个人入阁，即雷震春为陆军部部长、张镇芳为财政部部长、李盛铎为农商部部长。令下后，孰料全国一片反对之声。李无奈，只好重组"名流"内阁。黎元洪亦竭力致电派员敦请赵尔巽、张謇、汤化龙、严修、汪大燮、陆徵祥等入阁，均遭婉拒。"名流"内阁不成，24日，黎元洪发表任命李氏内阁阁员，张勋信任的三个人，只剩李盛铎任农商。这样的安排，让张勋颇为失望和恼火，这是张勋重新转向复辟的一个起因。

其二，雷张等之错误信息。雷震春负责京畿军界，他告诉张勋"北洋同袍，早已运动妥洽"。张镇芳负责财政，他谎报"福中公司、盐业银行，取之不尽，大吹特吹"。[②] 雷震春和张镇芳均拥护复辟，一个在军事上力挺，另一

---

① 《照录张绍帅通电》，来新夏主编：《中国近代史资料丛刊·北洋军阀》，第3册，上海人民出版社1993年版，第486页。

② 白蕉：《宣统复辟》，章伯锋、李宗一主编：《北洋军阀（1912—1928）》，第3卷，武汉出版社1991年版，第219页。

个在财政上支持。

其三，遗老们之复辟努力。（一）万绳栻和胡嗣瑗密谋阻挠李经羲组阁，背着张勋通告各省反对李氏组阁，目的是把张勋推回到复辟路上，“密电各省，令反对李经羲之内阁，利其纠纷不解，以为复辟之机”；[①]（二）刘廷琛在天津组织遗老上书张勋，称“推倒约法而仍以奉守约法为辞，逼迫总统而仍以拥护总统为名，破坏共和而仍以保全共和为帜，自相矛盾，何以自解。乱党声罪致讨，彼持有故，我出无名，直壮曲老，客主易位。相见疆场，兵士何由用命。是故今日非断行复辟，更无立足之地。称兵各督，已与乱党结不解之仇，非归命朝廷，依附义旗之下，无以自处。反对思动者，不过行其积虑，借以为名，非真有爱于民国，有爱于黎总统。其反对之力，不因复辟而加增，亦不以不复辟而末减……是公进有万全，退无一是；进有不世之功，退有不测之祸。孰得孰失，不待智者而决矣”。据说，“张阅之，大动”；[②]（三）6月23日，前清督察院广东督察御史陈曾寿代表上海遗老进京面交张勋一封亲笔信，谓：“今公入都已旬日，犹未揭出正义，海内外喁喁仰望，知公必有妙用存乎其间。然时机已迫矣！”[③] 月底，张勋回信一封，表达了自己即将复辟的决心，称：“近日密谕各方，已多数望风景附，一面坚约梁崧生尚书来与外人妥为接洽。俟中外部署略已就绪，便当径入正文，决不敢稍涉因循，致辜举国拳拳责望。”[④]

如此看来，张勋在遗老等方面的劝说下，已经重拾复辟信念。当然，张勋本人就是复辟派的代表，进京后不言复辟，实际是源于日人的反对。而今，张勋看到李氏内阁之难组、受雷张谎言之蛊惑、感遗老复辟之决心，决定不顾外人之警告，遽行复辟。

复辟之施行。6月30日早，张勋即入宫与宣统的师傅陈宝琛密谈复辟事。下午，江西同乡会假江西会馆为张勋开欢迎会。晚，请京中名伶唱戏，张勋

① 冷汰：《丁巳复辟记》，章伯锋、李宗一主编：《北洋军阀（1912—1928）》，第3卷，武汉出版社1991年版，第237页。

② 冷汰：《丁巳复辟记》，章伯锋、李宗一主编：《北洋军阀（1912—1928）》，第3卷，武汉出版社1991年版，第237页。

③《张勋致上海诸复辟分子函（1917年）》，章伯锋、李宗一主编：《北洋军阀（1912—1928）》，第3卷，武汉出版社1991年版，第210页。

④《张勋致上海诸复辟分子函（1917年）》，章伯锋、李宗一主编：《北洋军阀（1912—1928）》，第3卷，武汉出版社1991年版，第211页。

嘱让梅兰芳先唱。张勋赏戏时，陆军第二旅吴常植旅长和十三师刘金标旅长的部队抵达安定门和西直门，要求入城。守门军官电话请示江朝宗，江朝宗命阻之。“旋又接张勋电话，嘱令开城。江踟蹰为之搔首叹息，又接城门电话，谓张勋军官乘汽车持令箭来，迫令开城。江不得已，任之”。[①]张勋部队顺利进入并控制北京城。闻讯后的王士珍、陈光远等先后急赴江宅，商量对策。那边张勋赏戏后，再入宫，已是丑时。出，命召王士珍、江朝宗、陈光远来南河沿张宅。张宅的卫兵燕列左右，露刃实弹，一派肃杀之气。入，见“警察总监吴炳湘、第二旅长吴常植、十三师旅长刘金标暨万绳栻、李庆璋、张镇芳、雷震春等，均先在座”。[②] 稍顷，张勋出，宣布复辟之事，言事已大定，行在今夕。并向众人指明两条路：一是随其入宫赞成复辟；二是留在张宅听候发落。王士珍、江朝宗、陈光远等当然选择明哲保身。

宣统皇帝溥仪

7月1日凌晨2时30分（一说是4时），梁鼎芬、江朝宗、王士珍、陈光远、李庆璋“联袂诣府见总统，请其退位”。[③] 梁鼎芬还拿出事先拟就的“奉还大政”奏折要黎签名盖印，黎元洪严词拒绝，非常震怒，“直斥王士珍毫无

① 来新夏主编：《中国近代史资料丛刊·北洋军阀》，第3册，上海人民出版社1993年版，第613页。

② 来新夏主编：《中国近代史资料丛刊·北洋军阀》，第3册，上海人民出版社1993年版，第613页。

③《宣统复辟民国告终》，季啸风、沈友益主编：《中华民国史史料外编——前日本末次研究所情报资料·中文部分》，第4册，广西师范大学出版社1997年版，第197页。

心肝，背叛民国”。[1] 早7时，王士珍、陈光远、江朝宗再诣公府请黎元洪退位，黎再次拒绝。

7月1日上午，张勋穿戴朝服入宫，向宣统报告复辟始末。随后驱车拜访京内各皇族通知已经复辟。归宅后，命将伪上谕草稿交印铸局印刷，复辟事件始为天下闻。

这时有关黎元洪的社会传闻也不绝于耳。有报纸报道：“大总统闻复辟之耗，急欲自裁以谢国人，晋以手枪反击，伤及右肋，得左右抢救，刻正延医施治，或云已入医院，或云仍在公府，纷纷传说。”[2]

还有一个黎元洪欲枪毙张勋的逸事，更有意思。据《黎黄陂轶事》记载：

黎元洪戎装佩剑正面照

当复辟实现后，黄陂卧室内，电话忽铮铮作响。时已夜深，既有电话传来，必出非常变故。黄陂急披衣起，亲挈听筒，询以何事。第闻彼方有人问云：“接电话者是黎宋卿否？”答曰：“然。若为何人？”彼方厉声曰：“我张勋也。今幼主宣统已经复辟，君速以政权归还大清。”黄陂骤闻是语，眙愕不知所对。彼方又促曰：“是否请一言而决脱迟延，余行挟兵前来，不虑君不惟命是听。”黄陂曰：“兹事非片言所可罄其词，最好君自来，吾当于居仁堂恭候也。”于是掷听筒，即觅一迅利手枪，藏之衣际，谓其夫人曰：“张逆叛国，余为共和国元首，誓必手刃此贼！俟其来而歼之。苟杀彼，余必无生全希望，否则，余亦必为彼所杀。”言已，匆匆出。其夫人牵衣挽

① 《宣统复辟民国告终》，季啸风、沈友益主编：《中华民国史史料外编——前日本末次研究所情报资料·中文部分》，第4册，广西师范大学出版社1997年版，第196页。

② 《宣统复辟民国告终》，季啸风、沈友益主编：《中华民国史史料外编——前日本末次研究所情报资料·中文部分》，第4册，广西师范大学出版社1997年版，第196页。

之，绝裾而去。盖黄陂本挟一不怕死决心，将待张至，拼牺牲此生命与之激斗也。比至居仁堂，逆党已如猬集，黄陂曰："张督军何在？"询数声卒不见张出。此际众头攒动，中有一人昂然而出，视之，则梁鼎芬也。亟向黄陂致辞曰："张大臣与今上磋商要政不果来，因托某为代表与君接洽。君果欲归政者，即请以一奏章予我可耳。"黄陂睹其状，怒气填膺，拟出手枪击之。即思杀一梁鼎芬，如屠一彘耳，何裨于大事？不如令彼邀张逆晤，我执而杀之不为晚。乃诡词以答曰："余大政可归，惟必张某至，始可须知兹事非仅与汝所能磋议就绪也。君且退。"言已，拂袖而入。梁逆及诸逆党色沮而去。按，此事系公府某侍从与余（作者）言，目击当时情形，较外间所传述者迥异，故详细志之。①

这段逸事与前述梁鼎芬等往公府要黎元洪退位一事，颇能吻合，故录之。

黎元洪此时方知引狼入室。7 月 1 日一天，黎元洪连发三份急电向各界说明自己的处境、表明自己的立场。这三份急电如下：

第一电，反对复辟："本日张巡阅使率兵入城，实行复辟，断绝交通，派梁鼎芬等来府游说，元洪严词拒绝，誓不承认。副总统等拥护共和，当必有善后之策。特闻。元洪。东。"

第二电，否认归政："天不悔祸，复辟实行。闻本日清室上谕，有元洪奏请归政等语，不胜骇异。吾国由专制为共和，实出五族人民之公意，元洪受国民付托之重，自当始终民国，不知其他。特此奉闻，借免误会。元洪。东二。"②

第三电，共图讨逆："国家不幸，万难相寻。前因宪法争持，致启兵端，安徽督军张勋，愿任调停之责，由国务总理李经羲主张招致入京，共商国是。甫至天津，首请解散国会，在京各员屡次声称保全国家统一起见，委曲相从。刻正组织内阁，期速完成，以图补救。不料昨晚十二点钟突接报告，张勋主张复辟，先将电报局派兵占领。今晨梁鼎芬等入府面称，先朝旧物应即归还

① 贡少芹：《黎黄陂轶事》，上海国华书局 1917 年版，第 92 页。

② 《黎总统出府以前之通电》，季啸风、沈友益主编：《中华民国史史料外编——前日本末次研究所情报资料·中文部分》，第 4 册，广西师范大学出版社 1997 年版，第 199 页。

等语。当经痛加责斥，逐出府外。风闻彼等已发出通电数道，何人名义，内容如何，概不得知。元洪负国民付托之重，本拟一俟内阁成立，秩序稍复，即行辞职，以谢国民。今既枝节横生，张勋胆敢以一人之野心，破坏群力建造之邦基，及世界各国公认之国体，是果何事，敢卸仔肩！时局至此，诸公殊怀爱国，远过元洪，伫望迅即出师，共图讨贼，以期复我共和，而救危亡。无任迫切，临电涕泣，不知所云。如有电复，即寄由路透公司转交为盼。黎元洪。东。印。”①

平心而论，危机中的黎元洪所发出的三封电报，表现了他的骨气。他大声疾呼：“时局至此，诸公殊怀爱国，远过元洪，伫望迅即出师，共图讨贼，以期复我共和，而救危亡。”黎元洪主张共和，反对复辟，立场鲜明，态度坚决。大敌当前，他没有委曲求全，俯首认输，而是迎难而上，发出强音。这在当时是极为难能可贵的。

当然，黎元洪把张勋入都复辟的责任推给李经羲，显然是在推卸和逃避。李经羲在得知复辟实施后，已经乘夜离京，连国务总理之位也不要了。黎元洪在危难之时，又想到段祺瑞，于是委托汤化龙和梁启超二人，询问段是否愿再任国务总理一职。段左右有两派不同意见：一派认为经过复辟，民国已经中断，段自己出来讨逆，不需要总统、总理的命令；另一派主张接受总统的命令，以总理的名义做讨逆军总司令。张国淦说：“这样做法无用另起炉灶，在全国进行号召比较方便，这主要是我的主张。”② 段祺瑞决定采用张国淦的建议，接受总理一职。

第四节　元洪下野

7月1日，张勋复辟的当天，北京内外城商铺店家于午后3时，陆续悬挂代表清廷的黄色龙旗，各车站电报局等皆由辫子军把守。街面上尚属平静，很多人走出家门想看看热闹。前门火车站人头攒动，赴津的火车拥挤不堪，“尤以妇孺为最多，盖多系各部司员之眷属”。③ 此时，中南海总统府内土山

① 白蕉：《宣统复辟》，章伯锋、李宗一主编：《北洋军阀（1912—1928）》，第3卷，武汉出版社1991年版，第220页。

② 张国淦：《北洋述闻》，上海书店出版社1998年版，第212页。

③ 《宣统复辟民国告终》，季啸风、沈友益主编：《中华民国史史料外编——前日本末次研究所情报资料·中文部分》，第4册，广西师范大学出版社1997年版，第195页。

上尚飘扬着中华民国的五色旗，张勋不愿民国和清廷共存这幕滑稽剧继续上演，他决定请黎元洪迁出公府。

大清龙旗

王士珍劝黎出公府。7月1日晚8点，王士珍受张勋委派前来公府要求黎元洪退出。黎元洪左右问其如何保护总统之安全，王曰："予个人对于黎总统之护卫虽愿尽十分保证之力，第难保不逞之徒无暴动之行为，关于此层不能即答，俟明日再行协议。"7月2日午后2时，王士珍再至，曰："关于总统退去之护卫，虽应十分尽力，惟对于生命安全之保证，只能负八分之责任。"总统左右即谓王氏曰："尚有二分之危险，则八分之保证岂非无何等之意味乎？"王氏谓："对此以上之保证，万难为力，务祈原谅。"[①] 说完，王即回张宅复命去了。

外国公使亦关心黎元洪的安全及其真实想法。7月2日早，有某外国公使急入公府拜见黎元洪，询问黎对"归政"的态度，其谈话内容如下：

> 黎元洪反诘曰："溥仪之能力较前总统袁项城奚若？"
>
> 曰："不如。"
>
> 又询："张逆等之兵力较洪宪将士何如？"
>
> 曰："不及远甚。"
>
> 黄陂曰："若然。上年项城帝制自为，余尚独表反对，岂有于今兹复辟反赞成乎？余他无所知，惟知有共和二字。若共和在，余与之俱在。否则，必以此身自殉而已。"
>
> 又询："清廷敕封一等公爵，君曾受之否耶？"

---

① 《张勋派人要求总统出府》，季啸风、沈友益主编：《中华民国史史料外编——前日本末次研究所情报资料·中文部分》，第4册，广西师范大学出版社1997年版，第198页。

黄陂艴然曰："洪宪时代武义亲王尚薄而不为，焉有此时而受是项乱命乎？盖余在位则为公仆；退位则为公民，举所谓亲王公爵者，俱不足以荧惑我也。"①

这段对话录自《黎黄陂轶事》。所谓逸事，盖多演绎，本不应以正史看待。然此段对话巧妙地用黎元洪二造共和的所为，表达他反对张勋复辟的决心，非常有说服力，故录之。

7月2日，驻京日、英、法、俄、荷等国公使，齐集荷兰公使馆，商讨应对复辟后之时局办法。决定照会外交部，"望精密护卫黎总统，勿危害其身"。② 并由荷兰公使作为代表前往外交部会晤梁敦彦，进行交涉。梁敦彦（1857—1924），字崧生，广东顺德人。第一批赴美留学幼童，后考入耶鲁大学。历任天津北洋电报学堂教习、汉阳海关道、天津海关道。1911年5月任外务部大臣并兼国务大臣。1913年，任北京政府政治会议议员。张勋复辟，任"外交部"尚书、"议政大臣"。张勋复辟失败后，梁被北京政府通缉。

黎元洪准备出公府。7月2日下午，黎元洪公府警卫队被张勋撤换，黎元洪的大总统此时在京已无立足之地。因黎元洪素患糖尿病，且在法国医院就诊，左右即建议不如以住院为名避难于法国医院，黎元洪同意。离开公府前，黎元洪安排了三件大事：免职李经羲，任命段祺瑞，冯国璋继任。

免职李经羲。7月2日，黎元洪发布本次任期内最后一道大总统令：

国务总理李经羲呈请辞职，李经羲准免国务总理本职，特任段祺瑞为国务总理。此令。③

任命段祺瑞。黎元洪特意派人赴津致信段祺瑞，嘱其在津就职，便宜行事。信曰：

芝泉仁兄总理执事：

昨托济武、任公致意左右。总揆一席，幸承慨允，热诚爱国，

---

① 贡少芹：《黎黄陂轶事》，上海国华书局1917年版，第95页。

② 《列国劝告保护黎总统》，季啸风、沈友益主编：《中华民国史史料外编——前日本末次研究所情报资料·中文部分》，第4册，广西师范大学出版社1997年版，第198页。

③ 《大总统令》，《政府公报》，第112册，第529号，上海书店1917年7月版，第35页。

令人起敬。都门情形险恶，元洪既不能执行职权，副总统又远隔江南，民国势将中断，道途梗阻，焦灼万分。兹特缮具任状并致副总统书，派员赍呈，请即在津就职，与冯公筹商一切，便宜行事。已另电华老并各省知照矣。至大小印绶，因中途恐有疏虞，行人不敢携带，应否由尊处派员来京领取，抑暂另刊应用之处，并候台端与华老斟酌施行。再，元洪因卫队被撤，现已出府就医，合并奉达。余由该员面陈，肃候勋安。

附命令一道、任命状一纸。

黎元洪启。①

此信显然是在黎元洪及其左右决定借就医为名去法国医院避难之后写的，可是计划赶不上变化，我们稍后再说。信中提到的“华老”，就是冯国璋，因冯国璋字华甫，故尊称华老。

冯国璋继任。由于黎元洪在北京已经无法行使总统职权，他决定依约法，请冯副总统在南京继任大总统。为此，黎元洪嘱人于7月2日在津发布通电：

此次政变猝生，致摇国体。元洪不德，统御无方，负疚国民，饮痛何极。都中情形，日趋险恶，元洪既不能执行职权，民国势将中断。查约法第四十二条，大总统因故不能视事时，副总统代行其职权。又查《大总统选举法》第五条，文义略同。并有国务院摄行职务之规定。应请冯副总统依法代行大总统职务。目前交通梗绝，印绶赍送维艰。并已特任段公芝泉为国务总理。印务即交由设法转呈。此后一切救国大计，概由副总统、总理协力进行。尚望共体时艰，勉图匡赞。无任祷盼。元洪。冬。②

三件大事安排后，黎元洪决定离开公府，赴法国医院避难。

黎元洪避难日本公使馆。7月2日晚9时30分，细雨纷飞，公府警卫队

① 《黎元洪致段祺瑞函》，来新夏主编：《中国近代史资料丛刊·北洋军阀》，第3册，上海人民出版社1993年版，第501页。

② 《黎元洪请冯副总统代行大总统职权电（1917年7月2日）》，来新夏主编：《中国近代史资料丛刊·北洋军阀》，第3册，上海人民出版社1993年版，第500页。

日本公使馆内武官宿舍

已经换成张勋人马，黎元洪左右决定采用声东击西之计，掩护大总统安全出公府。黎元洪侍从武官唐仲寅乘坐总统专车由前门先出公府，迷惑警卫队。而黎元洪本人在秘书刘钟秀陪伴下，乘坐蒋作宾亲自驾驶的汽车由后门离开公府，按计划驶向法国医院。“蒋列坐其前，时雨声滴沥，车篷下垂，缘是人不及觉”。可是到了法国医院，却因“蒋不能通法语，良不便”，① 遂改投日本公使馆。事后，日本公使馆就黎避难一事，发表过声明，曰：“七月二日午后九时半，黎大总统不预先通知，突至日本使馆区域内之武官斋藤少将官舍。日使馆认为系不得已之事，并为顾及国际通义，决定作相当之保护，即以使馆区域内之营房暂充黎总统居所，黎总统在日使馆时期内，绝对不许作政治活动。”②

黎元洪再请冯国璋继任大总统。虽然避难日本使馆，黎元洪的安全暂时得到保障，但黎不愿见到民国中断。7月3日，黎元洪发布出府通电，并促冯国璋尽快继任大总统。电文曰：

① 《黎总统系由蒋作宾接出》，季啸风、沈友益主编：《中华民国史史料外编——前日本末次研究所情报资料·中文部分》，第4册，广西师范大学出版社1997年版，第201页。

② 陶菊隐：《北洋军阀统治时期史话》，第3册，生活·读书·新知三联书店1978年版，第195页。

南京冯副总统、各省督军省长、南宁陆巡阅使、琼州龙督办、各都统、各护军使、各镇守使鉴：

东日两电、冬日一电计达。此次政变猝生，致摇国体。元洪负疚民国，哀痛何穷？已于本月冬日特任段芝泉总理国事，并电请冯副总统依法代行职权。在副总统未经正式代理以前，一切机宜统由段总理便宜处理。所有印信文件，业经送津，请段总理暂行摄护，并设法转送副座，呈请接收。再顷者，公府卫队猝被撤换，僱交三海，元洪亦即移居医院。此后一切救国大计，务请诸君商承冯副总统、段总理合力进行。临电翘企，不尽区区。元洪。江。[1]

通过“移居医院”这句话可以看出，这份电报并不是黎元洪到日本使馆后所亲发。而是事先拟就，并安排好在江日（3日）发出。故避难于日本使馆一事，并未在电报里说明。同日，冯国璋发表讨逆通电，称“誓扫妖氛，恭行天罚，刻日兴师问罪，殄此元凶”。[2] 7日上午10时，冯国璋在南京军署正式代理大总统，下关中外兵舰鸣炮祝贺。冯国璋发表就职通电，称：“黎大总统因变起仓卒，出避外署，冬日来电，引援大法，嘱以代理之任……不得已遵于七月六日宣告恭代，权在南京就职。一俟此间军事布置就绪，即当北上。”[3] 至此，中断五天的中华民国大总统之职权，算是合法接续上了。需要注意的是，冯国璋此时只是代理大总统，而非正式大总统。这一词之差，以后还引出冯国璋四让总统的故事，我们稍后再说。

此时，段祺瑞组织的讨逆军已经与辫子军交上了火。张勋北上所带辫子兵仅4000余人，实力无法与东西中三路讨逆军相对峙。而原计划可以北上的辫子军，也因部下张文生的倒戈以及冯国璋、倪嗣冲率部阻隔，无法进京接应张勋。12日，张勋避难荷兰公使馆，复辟的闹剧，仅短短12天就匆匆收场了。而黎元洪的故事还未结束。

---

① 《江日报告出府通电》，《列国劝告保护黎总统》，季啸风、沈友益主编：《中华民国史史料外编——前日本末次研究所情报资料·中文部分》，第4册，广西师范大学出版社1997年版，第199页。

② 公孙訇：《冯国璋年谱》，河北人民出版社1989年版，第97页。

③ 公孙訇：《冯国璋年谱》，河北人民出版社1989年版，第99页。

第五节　黎宅刺客

7月14日，段祺瑞率部凯旋归京。进京后，段与部下讨论总统问题。张国淦仍主张让黎元洪复职，段祺瑞颇有疑虑。讨逆军军法处处长丁士源闻听张言，大怒，道："你今天还替黎元洪做说客啊？如果有再说请总统复位的，就用手枪相对。"[①] 段祺瑞和其左右怕的是黎元洪恋位不退，以后对德参战问题还会麻烦。其实，黎元洪本人退意已决。

段祺瑞进京当天，黎元洪从日本使馆返回东厂胡同，即连发两份通电，宣布返回自宅并辞职：

第一份通电：

天相民国，赖冯总统、段总理，及前敌将士之力，奠定京畿，元洪已于本日移居东厂胡同，拟即赴津宅养疴。此次因故去职，负疚孔多，以后息影家园，不闻政治，恐劳远系，特此事闻。元洪。叩。寒。[②]

第二份通电：

寒电计达。顷闻道路流言，颇有于总统复职之说，窃加揣拟者，惊骇何极！元洪引咎辞职，久有成言，皎日悬盟，长河表誓。此次因故去职，付托有人，按法既无复位之文，揆情岂有还辕之理？伏念元洪夙阙裁成，叨逢际会，求治太急，而蹶于康庄；用人过宽，而蔽于舆几。追思罪戾，每疚神明。国会内阁，立国兼资，制宪之难，集思尤贵。当稷下高谈之日，正沙中忿语之时，纵殚虑以求平，尚触机而即发。而元洪扬汤弭沸，胶柱调音，既无疏浚之方，竟激横流之祸，一也。解散国会，政出非常，纵谓法无明条，邻有先例，然而谨守绳墨，昭誓山河，顾以惧民国之中殇，竟至咈初心而改选，

① 张国淦：《北洋述闻》，上海书店出版社1998年版，第213页。

② 《黎大总统通电》，《政府公报》，第112册，第538号，上海书店1917年7月版，第121页。

格芦缩水，莫遂微忱，寡草随风，卒毁特操，二也。张勋久蓄野心，自为盟主，屡以国家多故，曲予优容，遂至乘瑕隙以激群藩，结要津以徼明令，元洪虽持异议，卒惑群言，既为城下之盟，复召夺门之变，荓（同萍）蜂螫指，引虎糜躯，三也。大盗移国，都市震惊，撤侍卫于东堂，屯重兵于北阙，元洪久经骇浪，何惮狞飙？顾忧大厦之焚，欲择长城之寄，含垢忍辱，贮痛停辛，进不能登台授仗，以殄凶渠；退不能阖室自焚，以殉民国。纵中兴之有托，犹内省而滋惭，四也。轻骑宵征，拟居医院，暂脱身于塞库，欲奋翼于渑池，乃者阍人不通，侦骑交错，遄臻使馆，得免危机，自承复壁之藏，转凛坚冰之惧，亦既宣言公使，早伍平民，虽于国似无锱黍之伤，而此身究受羽毛之庇，五也。凡此愆尤，皆难解免。一人丛脞，万姓流离，睹锋镝而恫伤兵，闻鼓鼙而惭宿将，合六州而莫铸，投四裔以何辞？万一矜其本心，还我初服，惟有杜门思过，扫地焚香，磨濯余生，忏除夙孽。宁有辞条之叶，仍返林柯；堕溷之花，再登茵席，心肝倘在，面目何施？且夫谋国必忠，爱人以德，琴弛则弦改，车覆则轨迁，若必使负疚之身，仍尸高位，腾嘲裨海，播笑编氓，将何以整饬纪纲，折冲樽俎？稀瓜不堪四摘，僵柳不可三眠，亡国败军，又焉用此？抑元洪尚有进者，国定于一，师克在和，当兴亡继绝之交，为排难解纷之计，正宜恪守法律，蠲弃猜嫌。况冯总统江淮坐镇，夙得军心，段总理钟簴不惊，再安国本，果能举左挈右提之实，宁复有南强北胜之疑？至于从前兵谏，各省风从，虽言爱国之诚，究有溃防之虑。此次兴师讨贼，心迹已昭，何忍执越轨之微瑕，掩回天之伟绩？两年护国，八表齐功，公忠既已同孚，法治尤当共勉。若复挈短衡长，党同伐异，员峤可到，而使之反风；宣房欲成，而为之决水，茫茫惨黩，岂有宁期？鼎革以还，政争迭起，凡兹兄弟阋墙之事，皆为奸雄窃国之资。倘诸夏之偕亡，讵一成之能藉？殷鉴不远，天命难谌，此尤元洪戴罪之躯，所为垂涕而道者也。勉戴河间，奠我民国，惭魂虽化，枯骨犹生。否则荒山越翳，纵熏穴以无归；穷海田横，当投荒而不返。摅诚感听，维以告哀。元洪。叩。寒二。①

① 《黎大总统通电》，《政府公报》，第 112 册，第 538 号，上海书店 1917 年 7 月版，第 121 页。

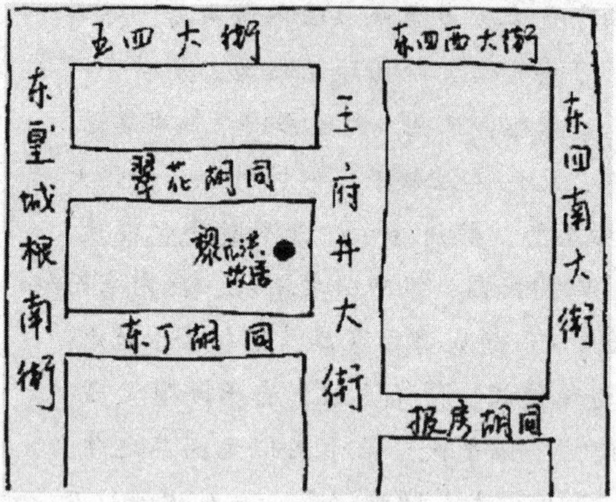

东厂胡同宅第位置图（李剑茵绘）

第一份通电，黎元洪宣告告别政坛，即将赴津养病。

第二份通电，黎元洪清楚说明不会再任总统，他列出自己所犯的五个错误，即国会内阁，矛盾不断；解散国会，罪责在己；张勋入京，引狼入室；张勋复辟，自省惭愧；寄身使馆，辱及尊严。黎元洪把治国希望寄托在冯国璋和段祺瑞身上。

两份通电发表后，黎元洪以为可以从此“息影家园，不闻政治”，谁知两天后，发生了一件震惊中外的大事。7 月 16 日清晨，在黎元洪东厂胡同宅第发生了一件凶杀案，造成三死二伤，而凶手和死伤者竟然都是黎元洪卫队兵士。这是一次突发事件，还是一次针对黎元洪的谋杀案，一时众说纷纭。我们不妨从当时的警察厅报告和民间传闻两种说法着手，看看当时到底发生了什么。

警察厅报告。这份报告的全称是《步军统领衙门京师警察厅呈报国务总理查明黎总统住宅卫队王德禄持刀伤人一案文》，内容如下：

敬呈者：据内左二区警察署报称：本日上午六时，忽闻东厂胡同内有枪声发现，当即驰往看视。见该胡同东口小巷内地下躺有死人一名，并有黎总统府护卫队多名在场围视。查询缘由，据该护卫队多人声称，死者名王德禄，曹州人，充黎总统府护卫队兵，平日人素诚实。本人黎明五时余，不知何故，形似疯狂，手持刺刀两柄，在所住兵房内冲出，向西院内寻人时，该护卫队多身睡未起，被该凶手将三等护卫马占成扎死。旋复回至兵房内，扎死正目王凤鸣。又奔至该护卫队官长室内，连长宾世礼见其来势甚凶，持手枪向击，未中，追至室外假山石下，连发两枪未响。该凶手反刀将宾世礼扎死，又连伤伍长李保甲、卫兵张洪品，奔出大门外，持刀乱舞。经提署驻守府内队兵暨该护卫兵多名追至东厂胡同东口小巷内，枪伤凶手腿部，旋即倒地，用手捧地下所存洼水乱吸。该护卫兵乱枪齐下，将其戮死等语。署长等随即往该护卫队驻扎处看视，见王凤鸣死于兵房墙角下、马占成死于西院室外、宾世礼死于假山石下，其受伤处皆在腹部。旋由该护卫处报告陆军部，奉陆军部传示，不用检验，即由该护卫处将凶手王德禄抬往朝阳门外掩埋。并将宾世礼、王凤鸣、马占成用棺盛殓送往弓弦胡同延禧寺停寄。至受伤者李保甲、张红品二名均送同仁医院医治。事定后，黎总统暨其眷属均分往东交民巷法国医院，现地方尚安靖等情。

查黎总统府护卫队向驻在黎总统住宅旁花园内，现充营长郜翔宸本为该队队长，河南人。当时招募该卫队时，由黎总统委派该营长暨卫队司令王祥发经理其事。王祥发为沧州人，故所招卫兵多系直隶以南，山东以北人。此次战事发生，据闻该护卫队曾有四五十人前往南河沿助战。该王德禄亦随队前往，惟在战场内并未发一枪。当时，该护卫队中人多讥笑其无勇。战事定后，检有物品多件，亦未分给王德禄。该王德禄既未得分润之品，又多受讥刺之词，恼羞成怒。因此发生疯疾，致演成此番惨剧。此系提署驻府内之队兵探访所得，东厂胡同一带居民亦多如此传说，似尚不为无因。

现该护卫队由朝宗亲晤黎总统声明缘由，将其分别遣散。除饬该管营署多派兵警在东厂胡同一带注意巡逻防守，仍俟调查续得情形再行续报外，理合先行呈报总理钧鉴。①

民间之传闻。贡少芹所著《黎黄陂轶事》中有《邸中刺客之秘密史》一文，亦对黎总统府当天发生的事件做了充分细致的描述，我们不妨一读：

未几，张、康等复辟失败，讨逆军既入京师。首先迎黄陂于法使馆（应为日使馆，下同，作者注），而归东厂胡同私邸。不数日，遂有卫兵谋刺黎氏之巨案发现。当时报章记载，亦仅言某卫兵谋刺一事而已。至个中黑幕，匪惟近在京师中人，莫能窥其底蕴。即私邸中执役者，亦未由得其真相。因此一段秘密史，惟黄陂之亲信侍

① 《公文》，《政府公报》，第112册，第539号，上海书店1917年7月版，第147页。

从知之最详。即知之，亦未敢明言，盖恐以口舌贾祸也。今者，有亲信侍从某君解职南旋。昨晤著者于沪上逆旅中，因谈及兹事，用特拉杂记之，大足有研究之价值耳。

先是某当道派代表赴法公使馆敦请黄陂复位，黄陂力辞之，谓："在任年余，殚精竭虑，希冀国度渐臻进步。不料事与愿违，今已知力不能胜，愿退避贤路。已则将遄归故里，督耕课读，不复与闻天下事。"代表聆是语，返报某当道。某当道复遣人致词曰："公既无心肩兹重任，某亦不敢相强。姑暂留京师，俟副座入京，磋商要政，再返原籍可乎?"黄陂可其请，乃领之。于是移驻东厂胡同私宅。某当道即派亲信卫士任保护之责。

七月二十号之夕，黄陂方坐书室中披阅闲书（按黄陂自退位后，绝对不与闻政治，终日悉以闲书消遣）。忽闻室外人声鼎沸，知有异，正拟使人查问，即见有一人着军士装，持刀自外跃入。黄陂察其意弗良，亟由窗门逸去。而持刀者入室，见室中空无一人，复返身奔出，意将窜入他所。时府中侍从已闻警，齐集环绕持刀之兵士，叱令束手受缚，否则，立致其生命。言次，群举枪丛指其身，几成众矢之的。其人知不能敌，遂释刀受执，未加以捆缚。外间谓其人当场格毙者，盖掩人耳目之语也。

其人既就获，黄陂使某武官从事讯鞫。其人自言龙姓或又张姓，语无伦次。询以持刀胡为，答云将弑元首。问弑元首胡为，答云与彼素有深仇。问与元首何仇，则瞠目不知所对。半晌，其人忽发长叹，曰："早知难如愿，我亦不允□□之请。"其□□两字乃以含糊出之，故当时听之者，不甚了了也。既而首他顾目旁视，遽大呼曰："余何事至此……余何事至此。"于是或呼天王，或呼老弟，或呼猫唤犬，语言倒置，神智痴呆，俨然一疯人也。时有一卫士立其侧，其人骤夺其手中刺刀欲自戕。卫士亟挽救之，其人即举刀猛刺，卫士应手而殪。其人口中作呓语，曰："汝偷我的钱，当然致你命。"语毕，又手刃二人，跳跃而奔。卫士枪伤其踝，始倒地，遂执而械之。

此际，某当道闻警，遣其将领率所部至，略叩端倪，即拘其人去。行至中途，潜戮于草地上，更弃其尸而瘗之。说者谓是中玄虚不容其人道破，不如杀之以灭其口，是诚切当不移之论。然阅者即此事实而寻绎焉，当亦得其大概。固无烦吾人再下断语也。

又一说，其人并非充当卫士者，乃某部下素有声望之营长。当讨逆军于永定门及天坛等处与张军激战时，曾有亲见其人指挥兵士，临阵枭勇无敌。今竟降格而为退任总统之卫士，效钼麑之图刺赵盾，稍有智识者，当必窥其隐情，固无烦著者哓哓矣。今姑泚笔志之，可与烛影斧声，同为千古疑案。事后，黄陂力诫左右不许宣泄秘密。然又恐狙击者伺己于旁也，乃入法国医院以暂避其锋云。①

从以上两段叙述基本可以得出一个肯定的结论，即东厂胡同黎宅确实发生过卫兵被刺命案。我们且不管凶手到底是王德禄，还是龙某张某，抑或是某营长，我们只把焦点聚集在此凶手的目的上：他要杀的目标是黎元洪吗？

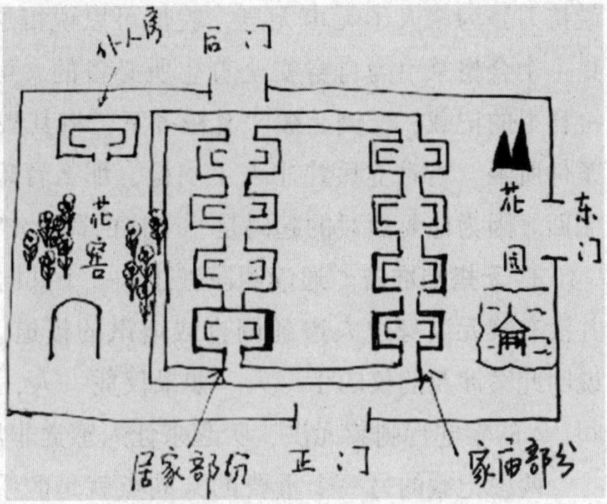

东厂胡同宅第图（李剑茵绘）

笔者的答案：不是。

原因有三：

1. **无线路准备**。东厂胡同黎宅按功能划分，共有三大区域：东部为花园、葡萄亭和卫队驻地；中部为办公及家眷居住区；西部为花窖和仆人房。两段叙述均说，该凶手自东部往西寻人不获后马上回到东院。显然，他在中部和西部两区域停留的时间并不长，没有惊动那里的人，只是刺死三等护卫马占成（民间传闻没有此记载）。民间传闻则说，黎元洪见此人“其意弗良，亟由窗门逸去”。这是该凶手最接近黎元洪的描述，而这个描述也是疑点重重：暗杀总统为什么会闹得“室外人声鼎沸”？为什么没再继续寻找黎元洪？黎元洪的书房外没有卫兵吗？书房内没有仆人或秘书吗？虽然两段叙述在案发时间上差别很大（一个清晨，一个夜晚），但均没有凶手继续深入办公居住区寻找黎元洪的记载，说明此人事先并没有一个明确的刺杀计划，如果是清晨，此

① 贡少芹：《黎黄陂轶事》，上海国华书局1917年版，第100页。

人应该去黎的卧室或散步晨练之处；如果是夜晚，此人到了书房后为什么不再向内继续寻找？我们在前面章节中介绍过东厂胡同黎宅有房 410 间，那是 1916 年的事。1917 年，黎元洪又三次购买附近邻居房产，黎宅东界已至现在的王府井大街。黎宅之大，非常人可以想象，仅有记载的正宅就达 121 间。试想如果没有一个明确清晰的暗杀线路，事先摸清黎元洪的行动规律，在偌大个黎宅里想找到黎元洪，确如大海捞针。

2. **无武器准备**。两段叙述均认定凶手使用的凶器是刀，一说“手持刺刀两柄”；一说“持刀自外跃入”。刀虽可杀人，可当时已经是枪的时代。如果说持刀是为杀人于无声无息，貌似可以说得通，但配把枪防备万一，似乎也是一个合格杀手为自身安全着想所必备的。可惜的是，我们没有看到凶手拔枪自卫的记载，反倒是被“乱枪齐下，将其戮死”“乱枪丛指其身”。如果说条件所限，当时士兵并非人手一枪，那么冒险持刀行刺的后果，必定是有去无回。因为他要面对的起码是一个连的荷枪实弹的卫兵。

3. **无搭档准备**。通读两段叙述，一个共同点就是凶手只此一人。事发后，并没有黎元洪身边人遭到调查或审讯的报道，护卫队里也没有其他人被捕，说明此案涉及的仅凶手一人。如果仅凭一人，就想在“占地 48 亩，房屋 563 间”① 的黎宅行刺黎元洪，听起来让人感觉非常荒唐。

两段记载的另一个重要的共同点就是凶手精神有问题。警察厅的报告里说其成疯癫处有二：一是“旋即倒地，用手捧地下所存洼水乱吸”；二是“该王德禄既未得分润之品，又多受讥刺之词，恼羞成怒。因此发生疯疾，致演成此番惨剧”。警察厅的报告是官方说法，我们有理由怀疑凶手是受某要人指使而行刺，说其精神有问题，是为了掩盖真相。而民间传闻里虽然有明显暗示凶手背后的就是某要人，可是为什么也说该凶手精神有问题呢？且对凶手疯癫过程的描写极为细致，使我们看到的就是一疯人，难道凶手在装疯卖傻？不能排除这种可能。

但无论如何，通过笔者前面分析的此人目标不是黎元洪的三点可以看出，此事是突发事件，并无明确的针对性，尤其不是针对黎元洪本人。

让我们看看黎元洪对此事的态度吧。1917 年 7 月 19 日，黎元洪致密函给

① 廖一中整理：《黎元洪部分房屋土地契约》，《近代史资料》，总 62 号，中国社会科学出版社 1986 年版，第 177 页。

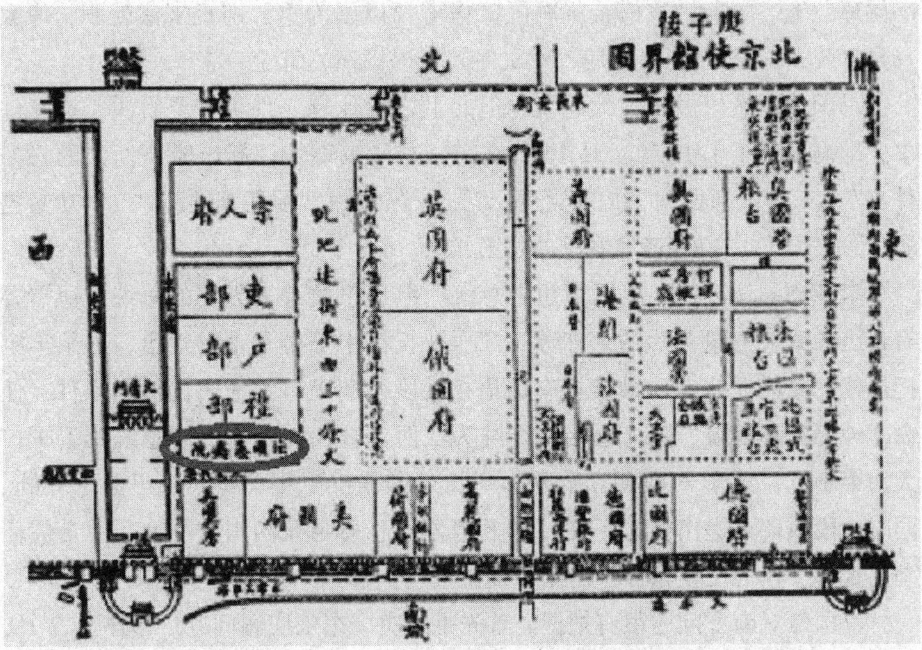

北京东交民巷使馆界图①

张家口都统田中玉，函曰："谏日早晨，本宅卫兵王某突变，刺毙多人。元。复移居法国医院。贱躯无恙。谨闻。元。叩。"② 谏日，即16日。黎元洪所说的案发时间和凶手姓氏均与警察厅报告相同，且此函为致亲信田中玉之私函，故可信度极高。事发后，黎元洪及其家眷迁至东交民巷圣马可法国医院暂居，此事亦告一段落。

第六节 河间让黎

张勋复辟失败后，围绕大总统问题，南北方在谁来做总统、在哪里做总统等环节上均有争执。南方孙中山"已与（海军）程总长（程璧光）商定，派出兵舰二艘，往北方迎护黎大总统来南就职"。③ 黎元洪、段祺瑞等则跂望

① 图中椭圆圈标注的地方就是圣马可法国医院。

② 《致田中玉关于卫兵突变移居法国医院电稿（1917年7月19日）》，天津历史博物馆编：《北洋军阀史料·黎元洪》，第1卷，天津古籍出版社1996年版，第1152页。

③ 《在广州黄埔欢迎会上的演说（1917年7月17日）》，广东省社会科学院历史研究室、中国社会科学院近代史研究所中华民国史研究室、中山大学历史系孙中山研究室合编：《孙中山全集》，第4卷，中华书局1985年版，第115页。

冯国璋北上。黎元洪致信希望冯国璋华甫“以国为重，即日来津就职，俾大局早日统一”。[1] 段祺瑞更是“六次促其（冯国璋）北上”。[2]

冯国璋当然想做正式大总统，但北上之前他有三件事需要解决。这三件事，即冯国璋于1917年7月26日在南京与段祺瑞特使靳云鹏所商定的三条件：“（一）疏通西南，化除党见；（二）苏督一席须任李纯；（三）劝黎复职。”[3] 三条件中冯国璋最看重的是第二条。

李纯顺利任苏督。冯国璋想做总统，但不想做有名无实的总统，他需要有自己的武装力量为后盾。江苏、江西及长江中下游是他的地盘，必须牢牢把握住，才能在北上后继续拥有话语权。段祺瑞满口答应冯国璋的条件，任命李纯为江苏都督、陈光远接替李纯为江西都督，同时允许将总统禁卫军扩大为第十五、第十六两师，十五师师长刘询兼拱卫军司令，随冯赴京驻扎。同时，段祺瑞亦提出吴光新任长江上游警备总司令兼四川查办使、傅良佐任湖南督军，作为交换条件，冯国璋投桃报李，亦一一答应。

冯国璋对南方问题很有把握。首先是解决广东朱庆澜问题。1916年7月，朱庆澜受段祺瑞任命为广东省长。翌年7月，任广东新军司令。张勋复辟，朱庆澜首先通电声讨，响应孙中山“护法”主张，电请孙中山来粤主持大计。7月17日，孙中山率起义海军及部分国会议员抵粤，备受欢迎，并从省长警卫军中拨出20营改编为护法军。段祺瑞对此大为不满，为逼走朱庆澜，下令其改长广西，朱遂不得不离开广东。后寓居上海。

北上之前，冯国璋在一次谈话里说：“前由朱庆澜到粤时，因欲保持巡防队起见，特借滇军以保全其势力，并代为筹饷以致势力日渐膨大。然朱与粤之各方面感情殊不融洽，现已将朱调至他省，庶此后事权不难统一。此项命令业已电京发表，粤之方面大致可望无事。”[4] 这里说的就是将朱庆澜调离广东之事。

南方最有实力的军阀是两广巡阅使陆荣廷。靳云鹏与冯国璋会谈时答应，请新任财长梁启超任疏通陆荣廷之责。此外，即是解决张开儒问题。张开儒

---

① 吉迪辑：《冯国璋往来函电》，中国社会科学院近代史研究所近代史资料编辑组编：《近代史资料》，总40号，中华书局1979年版，第102页。

② 公孙訇：《冯国璋年谱》，河北人民出版社1989年版，第103页。

③ 公孙訇：《冯国璋年谱》，河北人民出版社1989年版，第104页。

④《六年八月冯国璋就代理北政府总统离宁时谈话》，万仁元、方庆秋主编：《中华民国史史料长编（民国六年）》，南京大学出版社1993年版，第600页。

(1869—1935)，字藻林，云南巧家人。孙中山领导护法运动时期，张任广州军政府陆军部总长、驻粤滇军第三师师长。护法战争中，张开儒是孙中山手下最重要的武装力量。除掉他，等于是剪断了护法军政府的拳头。7 月 29 日，冯国璋在致徐世昌、熊希龄的电文中，直言“两广之调停，陆巡阅使引为己任。即张开儒主张激烈，陆巡阅使有办法以挽回之”。[①] 熊希龄（1867—1937），字秉三，湖南凤凰人。1892 年壬辰科进士。1905 年随五大臣出国考察宪政，任二等参赞官。1912 年任北京政府财政总长。1913 年任北京政府国务总理。黎元洪第一任大总统期间，任平政院院长。1918 年 5 月 12 日，张被广东督军莫荣新逮捕并关押于广州观音山。直到 1920 年陈炯明打回广东，张才获释。这就解决了张开儒问题。

最后还要谈谈冯国璋劝黎复职一事。所谓劝黎复职并非冯本意。张勋复辟失败后，段祺瑞重新回到北京再做总理。此时，黎元洪已经心灰意懒，对大总统一职早无兴趣。而段则声言不再与黎共事，黎元洪复职之路看似走不通。那为什么还要劝呢？因为西南方面支持黎元洪续任大总统。海军程璧光在秦皇岛安排两艘军舰专候黎元洪南下任大总统；两广巡阅使陆荣廷致信冯国璋劝其缓就大总统职仍请黎复任；孙中山在广州倡议召集国会，组织护法军政府。这些造成南北无法统一的因素，是需要冯一一去化解的，而化解的关键就是黎元洪的复职问题。此时，黎元洪已经提出要息影出洋，所以冯之劝，只是一种姿态而已。不得不说，这个姿态，冯国璋做得相当漂亮。

冯国璋四劝黎复职。段祺瑞打败张勋进京后，冯国璋即通电宣布奉还政权，开始了他的四劝黎元洪复职之路。

黎元洪骑马照

第一劝。7 月 14 日，冯国璋通电辞代理大总统之职，称：“特念国璋代理之职权，为黎大总统因故不能执行而发生，即日本使馆所保护者，非黎某之个人，而为中华民国之大总统。现在京师收复，应向日本使馆

① 公孙訇：《冯国璋年谱》，河北人民出版社 1989 年版，第 105 页。

表示谢忱，迎还黎大总统，即日入居旧府，以国璋代理之职权，奉还黎大总统。”①

第二劝。黎元洪特使靳云鹏来宁与冯国璋商讨北上就职一事，冯坚持“拥戴黄陂，请其复任”。靳云鹏则劝其曰：“至黄陂辞职甚坚，并已决计东渡，即强迫复任，恐亦于事无裨也。”② 7 月 25 日，冯再次电请黎元洪复职，黎复电表示拒绝，并敦促其尽快北上。

第三劝。8 月 1 日，冯国璋抵京后，先是与段祺瑞等军政要人及外宾会见，然后接见特、简任文武官员及外国使节。之后，即驱车前往东厂胡同黎宅谒见黎元洪。黎元洪本住法国医院，为会见冯国璋特意赶回东厂胡同宅第。

> 河间说：“政变猝起，以副总统依照法律暂行大总统职权，实为不得已之举，今政局稍定，大总统为全国所属望，谨请复职，以卸代理职权。”
>
> 黄陂道：“余既再三声明于前，断无复职之理。且余于政治上方深负疚，所以未出北京者，待我公耳。今若再有复职之举，非但无益于国家，且旧病未痊，难以视事，亦无益于个人，愿勿以是为请。”
>
> 河间说：“方今多数舆论皆希望大总统复职，如各省督军及陆巡阅使等亦皆有大总统不应去职之言。愿顺舆论，请采纳愚意。”
>
> 黄陂：“陆干卿等之有如是主张，实其时不知余之退志业已坚决。自公代行职权以来，内外翕服，政令修明。余去职亦无遗憾，幸勿固辞。”
>
> 河间：“大总统一日不复职，则副总统唯有暂时代行其职权，惟愚意极盼我公复职。”
>
> 黄陂：“公即来京，余不日将赴天津。为休养计，愚意不必用代理名义，即请正式就职，以利政治之进行可矣。”③

第四劝。三天后即 8 月 4 日，冯国璋再次劝黎复职，黎元洪坚决不允。

① 公孙訇：《冯国璋年谱》，河北人民出版社 1989 年版，第 102 页。
② 公孙訇：《冯国璋年谱》，河北人民出版社 1989 年版，第 104 页。
③ 公孙訇：《冯国璋年谱》，河北人民出版社 1989 年版，第 106 页。

遂决定即行正式继任。

8 月 6 日，冯国璋通电，称：“比即恭诣黎大总统寓邸，敦请复任，期卸代理仔肩。黎公谦退为怀，坚不见允，再四陈劝，意竟难回，国璋既摄职权，无可诿让。而本月六日，适为新任驻京比国公使呈递国书之期，各国公使，亦订于是日修觐见之礼，均已查照院部成案代行各仪。”①

于是，冯国璋正式就任大总统。至此，中华民国的冯国璋时代开启，黎元洪时代暂时结束。8 月 28 日，黎元洪乘车赴津，公府侍从武官荫昌、警察总监吴炳湘一路护送。黎元洪从 1913 年 12 月以副总统身份进京，到辞去大总统职务，以一介平民身份返回第二故乡天津，共计 45 个月的时间。个中滋味，想必他自己都不愿回味吧。

① 公孙訇：《冯国璋年谱》，河北人民出版社 1989 年版，第 107 页。

第八章　居津五载难为民

从1917年8月28日下野回津，到1922年6月11日重返北京第二次就任中华民国大总统，近五载的时光里，黎元洪赋闲在津英租界花园道19号别墅内。他多次声言不问政治，但南北政界一直没有忘记他。

第一节　冯黎之交

黎元洪头像烟标

冯国璋自坐上大总统之位，就无一日顺心之时。先是孙中山在广州组织非常国会，成立军政府；然后夫人周砥突逝；最后也是最闹心的就是发生在自己身上的府院之争。每件大事发生，冯国璋都会想到黎元洪，都会感同身受黎执政之不易。

西南乱时求助元洪。

孙中山另立政府。冯国璋入京刚好满月，即9月1日，孙中山在广州当选为大元帅，成立中华民国军政府。这样，一南一北两个政府在中国又出现了（讨袁护国战争时出现过）。孙中山的军政府是在护法的名义下成立的，按政治主张的不同，军政府内可分三大派：以孙中山为首的中华革命党人，简称孙派；以岑春煊、唐绍仪为首的国民党稳健派，简称稳健派；以陆荣廷为首的西南军阀，简称实力派。孙派与稳健派的矛盾早在张勋复辟伊始就暴露了。

孙派与稳健派的矛盾。孙派主张：“昔孙之辞职，以宣统退位为条件；今宣统复辟，则孙当然复取得总统之资格。”[①] 曾经的同盟会总干事张耀曾称此举为“双复辟也”。[②] 孙中山也主张“建设临时政府，公推临时总统……非常之事，不容拘牵法律，静待国会选举，数省公认，即为有效”。[③] 可见孙派的急迫心态。然而稳健派却不以为然，在7月3日上海环龙路孙宅会议上，孙中山提出要设立临时政府，当即遭到稳健派唐绍仪的反对。唐指出：“复辟不曾为列强承认，则中华民国依然存在。民国政府为唯一合法政府，故最善之法，为将合法之中央政府迁至上海，继续执行合法之职务。”[④] 不独稳健派有此观点，同属孙派的章太炎南下广州后，亦“劝孙公遥戴黎公以存国统”。[⑤] 孙中山与稳健派的政治主张不同，加之章太炎态度的变化，为护法战争迅速失败埋下了伏笔。

孙派与实力派的矛盾。北洋督军团会议召开，西南滇、黔、川、桂、粤、湘六省即兴师讨逆，推实力最强的桂系大佬、两广巡阅使陆荣廷为盟主。陆荣廷同样打出护法大旗，提出拥护约法、恢复国会，甚至支持黎元洪复职，但他的最终目的意在扩大自己的军事实力。孙中山南下广州之初，常谓请陆使“速出主持大计”，用以稳定西南人心。当非常国会按《军政府组织大纲》选举大元帅时，孙中山以高票当选大元帅，唐继尧和陆荣廷当选元帅。这让西南盟主陆荣廷大为不满，陆联合谭浩明通电（冬电）申斥非常国会，称：“方今国难初定，应以总统复职为先务之急。总统存在，自无另设政府之必要；元帅名称，尤滋疑议，易淆视听。”[⑥] 陆荣廷以此为由拒绝出任元帅，唐继尧亦拒绝出任。另一位候选元帅程璧光因选举之前就表示不愿就职，故《军政府组织大纲》所设的一个大元帅，三个元帅，只有孙中山一人就任。孙派与实力派的矛盾公开化了。为缓和矛盾，孙中山

① 丁文江、赵丰田编：《梁启超年谱长编》，上海人民出版社1983年版，第828页。

② 丁文江、赵丰田编：《梁启超年谱长编》，上海人民出版社1983年版，第828页。

③ 《致西南各省电（1917年7月4日）》，广东省社会科学院历史研究室、中国社会科学院近代史研究所中华民国史研究室、中山大学历史系孙中山研究室合编：《孙中山全集》，第4卷，中华书局1985年版，第111页。

④ 莫世祥：《护法运动史》，广西人民出版社1991年版，第81页。

⑤ 汤志钧编：《章太炎年谱长编》，上册，中华书局1979年版，第549页。

⑥ 莫世祥：《护法运动史》，广西人民出版社1991年版，第97页。

想到了黎元洪。

孙中山致电黎元洪。9月3日，孙中山亲电黎元洪，称："东日国会非常会议投票，以兴师讨贼之任，付之文与陆唐二公。深观外交大势，及内局人心兵力，逆贼歼除，实可操券。西南士民望公如岁，乞早日莅临，以振方新之气，而慰来苏之望。"① 这封电报与其说是邀请黎元洪南下，不如说是通知他西南之事已由孙唐陆三人任之，即便南来，已无合适位置安排。这份电报与其说是发给黎元洪的，不如说是针对陆荣廷冬电"总统存在，自无另设政府之必要"之言而发。同日，孙中山亦分别致电唐继尧和陆荣廷，请其就职元帅之位。在致陆荣廷的电文中，孙中山特意提及"昨由上海转来黎大总统平安抵津之电，已即去电奉迎。公如有电，此间可设法照转"。② 孙中山并没有正面回答陆荣廷冬电之斥，而仅以一句"已即去电奉迎"草草应付。当然，迎黎南下只是表面文章，孙派与实力派之间的较量更多的是在军事控制权和地方统治权等实实在在的方面。西南方面以黎元洪为筹码，北方当然不想让这个筹码被西南利用。

冯国璋问计黎元洪。面对西南局势的恶化，冯国璋除两次致电稳健派代表岑春煊北上共商时局、通过广西省长刘承恩沟通实力派陆荣廷外，他始终没有忘记黎元洪。9月5日，冯国璋派军需课长兼庶务司长张调辰持亲笔函前往天津，面见黎元洪，"并征求挽救西南危局意见"。③ 通过此举，冯国璋可以了解黎元洪对西南的态度，其真实目的是阻黎南下。护法战争开始前，10月1日，冯国璋派黎元洪的老部下张联棻前往天津，迎黎回京商议要政。张联棻（1880—1966），字馥卿，山东淄博人。黎元洪任参谋总长时，张任第三局局长；黎元洪任大总统时，张就总统府军事处副处长一职。黎元洪婉言谢绝了赴京邀请。此时，天津正经历史上罕见大洪灾，这次洪灾历时两个月，9月末更侵入天津市区。10月4日，冯国璋以天津大水灾为由，再请黎元洪进京居住，黎不允。这时，冯国璋家里却发生了大事。

---

① 《致黎元洪电（1917年9月3日）》，广东省社会科学院历史研究室、中国社会科学院近代史研究所中华民国史研究室、中山大学历史系孙中山研究室合编：《孙中山全集》，第4卷，中华书局1985年版，第137页。

② 《致陆荣廷电（1917年9月3日）》，广东省社会科学院历史研究室、中国社会科学院近代史研究所中华民国史研究室、中山大学历史系孙中山研究室合编：《孙中山全集》，第4卷，中华书局1985年版，第138页。

③ 公孙訇：《冯国璋年谱》，河北人民出版社1989年版，第110页。

夫人逝时慰询元洪。

冯国璋夫人周砥去世。周砥，字道如，是冯国璋的第二位夫人，比冯小20岁。周砥年轻时受欧美影响，进入北洋女子师范学校读书，是第一班的学生。后周砥入袁世凯府中为其女儿们做家庭教师，颇受孩子们喜爱，俨然袁家一分子，可惜年逾30，还未婚配。冯国璋在吴夫人病故后，不想扶正偏室，但却嘱咐长子冯家遂进京为其物色一位新姨太太。袁家得知此事后，决定为周砥和冯国璋撮合，一来为周砥物色个好人家；二来可以拉拢冯国璋。可喜的是，双方均满意，于是，各自准备婚事所需。周砥出嫁，袁家是按嫁女标准安排的。据说，周砥的陪嫁相当丰厚：袁世凯赠奁资5万元，嫁妆另计；袁府女眷送给周砥的金银绸缎等细软，不计其数，仅首饰珠宝玉器等就有120担。入门后，两人非常恩爱。周砥重视教育，对江苏女子教育的发展尤其关注，得到了学界的尊重，也为冯国璋加分不少。谁知冯国璋入京仅月余，夫人周砥却病逝了。得知冯国璋的夫人去世，黎元洪特派长子黎绍基赴京致祭。

黎元洪书法对联

冯国璋再次邀请黎元洪来京。10月13日，黎绍基奉父命到京，即入中南海福禄居致祭冯夫人。这是黎元洪下野以来，有记录的第一次主动联系北京政府，冯国璋对此极其重视。黎绍基时年仅14周岁，但冯国璋丝毫没有轻视。他亲自接见黎绍基，“询问黄陂最近起居及水灾受惊情形，异常详尽，并谢黎公派代表来京致祭盛意，最后希望黄陂来京，请公子返津向黎公面陈”。[①] 黎元洪还是一如既往地拒绝赴京的邀请。

与西南乱局和夫人逝世相比，同段祺瑞的矛盾才是最让冯国璋无法安睡的。

府院争时同情元洪。

冯入京，本以为与段祺瑞同为北洋旧人，断不会出现黎元洪时代的府院问题。谁

① 公孙訇：《冯国璋年谱》，河北人民出版社1989年版，第115页。

知大总统任职未及一月，双方矛盾就爆发了。冯任总统期间，府院之争有10个方面的表现：

（1）选举议员。临时参议院议员选举之制，冯国璋主民选，段祺瑞、汤化龙主指派，分歧严重，争执不决。

（2）对待湘事。傅良佐出任湘督，下令免除谭系零陵镇守使刘建藩、驻衡山湘军第一师第二旅旅长林修梅职务。刘、林宣布“湘南自主”，与段政府脱离关系。冯国璋主和，促岑春煊北上做调人；段祺瑞主战。北洋湘南总司令王汝贤、副司令范国璋反战，电请南北停战。段祺瑞因此请辞，并通电北洋军人痛诋王汝贤，对冯国璋表示不满。

（3）调陆北上。冯国璋受段祺瑞胁迫，调任陆荣廷为宁威上将军，令即来京。深恐粤省因之发生意外，又以个人名义致电陆，请其“委曲求全，承认此项命令”。又对人言：“予与芝泉虽有人间种种挑拨，而吾侪究系数十年患难之交，休戚相关，岂有轻于翻脸者乎？”[①] 变相对外承认了两人关系恶化。

（4）出卖铁矿。日本垂涎凤凰山铁矿，建议中日各投资2500万元，中方资本由日垫付，合办此矿。段祺瑞力促其成，冯国璋反对，暗中密电李纯等人以此矿在江苏境内，事涉地方，通电反对。

（5）段辞总理。1917年11月16—22日，一星期之内，段祺瑞两度提出辞职。23日，冯国璋准其辞职，以汪大燮暂行兼代国务总理。冯指出段乃因“王汝贤系段最亲信之人，乃竟反对其政策，故决意辞职”。[②] 王汝贤，字少甫，河北密云人。1913年任第八师师长。1917年9月任湘南各军总司令。段祺瑞命王汝贤进攻湖南南部，谁知不久，王与副司令范国璋联合通电，反对战争，呼吁停止议和，并自动停战撤兵，使段祺瑞武力统一中国的愿望破灭。

（6）冯氏亲征。为摆脱段系束缚，冯国璋于1918年1月26日宣布南下检阅各处军队。实际是欲返回江苏老巢，以对抗段系。段之亲信徐树铮即电告张作霖、倪嗣冲，谓冯出京另有阴谋。28日，冯的火车开至蚌埠为倪嗣冲所阻，遂返。

（7）段再组阁。3月21日，冯请段再组阁，段允，并提出条件，谓“总统须得保证凡内阁决议之事项，概不得暗中反对”。[③] 俨然黎段时情景重现。

① 公孙訇：《冯国璋年谱》，河北人民出版社1989年版，第118页。
② 公孙訇：《冯国璋年谱》，河北人民出版社1989年版，第123页。
③ 公孙訇：《冯国璋年谱》，河北人民出版社1989年版，第140页。

(8) 竞选总统。5月，为与段竞选总统，借清室公债券300万抵押于东方汇理银行，得现金120万，先拨给进步党人为其运动选票，以抵制段祺瑞当选。段以安福会为援，取得优势。冯愤曰："余在北洋混事数十年，倘竟使老段（祺瑞）得志，予真是白活了数十年。"①

(9) 建章之死。6月15日，督军团天津会议期间，冯暗派炳威将军陆建章前往说服曹锟与李纯合作，不料被徐树铮设计暗杀。徐致电中央，指陆反对国家政策。段接电后发布命令，免陆一切职务、勋位等，请冯总统盖印发表。冯被段之手段吓到胆颤，遂盖印发表。

(10) 三造共和。段一直以三造共和自诩，欲于7月12日举办"恢复共和"活动，为竞选总统造势，拟就命令派员送府盖印。冯愤曰："'攻打张勋复辟，固属芝泉出名。张勋进京谁使其来，芝泉不能诿为不知。如此事算得功劳，则无论何人皆可变一回戏法。'故饬令公府礼官处致函各部院，十二日恢复共和纪念日'不举行觐贺。'"②

冯国璋以前调和黎段之府院矛盾，现在轮到自己，方知黎元洪之不易。于是对黎念念不忘，同情之态溢于言表，主要有：

(1) 再提元洪复任。1918年年初，冯力图调解南北和解，双方无视之。冯无奈地对秘书长张一麟说："如今双方俱不能察余衷情，致陷大局于不可收拾之地。至余个人地位实不关轻重，如黄陂此时能出任时艰，余当即引退。"③

(2) 避嫌未见元洪。1月26日，冯国璋南下视察，路过天津时，曹锟等在站台迎接。本拟拜访黄陂，又恐外间谣传牵涉总统问题，遂作罢。

(3) 身感黄陂之苦。2月18日，王士珍欲辞代理国务总理职，冯不允，谓："时局纠纷难解之际，老哥不要使我作难。回忆我自客秋来京，届计甫将半载，所受之痛苦实较项城、黄陂为多。近来本拟倚赖老哥共撑艰局，讵料老哥又欲辞职，无论如何，俟大局略定再提议可也。"④ 第二天，准王辞呈，任命钱能训代理国务总理。

(4) 效黎不再恋位。3月4日，发表通电，称："入京时先请黎复职，奈不允，又因各省依法推戴，只得暂代。就职后自己理想皆不得达，若再恋位，

---

① 公孙訇：《冯国璋年谱》，河北人民出版社1989年版，第148页。
② 公孙訇：《冯国璋年谱》，河北人民出版社1989年版，第149页。
③ 公孙訇：《冯国璋年谱》，河北人民出版社1989年版，第129页。
④ 公孙訇：《冯国璋年谱》，河北人民出版社1989年版，第136页。

何以对国人？”① 冯国璋理想不达，方醒悟黎坚辞总统之无奈。

（5）黎元洪拒津贴。4月16日，冯国璋派秘书将15000元津贴送至天津黎宅。黎元洪感谢其关心，但坚决拒收，言：“毫无功德于民，断不敢开此例。”②

（6）叹黄陂外债少。6月29日，冯国璋接见曹汝霖，曰：“外债增重国民负担，已借者须监督用途，未借者亦望慎重条件，黄陂任内借外债甚少，今我有愧矣！”③

（7）出府照黎办法。10月9日，冯国璋辞职离开公府时，告诫公府人员说：“前次项城在府逝世时，当时府内人员、丁夫等乘间偷窃三海物件不少，公府各处碑刻、字画损失甚众。此次交代应一洗从前之弊端，统照黄陂出府看守办法，凡府内一草一木为公家所有者，如有人员、丁夫私自偷窃或故意损坏或运走家乡者，一经查出，无论亲疏，决不宽贷。”④ 冯国璋11月25日抵达天津，拜会黎元洪，并请其斡旋南北。

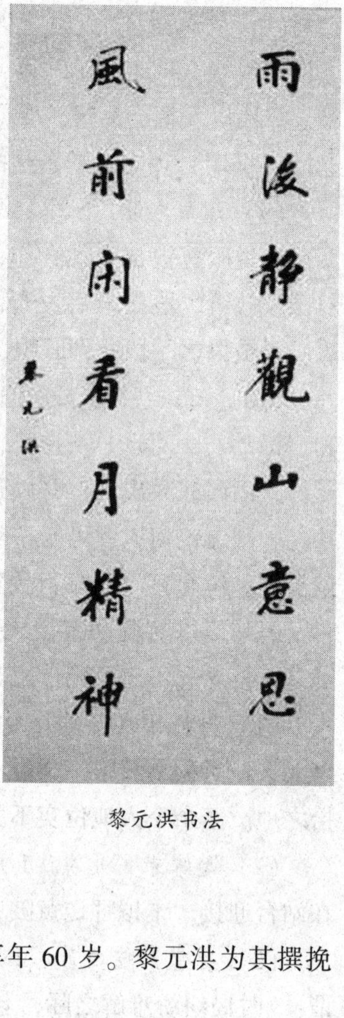

黎元洪书法

1919年12月28日，冯国璋因肺炎病逝，享年60岁。黎元洪为其撰挽联曰：

隆隆者缺皦皦者污大道等龙蛇历历百年谁独步；

若若乎回戛戛乎斗余生同兕虎茫茫九野竟何之。⑤

① 公孙訇：《冯国璋年谱》，河北人民出版社1989年版，第137页。

② 公孙訇：《冯国璋年谱》，河北人民出版社1989年版，第141页。

③ 公孙訇：《冯国璋年谱》，河北人民出版社1989年版，第148页。

④ 公孙訇：《冯国璋年谱》，河北人民出版社1989年版，第162页。

⑤ 安宇主编：《河间遗韵》，下，时代文艺出版社2003年版，第882页。

第二节　黎宅之谜

雍剑秋

民初大军火商雍剑秋之子雍鼎臣著《军火买办雍剑秋》一文，其中有“至于天津租界的地皮，他首先把现在保定道和烟台道相连的那一块地皮，送给了黎元洪，其他地皮分送了几个人”① 之语。雍剑秋（1880—1948），名涛，江苏高邮人。德商礼和及捷成洋行买办，与民国军政要人均有往来。看到此语，笔者的第一反应是：黎元洪受贿了？这会是真的吗？

雍鼎臣的话里有两条有用的信息：一是此地皮地点在天津租界；二是现在是保定道和烟台道相连之地。

通过以上信息，查得此租界为英租界。保定道，英租界时期名为巴克斯道（Parkes Road）。租界收回后改名保定道，沿用至今；烟台道，英租界时期名为博罗斯道（Bruce Road），租界收回后改名烟台道，沿用至今。保定道和烟台道，位于现在的和平区，是两条平行的东西向街道。这两条街道横跨六条南北路，哪两条路是该块地皮的东西界线呢？

说来也巧，此事竟然有资料记载。黎元洪家族的房契，分别以“‘黎孝义堂’‘孝义堂’‘大德堂’‘黎大德堂’‘黎传经堂’‘秉德堂’等名义出现”。②《孝义堂北京天津房屋基地契约》，是黎元洪家族自行整理的京津房地产文件汇编，宗计“在天津英租界占有地基 12.786 亩，旧德租界占地 3.712 亩，洋楼一栋”。③ 其中，天津英租界房契第 1 号记载：

① 雍鼎臣：《军火买办雍剑秋》，文史资料选辑编辑部：《文史资料精选》，第 3 册，中国文史出版社 1990 年版，第 530 页。

② 廖一中整理：《黎元洪部分房屋土地契约》，《近代史资料》，总 62 号，中国社会科学出版社 1986 年版，第 177 页。

③ 廖一中整理：《黎元洪部分房屋土地契约》，《近代史资料》，总 62 号，中国社会科学出版社 1986 年版，第 177 页。

鉴于买方给付卖方天津纹金八千八百两（卖方已全部收清），卖方将所有坐落天津英国新增租界土地一段，计四亩二分零六毫左右之所有权益，转让与买方永远为业。该段土地西北邻巴克斯道（今保定道）及盛茂道（今河北南路）转角处，南怀德堂张，西至□□□。详细面积按照附红线圈划者。①

由此我们知道，该块地皮的东界为河北路。河北路，英租界时期名盛茂道（Seymour Road）。至于西界，由于资料字迹已经无法辨认，加上不断拆建，现已不可考。而南界是怀德堂张，并不是博罗斯道（烟台道），可见此地皮仅为地处北至保定道，南到烟台道，东至河北路，西到新华路范围内西北角处 4 亩 2 分地。搞清楚了地皮的位置，那么它的买卖双方当事人是谁呢？

巧了，此块地皮的卖方竟然是雍剑秋，买方是孝义堂。根据房契所载，我们得以知道“此地原系英国工部局于 1912 年 10 月 9 日签订契约，并按该契附图圈划线移转卖方所有”。② 雍剑秋与孝义堂签订协议的日期是 1914 年 7 月 1 日。也就是说，雍剑秋从英国工部局买到此块地皮后，并未进行任何建设，23 个月后，就原样转卖给孝义堂了，也就是转卖或转让给黎元洪了。

这个日期与雍鼎臣所述颇有出入。据雍鼎臣所讲，“袁世凯在称帝前夕，大约是 1915 年秋一个夜间，忽然把雍剑秋叫进总统府，在居仁堂和他谈话。袁说，计划中的长辛店兵工厂，在时间上实在来不及，必须先购进一批枪弹，以应急需。袁说罢，随即交给他一张军火定单，大约值 1000 多万元，先付一部分定金。这事是以总统陆海军统率办事处的名义办的，不通过陆军部，所以是很机密的……袁世凯死后，黎元洪上台。（1916 年）7 月 21 日英文《楚报》北京通讯有这样一则新闻说：‘总统下令缉拿之八帝制祸首，均在政府势力不及之地……朱启钤及其死党捷成洋行买办雍涛，自天津携其于帝制进行中攫得之巨款，偕往美国……实际上朱启钤和雍剑秋并未赴美，只是暂住在天津英租界内……雍剑秋在这个期间，为了消化这笔款，在天津租界购进大

① 廖一中整理：《黎元洪部分房屋土地契约》，《近代史资料》，总 62 号，中国社会科学出版社 1986 年版，第 181 页。

② 廖一中整理：《黎元洪部分房屋土地契约》，《近代史资料》，总 62 号，中国社会科学出版社 1986 年版，第 183 页。

量廉价地皮。’”① 这段话的大意是袁世凯生前曾秘密交给雍剑秋1000万元军火定单，并支付一部分定金。袁死后，雍用此款剩余部分买了地皮。怕事发，雍用地皮行贿诸要人，黎元洪也得到一块。仔细研读这段话，有几个疑问：

其一，黎是否知情。该办事处成立于1914年5月9日，全称是陆海军大元帅统率办事处。这个机构被看作是袁世凯为一统军权而设，故其办事员均赫赫有名。办事员共六人，包括副总统参谋总长黎元洪、陆军总长段祺瑞、海军总长刘冠雄、侍从武官长荫昌、王士珍、萨镇冰。雍鼎臣说这笔1000多万元的军火生意是以总统陆海军统率办事处名义办理的，黎元洪作为办事员，他知道此事吗？他作为民国第二号人物，是何时与雍剑秋相识的？

其二，雍非通缉犯。1916年7月14日，黎元洪发布大总统申令，令曰："自变更国体之议起，全国扰攘，几陷沦亡，始祸诸人，实尸其咎。杨度、孙毓筠、顾鳌、梁士诒、夏寿田、朱启钤、周自齐、薛大可均著拿交法庭，详确讯鞫，严行惩办，为后世戒。其余一概宽免。此令。"② 可以看出，雍剑秋并非帝制祸首，不在通缉之列。那么，他在躲避什么呢？

其三，时间出入大。雍鼎臣所说的事发生于1916年7月以后，而雍剑秋和孝义堂的购地协议签订于1914年7月1日，时差达2年。

由于雍剑秋与孝义堂的房契原件是用英文书写的，属于官方文件，可信度比较大。尤其房契属于法律文书，签订日期应该是真实准确的。由此可知，黎元洪与雍剑秋至少于1914年7月就已经认识了。而雍剑秋之子雍鼎臣所记则完全凭记忆，他自己也坦言："关于他（雍剑秋）与袁世凯的秘密交易和随后的一些事，是多年以后，随着北洋军阀政府的崩溃，以及我的年龄长大，他才告诉了我。"③ 而雍鼎臣的文章中关于统率办事处名称、帝制祸首等记忆的错误，也直接证明了记忆的不可靠。

那么，黎元洪买下雍剑秋的地皮如数付钱了吗？目前的史料还无法找到相关证据。黎元洪当时是民国二号人物，位尊副总统兼参谋总长，而且还是袁世凯的儿女亲家，自然是各色人等巴结的对象。想当年雍剑秋为了巴结袁

---

① 雍鼎臣：《军火买办雍剑秋》，文史资料选辑编辑部：《文史资料精选》，第3册，中国文史出版社1990年版，第529页。

② 《大总统申令》，《政府公报》，第89册，第190号，印铸局1916年7月15日发行，第327页。

③ 雍鼎臣：《军火买办雍剑秋》，文史资料选辑编辑部：《文史资料精选》，第3册，中国文史出版社1990年版，第530页。

世凯，千方百计地找到陆徵祥内阁中的交通总长朱启钤，才打开局面。后来“通过朱又结交了历次内阁中的段祺瑞、周自齐、金邦平等人，因而他在袁世凯任总统期间，军火生意做得一帆风顺”。[①] 雍剑秋是生意人，且是做军火生意的，结识黎元洪应该是他梦寐以求的。如果有机会能与黎元洪联系上，他是不会放过这机会的。而买卖这块地皮，自然是他与黎元洪交往的最佳机会。

雍剑秋为了生意是肯花钱的。张勋复辟后，倪嗣冲收编了定武军。雍剑秋得知倪嗣冲要购买军火补充军队，就通过倪的好友兼恩人王郅隆联系上了倪。“当时王郅隆也在勾结徐树铮，要徐支持倪的扩军。雍剑秋也送给徐树铮20万元。这些秘密勾当，当时无人得知。他在倪、王二人身上，花了差不多100万元”。[②] 俗话说，舍不得孩子套不着狼。雍剑秋确实敢于花钱，而黎元洪购买的地皮才值银8800两，这点钱雍剑秋就是拱手相让也是非常有可能的。

事实上，雍剑秋确实“拱手相让”给黎元洪一块地皮。笔者在阅读《孝义堂北京天津房屋基地契约》时，发现还有一块地皮与雍剑秋有关系，而这块地皮的契约竟然是雍剑秋本人的。这份契约的原件是英文，译作者特别加注，称：“它是英国工部局与租户雍剑秋的契约。由雍剑秋转让给黎家的契约未见，可能是黎家未编入，也可能是按照惯例未立转让契约，而由雍剑秋将原契约交黎保存就算成交了。”[③] 就是说，雍剑秋把契约交给黎家，未办理过户手续，而黎家则一直拥有这块价值银8694两的地皮。要想深入了解此事，我们不妨先看看这份第4号地契：

天津英租界房地契　第4号

立契约人：甲方：天津英国工部局（以下简称工部局）；

乙方：雍剑秋，住天津（以下简称租户），双方于1918年10月1日协议如下：

鉴于租户交付工部局之行平化宝银（8694两）及租用条件暨租

① 雍鼎臣：《军火买办雍剑秋》，文史资料选辑编辑部：《文史资料精选》，第3册，中国文史出版社1990年版，第525页。

② 雍鼎臣：《军火买办雍剑秋》，文史资料选辑编辑部：《文史资料精选》，第3册，中国文史出版社1990年版，第531页。

③ 廖一中整理：《黎元洪部分房屋土地契约》，《近代史资料》，总62号，中国社会科学出版社1986年版，第184页。

户约订之内容，工部局将该局图纸第186段之土地，计二亩八分九厘八毫左右，即附图绿线圈划之土地，租让与租户为业。自1918年10月1日起为999年。在租期内每年12月31日预付年租行平化宝银四十三两四钱七分，签订契约当年租金按比例交付。

租户向工部局约明：在租用期间，将按上述指定时间及方式交付租金并缴纳关于上述土地及今后在地上所建房屋之现行及嗣后规定征收之任何捐税。工部局向租户约明：倘租户于本契约期满，仍愿续租999年并交付租金而至租期届满始终遵守履行本契约所规定之条件时，工部局愿将上段土地按照原定年租金额及契约条件（包括续租契约）续租与租户999年。

本契约系于下列条件下签订：在未取得工部局书面同意前，租户不得将上述土地全部或一部转让或转租与任何第三者。在未取得工部局书面同意前，租户不得在上述地上建筑中国式房屋。工部局有同意或拒绝之绝对自由。租户须遵守所有关于天津及领事区现行及今后施行之工部局规定及一般条例暨所有章程等。倘租户不按时交付租金或不遵守及履行本契约所订之任何条款时，工部局在认为适宜时得以上述全段土地之名义进占该土地之任何部分，而999年租期亦即完全停止。如工部局与租户对契约条款意义发生争议时，须按英国法律指定之意义生效。

双方兹特声明：以上所用租户一词，包括其执行人、管理人及受让人。

本契约于上述所载日期，由天津英国工部局盖印，并由雍剑秋签字盖章，以昭信守。

天津英国工部局　印

见证人：雍剑秋签字盖章①

通读这份契约，我们知道：天津英国工部局把位于天津英租界的一块地皮租给雍剑秋，租期为999年，时间是1918年10月1日。那么工部局是什么样的部门呢？

---

① 廖一中整理：《黎元洪部分房屋土地契约》，《近代史资料》，总62号，中国社会科学出版社1986年版，第184页。

天津英租界成立时，该机构由英国驻天津领事馆直管。后来，租界里侨民不断增多，行政权逐渐移交给英国本国的侨民。1862年，天津英租界成立董事会，董事会负责天津英租界内的一切事务，范围包括：租界章程、任免官吏、买卖公产、筹措财政、捐税和经营公有设备及公用事业等事务。董事会下设的执行机构为天津英租界工部局，工部局设财政处、工程处、警务处、电务处、水道处和卫生医官处。也就是说，天津英租界里的一切事务，均由工部局出面办理。

工部局与雍剑秋签约，言明年租金平化宝银43两4钱7分(银15两/亩/年)。这块地皮的价值是银8694两，换句话说，相当于一次性交付200年的租金。也就是说，雍剑秋在一次性交付200年租金后，取得了此块地皮的999年使用权。那么，这份契约为什么会出现在黎家房产档案里呢？

可以肯定，此块地皮已经被黎家视为自己的私产。那么这块地皮，雍剑秋是赠予还是卖给黎元洪的呢？现有资料还无法解释。

这块地皮的具体位置是哪里呢？从契约上，我们只看到“第186段之土地”，这是唯一一句和地理位置有关的话。那么，这“第186段之土地”在哪里呢？由于无法找到天津英国工部局的图纸，故确切位置不得而知。但在《孝义堂北京天津房屋基地契约》里，笔者有个意外的发现。

第186甲段之地皮归黎大德堂所有。我们不妨先看看这份第3号地契：

天津英租界地契　第3号

立契约人：甲方：天津英国工部局（以下简称工部局）；

乙方：黎大德堂，住天津（以下简称租户），双方于1918年10月1日协议如下：

鉴于租户交付工部局之行平化宝银（2976两）及租用条件及租户约订之内容，工部局将该局图纸第186甲段之土地，计九分九厘二毫左右，即附图绿线圈划之土地，租让与租户为业，自1918年10月1日起为期999年。在租期内每年12月31日预付年租行平化宝银十四两八钱八分，签订契约当年租金按比例交付。

租户向工部局约明在租用期间，将按上述指定时间及方式交付租金，并交纳关于上述土地及今后在地上所建房屋之现行及嗣后规定征收之任何捐税。工部局向租户约明，倘租产于本契约期满仍愿续租999年，并交付租金而至租期届满始终遵守履行本契约所规定之条件时，工部局愿将上段土地按照原定租金额及契约条件（包括续租契约）续租与租户999年。

1918年10月1日

天津英国工部局

黎大德堂[①]

这份第3号房地契与第4号房地契有三个重要的共同点：（一）签约时间相同。均是1918年10月1日；（二）地皮租金相同。均是年每亩银15两；（三）地皮位置相邻。4号是186段，3号是186甲段。也就是说黎雍二人在同一天用同样的价格在同一个地段分别租赁了一块地皮，雍却把自己这块3倍于黎的地皮“交”给了黎家。之所以用“交”，是因为无法知道雍剑秋是转让还是送给黎的。

1918年对黎、雍二人来说都是失意之年。黎元洪已经赋闲在家一年，虽然北京政府并没有忘记他，但他已经离政治越来越远。雍剑秋就更惨了，中国对德奥宣战后，他的洋行生意就停止了。1917年在北京又因为土地的事被抓入狱几个月，可谓祸不单行。但瘦死的骆驼比马大，1918年雍剑秋迁到天津时，带去300多万元，日子过得非常滋润。可以说，此时雍剑秋想送给黎元洪这块地皮，只有两种解释：一是报答以前的帮助；二是把黎元洪当作潜力股，以备将来。

黎元洪读报

那么，雍剑秋有可能把这块地皮卖给黎元洪吗？可能性非常小。雍剑秋曾经廉价卖给倪嗣冲一处房产，据雍鼎臣回忆：“后来倪嗣冲患病，先住在北京德国医院治疗，接着想到北戴河养病。雍剑秋把在北戴河风景区新建的一所楼房，廉价让与倪。”[②] 虽然是廉价，但

① 廖一中整理：《黎元洪部分房屋土地契约》，《近代史资料》，总62号，中国社会科学出版社1986年版，第183页。

② 雍鼎臣：《军火买办雍剑秋》，文史资料选辑编辑部：《文史资料精选》，第3册，中国文史出版社1990年版，第531页。

这是唯一的一次雍剑秋转让给高官房产。不久，“雍又把天津佟楼附近马厂道毗连倪嗣冲的花园的一大段地皮，送给倪子幼丹，使倪家花园可以直接通向英租界”。[①] 在雍鼎臣的回忆中，其父雍剑秋对军政要员基本都是采取送钱、送地、送车等方式行贿，他会独向黎元洪收钱吗？

黎元洪虽然下野，但南北都在向他招手，常与军政要员打交道的雍剑秋对此应该非常清楚。哪个精明的商人会舍弃这只潜力股呢？

非常遗憾的是，目前无法找到资料证明雍剑秋行贿或黎元洪清廉。笔者先抛砖，希望后来的学者可以找到更多的资料为此事定论。

第三节　湘鄂之战

1921年，已经蛰伏了四年的黎元洪有些耐不住寂寞了。有心人自然都看在眼里，5月，谭延闿致函湘军总司令赵恒惕，称：“黄陂近颇热心社会，湘赈必愿为力。”[②]

湘赈何来？湖南地处西南门户，民国以来，是谓南北必争之地。护法战争开始后，湖南一度出现四分五裂的局面。时张敬尧统长沙、岳阳；吴佩孚掌衡阳；冯玉祥据湘西；谭延闿镇郴州、零陵。此四人代表当时中国三大势力，即北京政府（张）、直系军阀（吴、冯）、粤军政府（谭）。后直皖酝酿战争，粤军政府为“联直制皖、一致倒段”，秘密接济吴、冯开拔费60万元。吴遂与南军达成默契，“吴军退一步，南军进一步”。[③] 1920年5月26日，湘南战争爆发。谭延闿、赵恒惕驱逐张敬尧，湖南再次入西南势力范围。11月13日夜，湘北平江兵变，杀死谭派司令萧昌炽，倒谭运动开始。27日，谭离湘赴沪。赵恒惕继任湘军总司令，不久任临时省长。战争期间，谭、赵为筹军费，将谷米150万担外运，致湘人食艰，这是人祸；1920—1921年，湖南大旱，地荒歉收，湖南72县，“无县不荒，无县不穷”。[④] 醴陵北田区，灾民

---

① 雍鼎臣：《军火买办雍剑秋》，文史资料选辑编辑部：《文史资料精选》，第3册，中国文史出版社1990年版，第531页。

② 靳智整理：《谭延闿湘鄂战事电簿》，章伯锋主编：《近代史资料》，总79号，中国社会科学出版社1991年版，第181页。

③ 范春荣：《张敬尧》，《民国人物传》，第7卷，中华书局1993年版，第232页。

④ 李新总编，韩信夫、姜克夫主编：《中华民国大事记》，第1册，中国文史出版社1996年版，第784页。

2万人哀声载道、蜂拥外逃他处寻温饱。安化灾民领照外逃觅食者达3万人，其他老弱未能出境者，以野菜、竹笋、蕨根充饥，饿死者不计其数。沅江、乾城二县不仅无粮可食，即青草、菜根亦难寻觅。长沙发生米荒，米价涨至每石8元大洋，民不聊生。据华洋义赈会统计，湖南全省饥民近200万人。这是天灾。天灾和人祸，再加上湖南宣布自治，难以取得南北政府的救济，湘人赈灾必须湘人自己办理，这就是谭延闿信中"湘赈"之由来。而谭延闿之所以对赵恒惕提及黎元洪，是因为黎赵之间有一份深厚情谊。

赵恒惕（1880—1971），字夷午，湖南衡山县人。赵是早期同盟会会员，他与黎元洪的友谊始于武昌起义。当时，赵任广西混成协协统。广西独立后，赵随都督沈秉堃组织北伐军援鄂北上，赴湖北孝感作战。黎元洪任命其为左翼军司令，与清军对抗。南北议和成立后，赵奉令开往南京，行前向黎元洪借款5万银元作为军饷，言明到宁即还。到宁后，赵信守承诺，将款寄还。黎元洪欣赏其言出必行，恪守诺言，遂对赵另眼相看，颇为器重。1913年讨袁战争，赵恒惕在湖南力主独立。袁世凯派汤芗铭入湘，赵被俘，押往北京军法审判。途经武昌时，黎元洪念旧情出手相救，赵得以不死。事情是这样的：黎元洪看到赵被押解北上，知道凶多吉少，就电询袁世凯对赵将如何处置，袁答复说将送往北京军警执法处审判。黎元洪知道该处是著名的杀人机关，很少有人能活着出来，就恳请袁世凯将赵改送陆军部执法处审讯。袁极欲拉拢黎元洪，遂允其请。赵在京入狱。1915年夏，在黎元洪的营救下，赵得以特赦出狱。赵以后每每言及讨袁失败入狱一事，必提及黎元洪的大力帮助，始终感念黎相救之恩。谭延闿知道黎本人非常器重赵，对其要求湘赈自然会竭尽所能。谭延闿电文里说的湘赈以及黎赵关系我们已经清楚了，那么他所说的"黄陂近颇热心社会"是指什么呢？

它专指黎元洪公开反对鄂督王占元一事。1920年12月27日，黎元洪致电湖北旅京同乡会，"反对王占元加发湖北官票1000万串，另增常年军费400万余元"。[①] 这是黎元洪息影政坛以来，第一次有记载的公开参与政事，意义重大。

那么，黎元洪为什么要反对王占元呢？四个字，桑梓之情。即黎元洪与他的湖北老乡夏寿康的桑梓之情。

---

① 李新总编，韩信夫、姜克夫主编：《中华民国大事记》，第1册，中国文史出版社1996年版，第758页

先说说王占元。王占元（1861—1934），字子春，山东馆陶县人。1914年3月，王任湖北军务帮办。黎元洪对王占元在鄂头两年的工作应该是满意的。在1916年4月19日黎元洪回复王占元的一封信中，黎元洪不吝溢美之词，盛赞道："鄂省自台端秉节，四境乂安，视前数年，功效倍著。刻值多事之秋，仍复镇抚有方，防范加密，每遇鄂中人来，无不交口称颂。元洪共事有素，所尤推诚相与，为地方得人庆者也。"[①] 黎继任总统后，任命王占元为湖北督军兼民政长，可谓器重。可王占元督鄂后，事情却有了180度的变化。这事要从黎元洪亲信、原总统府秘书长夏寿康出任湖北省长说起。

王占元赠送给莫理循的照片

黎元洪安排夏寿康出任鄂省长。夏寿康（1871—1923），号仲膺，湖北黄冈人，黎元洪的老部下。辛亥革命时任湖北军政府政事部副部长、鄂都督府参议，后任鄂民政长。黎元洪进京后，夏历任副总统秘书、大总统政治咨议、总统府秘书长。黎元洪下野后，威信犹在。靳云鹏第一次组阁时（1919年），"为示好于元洪，邀其旧日僚属夏寿康出为教育总长，其用心亦在拉拢元洪，使其有助于促成南北和谈"。[②] 但夏寿康并未应邀入阁。1920年9月，大总统徐世昌任命夏寿康为湖北省长。这次任命，实乃黎元洪之意。夏寿康在致黎的信中直言："寿康仰体钧座垂念桑梓之意，嘱命出都长鄂。"[③] 其实，早在民国五年黎元洪继任大总统时，就有意命夏长鄂，不意遭到鄂方强烈反对，认为"夏前任鄂民政长时，其一切措施多拂民意，若再长鄂，必致民无噍类。

---

① 于铁丘、杨西木整理：《黎元洪未刊信电稿》，中国社会科学院近代史研究所《近代史资料》编辑部编：《近代史资料》，总93号，中国社会科学出版社1998年版，第93页。

② 薛民见：《黎元洪年谱》，鲁永成主编：《民国大总统黎元洪》，中国文史出版社1991年版，第356页。

③ 《抄呈夏寿康接任鄂省长受阻函（1920年11月30日）》，张黎辉等编：《北洋军阀史料·黎元洪卷》，第5卷，天津古籍出版社1996年版，第150页。

况伊性素偏僻，酷嗜烟土，只知吞云吐雾于枕畔，罔知拯饥救溺于域中”。①此次黎元洪安排夏任省长，正逢湖北自治运动时期，鄂人治鄂是自治目标之一。湖北旅京宜昌七邑代表对此安排非常满意，致信黎元洪，曰：“我公关心桑梓，摈孙荐夏，达到鄂人治鄂目的。全鄂人民无不踊跃欢呼，歌颂功德。”②

然而，王占元对此任命并不满意，但表面上还与黎、夏虚与委蛇。

王占元反对夏寿康出任鄂省长。前面所谓“摈孙荐夏”的孙，是指孙振家。孙振家（1858—），字保芝，山东临清人。1915 年任王占元秘书，是王的得力助手兼亲信，1920 年 8 月至 9 月 17 日，任鄂省长。夏寿康接替孙振家任鄂省长，显然是动了王占元的利益，但王初时并未表现出任何不满。11 月 22 日，夏寿康到武昌。王占元即宴请夏和孙新旧两任省长，并邀文武官员作陪。值得注意的是，王本人却托病未出席，这是他给夏的第一个下马威。23 日，王属下暂编一师师长孙传芳派营长王铸民前往夏宿处，逼迫其离省。夏无奈，只得渡江往汉口租界暂避。这是王给夏的第二个下马威。25 日，王公开反对夏任鄂省长，向北京政府提出辞职，以此要挟。150 天后，夏改任京畿河工水利督办。王如愿赶走了夏，等于和黎元洪结了梁子，所以才有黎元洪致湖北旅京同乡会反对王占元的电报。但更为严重的是，赶走了夏，等于否定了鄂人治鄂，否定了如火如荼的湖北自治运动。而这一切只是开始，从此王占元在鄂的日子进入倒计时。

总结王占元督鄂的最后时段，发现他有二失二误，二失即失军心、失民心；二误即误判中央、误判湖南。

失军心。由于欠饷问题久未解决，1921 年 6 月湖北发生了系列兵变。（一）宜昌兵变。6 月 4 日，湖北混成第二十一旅孙建屏团登陆抢掠，“东西北街繁盛商场，及征收局、烟酒局、印花税局、中国银行、总商会等，均遭焚掠，无一幸免者”。外国人方面则有“日商武陵洋行，美商大来公司、美孚洋行，英人住宅，法商洋行等，均被波及。计日人受伤者二名，美人受伤者一名。该地人民之死伤者一千余名，公私财产之损失，共达一千二百余万元”。③（二）武昌兵变。6 月 7 日，受宜昌兵变影响，跟随王占元多年的第二

① 《柯廷干拒夏寿康并举蔡济民长鄂禀（1916 年 7 月 26 日）》，张黎辉等编：《北洋军阀史料·黎元洪卷》，第 5 卷，天津古籍出版社 1996 年版，第 124 页。

② 《穆子翼等请调王占元出鄂督苏函（1920 年 10 月 15 日）》，张黎辉等编：《北洋军阀史料·黎元洪卷》，第 5 卷，天津古籍出版社 1996 年版，第 140 页。

③ 彭洪铸：《湘鄂川鄂战争纪略》，中华书局 2007 年版，第 93 页。

师，因索欠饷未果，实行兵变。是夜枪声隆隆，火光四起。变兵及满城军警，挨户搜索。“于是造币厂、官钱局、省议会皆被焚，如美国教会学校亦被捣毁”，“武昌一城，几同焦土。公私财产之损失……钱财货物共计一千二百三十六万余元。居民被抢二百七十六万余元。城内外人民被枪刀毙命者二百七十余人，受伤灾民三百余人，无家可归者二万余众”。[①]（三）沙市兵变。6月10日，驻沙市第八师之一部向师长索饷，因前欠过巨，不敷所需，遂哗变。“无论巨细商家，均遭焚掠。人民受流弹毙命者，多至数百人”。王占元听到这个消息，惊呼：“再加上这一回，完了完了！”[②]

失民心。北方鄂人之和平驱王。以湖北旅京同乡会为代表的驻京、津500余鄂人，于7月2日，假北京虎坊桥湖广会馆开救亡大会。会上宣布王占元吞没军饷、焚抢宜昌武昌、吞没赈款、私挪官款等罪状17条。会后派代表赴国务院见总理靳云鹏，后又辗转赴徐世昌住宅请愿，徐、靳推诿，请愿毫无结果。最后导致南方鄂人之武力驱王。7月22日，旅湘鄂人1.5万人集会，通过《湖北自治临时约法》，并依据此法公举蒋作宾为湖北临时省总监。蒋作宾随即组织湖北自治军，并致电各省，称“王占元不仅吾鄂罪人，实全国祸首。凡我中华民籍，人人得而诛之。”[③]

误判中央。王占元4月赴天津与曹锟、张作霖、靳云鹏举办天津会议，决定武力讨伐南方。会后赴京，徐世昌在总统府召集此四人开联席会议，划定曹、张、王三人的势力范围。湘鄂战争爆发后，王希望奉张能援鄂，张作霖亦有电报询问是否需要支援，无奈距离遥远，鞭长莫及。不得以只有依靠直曹，可直曹觊觎湖北，乃派王占元最忌之萧耀南赴鄂，实则欲图鄂督一职。

误判湖南。湘鄂战争前，赵恒惕借口驱逐湘西的滇军，请求王占元援助军饷、军火，并否认湘军有“援鄂”打算。王占元为防湘军倒戈，慷慨援助子弹100箱、步枪3000支、军米2000石、现洋20万。7月4日，又赠湘军子弹60万发。7月18日，王占元在武昌召集鄂、赣、桂、湘、黔、蜀、滇七省联防会议，决定援助赵恒惕。当王占元感到赵恒惕在欺骗他，发电诘问赵

① 彭洪铸：《湘鄂川鄂战争纪略》，中华书局2007年版，第95页。

② 彭洪铸：《湘鄂川鄂战争纪略》，中华书局2007年版，第100页。

③《湖北自治军发布之文电》，国史编辑社编：《湘军援鄂战史》，中华书局2007年版，第19页。

黎元洪西装全身照

时，赵依然回电说："敝部受人煽惑，局部发动，未及制止，比日即饬令撤退。"① 谁知两天后，即7月26日，赵恒惕召集全省少校以上军官在长沙湘军总部举行援鄂誓师大会。28日，湘鄂战争爆发。

8月6日，焦头烂额的王占元辞职。9日，萧耀南被任命为湖北督军。

黎元洪等通电调停湘鄂。黎元洪一直被北方鄂人视为精神支柱，早在虎坊桥湖广会馆大会无果后，众代表就召集紧急会议，讨论对策，决定："黄陂虽主张罢免王占元，但无明白表示。拟由湖北旅京鄂人自由签名，自备车费，一致往天津要求黄陂切实向政府交涉，并通电全国，一致申讨王占元。若黄陂一日不从其请，即一日不出黄陂之门。"② 可见众人对黎元洪倚重之深，期盼之切。同时，驱王也是黎元洪的政治要求。当看到王已去职，8月8日，黎元洪、周树模、熊希龄、张国淦等发出主张停战议和的通电，其原文如下：

鉴：鄂民苦兵祸久矣。近复武、宜兵变，焚掠无遗，重以各属水灾，闾阎荡析，创深痛巨，救死不遑，讵忍劫后余黎重罹锋镝。乃者因保全一人之故，致令湘、鄂构兵，各军纷集，武汉震扰，城镇为墟。现在前敌交绥，王督辞去，倘复相持不下，祸结兵连，诚恐牵一发动全身，重启南北之战争，立召灭亡之惨痛，匪惟国民所不许，抑岂当局所忍为。且太平洋会议关系吾国存亡，正当速泯内讧，同心对外。若阋墙不已，将丧失国家资格，宰割由人。惩前毖后，深用隐忧。诸公宏谋远识，爱国爱民，务请主持正义，俯顺舆

① 李新总编，韩信夫、姜克夫主编：《中华民国大事记》，第1册，中国文史出版社1996年版，第805页。

② 《鄂同乡请罢王占元无效》，国史编辑社编：《湘军援鄂战史》，中华书局2007年版，第14页。

情。一面劝令双方停战，一面设法调停，庶以救濒死之孑遗，成未来之统一。万世瞻仰，在此一举，不惟湘鄂人民感戴盛德，大局实攸赖焉。掬诚电恳，翘企德音。①

通电发出后，12 日，周树模、张国淦等乘车前往天津，与黎元洪、熊希龄、范源濂等即在黎宅协议下一步进行办法。周树模（1860—1925），字少朴，湖北天门人。1889 年己丑科进士，授翰林院编修。清末任会办盐务大臣兼中俄勘界大臣。1916 年 7 月，任北京政府平政院院长。继任周树模为平政院院长的是熊希龄。此时，蒋作宾已经向萧耀南提出四条件："（一）湖北全省宣布自治；（二）蒋（作宾）、孔（庚）所部军队，一律改编为自治军；（三）改革不合于自治之事项；（四）王占元之亲任军队，悉予遣散。② 汤芗铭将此四条件电告天津，黎元洪等决定"将此条件交由政府审议，一面组织湘鄂同乡联合会解决一切"。③

也许是蛰伏多年突然出现吸引了公众，有关黎元洪将出任"第三政府"总统的传闻甚嚣尘上，事情是这样的：

本月二十号，在孙洪伊宅会议，有政、研两派，谭组庵（谭延闿）、黎元洪代表蒋丙岩、金晓峰及吴子玉（吴佩孚）代表二人，共卅余人。兄派江月舫密为旁听，大计划在汉口成立第三政府，以吴督鄂。吴明则援鄂，实则阴助湘赵，使鄂商民请求，然后出作调人，倒北政府，以黎元洪为总统……总之第三政府，黎为总统，系借伊未满三年，借词正大，最后计划仍以武力剿平西南，统一中国等情。④

---

① 《京津湘鄂要人主张停战议和之通电》，国史编辑社编：《湘军援鄂战史》，中华书局 2007 年版，第 78 页。

② 《武装谋和之湘鄂消息》，季啸风、沈友益主编：《中华民国史史料外编——前日本末次研究所情报资料·中文部分》，第 6 册，广西师范大学出版社 1997 年版，第 394 页。

③ 《天津会议与湘鄂问题》，季啸风、沈友益主编：《中华民国史史料外编——前日本末次研究所情报资料·中文部分》，第 6 册，广西师范大学出版社 1997 年版，第 395 页。

④ 国史编辑社编：《湘军援鄂战史》，中华书局 2007 年版，第 141 页。

此函收录于《湘鄂战争有关文电》，写信人和收信人均不可考，“据内容推测，系反直系政客”。[①]

传闻终归是传闻，黎元洪再做总统的日子真的来临了。

① 国史编辑社编：《湘军援鄂战史》，中华书局2007年版，第142页。

第九章　再任总统再离京

1922年5月，第一次直奉战争以奉张失败告终，直系曹（锟）、吴（佩孚）声威大炽，如日中天，直系的下一个目标是统一中国。其时，中国有北徐（世昌）南孙（中山）两位大总统，欲统一中国必须名正言顺，于是恢复法统的主张甚嚣尘上。

第一节　二任总统

所谓恢复法统（也称法统重光），就是恢复民国六年（1917年）被黎元洪解散的旧国会。主张恢复法统的国会代表人物是原众议院议长吴景濂和参议院议长王家襄，而他们的终极目的是为了助曹上台为总统。早在1922年初，吴景濂曾致电吴佩孚谈及恢复法统问题，洛吴回电称："尊法自佩孚所主张，而诸公言之尤为切至。深盼军人、国民同时觉悟，大法早复，共有率循。"① 吴佩孚赞成恢复法统。奉直战后，恢复法统演变成驱徐迎黎。

促成此演变的是孙传芳。孙传芳（1885—1935），字馨远，山东历城县人。1908年毕业于日本陆军士官学校第六期步兵科，并加入同盟会。民国后，历任第二师（王占元为师长）第二辎重营营长、第六团团长、第三旅旅长。1917年升任第二十一混成旅旅长。1920年任长江上游警备司令。此时的孙传芳官居长江上游警备司令兼第二师师长。湘直战争，孙传芳利用与赵恒惕的同学关系（日本士官学校），促成湘直和谈成功。后孙又受命阻刘湘攻鄂北，参与吴佩孚与刘湘和谈，崭露头角。1922年5月14日，吴佩孚就恢复法统密

① 《吴佩孚就恢复法统事致吴景濂等电（1922年1月26日）》，李家璘等编辑：《北洋军阀史料　吴景濂卷》，第1册，天津古籍出版社1996年版，第509页。

电北方直系诸将征求意见，孙传芳立即会意。5月15日，孙传芳以长江上游总司令和陆军第二师师长的名义发表删电，称："窃谓巩固民国，先宜统一南北。统一之破裂，既以法律问题为厉阶；统一之归宿，当以恢复法统为捷径。快刀断丝，一劳永逸，舍此别无他道。应请黄陂复位，召集六年旧国会，速制宪典，共选副座。国家既为四万万同胞所公有，统一即应以从多数意见为标准。大局为重，天下为公，但有奠局之望，宁在权力之争。非常政府，原由护法而兴。法统既复，异帜可消。倘有扰乱之徒，即在共弃之列。"① 孙传芳旗帜鲜明地主张恢复法统。删电发出后，立即得到名流政客的响应和支持，当时有传闻指此次删电系受吴佩孚之命而发。

孙传芳

同日，旧国会议员也开始行动。王家襄、吴景濂等昔日国会领袖在天津息游别墅（一家旅馆）开谈话会，并在日租界设立第一届国会通信处。"连日京、津、保之间，旧议员往来不绝"。② 民国八年国会议员见此情形，愤怒难忍，于是致电吴佩孚，称："此次旧议员勾结梁、叶、奉张，事实昭然，若赞成复旧，是与若辈宗旨本无二致，何必多此一战，使死者含冤地下。"③ 曹、吴等见众议纷纭，乃通电征求民意。

十大军阀通电表示在国会问题上"服从民意"。5月19日，曹锟、吴佩孚、山东督军田中玉、江西督军陈光远、江苏督军齐燮元、河南督军冯玉祥、陕西督军刘镇华、甘肃督军陆洪涛、湖北督军萧耀南、绥远都统马福祥发表通电，谓："比年以来，祸患频仍，兵争迭见，国家危于累卵，民生凋敝，尤不堪言。近者奉军肇乱，危及国本，幸将士用命，驱除迅速，使大局得以危

① 《孙传芳等删电（1922年5月15日）》，章伯锋、李宗一主编：《北洋军阀（1912—1928）》，第4卷，武汉出版社1991年版，第212页。

② 李新总编，韩信夫、姜克夫主编：《中华民国大事记》，第1册，中国文史出版社1996年版，第885页。

③ 李新总编，韩信夫、姜克夫主编：《中华民国大事记》，第1册，中国文史出版社1996年版，第885页。

曹 锟

而复安。然兵力但足以定一时之乱，至于百年大计，非从根本解决，断无长治久安之望……今兹国内名贤耆德学人志士，谠言至论，日有所闻，或主张恢复六年国会及召集第三届国会以维法统，或提倡国民自由会议，以征民意，以及国民制宪，联省自治，各种建议，凡有起疴之神功，皆为救时之良药。惟是言法统者必实尊法统，言民意者当真尊民意，苟有丝毫之假借，即不能得真正之解决……锟等分属军人，身为国民，有卫国保民之职责，对于国家大事，惟有服从民意，实力奉行，初无几微成见可言，国内明达，共鉴斯忱，伫候教言，俾资圭臬。”①

通电里所说的“从根本解决”的“百年大计”，就是国会问题。通电很快获得社会名士的响应。

22日，蔡元培、熊希龄、梁启超等各界名流电复曹、吴，赞成恢复民国六年旧国会，制定宪法，善后问题由各省派员开会研究解决。尽管民国八年议员不断有反对声传来，但恢复民国六年旧国会已经渐成共识。24日，王家襄等在天津开筹备成立会，通电声明自行集会。此时，各界促徐退位之声不绝于耳，其中以孙传芳勘电最具代表性。

孙传芳电请徐世昌、孙中山退位。28日，孙传芳发表勘电，谓：“广东孙大总统，原于护法，法统既复，责任已终，功成身退，有何流连。北京徐大总统，新会选出，旧会招集，新会无凭，连带问题，同时失效。所望我两先生体天之德，视民如伤，敝屣虚荣，及时引退，适可而止……传芳武人，粗知大义，爱人以德，缄默难安。贤达如两先生，当不河汉斯言。”② 此电直

① 《曹锟吴佩孚等效电（1922年5月19日）》，章伯锋、李宗一主编：《北洋军阀（1912—1928）》，第4卷，武汉出版社1991年版，第212页。

② 《宜昌孙传芳主张孙徐退位之电文》，章伯锋、李宗一主编：《北洋军阀（1912—1928）》，第4卷，武汉出版社1991年版，第213页。

指北方的大总统徐世昌和南方的大总统孙中山，劝其“及时引退”。次日，苏督齐燮元亦发表通电促徐退位。

徐世昌

徐世昌决定下野。31 日，徐对孙传芳勘电做出回应，称：“阅孙传芳勘电，所陈忠言快论，实获我心。果能如此进行，使亿众一心，悉除逆诈，免斯民涂炭之苦，跻国家磐石之安，政治修明，日臻强盛。鄙人虽居草野，得以余年而享太平，其乐无穷，胜于今日十倍。况斡旋运数，挽济危亡，本系鄙人初志。鄙人力不能逮，群贤协谋以成其志，更属求之而不得之举。一有合宜办法，便即奉身而退，决无希恋。先布区区，敬候明教。世昌。卅一。”[①] 徐世昌说“一有合宜办法，便即奉身而退”，孰不知，“合宜办法”已经酝酿成熟了。

6 月 1 日，旧国会议员 200 余人在津会议，拥戴黎元洪复位，并发表通电邀请黎复职，宣布徐世昌为非法。称：“两院既经非法解散，旋又组织参议院，循是有七年之非法国会，以及有同年之非法大总统选举会。徐世昌之为大总统，既系选自非法大总统选举会，显属篡窃行为，应即宣告无效。自今日始，应由国会完全行使职权，再由合法大总统依法组织政府。”[②]

至于黎复职后的任期，则谓“前河间（冯国璋）代理任期系根据约法之规定，在法律上当予承认。而现下所谓黄陂复职之任期，则以补足洪宪八十三天及复辟十余日之总统中断时期。在此百日期间，再赶上办理选举，以免此时主座无人，政局中断”。[③] 就是说，黎元洪复职后，可以有“百日”的合法期限主政。

---

① 《政局重大变化之昨闻》，季啸风、沈友益主编：《中华民国史史料外编——前日本末次研究所情报资料·中文部分》，第 7 册，广西师范大学出版社 1997 年版，第 76 页。

② 《昨日在津开会之情形》，季啸风、沈友益主编：《中华民国史史料外编——前日本末次研究所情报资料·中文部分》，第 7 册，广西师范大学出版社 1997 年版，第 77 页。

③ 《政局重大变化之昨闻》，季啸风、沈友益主编：《中华民国史史料外编——前日本末次研究所情报资料·中文部分》，第 7 册，广西师范大学出版社 1997 年版，第 76 页。

旧国会议员以法律的名义，宣布徐之总统为非法。徐世昌审时度势，于6月1日下午将眷属和什物从总统府搬回东四五条本宅，将所有总统印信暨一切重要文件交予国务总理周自齐保管，并令周代摄总统职权。

吴佩孚

吴佩孚趁热打铁，嘱咐直系驻京代表于6月2日三电徐世昌“何时启程”。同日，徐世昌发表通电，称“从兹隐处林泉，不复再问世事”。[①] 通电后，徐匆匆赴津，结束了中华民国历史上的徐世昌时代。徐世昌审时度势，顺应形势，及时退隐。

徐世昌已去，下一步就是迎黎入京。

6月2日，直系军阀云集保定曹锟花园，决定：依据约法，恢复国会；请黎元洪补足未满之83天任期；国会恢复后，制定宪法，选举总统；双十国庆前颁布宪法与选新总统。曹锟、吴佩孚领衔17名直系军阀电请黎元洪“依法复位，以奠邦家”。[②] 那么，黎元洪的想法又是怎样的呢？

黎佯拒再任总统。自徐世昌下野，敦请黎元洪复职的电报纷至而来。3日，黎元洪复电各省，声明：“自引咎辞职，蛰处数年。思过不遑，敢有他念，以速官谤。果使摩顶放踵，可利天下，犹可解说，乃才辁力薄，自觉勿胜，诸公又何爱焉？前车已覆，来日大难。大位之推，如临冰谷。”[③]

虽然表面拒绝，但据入谒黎府之人讲，黎之态度尚犹豫。某通讯社采访黎时，黎称：“余为中华民国国民一分子，既各面迫于救国热诚，力促余复出任职，余岂能再事高蹈，亦只得牺牲个人之前途。”[④] 这时，反对黎复职的声音开始不断传来。

---

① 《徐世昌辞职通电（1922年6月2日）》，章伯锋、李宗一主编：《北洋军阀（1912—1928）》，第4卷，武汉出版社1991年版，第216页。

② 《曹锟等翊戴黎黄陂通电（十一年六月二日）》，孙曜编：《中华民国史料》，沈云龙主编：《近代中国史料丛刊第二辑》，文海出版社1967年版，第433页。

③ 张梓生：《黎元洪复职记》，荣孟源、章伯锋主编：《近代稗海》，第5辑，四川人民出版社1985年版，第161页。

④ 张梓生：《黎元洪复职记》，荣孟源、章伯锋主编：《近代稗海》，第5辑，四川人民出版社1985年版，第161页。

孙中山等反对黎元洪复职。6月3日，孙中山通电反对黎复任总统，“表示应由护法政府承继法统”。[①] 浙督卢永祥通电称“黄陂法定任期终了，在法律上成为公民，早已无任可复。”[②] 此外，改造湖北同志会、中华平民社纷纷通电反对。老友章太炎也劝其“切勿挂系北京，自同囚锢”。[③] 然而，反对的声音很快被劝进的美言淹没了。

劝进之人主要来自三方面：一是摄政内阁成员；二是曹、吴代表；三是国会王、吴。4日中午，交通部部长高恩洪赴津黎宅，劝黎入京复职。黎提出三条件：“（一）全国大裁兵，须于两个月内一律实行，无论何方面，不得推诿；（二）各省督军，一律废除，师长以上，不能再加军官，此事须于三个月内一律实行；（三）中央财政公开，实收实报，各方不得截留中央收入”。[④] 并委托高向曹、吴转达此三项条件。5日，曹锟代表熊炳琦、吴佩孚代表李卓章，以及王家襄、吴景濂等人，一日三赴黎宅劝驾。“黎极以裁兵废督为辞，不如此即不就职”。[⑤] 熊、李于是电告曹、吴与黎商谈情形以及黎提出的条件。

何谓废督裁兵？这是黎元洪继提出军民分治思想之后的另一项重要的政治主张。6日，黎元洪发表了著名的鱼电，对废督裁兵的主张做了详细解释。这篇电文很长，但它是研究黎元洪治国思想的重要文献，同时此文很难查找，故特全文录之如下：

> 前读第一届国会参议院王议长、众议院吴议长等宣言，由合法总统依法组织政府，并承曹、吴两巡阅使等十省区冬电，请依法复位，以维国本。曾经复电辞谢。顷复承齐督军等十五省区冬电，及海军萨上将各总司令等江电，京省各议会、教育会、商会等来电，

---

① 李新总编，韩信夫、姜克夫主编：《中华民国大事记》，第1册，中国文史出版社1996年版，第889页。

② 《卢永祥等反对黄陂复任之江电》，季啸风、沈友益主编：《中华民国史史料外编——前日本末次研究所情报资料·中文部分》，第7册，广西师范大学出版社1997年版，第80页。

③ 李新总编，韩信夫、姜克夫主编：《中华民国大事记》，第1册，中国文史出版社1996年版，第889页。

④ 《黎元洪尚未允来》，季啸风、沈友益主编：《中华民国史史料外编——前日本末次研究所情报资料·中文部分》，第7册，广西师范大学出版社1997年版，第84页。

⑤ 《黎元洪尚未允来》，季啸风、沈友益主编：《中华民国史史料外编——前日本末次研究所情报资料·中文部分》，第7册，广西师范大学出版社1997年版，第84页。

均请旋京复职。又承两院议长及各省区各团体代表敦促，佥以回复法统，责无旁贷，众意所趋，情词迫至，人非木石，能无动怀？第念元洪对于国会，负疚已深，当时恐京畿喋血，曲徇众请，国会改选，以救地方，所以纾一时之难；总统辞职，以谢国会，所以严万世之防。亦既引咎避位，昭告国人。方殷思过之心，敢重食言之罪，纵国会诸公矜而复我，我独不愧于心乎？抑诸公所以推元洪者，谓其能统一也。十年以还，兵祸不绝，积骸齐阜，流血成川，断手削足之惨状，孤儿寡妇之哭声，扶吊未终，死伤又至。必谓恢复法统，便可立销兵氛，永杜争端，虽三尺童子，未敢妄信。毋亦为医者入手之方，而症结固前有在乎？症结为何，督军制之召乱而已。民军崛兴，首置都督，北方因之，遂成定制。名号屡易，权力未移，千夫所指，久为诟病。举其大害，厥有五端：

练兵定额，基于国防。欧战既终，皆缩军备，亦实见军国主义，自促危亡。独我国积贫，甲于世界，兵额之众，竟骇听闻，友邦之劝告不闻，人民之呼吁弗恤。强者拥以益地，弱者倚以负隅，虽连年以来，或请裁兵，或被缴械，卒之前省后增，此损彼益，一遣一召，靡费更多。遣之则兵散为匪，招之则匪聚为兵，势必至无人不兵，无兵不匪。谁实为之，至于此极。一也。

度支原则，出入相权，自拥兵为雄，日事聚敛，始挪省税，终截国赋，中央以外债为天源，而典质皆绝，文吏以横征为上选，而罗掘俱穷。弁髦定章，蹂躏豫算，预征既及于数载，重纳又限于崇朝。以言节流，则校署空虚，以言开源，则市廛萧索，卖儿贴女，祸延数世，怨气所积，天怒人恫，二也。

军位既尊，争端遂起，下犯其上，所有时闻。婚媾凶终，师友义绝。翻云覆雨，人道荡然。或乃暗煽他人先行内乱，此希厚利，彼背前盟，始基不端，部属离贰。各为雄长，瓜剖豆分；失势之人，又图报复，阴结仇敌，济其欲心。祸乱循环，党仇百变。秦镜不能烛其险，禹鼎不能铸其奸，覆亡相寻，僭不怨悔，宰制一省，复冀兼圻，地过八州，权逾二伯，扼据要塞，侵夺邻封。猜忌既生，杀机愈烈，始则强与弱争，继则强与强争，终则合众弱与一强争，苟可泄其私仇，宁以国为孤注。下民何辜，供其荼毒，三也。

共和精神，首重民治，吾国地大物博，交通阻滞，虽有中枢，鞭长莫及，匪厉行民治，教育实业皆难图功。自督军制兴，滥用威权，干涉政治，囊括赋税，变更官吏。有利于私者，弊政必留；有害于私者，善政必阻。省长皆其姻娅，议员皆其重童。官治已难，遑问民治。忧时之士，创为省宪，冀制狂澜。西南各省迎合潮流，首易为总司令，复拟易为军务院，隶属省长；北方明哲，亦有拟改为军长直属中央者，顾按其实际，已成积重难返之势，今之总司令，固犹昔日之督军也。异之省长、军长，亦犹今之总司令也。易汤沿药，根本不除，虽有省宪，将焉用之。假联省自治之名，行藩镇割分之实，鱼肉吾民而重欺之，孑遗几何，抑胡太忍！四也。

立宪必有政党，政党必有政争，果由轨道，则政争愈烈，真义愈明，亦复何害。顾大权所集，既在督军，政党争权，遂思凭借。二年之役，则政党挟督军为后盾；六年之役，则政党倚督军为中心。自时厥后，南与南争，北与北争，一省之内分数区焉，一人之下分数系焉。政客借实力以自雄，军人假名流以为重，纵横捭阖，各戴一尊，使全国人民，涂肝醢脑于三端之下，恶若蛇蝎，畏若虎狼，而反键飞钳，方鸣得计，卒至树倒狲散，城崩狐迁，军人身殉，政客他适。受其害者，又另有人。斩艾无遗，终于自杀。怒潮推演，可为寒心。五也。

其余祸害，尚有不胜枚举者。元洪当首义之时，原定军民分治，即行废督，方其孑身入都，岂不知身入危地，顾欲求国家统一，不得不首解兵柄，为群帅倡。祸患之来，听之天命，轻车骤出，江河晏然。督军之无关治安，前事具在。项城不德，帝制自私，利用劝进，授人以柄。荏苒至今，竟成跖戾。今日国家危亡，已迫眉睫，非即行废督，无以国存。若犹观望徘徊，国民以生死所关，亦必起而自救，恐督军身受之祸，将不忍言。为大局求解决，为个人策安全，莫甚于此。或谓兹事体大，旦夕难行，必须于一省军事妥筹收束，徐议更张。不知陆军一部，责有专司，各地独立师旅，皆自有长官统率，与督军存废，影响无关。督军果自行解职，但须收束本署，旬日已足。此外独立师旅，暂驻原地，直接中央，他日军制问题，悉听军部统筹全局，妥为编制。此不足虑者一。或谓师旅直属，恐饷项无出，激成变端。不知督军之饷，皆取国赋，非捐私财，督军虽废，国赋自在。且漫无考核之军事费先行消灭，比较今日欠饷，或不至若是之巨。此不足虑者二。或谓仓卒废督，恐部属疑惧，危机立生。不知督军易人，党系不同，恐遭遣散，心怀反侧，诚或有之。若督军既废，咸辖中央，陆军部为全国最高机关，昭然大公，何分畛域。万一他日裁兵，偶然退伍，军部亦易予安置，宁惧投闲？督军果剀切劝导，当可涣然冰释。此不足虑者三。或谓督军皆望重功高，国人托命，一旦废除，殊乖崇报。不知所废者制，并非废人，督军多首创民国，与同休戚，投艰遗大，重任正多。望崇者，国人必有特别之报酬；功伟者，国人亦有相当之付托。果其自行解职，国人更感激不暇，宁忍听其优游？否则民意所趋，发生误会，恐有不能相谅者。人情莫不去危而就安，避祸而求福，督军之明，抑岂见不及此。此不足虑者四。或谓战事方剧，兵祸未平，猝言废督，必至统率无人，益形危险。不知全军司令，并非尽倚重督军。且年来争战，皆此省与彼省，此系与彼系耳。即或召名义，彼善于此，国人皆漠然视之，所谓春秋无义战也。若既求统一，中央当一视同仁，不分畛域，从前误解，悉可消融。万一怙恶不悛，征伐之权出自政府，亦觉师直为壮。此不足虑者五。或谓中央此时已无政府，稽留时日，牵动外交。不知阁员摄行，已可负责，且法统中绝，已及五年，国人淡然若忘，久侪元洪于编户，此元洪法律不负咎也。元洪所求，论既至公，事犹易举，久延不决，责有所归，此元洪事实不负咎也。况华府会议，外人以友谊劝告，久有成言，各公使旁观既熟，高义久敦，当必恤此阽危，乐为赞助，此不足虑者六。

或谓总统不负责任，废督与否，应俟内阁主持。不知出处之道，不可不慎，量而后入，古有明箴。以今日积弱之政府，号令不出国门，使非督军自行觉悟，则废督之事，万非内阁所能奏功，彼时内阁可引咎辞职，总统何以自处？若督军自行觉悟，放刀成佛，指顾间耳。嗣后中央行政，亦易措施。此为内阁计，应先决者一。或谓东海去位，京畿空虚，一再迟延，恐生他变。不知国无元首，匪自今始，总统一职，名存实亡，空籍纵久，何关轻重。京畿责任，自有长官，必可以维持秩序。果其有变，元洪无一兵一卒，又何能为？若督军不废，他日京畿战祸，能保其不续见乎？此为地方计，应先决者二。或谓督军爱戴，反欲废之，以怨报德，非所宜出。不知督军请复位者，为有利国家也，元洪请废督军，亦有利国家也，目的既同，肺腑互谅。元洪与各督军，分同袍泽，情逾骨肉，十年患难，存者几人！他日共治天下，胥各督军是赖，既倚重之，必保全之。此为督军计，应先决者三。督军诸公如果力求统一，即请俯听刍言，立释兵柄，上至巡阅，下至护军，皆刻日解职，侍元洪于都门之下，共筹国是。微特变形易貌之总司令不能存留，即欲划分军区，扩充疆域，变形易貌之巡阅使，尤当杜绝。国会及地方团体，如必欲敦促元洪，亦请先以诚恳之心。为民请命，劝告各督，先令实行。果能各省一致，迅行结束，通告国人，元洪当不避艰险，不计期间，从督军之后，慨然入都。且愿请国会诸公，绳以从前解散之罪，以为异日违法者戒。奴隶牛马，万劫不复，元洪虽求为平民且不可得，总统云乎哉！方将老死于津海之滨，不忍与世人相见。白河明月，实式凭之，废不能遍，图不能尽，腼然出山，神所弗福。救国者众人之责，非一人之力也。元洪颓然一翁，何所希恋，但愿早见统一，死无所恨。若众必欲留国家障碍之官，而以坐视不救之罪，责退职五年之前总统，不其惑欤？诸公公忠谋国，当鉴此心。如以实权为难舍，以虚号为可娱，则解释法律，正复多端，亦各行其志而已。痛哭陈词，伏希矜纳。黎元洪叩。鱼。①

鱼电洋洋3000余字，主要内容有废督裁兵的原因、解决办法、前景展望。关于原因，黎元洪提出五点废督裁兵的理由，即（1）兵数过多。遣散，兵为匪；招募，匪成兵。（2）征敛过巨。预征之数，已至数年以后。（3）争斗过繁。上下相争，强弱相斗，荼毒百姓。（4）干涉过广。从政治利益到赋税征收再到官员变更，四处插手，威权滥用。（5）党军过密。政客与督军互为凭借，政客以军人为自雄，军人以名流为重。至于解决办法，黎元洪指出：军权统归陆军部管辖；军费统归国赋开支；裁兵统归陆军部处理；废督是废制度，并非废其人；征伐权统归政府。最后，黎元洪还展望了废督后的前景：为内阁计，废督后中央行政命令易于施行；为地方计，废督后地方长官维持秩序，避免战祸发生；为督军计，废督后还要倚重各督军，共治天下。

鱼电出于饶汉祥之手。饶汉祥本人的简历笔者在前面已经介绍过。此文

① 《黎元洪主张先行废督裁兵然后就职电（1922年6月6日）》，章伯锋、李宗一主编：《北洋军阀（1912—1928）》，第4卷，武汉出版社1991年版，第217页。

黎元洪西装照

据饶汉祥之子饶蘅华言，为饶汉祥“遵黎嘱，特拟废督裁兵鱼电，痛陈武人专政之祸”。①

《努力周报》对鱼电的揶揄。《努力周报》创办于1922年5月7日，是小型政治类周报，1923年10月停刊。主编为著名学者胡适先生。黎元洪鱼电发表后，该报评论说：“黎元洪的鱼电，滔滔三千多字，说的只是两三句话，并且连这两三句都说不清楚，竟闹出笑话来，几乎下不得台。这件小故事应该使黎元洪得一个教训。饶汉祥一派的滥调文章可以少做做了。有话何不老实说，何必绕大弯子？何必做滥调文章？何必糟蹋许多电报生与读者？饶汉祥可以歇歇了！”②

提倡白话文的胡适先生实在看不惯由饶汉祥起草的骈体电报文稿。平心而论，喜好骈体文的饶汉祥确实把简单的事复杂化了。“黎元洪的鱼电，滔滔三千多字，说的只是两三句话，并且连这两三句都说不清楚”。其实，电报的本意就是强调“废督裁兵”的必要性，只要讲清楚此点就可以了。然而，鱼电却拖泥带水，旁征博引，使人们不知所云。但是，在各地督军拥兵自重的情况下，黎元洪居然针锋相对地提出“废督裁兵”，真是难能可贵。

黎元洪本人对鱼电的解释。6日晚7时，黎元洪邀请各省区代表暨劝驾众要人开茶话会，阐述废督裁兵之主张。代表到齐后，黎登台演讲：

> 近因国事多艰，承两院议长、议员及各省长官、各处代表来津敦促鄙人复职，情词恳切，至再至三。各省区劝促电文亦有数十通。自惭薄德，未克胜任。前经专电声明，并于晤诸公时，缕述种种苦衷，谅蒙鉴察。而诸公远道来津，一再枉驾，催促不已，解说无效，迫不得已，本日特发一电，对于时局前途有具体之主张。此种主张

① 饶蘅华：《家父饶汉祥与黎元洪》，鲁永成主编：《民国大总统黎元洪》，中国文史出版社1991年版，第232页。

② 《这一周》，《努力周报》，第7期，第1版，1922年6月18日。

实出于多数国民之心理，即南京齐督军等领衔所拍之冬电，亦大致相同。不过鄙人引申其意，明白定出办法而已。此电发出后，各省是否赞同，能否实行，实不可知。惟鄙人出处，以今日所主张者，为唯一关键。在座诸公可以此意转达各省区长官及全国国民，如以鄙言为不合，则今日与诸君畅谈之日即为最后会晤之一日。鄙人不敢再问国事矣。至电内所言弊端，不无过激之处，敬希诸君原谅。今日之会，一以表鄙人谢意，一以表鄙人主张。是否有当，望两院议长、议员及各省长官、各代表从容审议，鄙人不复再赘一辞。①

可以说，黎元洪本人对于鱼电的后果也是未知数。很多人，包括黎身边的人，都认为黎此番要价过高，也许大总统都做不成了。谁知，竟然风平浪静。

鱼电未邀曹、吴反对之声。为什么曹、吴对黎元洪“上至巡阅，下至护军，皆刻日解职，侍元洪于都门之下，共筹国是”这样明显的与虎谋皮般的要求也能容忍呢？原来，驱徐之后，南方的孙中山成了直系的唯一心病。恢复法统、元洪复职，都是为了兵不血刃地赶孙中山下台，解散南方政府。正如吴佩孚豪电（4日）所言：“至广东政府，非元首还都，中枢确定，断难撤销。”② 如果武力统一，代价不可估计。相比之下，口头上答应黎元洪这个要求付出的仅仅是承诺。6日上午，熊炳琦、李卓章同萨镇冰等再赴黎宅，云：“总统所提出三大意见，两使极表赞同，请总统即日回京。两使对于废督裁兵两事，决定先从保定做起，请勿以为虑。”③ 7日，曹锟、吴佩孚、齐燮元、岑春煊、陈光远相继通电，表示支持“废督裁兵”，请黎元洪早日复职。曹、吴电云：“天津黎大总统钧鉴：恭读鱼电，如沛纶音，经世宏猷，济时硕画。凡属血气，罔不倾心。废督裁兵，实为当今切要之图矣。俟钧座复位后，愿

① 《鱼日通电之经过及其原因》，季啸风、沈友益主编：《中华民国史史料外编——前日本末次研究所情报资料·中文部分》，第7册，广西师范大学出版社1997年版，第94页。

② 《吴子玉促黎复职之三豪电》，季啸风、沈友益主编：《中华民国史史料外编——前日本末次研究所情报资料·中文部分》，第7册，广西师范大学出版社1997年版，第87页。

③ 《黎元洪尚无来京消息》，季啸风、沈友益主编：《中华民国史史料外编——前日本末次研究所情报资料·中文部分》，第7册，广西师范大学出版社1997年版，第92页。

早实行。锟与佩孚谨当遵命，为各省倡。务乞即日赴京，以维大局，而慰民望，是所叩祷。曹锟、吴佩孚。叩。阳。”①

此时，黎宅出现三派意见。8日上午8时，黎与身边亲信在英租界黎宅会议，研究是否赴京。众人主张有三：（一）主张以大总统身份入京。此派认为鱼电主张得到曹、吴等赞同，应为国家计，早日入都为宜。（二）主张暂不入京。此派认为西南方面仍持反对黎复职的态度，现在入都，非常危险。（三）主张以国民代表身份入京。此派认为外交关系重大，应当先行入京，“暂以国民代表名义与各督军磋商根本办法，如得认可，即可复位。否则以国民之事还诸国民，究无大害。”② 虽然众说纷纭，但黎本人似乎主意已定。

黎元洪思忖再三，表示可以入京。据《顺天时报》记载，黎元洪曾对某代表讲：“国人如此拥爱元洪，元洪感激奚似。若再重违民意，更滋罪戾。现在曹、吴两公，既复电赞成元洪主张，而北京各方面又日盼元洪进京。元洪自不敢坚持己见。惟到京后，当再申明前日通电之主张，以求各省之赞成。如各省赞成元洪，则行就职，否则只负维持治安责任。仍将国人之事，还诸国人，不愿做命令不出都门之总统。”③

两份蒸电，黎元洪宣布入京。10日，黎元洪连发两份蒸日通电，蒸一电云：“谨于本月十一日，先行入都，暂行大总统职权，维持秩序。一面恢复国会，克期齐集。当此议员陆续入京之日，为督军从容解职之时。”蒸二电云：“惟法律问题，应由国会解释。元洪谨于六月十一日早八时入都，暂行大总统职权。俟国会开会，听候解决。”

1922年6月11日，黎元洪乘专车入京，第二次做起了大总统。

第二节　六位总理

离津前，黎元洪向外宣布，此次进京“不受年俸；不用私人；不住公

① 《黄陂通电后之保定情形》，季啸风、沈友益主编：《中华民国史史料外编——前日本末次研究所情报资料·中文部分》，第7册，广西师范大学出版社1997年版，第96页。

② 《黄陂态度之津讯》，季啸风、沈友益主编：《中华民国史史料外编——前日本末次研究所情报资料·中文部分》，第7册，广西师范大学出版社1997年版，第95页。

③ 《黄陂态度之津讯》，季啸风、沈友益主编：《中华民国史史料外编——前日本末次研究所情报资料·中文部分》，第7册，广西师范大学出版社1997年版，第95页。

府”,[①] 人称“新三不主义”。黎元洪还向北京政府“毋多备车辆；毋粉饰欢迎”，进京当天，北京东车站前“扎一松柏牌坊上书‘欢迎’二字，他无点缀”,[②] 沿街商铺悬挂国旗，表达敬意。

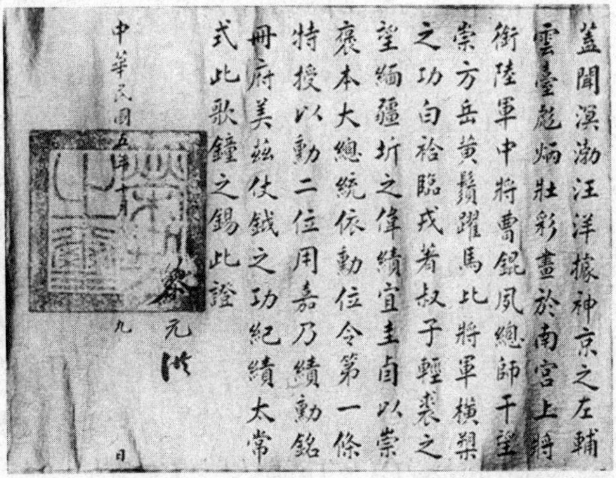
蓋聞溟渤汪洋據神京之左輔
雲臺彪炳壯彩畫於南宮上將
銜陸軍中將曹錕夙總師干望
崇方岳黄髯躍馬北將軍横槊
之功白袷臨戎着叔子輕裘之
望緬疆圻之偉績宜圭卣以崇
褒本大總統依勳位令第一條
特授以勳二位用嘉乃績勳銘
冊府美茲伏鉞之功紀績太常
式此歌鐘之錫此證
中華民國五年十月九日
黎元洪

黎元洪授予曹锟勋二位的证书

对于黎元洪此次进京，各方评价不一，褒贬俱有。有一外国人的看法非常有趣，不妨一读：“中华民国之第一任大总统孙中山也，山，最高也；第二任大总统袁项城也，城，视山为低矣；第三任大总统黎黄陂也，陂，浅泽也，视城又低矣；继之者为冯河间，河则更低矣；更至徐东海，海，斯下矣。故民国之政局，乃如江河之日下。今者复由海而上升于陂，政治亦当之俱进乎?”[③] 以山城陂河海，比喻民国历任总统，形象新颖，也看出其对黎元洪的期待。黎元洪此行也是满怀信心的，但现实却让他心力交瘁。而让他心力交瘁的，正是拥戴他入京的几大势力。哪几大势力呢?

一是津派。津派是指旅津的国会势力，代表人物是王家襄、吴景濂。黎元洪与其矛盾主要表现在制定宪法和选举总统孰先孰后的问题上。

二是保派。保派是指以保定为中心的直系，代表人物是曹锟。曹锟之所以赞同恢复法统，就是为自己当正式大总统铺路。后来黎元洪与津派的矛盾，也是与保派的矛盾。因为津派和保派的利益相同，后来也称津保派。

三是洛派。洛派是指以洛阳为中心的直系，代表人物是吴佩孚。吴子玉是赞同恢复法统以及黎元洪复任最力者，最后双方因内阁问题也不欢而散。

黎元洪入京，面临的第一大问题就是组阁。内阁总理的初始人选有三人，即张国淦、伍廷芳、颜惠庆。张国淦是黎系的人，是黎最属意的人选，怎奈

---

① 贡少芹：《黎黄陂轶事》，上海国华书局 1917 年版，第 112 页。

② 贡少芹：《黎黄陂轶事》，上海国华书局 1917 年版，第 114 页。

③ 贡少芹：《黎黄陂轶事》，上海国华书局 1917 年版，第 115 页。

张力辞，遂作罢。伍廷芳时任广东军政府外交总长、财政总长，兼广东省长，是南方举足轻重的人物，再有一个月就是他80大寿。黎元洪与伍有过多次合作，如果伍肯北上组阁，南北和平统一即可立现曙光。于是黎元洪致电伍廷芳，要其“克期莅京，同竟初志。斡旋危局，微公谁归。举国所推，度不忍拒。”① 就连吴佩孚都亲自致电伍廷芳，称：“国人望公久矣，惠然北来，共商国是。佩孚不敏，极愿熏沐以待。”② 可令人遗憾的是，电报发出13天后，伍廷芳却因病逝世于广东省医院。最后内阁总理人选确定颜惠庆，谁知颜仅任职两个月即辞职他去。

没有料到的是，一年之内，民国内阁六迁，黎本人最后也因倒阁而辞职。这六次内阁依次为：

第一次，颜惠庆内阁时期。颜惠庆（1877—1950），字骏人，上海人。袁世凯时期曾任外交次长、驻德公使；徐世昌时期曾任靳云鹏内阁外交总长，靳辞职后，颜曾代理六天总理职务，后梁士诒组阁，颜仍就外交总长一职。颜是民国时期著名的外交家，黎元洪找其组阁也是出于外交上的考虑。

在《颜惠庆自传》里，颜对此作了如下表述：“摄理总统的周自齐总理将政府移交黎大总统，出乎意料的是大总统竟邀我出面组织新内阁。其理由看来非常简单，他担心列强不会像国人那样容易接受此次政变，极可能在正式承认问题上举棋不定，如此将陷其于困难之地。他指望我帮他渡过难关。因为我在驻华外交使团中口碑不错，由我作为他的总理出面组阁，有利于获得承认。”③

颜惠庆组阁是仓促的，也是顺利的。仓促的是，黎元洪进京当日，直奉和谈失败，双方在山海关再起战事。直系、国会和黎元洪鉴于形势，均以速组政府为己任。顺利的是，黎元洪第一次组阁，客观地说，完全是按自己的意愿而为，并未受到其他势力干扰。内阁九大部门总长分别是：

---

① 《黎黄陂致李伍张之三电》，季啸风、沈友益主编：《中华民国史史料外编——前日本末次研究所情报资料·中文部分》，第2册，广西师范大学出版社1997年版，第36页。

② 《吴佩孚劝伍廷芳北来之真电》，季啸风、沈友益主编：《中华民国史史料外编——前日本末次研究所情报资料·中文部分》，第2册，广西师范大学出版社1997年版，第1页。

③ 颜惠庆著，吴建雍等译：《颜惠庆自传——一位民国元老的历史记忆》，商务印书馆2003年版，第161页。

颜惠庆内阁（1922.6.11—1922.8.5）		
外交	颜惠庆	兼
内务	谭延闿	张国淦兼
财政	董　康	
陆军	吴佩孚	次长金永炎代
海军	李鼎新	
司法	王宠惠	
教育	黄炎培	未到任，高恩洪兼，五月次长汤尔和代
农商	张国淦	
交通	高恩洪	

九人之中，颜、董、李、王、高为周自齐内阁原任总长。谭延闿得以任内务总长，缘于黎考虑到南北统一问题，需要“以南方重要人物参加北阁”。[①] 当时颇有传闻谓谭秘密派人北上联络，张国淦亦回忆：“谭任内务，以我兼代，系专等谭来。我请黎以私电致谭，黎属我转达，我乃密电谭以此次相约本旨相告。谭复我电：‘在沪日久，须少布置，即先派人到京面洽。’其人到京，与我详议此后进行方法，比谒黎返沪，谭忽致电于我，‘以本人立场不能北来’，此又非局外能知其中曲折也。”[②] 谭亦登报辟谣：“报载延闿有代表李德裕，在京接洽。延闿并无派代表赴京之事，特电声明。”[③] 谭并未北上就职，而是到广州当了内政部长，后张国淦身兼农商、内务二职。高恩洪亦肩挑教育、交通双职，他被认为是洛系人物。而任吴佩孚为陆军总长，黎的意图是让其为废督裁兵护航，但吴并不领情，并致黎寒电，谓：“惟是陆军总长一职，综辖全国军政。政治更新，责任綦重，以佩服之愚，深惧弗胜。且各方军事，尚待结束，戎务殷繁，势难兼顾，敢辱高位，以速官谤。再四思维，惟有仰恳我大总统，收回成命，另简贤能，以重职责。”[④] 吴佩孚并不想因陆长一职而失去直鲁豫巡阅副使所拥有的实实在在的兵权。

① 张国淦：《北洋述闻》，上海书店出版社 1998 年版，第 183 页。

② 张国淦：《北洋述闻》，上海书店出版社 1998 年版，第 184 页。

③ 成晓军：《谭延闿评传》，岳麓书社 1993 年版，第 220 页。

④ 《吴佩孚劝伍廷芳北来之真电》，季啸风、沈友益主编：《中华民国史史料外编——前日本末次研究所情报资料·中文部分》，第 2 册，广西师范大学出版社 1997 年版，第 36 页。

吴虽然未插手内阁，但却想安排亲信入府。6月13日，吴佩孚入京祝贺黎元洪就任大总统。黎元洪在东厂胡同宅第迎接吴，双方在黎宅葡萄亭密谈约一个小时。吴佩孚认为“府洛应当密切联系，府方可用彼处一人为秘书长”。[①] 当时的府秘书长是饶汉祥，吴佩孚以不满意为由，欲派自己的秘书长孙丹林入府。黎元洪表示同意。而黎左右却大为反对，认为“孙进府则府中秘密无不泄露于洛方”，[②] 黎元洪方觉失策，遂收回前议，仍以饶汉祥为秘书长。孙丹林怒，欲回洛，高恩洪好言相劝，孙始允留京。后任孙丹林为内务次长才算转圜此事。然而好景不长，黎元洪随后需要化解更大的危机。

饶汉祥去津。追随黎元洪多年的饶汉祥，一直被外界视为黎之文胆。黎多次对外通电的骈体文稿件，均是饶汉祥执笔。至今，仍有骈体文爱好者钟爱搜集和阅读饶氏作品。黎饶相识于武昌起义时期，双方之间既有合作也有友谊。此次黎复任大总统，不仅任饶为府秘书长，而且命其为侨务局总裁，可谓重用。饶汉祥去津事件源于黎元洪主动出席阁议。6月15日上午，黎元洪罕见地列席内阁会议，名曰欲泯府院之意见。此种举动也可视为破坏责任内阁制度，故颜惠庆总理在会上特意声明：“元首虽出现阁议，并不加入表决之列。”[③] 为免误会，17日，大总统府秘书厅特发致国务院印铸局公函，称：“奉大总统面谕，责任内阁制度载在约法，前因阁员恐生隔阂，敦劝元洪出席国务会议。元洪恪守法治精神，但行旁听，概未稍参意见。一切责任仍由内阁完全担负。恐外间不明真相，应由秘书厅通告各报，俾免误会等因。奉此相应函达贵局，希即饬登公报宣布为荷。此致。”[④] 2天后，府秘书长饶汉祥突然去津，引发公府地震。据报载：“19日上午，黄陂有非常忧色，其原因殆因素所信任不可一日离之饶汉祥氏，被人排挤而去，心中茹极大之痛苦，遂不觉忧形于色。”[⑤] 至于饶氏被谁排挤、因何被排挤，我们不妨看看饶的号

---

① 张国淦：《北洋述闻》，上海书店出版社1998年版，第184页。

② 张国淦：《北洋述闻》，上海书店出版社1998年版，第184页。

③ 《总统出席之阁议消息》，季啸风、沈友益主编：《中华民国史史料外编——前日本末次研究所情报资料·中文部分》，第2册，广西师范大学出版社1997年版，第25页。

④ 《大总统府秘书厅致国务院印铸局函》，《政府公报》，第189册，第2262号，上海书店1922年6月版，第304页。

⑤ 《黄陂与饶汉祥》，季啸风、沈友益主编：《中华民国史史料外编——前日本末次研究所情报资料·中文部分》，第2册，广西师范大学出版社1997年版，第45页。

电（20日）："祥深知府主出席阁议，未参意见，或系主持之人，别有见解，果爱人耶，抑害人耶。祥忝长记室，事先既罔闻知，事后无从补救，万一他日失败，何所逃刑？"[①] 看来并非有他人排挤，而是黎饶之间的沟通出现了问题：黎元洪旁听内阁会议的事情，作为总统府秘书长的饶汉祥事先并未知情，确实让人很难理解。饶汉祥走后，颜惠庆也要走了。

颜惠庆辞职。颜惠庆的总理仅做了两周就传出辞职的消息，至于颜为什么要辞职，一时众说纷纭。翻阅《颜惠庆自传》，他提及吴景濂在国会复会后，说："不仅内阁，甚至大总统都必须唯其马首是瞻，听从呼唤。在此为国家服务的希望已经极为渺茫之际，我如果继续供职，徒取自辱而已。"[②] 颜惠庆把离职原因归于看不惯吴景濂所为。查找《颜惠庆日记》，没有"1922年"的内容。其实，颜氏之辞职有两大重要原因：（一）政令不出都门。主要表现在省长问题，任命王瑚为山东省长，王不到任；任命高凌霨为直隶省长，高不敢任；任命张绍曾为陕西省长，张不就职；任命王永江为奉天省长，王力辞。政令不能下达，是颜辞职的原因之一。（二）财政捉襟见肘。当时北洋政府的财政已经濒临破产，据说"若有一百万元之款，可以挪动，则内阁可以维持到八月一号。"[③] 8月1日是国会重开之日，届时将提出新内阁。黎元洪更让公府庶务司在《政府公报》打出多期广告，称"本总统年俸著不支取，以纾财力。"[④] 黎元洪的月薪是24000元。财长董康交长高恩洪主张大举外债，重走梁阁老路，遭到吴佩孚反对。7月31日，颜惠庆即请假偕家眷赴北戴河海滨休养。当天，黎元洪任命王宠惠暂署国务总理。8月5日，颜阁正式辞职。6日，黎元洪任命唐绍仪为国务总理。

第二次，唐绍仪内阁时期。黎元洪从6月下旬起就电邀唐绍仪北上组织"混合内阁"。此次国会能通过唐阁，完全是黎一手操办的。

---

① 《黄陂与饶汉祥》，季啸风、沈友益主编：《中华民国史史料外编——前日本末次研究所情报资料·中文部分》，第2册，广西师范大学出版社1997年版，第45页。

② 颜惠庆著，吴建雍等译：《颜惠庆自传——一位民国元老的历史记忆》，商务印书馆2003年版，第162页。

③ 《糟乱之内阁消息》，季啸风、沈友益主编：《中华民国史史料外编——前日本末次研究所情报资料·中文部分》，第2册，广西师范大学出版社1997年版，第84页。

④ 《公府庶务司致财政部函》，《政府公报》，第189册，第2266号，上海书店1922年6月版，第373页。

唐绍仪内阁（1922. 8. 6—1922. 9. 19）		
外交	顾维钧	唐绍仪女婿
内务	田文烈	次长孙丹林兼
财政	高凌霨	津保派
陆军	张绍曾	津保派
海军	李鼎新	连任
司法	张耀曾	
教育	王宠惠	
农商	卢　信	唐绍仪亲信
交通	高恩洪	连任

黎元洪组织唐阁，目的是南北可以实现和平统一。无奈遭到直系反对，唐迟迟不能北来。苦苦坚持一个多月，黎发表王宠惠为正式总理。胡适在《努力周报》评论道：“直系的军人反对唐绍仪内阁的许多通电，大家都是说：唐绍仪是主张联省自治的，所以不配组阁；最配组阁的只有王宠惠。那样看来，北方军人早已公认‘反对联省自治’为王宠惠的一种大政方针了。我们盼望王氏对于这一点有一种明白的表示。”①

第三次，王宠惠内阁时期。王宠惠（1881—1958），字亮畴，广东东莞人。美国耶鲁大学法学博士，精通英语、德语。王与黎接触始于辛亥革命时南北谈判，王是伍廷芳的参赞。1922 年 5 月，蔡元培、王宠惠、罗文干、汤尔和、梁漱溟、李大钊、胡适等 16 人发表《我们的政治主张》一文，提出“‘好政府’一个目标，作为现在改革中国政治的最低限度的要求。”② 王宠惠、罗文干署名是国立北京大学教员，汤尔和用的是医学博士头衔。王、罗、汤三人均入阁，所以这届内阁又被称为“好人内阁”或“好人政府”。这里有必要对“好人政府”或“好人内阁”考证两句，《我们的政治主张》通篇只提到“好政府”，并没有“好人政府”的说法，后代只提“好人政府”不提“好政府”，不知从何时起，又为何如此。胡适的一席话也许能为我们解释疑问：王内阁里有三位阁员曾经签名于我们在 5 月中发表的《政治主张》，因此，王内阁成立以来，很有些人爱拿那篇宣言里“好人政治”的话来挖苦他们。③ 看来“好人内阁”的称呼是贬义的。

① 《这一周》，《努力周报》，第 20 期，第 1 版，1922 年 9 月 17 日。

② 《我们的政治主张》，《努力周报》，第 2 期，第 1 版，1922 年 5 月 14 日。

③ 《这一周》，《努力周报》，第 30 期，第 1 版，1922 年 11 月 26 日。

王宠惠内阁（1922.9.19—1922.11.29）		
外交	顾维钧	连任
内务	孙丹林	
财政	罗文干	
陆军	张绍曾	津保派
海军	李鼎新	连任
司法	徐　谦	未到任，次长石志泉暂代
教育	汤尔和	
农商	高凌霨	津保派
交通	高恩洪	连任

“好人内阁”仅仅维持短短两个月，却闹出轰动一时的“罗文干事件”，导致府洛形同陌路。因为此事错综复杂，牵扯黎元洪等许多大人物，笔者将在下一节专门讲述。11 月 29 日，黎元洪接受王宠惠辞呈，任命汪大燮为国务总理。

第四次，汪大燮内阁时期。汪大燮（1859—1929），字伯唐，浙江杭州人。清末汪曾任出使英、日大臣。黎元洪第一次做大总统时，汪任交通总长。此次汪再次出山，完全是应黎元洪之请。当时，鲁案签字在即，内阁无人署理。黎曾请王宠惠等暂时维持局面，未获允许。黎派亲信金永炎赴保、洛探听曹、吴意见，金回来报告曹、吴对组阁无积极主张。于是，黎自作主张，请汪组阁。胡适评论道：“自称‘孤寄白宫如同聋聩’的黎总统，这回听到曹锟‘毅然独断’一句话，居然壮着胆子独行独断地把汪大燮内阁发表出来，总算黎总统生平第一件痛快事！”① 汪答应代揆 10 日。

汪大燮内阁（1922.11.29—1922.12.11）		
外交	王正廷	1922 年 12 月 11 日暂代国务总理
内务	高凌霨	津保派
财政	汪大燮	兼，12 月 1 日，次长凌文渊暂代
陆军	张绍曾	连任，津保派
海军	李鼎新	连任
司法	许世英	
教育	彭允彝	
农商	李根源	
交通	高恩洪	连任

① 《这一周》，《努力周报》，第 31 期，第 1 版，1922 年 12 月 3 日。

11月30日，黎元洪任命熊炳琦兼胶澳商埠督办，会同王正廷接收胶澳事务。看到胶澳事情有了眉目，12月1日，汪向黎元洪提出辞呈："接收胶澳，立待派员，副署无人，影响外交甚巨。大燮匡时略短，忧国心长，不得已勉为承乏。本日，接收胶澳大员已经阁议议决，奉令明发，初志已偿，亟应奉身而退。应请俯鉴愚诚，免去国务总理署职，以让贤能。"① 2日，曹锟通电，称汪大燮、许世英、高恩洪等与罗文干案有牵连，反对汪阁。3日，汪大燮通电称"查交还胶澳已定本月十日为期，大燮担任国务亦即至是日为止"。② 5日，张绍曾内阁提交国会。

张绍曾

第五次，王正廷内阁时期。11日，汪大燮辞职，王正廷署理国务总理。王正廷仅答应代理10日。22日，王辞代理总理，黎元洪强烈挽留，"王终以参议院速提张组阁同意案为条件，允暂留。"③

第六次，张绍曾内阁时期。张绍曾（1879—1928），字敬舆，河北大城人。张绍曾与黎元洪相交有年，关系很好。此次黎找张出来组阁，有两点考虑：一是张坚持南北和平统一，这点黎张相同；二是张与吴佩孚是儿女亲家，张阁在洛吴那里获得肯定应该问题不大。当然，最后能否通过，就要看津保派的态度了。

黎元洪出面协调国会。1922年12月9日下午2点，黎元洪为张绍曾组阁

---

① 《署国务总理汪大燮呈大总统恳请辞职文》，《政府公报》，第195册，第2424号，上海书店1922年12月版，第45页。

② 《署国务总理汪大燮通电》，《政府公报》，第195册，第2426号，上海书店1922年12月版，第87页。

③ 李新总编，韩信夫、姜克夫主编：《中华民国大事记》，第1册，中国文史出版社1996年版，第955页。

事在中南海居仁堂宴请两院议员 420 人（当天是曹锟 60 大寿，部分议员赴保祝贺）。入席时，军乐高奏，黎元洪起立举杯向到会议员致敬，并发言："自唐内阁同意咨文由众议院退回之后，迄未成立正式内阁。寸心殊抱歉疚。此次按照法定手续，提出张敬舆组阁同意案于国会，自信毫无私见。敬舆年来奔走国事，恢复法统，确著勋劳于国家。其个人历史及关于各方面之关系，谅为诸君之所洞悉，无待介绍。惟正式内阁成立稽时，中枢无人负责，内政外交，均为停顿。希望诸君早将同意案解决，以重国务而维法权。"① 当时众议院议长吴景濂、副议长张伯烈身在保定为曹锟贺寿，于是众推前参议院议长王家襄答复大总统。王道："同意案之通过，为同人分内之事。王、汪两次署阁，不交国会同意，外间啧有烦言。此次张内阁提出国会，足见政府尊重国会之诚意，同人无任欢慰。至对于张内阁之同意与否，两院同人各有其投票之自由，家襄不能代表答复。不过总统希望正式内阁早日成立之心理，则为同人所共能谅解。"② 随后国会方面不断传来好消息：

奉天众议员仇玉珽致信张绍曾称："弟曲意提挈，共同讨论，对于执事组阁一致赞成。"③

浙江众议员傅梦豪致函张绍曾说："日来敝会同人接洽之余，渐趋谅解。如壬戌俱乐部、民宪社、政学系等团体，已全体赞同。"④

在《张绍曾来往函札》中，这样报喜的信件有 15 封之多，张氏组阁案获得议会通过已经毫无疑问。江苏督军齐燮元甚至来信向张绍曾要官，称："鄙意拟请我兄组织内阁时，于次长或铨叙、法制两局长酌予一席，俾展所长。"⑤ 12 月 18 日，众议院以 392 票同意，通过张阁案。1923 年 1 月 4 日，黎元洪任

① 《张阁问题在保方之现势》，季啸风、沈友益主编：《中华民国史史料外编——前日本末次情报研究所资料·中文部分》第 4 册，广西师范大学出版社 1997 年版，第 268 页。

② 《张阁问题在保方之现势》，季啸风、沈友益主编：《中华民国史史料外编——前日本末次情报研究所资料·中文部分》，第 4 册，广西师范大学出版社 1997 年版，第 269 页。

③ 景芝整理：《张绍曾来往函札》，《近代史资料》，总 87 号，中国社会科学出版社 1996 年版，第 158 页。

④ 景芝整理：《张绍曾来往函札》，《近代史资料》，总 87 号，中国社会科学出版社 1996 年版，第 159 页。

⑤ 景芝整理：《张绍曾来往函札》，《近代史资料》，总 87 号，中国社会科学出版社 1996 年版，第 163 页。

命张绍曾为国务总理，并发表阁员名单如下：

张绍曾内阁（1923.1.4—1923.6.6）		
外交	施肇基	黄郛2月3日署，22日辞，以次长沈瑞麟代。4月8日，黄辞职获准，顾维钧任外长
内务	高凌霨	津保派
财政	刘恩源	
陆军	张绍曾	连任，兼，津保派
海军	李鼎新	连任
司法	王正廷	1月12日，程克任
教育	彭允彝	连任
农商	李根源	连任
交通	吴毓麟	

此份内阁名单交国会通过时，施肇基仅得99票，未予通过。公府方面提出以王正廷任外长，国会内各派亦各拥一人，张绍曾则大力推荐黄郛，“大有斯人不出之慨”。[①] 2月3日，黎元洪任命黄郛为外交总长。高凌霨以女儿染病为由，留在天津不肯进京，实际是辅助曹锟运动“最高问题”（总统选举）。就在张阁并未站稳之际，2月17日，曹、吴电请中央任命沈鸿英督粤、孙传芳督闽，欲武力统一南北，这与张绍曾所主张的和平统一背道而驰。2月22日，曹锟、王承斌、吴景濂等津洛派人物和吴佩孚代表李倬章、苏督齐燮元代表孙发绪在保定会议，共商倒阁去黎，为曹任总统铺路。3月8日，张愤而辞职。对于张阁辞职，上面的说法是公认的，无论是当时还是现在。但当时报纸曾刊登一封张绍曾致曹锟的信，说的是另外的原因：“今日阁议决行总辞职，其理由因孙文擅称大元帅，是破坏和平统一政策。政府如取军事行动，口食前言，否则坐视滋蔓，故行总辞职，使国民知破坏和平责任之所在，及政府真正和平之精神，用减少将来之兵祸。再弟已筋疲力尽，恐不足以副兄等之厚望，敢乞兄等原谅辞职之苦衷。弟曾虽下野，今后益当尽其所能，追随我兄之后也。张绍曾佳印。”[②] 张绍曾在信中称是孙中山在广州就任陆海军

① 《美中不足之张阁》，季啸风、沈友益主编：《中华民国史史料外编——前日本末次情报研究所资料·中文部分》，第4册，广西师范大学出版社1997年版，第305页。

② 《张阁辞职之真因》，季啸风、沈友益主编：《中华民国史史料外编——前日本末次研究所情报资料·中文部分》，第6册，广西师范大学出版社1997年版，第536页。

大元帅，导致内阁总辞职。黎元洪当然不会坐视张阁下野，他要尽其所能维持内阁稳定。

黎元洪一留张阁。3 月 9 日，黎元洪派荫昌和哈汉章前往慰留张阁，“尚望勉为其难，毋萌退志”。[①] 并发表公电，称：“方今外重内轻之局，本非久安长治之方。各省疆吏与张总理情同袍泽，谊共寅僚，宏济艰难，应相维系。纵有政见之同异，当以民意为从违。纲纪虽毁，名分尚在。若短垣自逾，长源竟塞，纵足快意，如国家何？外患日深，内乱未沮，华府之盟，已束高阁；共管之祸，恐在目前。元洪受国民之托，万不能使中枢瓦解，神州陆沉，陷京邑于荒墟；沦士民于臣仆。已敦促阁员即日视事，邦人君子，实鉴此心。”[②] 电文虽然挚诚，却无法打动内阁，10 日，张阁全体再提辞呈。

黎元洪二留张阁。张阁辞呈称：“绍曾等既荷深知，宜图报称。但使微衷共谅，事尚可为。虽知其难，敢不自勉？只以政策既难贯彻，尸位适足误公。”[③] 黎元洪再次派哈汉章把张阁辞呈退还，敦劝张无论如何暂应付几日。张绍曾于是在帽儿胡同私宅开非正式阁议，以图曹锟、吴佩孚转圜复职。看到张阁不稳，何丰林、齐燮元、王承斌相继致电张绍曾，劝其打消辞职念头。19 日，张绍曾下达闽粤督理令，内阁正式复职。

闽粤督理令发布后，国会对张阁反弹。浙江籍议员（曾任众议院副议长）褚辅成对记者说：“吾人因张阁不听军阀之指挥，故于其辞职，颇与以同情。今张氏既纯然言不顾行，甘于自杀，是和平统一从此可不再谈。吾人当然非但不同情，且须有相当之对待。”[④] 民党议员更喊出“张绍曾自杀”的口号。3 月 23 日，国会 10 团体公推广东籍众议员叶夏声、贵州籍众议员牟琳起草对于张阁的不信任案。4 月 2 日，北京参议院开议不信任张绍曾内阁案，审议后改成弹劾案。4 月 11 日，参议院以 94 票对 21 票通过对张阁不信任案。

阁潮未定，议会又有解决总统问题的呼声。4 月 26 日，以总统任期为由，

---

① 《国务总理等呈大总统为奉批慰留再申请恳准全体辞职文》，《政府公报》，第 198 册，第 2513 号，上海书店 1923 年 3 月版，第 209 页。

② 《大总统致京内外通电》，《政府公报》，第 198 册，第 2512 号，上海书店 1923 年 3 月版，第 195 页。

③ 《国务总理等呈大总统为奉批慰留再申请恳准全体辞职文》，《政府公报》，第 198 册，第 2513 号，上海书店 1923 年 3 月版，第 209 页。

④ 《国会对张阁形势之急遽变化》，季啸风、沈友益主编：《中华民国史史料外编——前日本末次研究所情报资料·中文部分》，第 6 册，广西师范大学出版社 1997 年版，第 567 页。

众议院议员张书元等致函吴景濂议长请将黄陂辞职问题提请议会解决。他们以黎元洪曾于去年提出辞职，但议会半年来尚未讨论，是为渎职，且“总统个人亦自认在位无法律上根据，称为事实上总统，对国家无丝毫责任心……其年来，政绩除赦罪魁、发勋章以及游园、观剧外，其他直无所事事。岂总统竟自菲薄耶？抑亦以地位不固、责任不明而故作逍遥闲散之态度耶？”[①] 其实黎元洪本人对任期问题迟迟未决亦甚烦恼。他在与《正义日报》《星报》记者谈话时说：“余之任期问题则辞职咨文固早已于数月前送达国会矣，早即可以据以解决，何待迟至今日？”[②]

5月16日，众议院通过对张阁不信任案。21日，因附曹议员提出总统问题议案达20多起，黎元洪向国会提出辞职。6月6日，张绍曾因不满黎元洪拒绝任命薛笃弼为崇文门监督，认为黎破坏责任内阁制，提出总辞。当晚，张绍曾离京赴津。黎派人往劝，张说：“此次政潮酝酿极久，原因复杂，个人力难消弭，只得远避。”[③] 13日，黎元洪亦辞职出京。

临行前，黎元洪发布命令，其任内最后一届内阁诞生：特任农商总长李根源兼署国务总理；金永炎署陆军总长。

自1922年6月11日至1923年6月13日，黎元洪第二次任大总统，为期一年，内阁竟然六迁，可见当时政治斗争之激烈。除此之外，一年来，黎元洪经历的废督裁兵、罗文干案、曹锟贿选等事件，让黎的政治生涯跌宕起伏，读者亦必须一看。

第三节　五省废督

黎元洪“废督裁兵”之鱼电发表后，曹锟、吴佩孚表示支持的阳电，是为黎进京护航的背书，也是黎决定进京的动力。而第一个表示愿“首裁督军”的是陈光远。

---

① 《阁潮未息又牵出总统问题》，季啸风、沈友益主编：《中华民国史史料外编——前日本末次研究所情报资料·中文部分》，第4册，广西师范大学出版社1997年版，第336页。

② 《阁潮未息又牵出总统问题》，季啸风、沈友益主编：《中华民国史史料外编——前日本末次研究所情报资料·中文部分》，第4册，广西师范大学出版社1997年版，第337页。

③ 张国淦：《北洋述闻》，上海书店出版社1998年版，第193页。

有意思的是，陈于1922年6月6日向北京政府辞督军，推荐蔡成勋继任，其时黎尚未赴任。曹吴的阳电，陈亦列名其中。10日，陈发蒸电，称："以吾国之纠纷，民情之祈响，非督军不足以铲除内乱，非裁兵不足以整理财源……光远请首先解职，敬表服从……此为尊重黎大总统宣言，首裁督军，消弭内乱，安全国家起见。"[①] 此外，浙督卢永祥发元电（13日），一改之前反对黎继任总统的说法，承认黎为"事实上之总统，而非法律上之总统"，并表示废督裁兵是其两年前首倡，只等"国会正式恢复，元首依法产生，国民一致翊赞，大局因以解决，永祥自当解甲归田，借偿初愿"。[②] 陕西督军刘镇华寒电（14日）称："废督问题，自应首倡；裁兵手续，尤持猛晋之议。"[③] 同日，黎元洪出席国务院例会，提出各战区停战谋和、组织裁兵委员会等主张。6月15日，黎元洪免去陈光远江西督军和第十二师师长职务，陈如愿成为首位废督。同时，任命谢远涵署江西省长；韩国钧为江苏省长；王瑚为山东省长，废督裁兵大幕正式拉开。

卢永祥名废督实独立。15日夜，卢在陆军同胞社宣布辞职，将督军印信交予省长沈金鉴，并成立废督善后委员会，自任会长。以第十师师长名义，维持治安以待委员会之成立。20日，宣布"合法政府成立，全国裁兵计划

黎元洪与家人合影

① 《江西陈光远赞同黄陂鱼电并欲首先辞督军职以为废督裁兵倡电（1922年6月10日）》，来新夏主编：《中国近代史资料丛刊·北洋军阀》，第4册，上海人民出版社1993年版，第62页。

② 《卢永祥正告黎元洪电（1922年6月13日）》，章伯锋、李宗一主编：《北洋军阀（1912—1928）》，第4卷，武汉出版社1991年版，第226页。

③ 《刘镇华之三电》，季啸风、沈友益主编：《中华民国史史料外编——前日本末次研究所情报资料·中文部分》，第2册，广西师范大学出版社1997年版，第33页。

确定后，再实行裁兵”。[①] 同日，发布号电，自行就任“浙江军务善后督办之职”。[②] 如果我们因此以为卢永祥支持黎元洪的“废督裁兵”主张，那就大错了。两年前，正值直皖战争爆发之际，卢永祥突然提出“欲救国家之危亡，必先牺牲个人之权力，废除督军制，实为今日切要之图”[③] 的主张，以为缓兵之计，意图兵不血刃地解散反皖直奉同盟。谁知曹锟将计就计，通电赞成废督，并提出禁止军人入党，剑指皖系核心安福会。卢没想到搬起石头砸了自己的脚，废督之议遂作罢。此次黎元洪提出“废督裁兵”，曹吴阳电赞成，卢永祥看在眼里，知道只有自己主动出击，才能保住皖系浙派实力，所以不待黎元洪命令，卢即就任浙江军务善后督办。当时有舆论指浙卢借此谋独立，可谓一针见血。7 月 2 日，卢永祥电告北京交通部以后所有税入归浙江所有。用废督之名，谋独立之实，卢永祥为黎元洪制造了麻烦，也为南北统一制造了梗阻。

保定会议为废督裁兵定调。6 月 15 日，曹锟、吴佩孚于保定会议，决定：“废督裁兵，同时将中国划分为若干军区，每区置军长一人以便训练调遣。”[④] 21 日，吴佩孚个电称：“至于废督裁兵，关系百年大计，兹事体大，非俟统一后，不能进行。”[⑤] 统一后方能废督裁兵之论，一是回应黎元洪；二是回应孙中山。

回应黎元洪。黎元洪“废督裁兵”的步子迈得有点急。在任命谢远涵长赣；王瑚长鲁之后（苏鲁民政对调，韩国钧长苏），18 日，黎元洪又令高凌霨长直；张绍曾长陕；张其锽长桂；王永江长奉。一时各地怨声连连，吴佩孚为维护直系利益，“派某某两代表赴苏，劝阻王瑚赴鲁长任，以安慰齐燮

---

① 李新总编，韩信夫、姜克夫主编：《中华民国大事记》，第 1 册，中国文史出版社 1996 年版，第 893 页。

② 《卢永祥之号电》，季啸风、沈友益主编：《中华民国史史料外编——前日本末次研究所情报资料·中文部分》，第 2 册，广西师范大学出版社 1997 年版，第 63 页。

③ 《卢永祥倡议废督以为根本解决全国和平统一问题（1920 年 4 月 23 日）》，中国第二历史档案馆编：《中华民国史档案资料丛书——直皖战争》，江苏人民出版社 1980 年版，第 24 页。

④ 《保定会议之结果》，季啸风、沈友益主编：《中华民国史史料外编——前日本末次研究所情报资料·中文部分》，第 2 册，广西师范大学出版社 1997 年版，第 44 页。

⑤ 《吴佩孚个日之通电》，季啸风、沈友益主编：《中华民国史史料外编——前日本末次研究所情报资料·中文部分》，第 2 册，广西师范大学出版社 1997 年版，第 61 页。

元；面嘱张敬舆（张绍曾）亲家万万不可赴陕长任，以搪塞（刘）镇华之质问。”[①] 其他如高凌霨不就，又特命王承斌为直隶省长，王亦辞，后就；王永江电辞，不受奉天省长之任命。所以有黎元洪令不出都门之说，可见其艰难。

回应孙中山。黎元洪鱼电发表当天，孙中山亦发布著名的《工兵计划宣言》，提出“军兴以来，兵额较前增至倍蓰。此等兵士来自民间，为不法武力所驱使，非其本意，一旦裁汰，使之骤失所业，亦所未安。宜以次悉改为工兵，统率编制，一切如旧，收其武器，予以工具……故直军诸将为表示诚意，服从护法起见，应首先将所部半数，由政府改为工兵，留待停战条件。其余半数，留待与全国军队同时以次改编。直军诸将如能履行此项条件，本大总统当立饬全国罢兵，恢复和平，共谋建设。”[②] 孙中山之意是直系只有先裁兵半数，才有与其谈判统一的资格。曹吴当然不肯，才有保定会议上“先统一，后裁兵”之说。不过，陈炯明叛变，打乱了孙中山的计划。孙中山赴沪后，曹吴电孙云：“先生主张实行裁兵之后，建设工兵制，以收容被裁兵士，改良劳工待遇，以减少资本家与劳动者双方之争执，实属救国良法。”[③] 与孙中山有“三角同盟”关系的奉系亦提出反对“废督裁兵”之说。

东三省自治，脱离中央。6月19日，奉天省议会与吉黑两省代表于奉天会议，推举张作霖为东三省保安总司令；孙烈臣、吴俊升为副总司令。东三省议会联合会号电称：“俟合法政府成立，废督裁兵，确定办法，东三省不能独异。”[④] 东三省商工联合会称：“东三省原有军队，一时断难遽裁，绝非废督裁兵四字空言漫能解决。”[⑤] 至此，东三省宣布“联省自治”，脱离中央。

① 《保定之见闻录》，季啸风、沈友益主编：《中华民国史史料外编——前日本末次研究所情报资料·中文部分》，第2册，广西师范大学出版社1997年版，第77页。

② 《工兵计划宣言（1922年6月6日）》，广东省社会科学院历史研究室、中国社会科学院近代史研究所中华民国史研究室、中山大学历史系孙中山研究室合编：《孙中山全集》，第6卷，中华书局1982年版，第146页。

③ 《曹吴再电孙中山》，季啸风、沈友益主编：《中华民国史史料外编——前日本末次研究所情报资料·中文部分》，第2册，广西师范大学出版社1997年版，第90页。

④ 《东三省省议会商工联合会之号电》，季啸风、沈友益主编：《中华民国史史料外编——前日本末次研究所情报资料·中文部分》，第2册，广西师范大学出版社1997年版，第55页。

⑤ 《东三省省议会商工联合会之号电》，季啸风、沈友益主编：《中华民国史史料外编——前日本末次研究所情报资料·中文部分》，第2册，广西师范大学出版社1997年版，第55页。

社会各界对“废督裁兵”的态度。7月1日，北京各省区自治联合会通电，请北京政府永远废除督军制及军区制；组织裁兵委员会；督军如不废督，国民应即与宣战，实行抗税罢市。同日，上海工商研究会等八团体，发起裁兵联席会议。广州绅商组织地方自治会，赞成统一，支持废督裁兵。2日，北京大学校长蔡元培以裁兵促进会理事的身份具呈黎元洪，要求“实行废督裁兵践言”。[①] 8日，安徽成立废督裁兵会；四川组成废督裁兵请愿团。虽有社会舆论的支持，但因其缺乏军事实权，故收效甚微。

国外列强对裁兵的干预。7月20日，驻京外国公使团就裁兵问题向北京政府外交部提出质问，谓：“中国近日情形，不但与华府议案大相违背，即与贵国黎元洪总统鱼电主张，亦相径庭，对内对外不符之处甚多……北方各省且有添招新兵之事，贵当局应如何应付补救，俾国际信用不致堕落？”颜惠庆答称，各处添招新兵之事，无不严电阻止，藉慰友邦之望。”[②] 这里提到的华府议案，是指华盛顿会议（亦称太平洋会议）期间，远东委员会特设股员会审议《关税案》后，“别有附带决议，乃劝告中国缩减陆军者，其文如下：全体股员会各委员，于研究增加关税以应中政府急需之问题，深觉中国因养各省冗滥之军队，致其公帑上遂有巨大之流出。此等冗滥之军队，大半为各省军人首领所统率，且因其长此存在，致成中国今日不定之政局。故以为此等冗兵，立即大加裁减，不惟可促进中国政治统一与经济发展之机，且可迅见中国财政之恢复。本股员会并无干涉中国国内问题之意，特为欲睹中国之发展及自能维持有效巩固之政府，以期中国与各国之商务俱受其利之诚念所动，并为本会议欲限制军备之巨大支出，使不致妨碍企业与国民发达之精神所鼓舞，敢请大会提出一表示本会议之切望，并具有对华友谊之建言：谓中政府应迅速切实举行裁减上开之军队与军费”。[③] 即是说，从长远的战略角度考量，外国在华势力亦赞成中国大量裁军，借以保护他们在华的长远利益。

9月26日，北京外交部接到葡萄牙公使照会，称“希望中国即速实行华府决议案，即行裁兵，如中国再不实行裁兵，将来发生兵变，各国损失须由

① 李新总编，韩信夫、姜克夫主编：《中华民国大事记》，第1册，中国文史出版社1996年版，第897页。

② 李新总编，韩信夫、姜克夫主编：《中华民国大事记》，第1册，中国文史出版社1996年版，第903页。

③ 黄惟志：《华盛顿会议纪事》，下，《东方杂志》，第19卷，第3号，上海商务印书馆1922年2月印行，第61页。

中国担负完全责任”。[1]但他们的干预亦因鞭长莫及，而不起根本作用。

黎元洪偕子女试用电子管收发机

废督之成绩。

除江西、浙江外，还有安徽、福建、河南3省实行了废督。

皖督之撤。10月7日，黎元洪下令，安徽督办张文生准免本职，安徽督办一缺裁撤。另任马联甲督理安徽军务善后事宜。11日，马联甲通电就职。张文生以忙于裁兵为名，致电北京，“一俟事毕，再遵令北上”[2]，不满之情非常明显。11月13日，黎元洪派李玉麟监督安徽裁兵事宜。

闽督之撤。10月15日，黎元洪传见李鼎新等讨论闽事，决定“废督问题已次第实行，福建可乘此时机，将督军一缺裁撤”。黎特任老师萨镇冰为福建省长。

豫督之撤。10月31日，黎元洪特派冯玉祥为陆军检阅使，河南督军一缺撤。并派张福来督理河南军务善后事宜。

裁兵之成绩。

四川之裁兵。10月3日，四川军事善后会议开预备会，决定缩减军队、废除军长制。6日，四川电告北京政府裁兵九混成旅。川军总司令刘成勋出席省议会，表示四川军队裁减一半。

安徽之裁兵。12月11日，李玉麟通电报告皖已裁兵27营2哨，所余新安武军12营应候中央办理。

黎元洪因废督无效辞职。历时半年，仅废督五省（赣浙皖闽豫）；裁兵两省（川皖）。1923年元旦，黎元洪无奈向国会递上辞呈：“复职之初，即首以废督为请，盖必废督而后裁兵可确定，理财可实施……乃荏苒半年，竟无寸

---

① 李新总编，韩信夫、姜克夫主编：《中华民国大事记》，第1册，中国文史出版社1996年版，第926页。

② 李新总编，韩信夫、姜克夫主编：《中华民国大事记》，第1册，中国文史出版社1996年版，第931页。

黎元洪戎装正面照

效……迩者辞职之书已咨国会，替人朝得，轻骑晚归。”[①] 总结黎元洪“废督裁兵”失败的原因，一是无钱；二是无权。无钱，裁兵必须有财政支持，否则欠饷无法给付，士兵遣散无资。而财政早已捉襟见肘，借款又困难重重，“北京曾政府要求关于财政整理及裁兵等一万万元之所谓整理借款之件，日本政府对此认为，此际如应允此项借款，反有助长中国内乱之虞。乃在此理由下，而与英美法三国为重重之交涉，现在各国似已赞成日本政府之通牒，大体于拒绝北京政府之提议已无异议。”[②] 欠饷问题更是日甚一日，即使想裁兵也无力支付巨额欠饷。无权，四分五裂的民国政局让黎元洪穷于应付，却收获无几。加之黎本人的总统地位亦受到不少疑问，废督之无法进行可想而知。“废督裁兵”草草收场就在预料之中了。

黎元洪任内还有一个轰动一时的财政总长罗文干案。

第四节　三拘财长

1922年11月28日晚8时，东厂胡同黎宅门外有三人紧急求见。黎元洪听说是众议院议长吴景濂、副议长张伯烈来访，知道必有要事发生，不敢怠慢，立即传见。

黎元洪看见与吴、张一起进府的还有一人，觉得有些陌生。吴议长连忙介绍此人与黎元洪认识。来人姓李，名品三，是华义银行买办。随后，吴、张向黎出示盖有众议院大印的指控财政总长罗文干私订奥款展期合同、丧失国权、违背约法等罪的公函，并指罗有受贿嫌疑，且数额巨大，李品三即是

① 《政府公报》，第196册，第2451号，上海书店1923年1月版，第22页。

② 《一成一败之借款消息》，季啸风、沈友益主编：《中华民国史史料外编——前日本末次研究所情报资料·中文部分》，第2册，广西师范大学出版社1997年版，第244页。

吴景濂

证人。证据是华义银行支付的三张支票，分别为 8 万英镑、3 万英镑、5000 英镑。吴、张催促黎大总统立即下令逮捕罗文干，并暗示如果罗文干逃走，责任全在总统。吴景濂见黎尚犹豫，就"嘱李买办声明甘愿反坐之反证"。[①] 黎这才答应吴、张的要求，手谕步军统领聂宪藩、京师警察总监薛之珩逮捕罗与财政部库藏司司长黄体濂，解送法庭处理。

罗文干第一次入狱。罗文干（1888—1941），字钧任，广东番禺人，16 岁赴英国牛津大学荣誉班学习法律，考获英国大律师资格，北京大学法官讲习所法律教授。1922 年 9 月起，任王宠惠内阁财政总长。11 月 18 日当晚，内务总长孙丹林在宅邸宴请冯玉祥，罗文干受邀作陪。宴会后，罗与友人往看电影，至 12 时方归宅。守候在门口的军警即一拥而上，将罗押上汽车，当夜送往京师地方检察厅（以下简称检厅）看守所。京师地方检察厅，类似今天的检察院，内设检察长和检察官，主要负责刑事案件的侦查或调查、提起并实行公诉、指挥司法警察、监督审判等方面的工作。

罗文干

黎元洪的失误。罗文干被押送检厅后，黎元洪才想到手续大错——事先未知会内阁。19 日上午 10 时，内阁总理王宠惠召集紧急会议，除罗文干外其余阁员均出席。王宠惠说："德奥债款一事，虽钧任有否受

① 《因倒阁而发生之阁员被捕案》，季啸风、沈友益主编：《中华民国史史料外编——前日本末次研究所情报资料·中文部分》，第 10 册，广西师范大学出版社 1997 年版，第 430 页。

贿，尚不可知，以现任之财长，仅以嫌疑二字，未经阁议讨论，擅行逮捕，自有未当。我辈既不为人信任，惟有全体引退，以避贤路。”① 但阁员多数反对辞职，于是推王总理领衔入府，与黎总统面议。

阁员议员第一次围府。19 日下午，府院召开特别会议，王宠惠总理当面质问黎元洪，王问：“即使阁员犯罪，何以不免其职，且不经司法票传而遽令军警逮捕？”黎答：“我实被吴、张等逼不过，且并未明令军警逮捕。”阁员言可召军警对质。军警至后，谓：“总统不令我等逮捕，我等何敢逮捕？”黄陂语塞，于是乃言：“这是我大错了。即下令罪已，并请罗总长先出狱如何？”某阁员厉声应谓：“尔如今罪已尚有何用？此事必须法律正当解决。惟希望总统勿一误再误，若果罗财长犯罪，则依法惩治，否则诬告者必须反坐。”黎答：“此层我必坚持，请诸君放心。”②

有阁员恐怕黎元洪食言，请其下令宣布。黎元洪允当晚下令。吴景濂、张伯烈得知府院会议内容，即偕多名议员入府阻止黎元洪下令。检厅票传吴、张出庭对质，吴、张以公府非诉讼机关，罗案系总统交办，拒绝到厅。当天，内阁发表通电（高凌霨、张绍曾未副署）叙述罗案经过，期待法律解决。此谓阁员议员第一次围府。

阁员议员第二次围府。20 日上午 10 时，内阁密议，决定三项办法：“（一）由各阁员全体入府催促总统下令引咎；（二）通知财部，速将此案始末汇订成帙，送往法庭参考；（三）应请意国债权代表人出头证明。”③ 议定后，下午 1 时内阁阁员入府，请黎元洪下令并捕吴、张交法庭对质。黎颇感为难。5 时，闻听阁员在府的议员 30 余人亦群拥至府，阻止黎元洪下令。值得注意的是当天北京众议院通过查办罗文干丧权祸国、纳贿渎职案及奥款合同无效案，但护法议员却大唱反调，指斥吴景濂“专权乱法，干预行政”。④

---

① 《因倒阁而发生之阁员被捕案》，季啸风、沈友益主编：《中华民国史史料外编——前日本末次研究所情报资料·中文部分》，第 10 册，广西师范大学出版社 1997 年版，第 429 页。

② 《因倒阁而发生之阁员被捕案》，季啸风、沈友益主编：《中华民国史史料外编——前日本末次研究所情报资料·中文部分》，第 10 册，广西师范大学出版社 1997 年版，第 428 页。

③ 《奥债案之昨闻》，季啸风、沈友益主编：《中华民国史史料外编——前日本末次研究所情报资料·中文部分》，第 10 册，广西师范大学出版社 1997 年版，第 419 页。

④ 李新总编，韩信夫、姜克夫主编：《中华民国大事记》，第 1 册，中国文史出版社 1996 年版，第 944 页。

他们认为吴、张未经国会讨论，就加盖众议院关防，手续不完备，已违法在先。此谓阁员议员第二次围府。

吴佩孚的态度。捕罗事件发生后，聂宪藩、薛之珩即向吴佩孚报告。20日，吴佩孚号电致黎元洪，称“现行内阁制度，照章俱由内阁负责。罗总长及该司长等，纵有违法事件，应提出阁议公决，经国务员副署，解除官职，方能送交法庭。若如聂统领、薛总监来电所云，似属不是事体，殊蹈违法之嫌，非所以保持威信，昭示国人也。”① 吴佩孚袒护内阁之意非常明显，罗案因此转向。

罗文干第一次出狱。黎元洪意识到自己手续大错后，连日来屡派金永炎赴看守所，再三劝罗先行回家，等候解决。但罗认为“惟关贿赂问题，未便率行离厅，应请迅发明令，正式提交法庭，依法办理”。② 因而，拒绝出狱。经检厅调查，8 万英镑支票一事，罗称“此款已持收中币六十六万八千元，除交通部拨去五十万元，偿还广九借款外，余十六万八千元，现存中国银行”。交通部亦复函检厅，确认“前项财政部拨交本部之银元五十万元，业经本部于本月十七日如数收到无误”。③ 检察厅长熊元襄根据上述说明，判定罗文干并无受贿嫌疑，遂宣告罗无有受贿证据。22 日，黎元洪派文官高等惩戒委员会委员长汪大燮、税务处督办孙宝琦、公府礼官长黄开文、侍从武官长荫昌为保人，至地检厅，用自己的总统红牌一号专车接罗文干及黄体濂出狱入公府。黎元洪向罗、黄道喜，并说：“非我屈君，则君之人格名望，何能倍增曩昔！岂非一大可喜之事？”④ 黎元洪的话激起时人的愤怒，《努力周报》的高一涵评论道：“总统用什么方法不能增加罗文干的人格名望，偏要破坏约法才能增加罗文干的人格名望！”⑤ 黎元洪请罗入住总统府礼官处，罗允暂住。此次出狱，吴佩孚号电功不可没，然而老帅曹锟的通电却让整个事件再现

① 《奥债案之扩大》，季啸风、沈友益主编：《中华民国史史料外编——前日本末次研究所情报资料·中文部分》，第 10 册，广西师范大学出版社 1997 年版，第 424 页。

② 《罗文干致黄陂之呈文》，季啸风、沈友益主编：《中华民国史史料外编——前日本末次研究所情报资料·中文部分》，第 10 册，广西师范大学出版社 1997 年版，第 423 页。

③ 《奥债案之扩大》，季啸风、沈友益主编：《中华民国史史料外编——前日本末次研究所情报资料·中文部分》，第 10 册，广西师范大学出版社 1997 年版，第 424 页。

④ 《晨报》，1922 年 11 月 22 日。

⑤ 《国法何在!》，《努力周报》，第 30 期，第 2 版，1922 年 11 月 26 日。

波澜。

罗文干第二次入狱。谁知一夜之间风云突变，罗文干再次入狱。23 日，身在保定的曹锟发表漾电，攻击罗文干签订奥款合同丧权辱国，“请组织特别法庭，或转移审讯，彻底根究”。[①] 24 日，直督王承斌发表敬电，称：“京外军警、地方长官，允宜协力查察，无任此案要犯逃逸。”[②] 同日，检厅看到曹、王通电，知道风向有变，于下午召开司法界全体大会，决定对罗案“再加研究”。25 日，检厅通知保人，将罗文干仍行交检厅管押，以便随时提讯。黎元洪得到此信，乃派礼官处用汽车送罗赴检厅。罗、黄二人再次入狱。

值得注意的是，罗文干入狱是因吴景濂、张伯烈之故，出狱则是吴佩孚号电之功，再入狱完全是拜曹、王通电所赐。吴景濂、张伯烈、曹锟、王承斌均是津保派大佬，吴佩孚则是直系洛派领袖，原来一个简简单单的阁员案件的背后却暗藏直系保派与洛派的政治争斗。黎元洪在保、洛之间摇摆不定。他看到吴佩孚号电后，把罗文干接到公府，但曹锟漾电发表后，黎不仅把罗文干送回检厅看守所，而且还电复吴佩孚，责其“遥断朝政，轻折元首”。[③] 吴佩孚只得回复黎元洪，声称拥护总统，前电仅恐“程序未合，致碍中枢威信”。[④] 同时，吴佩孚亦致电曹锟，赞成对罗案依法办理，试图缓和与老帅曹锟间的矛盾。吴佩孚态度的软化，让王宠惠内阁非常失望。25 日，王宠惠、顾维钧、孙丹林、李鼎新、汤尔和、高恩洪通电辞职。

黎元洪通电叙述罗案经过。26 日，黎元洪发表宥电详细叙述逮捕、释放、再送罗入狱的经过。称：“近日众论纷歧，人心惶惑，感同气者议为违法，趋极端者指为徇情。实则惩阁员而先交院议，事实不免扶同；未解职而先送法庭，近日尤多成例。军警为法曹之补助，保释亦法院之规程。元洪为国为民，无恩无怨，爰书事实，固当科刑，疑谳全虚，亦应复职。”[⑤] 黎元洪还致电曹

① 李新总编，韩信夫、姜克夫主编：《中华民国大事记》，第 1 册，中国文史出版社 1996 年版，第 945 页。

② 《天津王承斌之敬电》，季啸风、沈友益主编：《中华民国史史料外编——前日本末次研究所情报资料·中文部分》，第 10 册，广西师范大学出版社 1997 年版，第 427 页。

③ 李新总编，韩信夫、姜克夫主编：《中华民国大事记》，第 1 册，中国文史出版社 1996 年版，第 945 页。

④ 李新总编，韩信夫、姜克夫主编：《中华民国大事记》，第 1 册，中国文史出版社 1996 年版，第 946 页。

⑤ 《黎元洪宣布罗案经过情形电（1922 年 11 月 26 日）》，章伯锋、李宗一主编：《北洋军阀（1912—1928）》，第 4 卷，武汉出版社 1991 年版，第 236 页。

锟，反对组织特别法庭审理罗案。

曹锟的高调出场证实了保派倒阁的传言。吴景濂借罗文干案倒阁，在当时已是不公开的秘密，而为吴景濂撑腰的就是曹锟。曹锟的目的是尽快解决总统选举问题，而王宠惠内阁并不在曹的掌握之中，夺取内阁的控制权，就是扫除总统选举障碍的第一步。为夺取内阁控制权，就要与吴佩孚的势力冲突，曹锟为一己利益，不惜牺牲直系团结。他不仅自己发表漾电否定了吴佩孚关于罗案的主张，而且他支持的众议院还提出“吴佩孚侮辱总统，应依陆军刑事条例判处徒刑等质问书”。[1] 曹锟看到众议院的戏有些过了，再闹下去他会失去吴佩孚，加之王阁辞职后，黎元洪忽然发布汪大燮组阁，这就给保、洛再次联手提供了机会。为什么呢？有人说：“（黎）推倒王阁先失欢于洛阳……任命汪阁更失欢于保定，是汪阁产生不啻激成保洛之趋于一致。”[2] 于是，曹锟急召吴佩孚、冯玉祥、萧耀南赴保定。

保定会议为期一天，会后曹锟发表冬电反对汪阁。我们可以从《冯玉祥日记》的记载，看到保定会议之匆忙。

> 十一月三十日十点半，至西车站，乘京汉车南下。
>
> 十二月一日，三点至保定，到办公处休息。十点，赴巡阅使署，谒见曹使。午后六点，回家，与兄嫂会谈。三刻，赴车站。八点半，开车北上。
>
> 十二月二日，早一点，到北京前门车站，径回禁卫街司令部。[3]

从《冯玉祥日记》中我们可以知道，保定会议从12月2日上午10点开到下午6点，算上吃饭时间，一共是八个小时。这次会议，直系内部取得了共识，就是坚决反对汪大燮内阁。12月2日曹锟发表冬电，称：“……王阁讼案未清，而涉有嫌疑之汪大燮出而组阁，并援引许世英等为阁员。查汪大燮乃具保罗文干出检厅之人；许世英为与奥债有关之华义银行总裁。即如续任交长之高恩洪既有力庇罗案之行为，又有抵押京绥之新案，国会正在提案查

① 李新总编，韩信夫、姜克夫主编：《中华民国大事记》，第1册，中国文史出版社1996年版，第47页。

② 《吴萧冯赴保与时局》，季啸风、沈友益主编：《中华民国史史料外编——前日本末次研究所情报资料·中文部分》，第10册，广西师范大学出版社1997年版，第448页。

③ 冯玉祥：《冯玉祥日记》，第1册，江苏古籍出版社1992年版，第258页。

办……视此扶同罗案，丧失国权之新阁，不但有蔑视国会之嫌，更何能负人民之望？锟为巩固中枢，整饬法纪，决难承认。敢掬血溅，惟希亮察。曹锟。冬。印。"[①] 曹锟冬电，不仅明确反对汪阁，而且还带出高恩洪、罗文干京绥铁路新案。那么什么是京绥铁路新案？洛派人物高恩洪为什么会被高调打压？吴佩孚的反应又是怎样？

京绥铁路新案，也称京绥铁路材料合同案。1922 年 10 月 2 日，交通部部长高恩洪、财政部部长罗文干与比利时国营公司，签订总额为 330 万英镑的包头至宁夏铁路所用材料合同。抵押品包括京包铁路（京绥铁路）全线之一切财产及收入和京汉铁路未抵押之收入。"合同内写明系按照国务院会议议决、大总统批准订立等语。又查此合同名为购料，实则发行债票"。[②] 此份合同性质属于借款，并非普通购货合同，且金额高达华币 3000 万，理应提交国会议决。可高、罗以总长名义，通告比公司，"谓此合同应由交通、财政两部总长完全负责，将来中国国会如不承认此项合同，应由中国政府对于比公司承认罚款等语"。[③] 这就是此案的基本情况。

洛派高恩洪受到曹锟高调打压的原因。其实，原因很简单，是因为高恩洪军费分配不公。保派发现高恩洪自长交通部以来，"拨付给洛阳军费五百零九万元（元），保定军费二百四十二万（元）"。[④] 后来高辞职避祸于天津法租界，直督王承斌说服法领事后，进入法租界逮捕高，虽然高得以逃脱，但仍然可见保派恨其入骨。就是吴佩孚也无法公开为高辩护。

吴佩孚表示虽亲不贷。吴佩孚首先声明，与王宠惠相识于 6 月进京时黎大总统的招待宴会上；与罗文干从未谋面。并称："案关受贿、渎职、辱国、

---

① 《曹巡阅使反对汪阁之冬电》，季啸风、沈友益主编：《中华民国史史料外编——前日本末次研究所情报资料·中文部分》，第 10 册，广西师范大学出版社 1997 年版，第 467 页。

② 《国会咨请政府查办高罗》，季啸风、沈友益主编：《中华民国史史料外编——前日本末次研究所情报资料·中文部分》，第 10 册，广西师范大学出版社 1997 年版，第 449 页。

③ 《国会咨请政府查办高罗》，季啸风、沈友益主编：《中华民国史史料外编——前日本末次研究所情报资料·中文部分》，第 10 册，广西师范大学出版社 1997 年版，第 449 页。

④ 《京绥借款之付款内幕》，季啸风、沈友益主编：《中华民国史史料外编——前日本末次研究所情报资料·中文部分》，第 10 册，广西师范大学出版社 1997 年版，第 458 页。

丧权，非独罗个人应取刑事裁判，即内阁亦有连带关系，理当依法负责，非仅辞职所能了绝。佩孚疾恶甚严，虽亲不贷，岂能自反初衷，于素昧平生之人反加包庇？”①

1922年12月5日，众议院通过查办高恩洪、罗文干案。6日，司法总长许世英辞职。10日，王正廷代国务总理，汪大燮辞职。18日，众议院通过张绍曾组阁案。30日，王正廷内阁辞职。

1923年1月3日，黎元洪批准王正廷内阁辞职，同时任命张绍曾为内阁总理。八天后，罗文干案再生转机。

京师地检厅对罗案免予起诉。1月11日，北京京师地检厅发布《地检厅对于罗案不起诉之处分书》，分别对受贿、伪造公文书、损害国家财产等三项控告进行全面调查和分析，得出结论：

> 如期内利率之增为八厘，如存款之仅按六厘计息，严格言之，固不可谓非国家之损害，然就合同全部而论，如所得税税率及结算复利期限之两点，均较原约为有利益。是债项合同本属利害互见，况债款到期无法偿还而易以新债票，在债权者以不得现金之故，而提出较苛刻之条件亦属情理之常。加以法、义各国公使迭次追索，义国复以此为增加关税之条件。当局者为顾全国际信用及希望关税早日增加，以便实行整理内外债计划起见，徇债权者之要求订立此约，诚亦有不得已者。按《刑律》第三百八十六条之罪系以图利自己或第三人或图害国家为成立之要件，所谓图利或图害者言其行为系以故意使国家受害，或使自己，或第三人得利为目的，而此项目的必为其行为之动机。故非有此目的者，国家纵有损害亦不能构成本条之犯罪。罗文干等此次订立展期合同，其动机既如上文所述。而考其当日交涉情形，凡一条件皆几经磋议而始定。受贿一节，复经查无实据，此外又别无图利自己、或第三人、或图害国家之证据，其不能成立《刑律》第三百八十六条之罪自可断言。
>
> 依上论结，罗文干、黄体濂关于订立奥款展期合同及取消购货

① 《吴子玉对罗案表明心迹》，季啸风、沈友益主编：《中华民国史史料外编——前日本末次研究所情报资料·中文部分》，第10册，广西师范大学出版社1997年版，第468页。

合同，或犯罪嫌疑不足，或行为不成犯罪，依《刑事诉讼条例》第二百四十九条第二款、第三款规定，应予以不起诉之处分。①

平心而论，这份《地检厅对于罗案不起诉之处分书》是符合实际的。其结论“或犯罪嫌疑不足，或行为不成犯罪”是基本正确的。于是，罗文干、黄体濂再次获释。

罗、黄的获释在新总理张绍曾看来是尊重司法独立，而吴景濂议长则非常愤怒，准备提请议会组织特别法庭再审罗案。令人意想不到的是，新任司法总长程克完全站在国会一边。在一次记者采访时，程克说：“要之法庭在已得处分办法未经宣告以前，宜呈明法部提出阁议，方为正当。今兄弟既谬长司法，对于此案必当在法律范围内，求一尊重国会，尊重舆论之公允办法，一以消弭国会对于政府之误会。”②

保定方面对罗、黄被释放亦强烈反对：“祖罗各法官，对于罗氏本人，以为即依检厅所拟，认为不足起诉，而捏称总统批准、阁议通过各节，亦当予以行政上之处分。况其贪赃祸国，事实昭然，亟应秉正允办，以儆官邪。拟请即日提交平政院查照依法办理。”③

罗文干第三次入狱。15日，内阁召开特别会议讨论罗案。下午5时，司法总长程克莅部，训令地检厅将罗文干、黄体濂严加看管，认为此次处理罗案失当。下午7时，司法巡警四人以传票将罗、黄二人再次拘于看守所。罗、黄二人，从获释到第三次入看守所，仅仅四天时间。16日，教育总长彭允彝在内阁会议上提议：“国务院为国家代表，应代表国家为告诉人，向检厅声请再议。”④ 此提案一经提出，就引起北京教育界一场大风波。

北大校长蔡元培辞职。彭允彝的提案，学界一致认为有干涉司法独立之

① 《地检厅对于罗案不起诉之处分书》，季啸风、沈友益主编：《中华民国史史料外编——前日本末次研究所情报资料·中文部分》，第10册，广西师范大学出版社1997年版，第476页。

② 《程立对罗案主张尊重国会意见》，季啸风、沈友益主编：《中华民国史史料外编——前日本末次研究所情报资料·中文部分》，第10册，广西师范大学出版社1997年版，第478页。

③ 《罗文干二次被拘》，季啸风、沈友益主编：《中华民国史史料外编——前日本末次研究所情报资料·中文部分》，第10册，广西师范大学出版社1997年版，第479页。

④ 《罗案再议案》，季啸风、沈友益主编：《中华民国史史料外编——前日本末次研究所情报资料·中文部分》，第10册，广西师范大学出版社1997年版，第478页。

嫌。17日下午，蔡元培向黎元洪递上辞呈（蔡北大校长一职是黎元洪任命的），并在各报发布启事，称："元培为保持人格起见，不能与主张干涉司法独立蹂躏人权之教育当局再生关系。"① 不仅蔡元培反对干涉司法独立，北京学生亦闹起学潮。19日，北京各校学生4000人到国会请愿，反对彭允彝任教育总长案。众议院议长吴景濂指使警察殴打学生，致使40余人受伤。次日，各校代表开会，决定驱逐教育总长彭允彝，控诉议长吴景濂，表示不信任国会，学潮扩大。各地司法、法律界亦反对干涉司法独立。

司法界的反对声。正在办理收回领事裁判权的东省特别法院通电反对罗案再审，湖北、安徽、奉天、河南、山东、直隶、江西及察哈尔等地方司法界纷纷响应。北京高等检察厅亦指地检厅违法。6月29日，京师地方审判厅宣布罗文干、黄体濂案证据不足，罗、黄无罪释放。8月，京师高等检察厅亦宣告罗、黄无罪。拖了数月之久的罗案，终于落下帷幕，还是维持了1923年1月11日，由北京京师地检厅发布的《地检厅对于罗案不起诉之处分书》。1924年2月23日，京师地检厅将奥债全部案卷送还财政部，罗案结案。

罗文干案引发的阁员议员围府，表面上是黎元洪未遵守处理阁员的法律程序，背后隐藏的却是保定曹锟与洛阳吴佩孚之间的矛盾，即直系军阀内部的矛盾。吴佩孚主张先定宪法再选总统，而曹锟则是迫不及待地要自己做总统了。曹锟前面的最大障碍，无疑就是黎元洪。此时的直系一直在觊觎大总统的宝座，直系的头面人物曹锟已经急不可耐了。

第五节 四步驱黎

1922年年底，一则对黎元洪名誉不利的消息在北京政界流传着：某国会议员声称，他找到了张勋复辟时黎元洪奉还大政的奏折，主张成立特别法庭解决此事。黎元洪得知后大骂，谓："我以项城之逼诱，尚且不从。"② 了解北京政坛的人士知道，这是动摇黎元洪总统地位的一次试探。而接下来的驱黎动作，则一波比一波猛烈。

---

① 胡适：《蔡元培以辞职为抗议》，《努力周报》，第38期，1923年1月21日。

② 《总统问题之钩心斗角谈》，季啸风、沈友益主编：《中华民国史史料外编——前日本末次研究所情报资料·中文部分》，第4册，广西师范大学出版社1997年版，第273页。

第一步，最高问题。所谓最高问题，是指总统选举问题，在当时专指驱黎下台，并迎曹上台。而能在法律层面上解决此问题的政治团体就是国会，尤其是众议院。议员们主要分两派，一是主张先制宪后选举；一是主张先选举后制宪。客观上讲，先宪后选有利于黎元洪，因为制定宪法在人们看来是遥遥无期之事；先选后宪则有利于曹锟，于是津保派的政客和军阀在曹锟的默许下积极拉拢议员，以实现最高问题。

拉拢议员的方式主要是现金贿赂。从 1923 年 1 月起，每位支持津保派的议员月发津贴 200 元，名为冰炭敬。并许诺将来投票时另付票费 5000 元。此事由内务总长高凌霨和京兆尹刘梦庚负责。

议员并非都可金钱收买。世间的事就是这样，有见钱眼开的，也有不为所动的。来自江苏、浙江、江西、四川、广东和广西六省议员，以联省自治为号召，主张在制宪之前，不干预最高问题。虽然此六省议员也主张先宪后选，但他们的目的是联省自治，这与黎的政治主张大相径庭。

黎派出手应对津保派的政治攻势。第一，联合政党。饶汉祥受命加入政学会，“政学会亦以拥黎连任为职志”。[①] 第二，联合议员。据说有 200 位议员支持先宪后选。

此时，金钱起了决定作用。津保派看到黎派也在争取议员，就改变了发放津贴的方式，由登记造册一变而实行普遍主义分配，用专员登门分送。这招非常管用，那些宣言列名先定宪法通电的议员，“纷纷撤销署名，所以通电人数由二百退至九十余人，前日（1923 年 1 月 12 日）又复退至三十余人”，[②] 致使通电无法发出。然而，社会舆论对津保派的行径颇为不齿。

胡适 69 岁照

胡适揭露高凌霨贿赂国会。事情的起因

① 《最高问题进展之不易》，季啸风、沈友益主编：《中华民国史史料外编——前日本末次研究所情报资料·中文部分》，第 4 册，广西师范大学出版社 1997 年版，第 277 页。

② 《津贴风潮与最高问题》，季啸风、沈友益主编：《中华民国史史料外编——前日本末次研究所情报资料·中文部分》，第 4 册，广西师范大学出版社 1997 年版，第 285 页。

是北京中一通讯社发表的一段高凌霨的谈话：

某问：外间谓此次阁下包办最高问题确否？

高答：最高问题现在时机未至，更无所谓包办。

某问：此次二百元之津贴，非由尊处经手乎？所谓包办即指此也。

高答：此事从前系由刘君与政团接洽，余事前一无所闻。迨本月五号以后，某军需官来京借住敝宅，所有各党名册，均送至红罗厂，致发生此种误会。至曹巡阅使此举，系仿从前送冰炭敬之意，不过联络感情，更无所谓津贴。

某问：外间传言阁下与张亚农（张伯烈）之新民社独厚，确否？

高答：余对各党向无歧视。亚农此次向余支款，余以不经手银钱谢绝，几为亚农所恼，何厚之有？①

胡适从高凌霨的谈话里发现可以证明津保派贿赂国会的五点事实，即（一）高承认刘君与政团接洽200元津贴之事；（二）高凌霨承认有军需官来京放款；（三）用来发放津贴的议员名册事实存在；（四）此200元津贴之款来自曹锟；（五）副议长张伯烈（亚农）曾向高凌霨支款。基于此胡适提出四点结论：

一、高凌霨是贿买国会案的要证，不可放走；

二、刘某与军需官，也应查办；

三、曹锟是高凌霨证明为行贿主犯，也应即行查办；

四、张伯烈身为副议长，经高凌霨证明有索贿嫌疑，也应即行查办。②

这里提到的刘君，即是京兆尹（相当于北京市长）刘梦庚。刘在京办理最高问题，花钱不少，效果却不理想。早就有人向曹锟进言，说其承办最高问题失策，让曹锟威信尽失。刘并未感到危机来临，反倒自作主张在京召集

① 胡适：《高凌霨证明贿买国会是实》，《努力周报》，第38期，1923年1月21日。

② 胡适：《高凌霨证明贿买国会是实》，《努力周报》，第38期，1923年1月21日。

侦缉队，且向曹报告需要巨款。曹大怒，致电中央命革职查办刘。

刘梦庚被革职，让曹锟失去一个亲信。另一位亲信高凌霨也因津贴风潮不堪舆论压力，急走天津。这使津保派感到急进之法有可能导致失败。而更让津保派担心的是一封来自萧耀南、孙传芳、王汝勤、杨森、王怀庆、王承斌、张福来等直系诸军阀的联名信，劝告曹锟中止总统选举运动，谓："此种运动与袁世凯之帝政运动相同，为曹锟自身及直隶派与国家均无利益。"① 曹锟明白，这封联名信的背后操办人是吴佩孚。吴佩孚的势力曹锟不敢小觑，于是曹锟决定变急为缓，一步一步走。

为稳定直系，曹锟复电萧耀南否认最高问题。1月24日，曹锟电复萧督，称："锟老衰无能，对于大总统问题，初即绝对辞退。所谓该问题若何进行者，全系外间之误传。今接来电劝告，诚意溢于言表，殊深感谢，现已命令部下，不许有此等引人怀疑之运动，并当发出通电，以表示自己之态度。"② 看到曹锟在最高问题上不再坚持，吴佩孚始公开表态。

总统问题，吴主张曹正卢副。曹即曹锟，卢即卢永祥。1月28日，有某省代表前往洛阳接洽吴子玉，并谈及最高问题。吴云："所谓最高问题者，虽属今日当务之急，然国宪未成，骤行举办，其结果必至陷国家于无限之纠纷，而于事实毫无所补救。故对于总统问题，主张先制宪法，后办选举。盖就目前之政况而言，国家无根本大法，政治难就轨道，制宪实较选举尤为紧要也。今后之中国，断不可再以武人秉政，欲化干戈为玉帛，非选举学政两界人物，为行政首领不为功，但虑兹过渡时代，似仍须经过短期之武人政治，始克达到理想之境域。予意宪法成立之后，新总统之人选，当推曹正卢副，最为相宜。过此时期，则非徒国民不可再举武人为总统。军人中稍具爱国热忱者，亦不可妄想非三分。予生平有三不愿：一不为总统；二不为国务总理；三不为督军省长。曹卢之后，予必尽力主张以文人治国。"③ 吴佩孚这段讲话为中

① 《阻止总统选举运动》，季啸风、沈友益主编：《中华民国史史料外编——前日本末次研究所情报资料·中文部分》，第4册，广西师范大学出版社1997年版，第282页。

② 《曹锟通电宣明态度将实现》，季啸风、沈友益主编：《中华民国史史料外编——前日本末次研究所情报资料·中文部分》，第4册，广西师范大学出版社1997年版，第303页。

③ 《吴佩孚对总统问题之新表示》，季啸风、沈友益主编：《中华民国史史料外编——前日本末次研究所情报资料·中文部分》，第4册，广西师范大学出版社1997年版，第312页。

国画了一幅政治蓝图：过渡时期以曹卢为正副总统；未来必须文人执政。吴主张先制定宪法，只是客观上对黎元洪有利。吴怕曹锟误会，就明确提出过渡时期曹为总统一说。吴也怕曹误会自己觊觎总统之位，就明确表态，自己不为总统、不为总理、不为督军省长等三不愿决心，让曹锟放心。

曹锟大骂手下办事不力。据说腊月中旬，曹锟召集为其奔走最高问题的王、高、吴、曹、边等人入府，劈头就骂："你们办的好事……我的脸面教你们丢尽了……这件事我本来不大关心，你们硬说办的好处如何如何。当时我叫炳秋（刘梦庚）去办事后，你们又来说炳秋办事这么糊涂那么糊涂。不料你们办事，更比他糊涂到万分。为了小小的议员津贴事情，弄得报纸上今天热嘲，明天冷骂。现在废话说也无益，从今以后，你们去走你们的升官发财路，我打我的主意。"[①] 诸人赶忙道歉赔不是，甚至下跪求曹息怒。于是改变200元津贴发放方法。"将来一次给予每议员津贴五千元，其名称曰'筹备下届选举费'，统计议员八百人，需四百万元。而补贴各政团经费，二万至五万元不等，预计需二百万元，此外尚有交际费等杂费，共计需一千万元"。[②] 同时，以倒阁为进行最高问题的第一步。倒阁成功后，向国会突然提出最高问题，更有必胜把握。

欲倒阁，必先找到切入点。张绍曾的"和平统一"与吴佩孚的"武力统一"，两种碰撞的观点，让津保派找到了切入点。

第二步，统一问题。张绍曾"和平统一"的观点，笔者在本章第二节已经叙述，这里不再赘言。张绍曾一直给人以武人的印象，其实，张从小酷爱读书，据李根源《雪生年录》记载："张公善为理想，有爱国心，无害人心，是其天性厚处。出当揆席，亦时势促成。公熟于道、藏、老、庄、淮南之书，可背诵并通佛理。尝用祝由科催眠术治人之病，兼通命相、堪舆，且能圆光。余请屡试其术之幻，真不可说不可说矣。公尝自云前生是和尚，年七十余，偶动杀念，害死一物，因而堕落今世。恐须了此劫，死于血光之中。兹竟验矣。"[③] 张绍曾于1928年被张作霖的刺客杀死，验证了自己的预测。有人会说，这不是迷信吗？我们不能以现在的世界观看过去，如果你翻开当时的报

① 《最高问题之进行观》，季啸风、沈友益主编：《中华民国史史料外编——前日本末次研究所情报资料·中文部分》，第4册，广西师范大学出版社1997年版，第316页。

② 《最高问题之进行观》，季啸风、沈友益主编：《中华民国史史料外编——前日本末次研究所情报资料·中文部分》，第4册，广西师范大学出版社1997年版，第317页。

③ 李根源：《雪生年录》，文海出版社1966年版，第105页。

纸，看到1923年知识界正在讨论“玄学与科学”孰是孰非，就知道李根源和张绍曾的言论都是有社会基础的。至于张绍曾“和平统一”的观点是不是因此而来，就不得而知了。

持“和平统一”观点的还有黎元洪。1923年4月以来，黎元洪一直在筹备南北统一会议。派丁槐与孙中山的代表汪精卫、徐谦、张继等在沪接洽会议细节，谓：“西南方面均希望和平统一早日实现，如能召集对等会议，充分予孙中山以体面，则一切纠纷自不难立时解决。”[①] 7日，黎元洪在公府召集会议商议办法，决定：“（一）再电保洛说明召集统一会议之理由及办法，请保洛一致赞同；（二）复电丁槐就近与西南要人再作较切实之接洽，以免中变；（三）分电川、湘、滇、黔四省，望即暂行中止军事行动，以待大局解决。”[②] 15日，黎元洪通电表达“和平统一”的意愿，称：“望共纳忠言，早销兵气。以仁义为感召，以法律为依归……践撤藩之旧约，宣立宪之新机。”[③] 黎元洪的通电里有“谁无骨肉，犹有鬼神”之语，舆论揶揄其“因为宗教不能制裁军阀，所以不取宗教中的‘神治主义’；因为国法不能制裁军阀，所以不取‘法治主义’；又因为民意不能制裁军阀，所以也不谈‘民治主义’。在黎氏以为到了这样山穷水尽之时，只得取决于鬼了！这大概也许是黎氏的‘鬼治主义’的动因”。[④] 可见，社会知识阶层对其失望之深。不过，如果因此认为黎元洪主张“和平统一”是权宜之计，那就错了。当时孙中山已返广东，桂军总司令沈鸿英就任北京政府广东善后督理一职，被西南视为叛变，孙沈开战，沈败。5月3日，张绍曾内阁一改“和平统一”之论调，向黎元洪呈文，主张出兵讨伐孙中山。黎元洪拒绝盖印。黎元洪还公电曹锟，谓：“纵生治法之争，亦待议郎之决。宪章朝布，氛祲夕消。”[⑤] 由此可见，黎元洪确实是坚定的“和平统一”执行者，只是过于理想化。

---

① 《镜花水月之统一会议》，季啸风、沈友益主编：《中华民国史史料外编——前日本末次研究所情报资料·中文部分》，第4册，广西师范大学出版社1997年版，第331页。

② 《镜花水月之统一会议》，季啸风、沈友益主编：《中华民国史史料外编——前日本末次研究所情报资料·中文部分》，第4册，广西师范大学出版社1997年版，第331页。

③ 《大总统通电》，《政府公报》，第199册，第2549号，上海书店1923年4月版，第338页。

④ 《黎元洪的“鬼治主义”》，《努力周报》，第49期，1923年4月22日。

⑤ 《大总统致曹巡阅使电》，《政府公报》，第200册，第2566号，上海书店1923年5月版，第87页。

黎元洪标准照

而吴佩孚却是坚定的"武力统一"执行者。1923年4月22日，吴佩孚五十大寿，洛阳贺客如云。吴子玉对张阁的主张有一番谈话，云："余对于敬舆（张绍曾字），论私交当然维持。但敬舆主张，殊为余所不能满。统一中国，只有武力一法。而敬舆却偏说和平，殊不能令人无憾。"[①] 吴佩孚公开指责张阁，座中张绍曾的代表马上为其辩解："国务总理职在调和一切，势不得不主和平。此皆地位使然，并无绝对相左之敌意。"[②] 然而，辩驳在吴佩孚看来是苍白的。津保派用"武力统一"和"和平统一"之争，轻易把吴佩孚又争取回自己的阵营。接下来，津保派要偕同吴佩孚一起实施倒阁。

第三步，内阁问题。1923年4月，公府、国务院、国会三方为维护各自利益走在了一起，形成了府院会三角联盟。据《顺天时报》报道："最近公府方面与院会两方实已订有互相扶助之新条件，其条件不外三种，（一）鼓吹最高连任；（二）巩固现有内阁；（三）延长国会会期。"[③] 4月3日晚，黎元洪邀请阁员和议员10余人入府商量维持张阁办法，决定"（一）由政府派员疏通各政团勿加入不信任案或弹劾案；（二）派员与各实力派切实接洽，借为内阁后盾；（三）请张揆于两个月内将统一办竣，以竟全功；（四）内阁缺席阁员应即遴员补充，以免启局部改组之渐"。[④] 值得注意的是，这个所谓的府院

① 《吴佩孚关于内阁问题之谈话》，季啸风、沈友益主编：《中华民国史史料外编——前日本末次研究所情报资料·中文部分》，第4册，广西师范大学出版社1997年版，第333页。

② 《吴佩孚关于内阁问题之谈话》，季啸风、沈友益主编：《中华民国史史料外编——前日本末次研究所情报资料·中文部分》，第4册，广西师范大学出版社1997年版，第333页。

③ 《昨闻之政局消息》，季啸风、沈友益主编：《中华民国史史料外编——前日本末次研究所情报资料·中文部分》，第4册，广西师范大学出版社1997年版，第330页。

④ 《昨闻之政局消息》，季啸风、沈友益主编：《中华民国史史料外编——前日本末次研究所情报资料·中文部分》，第4册，广西师范大学出版社1997年版，第330页。

会三角联盟，实际上只是松散的存在。议会方面仅仅有几个倾向府院的政团参与了进来，议长吴景濂并未置身其中。吴景濂正在忙于倒阁之不信任案。

此时，参议院已经通过了对内阁的不信任案。如果众议院再通过此案，那么张阁唯有一倒，别无出路。为免于此难，国务院决定以其人之道，还治其人之身，用金钱收买议会。

国务院的金钱还真的否决了不信任案。4 月 25 日，众议院以 222 票对 95 票否决了不信任案。此案为什么会被否决呢？据议员谷思慎在议会演讲云："前数日有某某等，向我（谷君）疏通否决不信任案。我谓政治上各有良心之主张，他人不得干涉。某某谓'我可以送你钱'，我一笑置之。"此外，谷议员还拿出反对不信任案的传单，以证明自己并未虚言。传单上言："（一）不信任案于约法无根据，且系违反约法之精神，不能成为议题；（二）不信任案引起政治纠纷，妨碍制宪进行，应予否决；（三）不信任决议案未经三读会之顺序，认为违反院法，应予退还；（四）以上决议，凡我同人，务请于星期三，一致出席主张，万望勿误。七号同人公启。"

据说国务院此次收买议员共费 7 万元，又称收买猪仔费。"猪仔之身价，亦大有等差。共分三级，第一级为一千一百元；第二级为五百元；第三级为二百元"。[①] 这 7 万元本是国务院职员薪金，被挪用为贿款，以后还引发国务院讨薪案。而此次收买议员达 230 位之多，加上其他如会议费、收买团体费等杂费，"需款在四五十万元以上，际此财政困难之时，张阁果有此巨款收买议员，其来处不能不令人生疑也"。[②]

议会倒阁派此役失策，故决定改变策略。

此次倒阁派决定采用"拖"字诀。4 月 26 日下午，倒阁派议员云集议长吴景濂私宅，讨论此次不信任案被否决原因及今后对策。结果"主张采延宕手段，使战胜于一时之金钱魔力逐渐消淡，至相当机会，再以敏捷之手腕，一致奋起通过该案。并于将来投票时，取无记名方式，以免再蹈覆辙"。[③]

---

① 《议员败类取得 7 万元证实》，季啸风、沈友益主编：《中华民国史史料外编——前日本末次研究所情报资料·中文部分》，第 4 册，广西师范大学出版社 1997 年版，第 336 页。

② 《倒阁派暂取沉寂态度》，季啸风、沈友益主编：《中华民国史史料外编——前日本末次研究所情报资料·中文部分》，第 4 册，广西师范大学出版社 1997 年版，第 337 页。

③ 《倒阁派暂取沉寂态度》，季啸风、沈友益主编：《中华民国史史料外编——前日本末次研究所情报资料·中文部分》，第 4 册，广西师范大学出版社 1997 年版，第 337 页。

倒阁派部分成功。5月2日，参议院将不信任案退回全院委员会重审。倒阁派事先故意不将此案列入议事日程。开会时，倒阁派临时动议提出讨论此案。这个突然袭击的方法，取得了意想不到的效果。护阁派措手不及，无法应对，当场没有否决不信任案。也就是说，议会默认了对内阁的不信任案。

5月8日，被倒阁风潮闹得焦头烂额的国务总理张绍曾向黎元洪提出辞呈。黎元洪慰留。

5月16日，众议院正式通过对张阁不信任案。之后，张绍曾内阁总辞职。

6月7日，黎元洪发表虞电向全国说明内阁总辞职之事，并为自己辩解。内称：

> 元洪不德，负我元僚，致有总辞职之举。制宪经费，列为主因……阁员明达，宁忍恝然，已派刘次长治洲、金次长永炎赴津谢过，分劝就职，期于得请，知念特闻！元洪。虞。印。①

黎元洪仍然做出挽留内阁诸显要的姿态，但也只是姿态而已。就在倒阁风潮正炽之时，倒黎活动也开始了。

第四步，倒黎问题。参议员张端首提选举大、副总统。自黎元洪入京就职大总统以来，总统任期问题一直是各派争论的焦点，然而一年即将过去，却毫无结果。黎元洪为此两次向国会交递辞呈，均无下文。参议员张端决定另辟蹊径，绕开任期问题，直接谈选举。5月3日，张端咨请众议院迅组大总统选举会选举大、副总统，咨文称："大总统恬淡自守，谦德为怀。辞职之书，早达两院。任期长短，毫无问题。国会于选大总统后，即于大会中议决，准其辞职，即已解决。"② 此后，被曹锟收买的附曹议员先后提案20余起。5月21日，黎元洪迫于形势，通过公府秘书厅发表个电：

> 本日大总统致两院议长公函文曰：径启者。元洪复职之初，曾宣言法律问题听候国会解决。嗣两度咨请辞职，未承开议。补任期

---

① 《大总统通电》，《政府公报》，第201册，第2594—2652号，上海书店1923年6—7月版，第145页。

② 《改选总统之呼声》，季啸风、沈友益主编：《中华民国史史料外编——前日本末次研究所情报资料·中文部分》，第4册，广西师范大学出版社1997年版，第340页。

间，亦未解释。元洪当国家艰大之冲，受人民付托之重，自惭凉德，深望替人。使微守法之心，早作洁身之计。现在尸素已久，岁序将周，议案尚无遵循，而法理究有限制。博考众论，固非一辞。假定长期，亦仅数月。念来日之大难，冀及时之有讬。深望转告同人，查照《总统选举法》，注意准备，无任盼祷等因。特达。公府秘书厅。个。[①]

此电意在表明黎元洪自己同意选举大总统的主张。

但黎元洪因变通解决国会制宪经费问题，而遭到攻击。议长吴景濂申请制宪经费，黎元洪与张绍曾商定从海关建筑经费项下拨 120 万元，以 4 月为期。每月 30 万元，17 万元为制宪经费，13 万元充使领经费。津保派认为黎元洪此举是为讨好国会，意图蝉联总统。于是该派阁员“吴毓麟、高凌霨、程克指责总统府自定国会制宪经费，不经国务会议，违背责任内阁精神，其中定有黑幕”。[②]

冯玉祥

其实，急需钱的不仅是国会。由于财政困难，当时驻京部队、巡警、驻外公使馆常常数月无饷可发。据《冯玉祥日记》记载：“现在在外之公使欠九个月饷，几乎回国不能（因无路费）。北京之巡警有其母与其要饭吃，说，儿呀，你叫老娘饿死还站岗吗？其警兵抱头大哭曰：无法，无法！”[③] 这些因素日积月累，逐渐汇集为足以倒黎的索饷风潮。

索饷风潮的主角是冯玉祥。冯玉祥（1882—1948），字焕章，出生于直隶（今河北）青县。年轻时，因身材魁梧，

① 《公府秘书厅通电》，《政府公报》，第 200 册，第 2584 号，上海书店 1923 年 5 月版，第 467 页。

② 郭廷以：《中华民国史事日志》，第 1 册，台湾“中央研究院”近代史研究所 1979 年版，第 724 页。

③ 冯玉祥：《冯玉祥日记》，第 1 册，江苏古籍出版社 1992 年版，第 340 页。

人称“冯大个儿”；做官后，因信奉基督教，时称“基督将军”。1922年10月底，黎元洪任命冯为陆军巡阅使，冯进京。兵屯南苑，巡阅使署设在旃檀寺。冯玉祥遭遇欠饷之难，尝说：“余现在最焦灼者即三万人，二千余马，每天向余要吃，而政府三个月仅给我十二万元，令我如何办理?”[①] 一句话，让我们知道冯军在京势力之大，军饷之乏。

为筹饷，冯玉祥自进京以来就四处奔走。1923年农历新年前（2月16日）的筹饷事，冯玉祥在日记里作了记录：

> 2月9日午后四点至六点，赴总统府财政部筹措饷项。
>
> 2月10日五点，进京赴张总理处筹措饷项。
>
> 2月12日十一点，同范师长国璋进京，见杨次长筹饷项。[②]

笔者把这些事摆在这里的目的，是想让读者知道，冯玉祥索饷由来已久，甚至破天荒请各部总次长吃饭，自嘲“从俗也”。[③] 冯玉祥及其部队因长期缺饷，生活上非常清苦。

不得已，冯军只能节俭度日。冯玉祥本人“每日菜钱不得过四百文”。[④] 士兵们则“破纸每天卖大洋一元，如此计算，则所部十五团，每年卖钱多矣”。[⑤] 冯玉祥手伤时，黎元洪偕各部总次长前来探病。冯玉祥“言兵士日食小米情形。总统则言疯人院治疯症，多用小米，且言每晨亦食小米粥一碗”。黎元洪劝其“小心养病，万勿焦急”。[⑥] 冯玉祥由此对黎元洪大为失望，第二天（1923年4月7日），冯玉祥带病南下赴保定求助，“至饷项事，曹颇允以相助云”。[⑦] “小米事件”让冯心凉，曹锟的允诺使冯血热，冯黎矛盾日深，冯曹感情日近。

崇文门监督事件。崇文门监督，是沿袭清官制，有“正监督、副监督，

① 冯玉祥：《冯玉祥日记》，第1册，江苏古籍出版社1992年版，第371页。
② 冯玉祥：《冯玉祥日记》，第1册，江苏古籍出版社1992年版，第289页。
③ 冯玉祥：《冯玉祥日记》，第1册，江苏古籍出版社1992年版，第287页。
④ 冯玉祥：《冯玉祥日记》，第1册，江苏古籍出版社1992年版，第285页。
⑤ 冯玉祥：《冯玉祥日记》，第1册，江苏古籍出版社1992年版，第369页。
⑥ 冯玉祥：《冯玉祥日记》，第1册，江苏古籍出版社1992年版，第311页。
⑦ 冯玉祥：《冯玉祥日记》，第1册，江苏古籍出版社1992年版，第314页。

左翼、右翼各一人”，[1] 负责京城崇文门税收及田地、房产契税，是个肥差。据《政府公报》披露，从1922年6月19日起至1923年3月31日止，“崇文门收入1395290.994元；左右翼收入630541.69元，共计2025832.684元”。[2] 九个月时间就收入200万元，各方势力都垂涎不已。黎元洪为缓解冯玉祥军饷问题，决定把烟酒公卖局给他，但烟酒公卖局的收入照崇文门相去甚远。冯玉祥说：“保方闻之不悦，欲以崇文门归我，然黎又不盖印也。”[3] 保定的曹锟主张将崇文门的税收给冯玉祥军，但黎元洪又以不予加盖印章阻挠。后来冯还是把崇文门搞到手，曹锟认为崇文门由冯“办理妥当，可得六十万元”。[4] 就这样，在冯的眼里，黎越来越不如曹了。

于是，冯命连长以上的官长去总统府索饷，给黎元洪施加压力。以前都是冯亲自往公府和国务院索饷，虽然收获不大，但尚属给当局留了面子。6月3日上午，曹锟对冯玉祥说：“明日连长以上之官长，可往总统府索饷。”[5] 这是撕破脸皮的一招，是驱黎下台的一招，也是挺曹锟做总统的一招。6月7日早7点，冯玉祥“谕蒋参谋长（蒋鸿遇）曰，今天十二点集合军需官于旃檀寺，往总统府索饷，只说可怜的话，不要骂人”。[6] 6月8日，冯玉祥对国务院秘书长张廷谔说：“吾绝对不反对大总统，但黎元洪余不能不反对。”[7] 至此，冯玉祥与黎元洪决裂，公开反黎。

以后，东厂胡同黎宅前索饷和请愿团体此去彼来。以6月10日为例，黎宅几乎全天都被索饷和请愿之人包围着：

上午11时，军警代表200人第二次来此索饷，侍从武官长荫昌负责接待，多数退去。“其余各师参谋长及军需处长数人，由金永炎招待，再三告以黄陂对于军警的种种着急苦衷，此数人始允暂去”。

下午1时，军警300人至此请见总统，还由荫昌负责接待。荫昌谓“总统现正在积极进行组阁问题，在内阁未产出以前，对于军警饷项自无从发放，

---

① 赵尔巽等：《清史稿》，第12册，卷114，中华书局1977年版，第3278页。

② 《国务总理等呈大总统为奉批慰留再申请恳准全体辞职文》，《政府公报》，第199册，第2550号，上海书店1923年4月版，第361页。

③ 冯玉祥：《冯玉祥日记》，第1册，江苏古籍出版社1992年版，第370页。

④ 冯玉祥：《冯玉祥日记》，第1册，江苏古籍出版社1992年版，第373页。

⑤ 冯玉祥：《冯玉祥日记》，第1册，江苏古籍出版社1992年版，第373页。

⑥ 冯玉祥：《冯玉祥日记》，第1册，江苏古籍出版社1992年版，第381页。

⑦ 冯玉祥：《冯玉祥日记》，第1册，江苏古籍出版社1992年版，第384页。

希望各位安心静候解决云云。各军官以节关（端午节）日迫，非早日发放则兵士家族嗷嗷待哺，势难维持，务请转达总统，速为设法。荫昌再三劝慰，各军官始允暂行退回云”。①

下午3时，北京市民请愿团400人，赴黎宅请愿，众人手持“市民请愿”“总统不管商民”“市民饿总统肥”等白旗标语。东厂胡同请派代表入内面见总统，14人作为代表入府，其他人围堵在外，东厂胡同交通断绝。半小时后，代表们气势汹汹地走出来，招呼门外同人进府。门外众人欲夺门而入，总统府警卫奋力拦阻，才未得逞。“至下午五时，始由田德山劝散”。②

黎元洪知道解铃还须系铃人，于是致电曹、吴：

> 连日留张不获，请人组阁，皆畏不敢就。罢岗开会，全城鼎沸，谣言纷起，皆谓有政治作用。本日复有军警中下级官数百人无故闯入住宅，借名索饷，此岂元首责任所在？又有公民请愿团、国民大会约近千人续来围宅。元洪依法而来，今日可依法即去，六十老人，生死不计，尚何留恋！军警等如此行为，是否必陷元洪于违法之地？两公畿辅长官，当难坐视，盼即明示！③

黎元洪明确表态：“元洪依法而来，今日可依法即去，六十老人，生死不计，尚何留恋！”自己同意退位让贤，请你们答复。

但曹锟和吴佩孚并未复电。

此时有消息称冯玉祥将带兵入京维持秩序，京城紧张。冯玉祥本人对此大加否认，认为是王怀庆在造谣。王怀庆（1875—1953），字茂萱。河北宁晋县人，时任京畿卫戍总司令。冯玉祥对王早有微词。有一次，他与顾问黄统谈话，说王怀庆：“一人兼差甚多，如热河都统、热察绥巡阅使、卫戍总司令等职，实像他在门内大餐，我们在门外给他站岗，也吃不到一点美味。”④ 而

① 寒霄：《黎大总统被迫出京始末记（节录）》，章伯锋、李宗一主编：《北洋军阀（1912—1928）》，第4卷，武汉出版社1991年版，第251页。

② 寒霄：《黎大总统被迫出京始末记（节录）》，章伯锋、李宗一主编：《北洋军阀（1912—1928）》，第4卷，武汉出版社1991年版，第252页。

③ 《大总统通电》，《政府公报》，第201册，第2605号，上海书店1923年6—7月版，第187页。

④ 冯玉祥：《冯玉祥日记》，第1册，江苏古籍出版社1992年版，第352页。

对于带兵入京谣言，他在6月8日与院秘书长张廷谔进餐时，直指王怀庆，称：“余不能进城，若进城，王茂萱造谣成何种样子。”[1] 6月11日，冯再次否认，称：“报载我带兵万人往北京维持秩序，纯系造谣。又上次汉口英文报求我津贴万元，为我鼓吹，只以本军经济齐窘，爱莫能助，婉辞谢绝。乃该报不谅苦衷，竟登载我军在京哗变消息，似此拨弄是非，颠倒黑白，以为敲诈之资，可恨亦复可笑。”[2] 寒霄在《黎大总统被迫出京始末记》中也说：“冯玉祥本拟派遣陆军十一师入城，因未实行。”[3] 冯玉祥虽私下指责王怀庆，但表面上还是摆出合作的样子。冯、王联合向黎递出的辞呈，更是让局势雪上加霜。

黎已无回天之术。11日开始，黎宅电话不通，自来水亦被停供。12日，冯玉祥、王怀庆联名辞职，称为军饷“欲求之于财陆两部，则两部负责无人，不得已而求之于大总统，又谓非责任所在，呼吁无门，实成待毙之势。再四思维，惟有仰恳大总统，俯赐矜全，立予罢斥，免致恋栈愈久，贻误愈深”。黎元洪急派参谋总长张怀芝将辞呈送回，又派哈汉章、金永炎分别前去挽留。而“冯、王均谓必须黄陂有根本之觉悟，不能以空言搪塞，故不肯打消辞意”。黎无奈又连忙致电曹、吴，称：“迭电计达，本日又有军警官佐多人麇集门外，复雇流氓走卒数百人，手执驱黎退位等纸旗，围守住宅，王、冯两使联名辞职，慰留不获，元洪何难一去以谢国人，第念职权为法律所容，不容轻弃，两公畿辅长官，保定尤近在咫尺，坐视不语，恐百喙无以自解，应如何处置，仍盼示。”[4]

但曹、吴仍未答复。于是，黎元洪决定将政府移至天津。12日下午3时，黎元洪在公府召开最后一次会议，下发了著名的“七道命令”：

（一）准许张绍曾辞职；

（二）派李根源兼署国务总理；

（三）除李根源外，全体阁员准其辞职；

（四）任命金永炎为陆军总长；

（五）裁撤全国巡阅使、巡阅副使、督军、督理。全国军队均交陆军部直

---

① 冯玉祥：《冯玉祥日记》，第1册，江苏古籍出版社1992年版，第384页。

② 冯玉祥：《冯玉祥日记》，第1册，江苏古籍出版社1992年版，第389页。

③ 寒霄：《黎大总统被迫出京始末记（节录）》，章伯锋、李宗一主编：《北洋军阀（1912—1928）》，第4卷，武汉出版社1991年版，第251页。

④ 丁中江：《北洋军阀史话》，第4册，中国友谊出版公司1992年版，第122页。

接管辖；

（六）声讨制造政变者；

（七）宣布自民国十四年元旦起，裁撤全国厘金。

13日，黎元洪离京。上午10时40分，冯玉祥对部下讲："我们绝对不反对大总统，但黎元洪这小子不能不反对之。去年大家努力将奉军驱逐关外，拥黎上台，今成恶人，真是不才之狗辈害国家实是不浅。"[①] 可见冯玉祥对黎元洪仇恨之深。公府这边，黎元洪已经下决心离京了。黎元洪先嘱秘书刘远驹，将"七道命令"送印铸局发表。由于其他阁员均已离京，只能由李根源一人副署。此外，黎元洪还连发三份函：

致国会："本大总统去年复职之始，曾补行公文，向贵院声明辞职在案。现在国难方殷，万难卸责，特向贵院声明，将去年辞职公文撤销，即希查照。"[②] 这是说，黎元洪郑重声明，前此所发表的辞职公文撤销作废。黎元洪不辞职了。

致国会和外交团："本大总统认为在京不能行使职权，定本日移津，特闻。"这是说，黎元洪因为"在京不能行使职权，定本日移津"。

解释离京经过，为己辩解："曹巡阅使迫在咫尺，迭电不应，人言啧啧，岂为无因……万不得已，只得将政府移往天津，所望邦人君子，鉴谅苦衷，主持正义，俾毁法夺位之徒，绝迹吾国。……"这是说，黎元洪"万不得已，只得将政府移往天津"。

总之，三封电文的主题是撤销辞职公文，将政府移往天津，以后在天津办公。这是黎元洪被直系军阀曹锟逼迫无奈的仓促之举。

黎元洪当天是如何离京的呢？寒霄在《黎大总统被迫出京始末记》中记载："时已十二时半，黎即乘汽车赴东车站，送之者除各名流外，余人甚少。一点零五分到东车站，黎穿青色西服直入车站登车，一点二十五分即行开车，同行者有金永炎、福开森（外国顾问）等。"[③]

下午2时30分，冯玉祥得到黎元洪出走的消息："总统已赴津，将印交其姨太太。"[④]

---

① 冯玉祥：《冯玉祥日记》，第1册，江苏古籍出版社1992年版，第392页。

② 丁中江：《北洋军阀史话》，第4册，中国友谊出版公司1992年版，第123页。

③ 寒霄：《黎大总统被迫出京始末记（节录）》，章伯锋、李宗一主编：《北洋军阀（1912—1928）》，第4卷，武汉出版社1991年版，第260页。

④ 冯玉祥：《冯玉祥日记》，第1册，江苏古籍出版社1992年版，第392页。

黎元洪虽然将印鉴交给了姨太太保管，但围绕总统印信，还有一番极具戏剧性的争夺。

第六节 一夜惊魂

黎元洪乘坐的火车预计13日下午3时40分抵达天津老站。天津老站，也称紫站，因位于紫竹林码头对面而得名。此外当时天津还有北站和西站。北站，位于新开河，当时称新站。天津西站位于今红桥区，旧称“河北赵家场”。

由于黎元洪突然出走，津保派得知消息时火车已经开出一个多小时了。津保派人等措手不及，一时京、津、保之间电话声不绝于耳。曹锟以主事者身份及时发来电报，云：

> 北京王卫戍总司令、冯检阅使、聂统领、薛总监、陆师长、刘京兆尹、车司令均鉴：“顷闻大总统于本日赴津，连日以来内阁总辞，今又值元首离京，首都人心恐因此益生惶悚。国会为国家法律根本所在，务望极力尊崇保护，以及人民治安、使馆侨民、一切交通秩序，均希协力维持，以重首都，而奠国本，是为至要。曹锟。元。印。”①

曹锟以实力派领袖的身份向有关人等发出通电，告诫诸位“协力维持，以重首都，而奠国本”。

内务总长高凌霨等通电维持治安，电云：

> 凌霨等前呈请辞职，并通电奉达，谅邀台览。本日午刻，黎大总统突然饬备专车离职出京。凌霨等趋往攀留，业已不及。节关在迩，京师地方人心浮动，政府无人主持，危险万状，经京师总商会等及军警长官、地方绅耆再三面请出维秩序。凌霨等查京师都为根本重地，秩序堪虞，国会、使馆保护尤应周密。凌霨等值此意外事

① 寒霄：《黎大总统被迫出京始末记（节录）》，章伯锋、李宗一主编：《北洋军阀（1912—1928）》，第4卷，武汉出版社1991年版，第260页。

故，不敢置身事外，已会商军警地方长官切实维持市面，藉保安宁。以后情形如何，再随时电达。特先驰闻。高凌霨、张英华、李鼎新、程克、吴毓麟、沈瑞麟。元。印。①

在1923年曹锟贿选总统以前，直系内部分成津、保、洛三派。高凌霨、曹锐、边守靖三人，是津派的中坚人物；曹锟是保派首脑；吴佩孚是洛派首脑。津派与保派结合紧密。津派高凌霨积极配合保派曹锟，要求京师“维持市面，藉保安宁”。

就在黎元洪的专车即将到天津界的时候，津保派突然发现一个大问题：中华民国总统印玺不见了。不见的印玺共五颗，它们是：中华民国之玺一颗；大总统印一颗；陆海军大元帅之印一颗；黎元洪小官章两颗。这些印玺代表国家最高权力，具有法律效力。津保派亟须找到印玺为曹锟上台服务，他们也想知道黎元洪既然出京为什么还要带走印玺？当看到黎元洪临行时致国会的取消辞职和移津的函文时，津保派恍然大悟：黎元洪这是想离京另立政府啊。于是，紧急电话立即接通天津直隶省署。省长王承斌知道事关重大，立即带上直隶省警务处长杨以德及军警1000余人，急奔黎元洪专车到津必经之处——杨村站。

元洪之印

黄陂黎氏

黎元洪印

下午3时，黎元洪的专车按预定时间抵达杨村站。专车刚刚停稳，王承斌、杨以德偕卫兵数十人口喊欢迎总统莅津，登上了专车。

王问：“总统出京目的何在？”

黎答：“在京不能行使职权，故特移津办公。”

① 寒霄：《黎大总统被迫出京始末记（节录）》，章伯锋、李宗一主编：《北洋军阀（1912—1928）》，第4卷，武汉出版社1991年版，第264页。

王问："总统此次究以元首资格来津，抑以私人资格来津？"

黎答："日来精神缺乏殊无暇答此问题，但你们如此苦问，究竟何意？"

王谓："并无他意，不过忝为地方官，应保护总统。"[1]

正说话间，专车已经抵达天津新站，王密令早已等候在此的士兵，包围专车，并将车头摘去。专车也就无法到达目的地——天津老站了。

等候在天津老站迎接父亲的黎元洪子女和礼节性欢迎大总统莅津的外国领事，得知专车被困于天津新站，急忙赶来。赶到时，发现整个车站已经被军警层层包围了，欲进无门。黎的大女儿黎绍芬请求英国领事出面协调，军警亦不允。

英领云："汝等对待外人亦用武力耶？"某军官应曰："用武力则武力矣。"英领不顾，仍欲直入，兵士以枪柄击之，终未得见，各领事愤愤而去。[2]

王承斌

这边王承斌见黎元洪不肯交印，就请黎到曹家花园或省署暂住，大有威胁之意。黎不允。王承斌倒也不敢使出强硬手段，双方陷入僵持。"王因黄陂不往省公署，即请示黄陂印玺'今在何处'，黎初不告。最后经几度之交涉，黄陂始云：'印玺均在如夫人黎本危手中，而黎本危今则居于北京东交民巷之法国医院。'"[3] 王承斌获此消息，当即用电话告知北京，此时已是晚上 8 时了。

黎元洪说得没错，他行前确实把印玺交予了如夫人黎本危。据黎本危回忆黎元洪临行前对她说："今年曹锟就想当

① 寒霄：《黎大总统被迫出京始末记（节录）》，章伯锋、李宗一主编：《北洋军阀（1912—1928）》，第 4 卷，武汉出版社 1991 年版，第 262 页。

② 寒霄：《黎大总统被迫出京始末记（节录）》，章伯锋、李宗一主编：《北洋军阀（1912—1928）》，第 4 卷，武汉出版社 1991 年版，第 262 页。

③ 寒霄：《黎大总统被迫出京始末记（节录）》，章伯锋、李宗一主编：《北洋军阀（1912—1928）》，第 4 卷，武汉出版社 1991 年版，第 262 页。

大总统，太可恶了！他们等不及了，要弄流氓手段，撵我走。我把这三颗大印交给你，你带往东交民巷的法国医院去藏起来，我就乘车去天津再想办法。"① 第二天下午，"监印官把那三颗大印、两颗小官章都送到我这里。三个大印盒都用黄缎子裹得好好的，装进那个盛印的箱子，在箱子外面又用红毡包起来，有汽车把我送进了法国医院。我打开印箱，用手边一条绸格手巾，把三颗大印，两颗印章，全部盖起来。"②

赶来法国医院索印的是北京警察总监薛之珩。薛之珩一到，见大门紧闭，就命令警察把法国医院包围了。然后上前叩门，要求见黎本危，法国医院方面不让其入。薛就威吓说如果黎本危不把印玺交出来，不但大总统无法离开天津新站，就是黎本危本人也离不开法国医院。见被中国警察包围，法国医院方面就从法国兵营叫了一个军官和几个枪兵来保护黎本危。"并且警告薛之珩说：'你若不赶快把武装部队撤出东交民巷的保卫界线以外，我们马上就要解除你们的武装！'"③ 薛之珩见状，就让警察撤退，自己一人留在医院等黎本危回话。

躲在法国医院里的黎本危非常紧张和焦急。这时，"总统派人给我挂长途电话，叫我把大印全部交给参议院的王议长（王家襄）。王议长不敢来，便打电话叫我把印信送到他家里去。我呢，更不敢出这个医院的大门"。④ 这是黎本危事后自己写下的回忆文字。

这时，天津方面有了新的解决问题思路。王承斌"请黄陂派公府秘书刘钟秀、公府监印官夏炎甲，于前夕十一时由津来京会同办理"。⑤ 刘等于是连夜乘车赶往北京。

午夜12时，黎本危担心丈夫的安危，就自作主张向薛之珩提出："只有

---

① 黎本危：《曹锟拦车劫印丑剧》，鲁永成主编：《民国大总统黎元洪》，中国文史出版社1991年版，第282页。

② 黎本危：《曹锟拦车劫印丑剧》，鲁永成主编：《民国大总统黎元洪》，中国文史出版社1991年版，第282页。

③ 黎本危：《曹锟拦车劫印丑剧》，鲁永成主编：《民国大总统黎元洪》，中国文史出版社1991年版，第283页。

④ 黎本危：《曹锟拦车劫印丑剧》，鲁永成主编：《民国大总统黎元洪》，中国文史出版社1991年版，第283页。

⑤ 寒霄：《黎大总统被迫出京始末记（节录）》，章伯锋、李宗一主编：《北洋军阀（1912—1928）》，第4卷，武汉出版社1991年版，第263页。

总统亲自从英租界的住宅给我打电话，我才能把大印全部交给你。”[①] 薛之珩不能做主，遂向曹锟请示，曹锟方面则坚持先交印后放人。黎本危只好再向薛之珩提出一个条件：在拿走印玺前必须留个收条，天津黎宅来电话前，薛之珩不得离开法国医院。

曹方取走印玺。经过沟通，曹方同意了黎本危的条件。时针指向凌晨2时，刘钟秀等抵达北京，院秘书长张廷谔同刘等一起来到法国医院。张廷谔进入医院，与薛之珩一起处理此事。这时，薛之珩已经写好收条，并交给了黎本危。收条上写：“谨接黎本危夫人交下印箱一个，内盛大印盒三个，小印盒一个，计有：‘中华民国之玺’一颗，‘大总统印’一颗，‘陆海军大元帅之印’章一颗。”[②] 还有一说，指“张廷谔并以院秘书厅名义，具一收条作证”。[③] 于是张廷谔带走印箱，而薛之珩则作为人质留在法国医院由法国军官陪同等待天津黎宅电话。

不久，天津黎宅的电话来了。先是黎元洪大女儿黎绍芬来电，让黎本危将薛释放。黎本危坚持与黎元洪通话后才能放人。后来，黎元洪长子黎绍基又来电，说：“总统被王省长那些人困在总站几乎一天一夜的时间，把老人家弄得真是筋疲力尽，现在老人家已经回到了英租界的住处，已经上楼休息了，请您放心！可以请薛总监回去了。”[④] 于是黎本危吩咐法国医院的人，请法国军官让薛之珩回去。

黎元洪确实已经筋疲力尽。凌晨3时，黎元洪已经被困专车11个小时。“黎在站十一小时，未有一滴茶水入口，困顿万分，通身冷汗如洗。中间相持最烈时，黎曾用手枪自戕，为福开森等竭力拦救。”[⑤] 此时，院秘书长张廷谔已经取得印玺。王承斌受曹锟之命，向黎元洪出示拟就的电稿三份，即（一）向国会辞职文；（二）令国务院代行总统职权文；（三）声明临行时所发命令

---

① 黎本危：《曹锟拦车劫印丑剧》，鲁永成主编：《民国大总统黎元洪》，中国文史出版社1991年版，第283页。

② 黎本危：《曹锟拦车劫印丑剧》，鲁永成主编：《民国大总统黎元洪》，中国文史出版社1991年版，第283页。

③ 寒霄：《黎大总统被迫出京始末记（节录）》，章伯锋、李宗一主编：《北洋军阀（1912—1928）》，第4卷，武汉出版社1991年版，第263页。

④ 黎本危：《曹锟拦车劫印丑剧》，鲁永成主编：《民国大总统黎元洪》，中国文史出版社1991年版，第283页。

⑤ 寒霄：《黎大总统被迫出京始末记（节录）》，章伯锋、李宗一主编：《北洋军阀（1912—1928）》，第4卷，武汉出版社1991年版，第262页。

无效文。并逼令黎元洪签字。这三份电稿如果签署，黎元洪另立政府的计划就被曹锟彻底粉碎了。但事已至此，黎只得忍辱签字，这才得以返回英租界公馆。

黎元洪两任民国大总统，竟然两次无奈出京。如果说第一次是因为府院之争、张勋复辟，这一次也可以把责任推给内阁六倒、曹锟贿选，那么黎元洪本人的过错在哪里呢？冯玉祥这样评价黎元洪的两次出京："黎上次之走如彼，今次之走又如此。堂堂总统稍遇困难，便图一走了事，未免太无责任心也。"① 冯玉祥的评价失之偏颇，亦不够厚道。其实，黎元洪是一个空头总统。他没有自己的军队，没有自己的地盘。他没有任何实力。他想在军阀麇集的中国实现民主共和的理想，不啻白日做梦。在曹、吴直系军阀的沉重打击下，他只能卷铺盖走人。

① 冯玉祥：《冯玉祥日记》，第1册，江苏古籍出版社1992年版，第393页。

第十章　首义都督享国葬

1923年6月14日，天津。清晨才拖着疲惫的身躯赶回英租界公馆的黎元洪，简单吃了些家人为其准备的点心，就回卧室休息了。躺在西式舒适大床上的黎元洪，却辗转反侧，无法入睡。刚刚专车上11小时的禁锢，让黎元洪感觉颜面尽失，他认为这不仅是对其本人的羞辱，也是对中华民国大总统尊严的羞辱。他决定对直系进行反击。

第一节　碰壁上海

躲避在天津英租界的黎元洪手里有什么筹码可以对抗直系呢？客观地说，除了“事实上大总统”这一职位外，啥也没有。虽然总统的印玺已经被直系强行掠走，但黎元洪仍视自己为中华民国的合法大总统。事实上，只有坚持这一点，黎元洪才有资格继续与直系较量。

14日，黎元洪先以大总统身份向国会参众两院致公函，说明劫车夺印经过及被迫在辞职电稿上签字等情，称：“窃维被强迫之意思表示应为无效，此为通行法例，王承斌以行政长官监禁元首，强索印玺，古今中外皆所罕闻。应如何维持法统，主持正义，敬希贵会诸君迅议办法，是为至盼。”①

直系曹锟方面知道，驱黎出京只是成功的第一步，下一步还要让黎在法律上成为平民。曹锟方面劫车夺印显然在舆论已经处于劣势，重获民心是曹锟能否当选下任大总统的关键，他们决定动用所有直系政治力量破坏黎元洪最后的努力。14日，王承斌和高凌霨两人一唱一和，一场政治演出开幕了。

① 张国淦：《癸亥政变篇》，鲁永成主编：《民国大总统黎元洪》，中国文史出版社1991年版，第278页。

王承斌一唱。劫持大总统11个小时的直隶省长王承斌知道，政治是翻手为云，覆手为雨，变幻莫测。今天黎元洪的失势，就好像张勋复辟时的重演，谁知道哪天黎元洪还会重返北京。必须为自己的行为做个合理的解释，才能进退有据。曹锟方面从法律层面上着眼，想到当初徐世昌下野时，高恩洪内阁曾摄行大总统职务，决定也用此招，王承斌迫黎元洪签字的“令国务院代行总统职权”电稿就是此意，当然这也是《大总统选举法》的规定。于是，王承斌的通电就发出了。通电云：“查此次大总统突然来津，人心惶恐，婉劝回京，未蒙应允。所有总统职务，当然由国务院摄行。”① 这封通电，显然不像一位省长的口吻。尤其是“所有总统职务，当然由国务院摄行”这句，俨然太上皇的威风。更让人感到曹锟方面天衣无缝般配合的是，高凌霨随后就发表了“国务院摄行”通电。

高凌霨一和。14日，由高凌霨领衔，张英华、李鼎新、程克、沈瑞麟、张绍曾、孙多钰共同发表《国务院通电》，谓：“本日奉大总统寒电，本大总统因故离京，已向国会辞职，所有大总统职务，依法由国务院摄行，应即遵照等因。奉此，本院谨依大总统选举法第五条第一项，自本日起摄行大总统职务。特此通告。国务院。”② 同日，高凌霨本人也有一电致黎，云：“本日钧座赴津，事前未蒙通谕，攀辕弗及。北京为政府所在之地，不可一日无元首。合恳钧座即夕旋都，用慰喁望。凌霨等诸位阁员议，暂维本日行政状况，只候还旌，伏希迅示。”③ 高凌霨这封电报说得很巧妙，你黎元洪不

高凌霨

① 张国淦：《癸亥政变篇》，鲁永成主编：《民国大总统黎元洪》，中国文史出版社1991年版，第278页。

② 《国务院通电》，《政府公报》，第201册，第2608号，上海书店1923年6—7月版，第237页。

③ 张国淦：《癸亥政变篇》，鲁永成主编：《民国大总统黎元洪》，中国文史出版社1991年版，第279页。

是想到天津继续行使大总统职权吗？那我告诉你“北京为政府所在之地，不可一日无元首”。同时还假意劝黎“即夕旋都”，说自己只是“暂维本日行政状况”。

黎元洪知道，自己如果再不出招回应，这“事实上的总统”也将做不成了。一旦失去最后的筹码，自己只能被直系玩弄于股掌。对方以法律为号召，我就用法律来反击。当天，黎元洪发表三份电报，指斥直系曹锟方面非法行径。

第一份，声明寒电为非法迫签。黎元洪对在专车上被王承斌威逼自己签署的三份寒电一直无法释怀。这三份寒电，第一份是自己主动向议会辞职；第二份是令国务院摄行大总统职务；第三份是声明自己临行所发的命令无效。三份寒电 14 日已经由曹锟方面向全国发出，在一般人看来，这等于是黎元洪自动宣布离职。

黎元洪必须向全国公布事情真相，否定三份寒电的法律效力，不然他就彻底失败了。黎元洪向全国通电声明：“王承斌索印信已在北京法国医院取去，复派人持寒电三通，一致参众院，一致国务院，一致全国，谓元洪因故出京，向国会辞职，交国务院执行职权，逼令签署，否则羁车内永不放行。兵队密绕，凶恶异常，已迫签发。此种被迫之意思表示，依法决不生效力。当此政象险恶时，一身去就，关系过巨，决不能率言辞职。即去年补行辞职咨文亦佥已备咨撤回，不能牵强附会作为此次依据。如国会竟据此咨讨论，元洪决不承认，特此通告。”① 黎元洪不仅否认了三份寒电，而且宣告撤回去年 8 月向国会提出的辞职咨文，以免直系利用。

第二份，声明政令为非法发布。黎元洪不能承认国务院摄行大总统职权之举，通电宣布：“现在印被劫夺，所以北京发出之非法命令，概行无效。”②以劫印暗示曹锟方面为非法，希望博得舆论和国人的支持。

第三份，声明院方为非法就职。黎元洪致电高凌霨、张英华、李鼎新、吴毓麟，称：“执事等呈请辞职，挽留不得，已于元日上午有依法副署盖印命令发布，准免本兼各职，并特任农商总长李根源兼署国务总理。请稍息贤劳，

① 张国淦：《癸亥政变篇》，鲁永成主编：《民国大总统黎元洪》，中国文史出版社 1991 年版，第 278 页。

② 张国淦：《癸亥政变篇》，鲁永成主编：《民国大总统黎元洪》，中国文史出版社 1991 年版，第 278 页。

容图良观。”[1] 这是说，诸位执事原来已经“呈请辞职，挽留不得”，我已经“准免本兼各职”。并且“特任农商总长李根源兼署国务总理”。你们已经没有资格行使权力。话说得虽然客气，但却没给高凌霨等留一点面子。

黎元洪的三份通电对直系曹锟进行了微弱的反击。终因黎元洪无兵无地，而得不到政客的支持。

这时，国会出场了。国会站在了直系曹锟一边。16日，参、众两院以吴景濂为主导联合开会，提出黎大总统于6月13日出京，依照《大总统选举法》第5条第2项规定，自13日起，黎元洪所发命令文电概不生效。经讨论，多数同意，此案获得通过。随后，由国务院通电全国。

20日，黎元洪发表通电反驳：

> 元洪迟暮之年，饱经凶险，新站之役，已拼一死，以谢国人，左轮朱殷，创痕尚在，夫以空拳枵腹，孤寄白宫，谓为名则受谤多，谓为利则辞禄久，权轻于纤忽，祸重于邱山，三尺之童亦知其无所依恋，徒以依法而来，不能依法而去，使天下后世知大法之不可卒斩，正义之不可摧残，庶怙兵干纪之徒有所监而不敢出，虽糜躯碎骨，亦所干心。国会若以元洪为有罪，秉良心以判之，依约法以裁之，元洪岂敢不服？若舞文弄法，附合暴力，以加诸无拳无勇之元首，是国会先自绝于天下后世也。元洪无孱，决不承认。自今以往，元洪职权未得国会确当之介免，无论以何途径选举继任，概为非法，特此声明。[2]

黎元洪在此揭露国会“舞文弄法，附合暴力，以加诸无拳无勇之元首，是国会先自绝于天下后世也”，从而表示对国会的决定“元洪无孱，决不承认”。并声明“无论以何途径选举继任，概为非法”。黎元洪祈望以约法作为武器同直系曹锟一搏。

黎元洪的遭遇得到国会内政学系、原民党及益友社部分议员的同情和支

① 张国淦：《癸亥政变篇》，鲁永成主编：《民国大总统黎元洪》，中国文史出版社1991年版，第279页。

② 张国淦：《癸亥政变篇》，鲁永成主编：《民国大总统黎元洪》，中国文史出版社1991年版，第280页。

持。这些同情和支持，让黎元洪看到了希望。如果能把这些议员召到天津来，加上自己和国务总理（20日任命唐绍仪为国务总理，唐未到任，由李根源暂代），就可以组成政府。为了号召议员，黎元洪东施效颦学曹锟，也用上了金钱。黎元洪从银行贷款12万元，规定议员来津即付500元车马费，以期达到法定人数，可以开会。一时议员趋之若鹜，12万元转眼告罄。曹锟方面为应对黎元洪，加大贿选力度。来津议员中的投机分子，见黎元洪这里已经无财可捞，就纷纷回京，黎元洪眼睁睁看了一场竹篮打水的活剧。还有一部分议员受孙中山“反直三角同盟”之召南下赴沪，当然有人是为政治理想，有人是受浙督卢永祥许诺的每月付300元津贴的诱惑。一时，上海议员云集，成为中国另一个政治中心。

黎元洪夫妇与美国船业大王罗伯特·道拉夫妇合影（1926年摄）

走投无路的黎元洪准备南下。黎元洪出京不久，老友章炳麟就献计：“公果愿成事者，当与段氏切实携手，外借奉天之力，远借西南之声，持之数旬，必当有济。”① 7月中旬，黎元洪派亲信金永炎、韩玉辰到沪，酝酿南下事宜。金永炎到沪后，发现“卢（卢永祥）未切实欢迎，孙派意见未融”，② 遂有阻黎南下之意。章太炎对此不以为然，敦劝黎勿坐失良机，又言：“卢（卢永祥）本老实军官，意中甚望公来，而心中又畏中山派之反对，是以不能切实表示……中山派在沪者，不过精卫（汪精卫）与一二宵小，心虽不欲公来，而不能形之于事实。”鼓励黎元洪：“挺身而出，何忧乎中山，何求乎卢永祥？”③ 不过，章炳麟强烈要求黎元洪南下，于公于私，他的矛头是针对孙中

① 汤志钧编：《章太炎年谱长编》，下册，中华书局1979年版，第707页。
② 汤志钧编：《章太炎年谱长编》，下册，中华书局1979年版，第719页。
③ 汤志钧编：《章太炎年谱长编》，下册，中华书局1979年版，第720页。

山的。在随后致李根源的信中，章炳麟谈到如果黎南下无望，他自己“今亦不论大局，祈顾南方根本，非设法打倒中山，不算好汉”。[①] 黎元洪南下之失败，此时已经埋下伏笔。8 月 8 日，反直议员刘楚湘等 280 人联名通电，呼吁黎元洪来沪组织政府，称：“公为一国元首，且身受其辱，为国为私，所负责任均较他人为重。允宜早日南下，身先同人，成立政府，以号中外。”[②] 黎亦有意南下，他唯一担心的是卢永祥的态度。

黎元洪二子及其家庭

神秘的卢永祥电报。正当黎元洪犹豫不决之际，据说卢永祥发来一封赞同黎南下的电报，而黎正是受此鼓舞，才毅然赴沪。殊不知，这是一封根本不存在的电报。黎元洪到沪后，看到卢永祥对己的态度，才知道上了谣言的当。

黎元洪秘密赴沪。9 月 8 日，黎元洪称病住进日本人的东亚医院，之后登上日轮船“铁城丸”号南下。11 日上午 9 时抵沪，据《天津泰晤士汉文部号外》：“先时当地重要官吏及议员多人，均乘兵轮出口欢迎。抵岸时，有数万人，群呼中华民国万岁！大总统万岁！”黎元洪上岸后，即乘车前往杜美路 26 号寓所休息。黎元洪本是信心满满而来，谁知第二天就让黎元洪感受到了失败的苗头。

① 汤志钧编：《章太炎年谱长编》，下册，中华书局 1979 年版，第 721 页。

② 古蓨孙：《甲子内乱始末纪实》，荣孟源、章伯锋主编：《近代稗海》，第 5 辑，四川人民出版社 1985 年版，第 243 页。

黎元洪此次赴沪，共经历三个阶段，即第一阶段，组织政府；第二阶段，接受失败；第三阶段，东渡日本。

第一阶段，组织政府。12日中午，黎元洪在杜美路（今东湖路）寓所设宴招待旅沪各省代表，20余人到场。黎首先发表讲话，谓："今拆台只得一半成功，故奋然南下，欲与各方通力合作，贯彻拆台宗旨。惟本人只能摇旗，仍望各方面一致动作。拆台既竣，建设之事，则非本人所能胜任……目下最要在组织政府，以号召一切，希望各省赞成。"① 而各省代表则称："组织政府，事关重大，各代表事前毫无所闻，自应慎重考虑。"② 让黎元洪碰了一个软钉子。淞沪护军使何丰林得知黎元洪有组织政府的打算，于15日发出布告，称："倘有破坏治安，扰乱秩序之行为，无论何人，概予拿办。"③ 虽然没有直接针对黎元洪，但明眼人都能看出来何的醉翁之意。这是黎元洪碰到的另一个软钉子。卢永祥的态度一直是各方面关注的重点，他出来谈话说："黎元洪南下，虽非反对，然组织政府云云，想终不可能。"④ 此外，张謇亦劝黎勿组织政府。就连驻沪法国领事也对黎元洪在租界的政治活动表示反对。还要江西自治同志会、农业协会、江宁县教育会等团体反对黎在江浙的政治活动。黎元洪听到一片反对之声，于是改变策略，欲联合孙中山、段祺瑞组织行政委员会，事情的结果依然无人响应。

第二阶段，接受失败。9月16日《晨报》刊登标题为"误黎者李饶金韩也"一文，指斥李根源、饶汉祥、金永炎、韩玉辰四人骗黎南下，黎方醒悟，"对人大呼上当，此事可谓已告结束"。⑤ 这篇文章说明的一个事实是我们应予以注意的：黎的态度正在转变。这种转变，我们从张謇与黎元洪的谈话记录也可窥其一二：

① 《黎元洪抵沪后之反响》，季啸风、沈友益主编：《中华民国史史料外编——前日本末次研究所情报资料·中文部分》，第4册，广西师范大学出版社1997年版，第377页。

② 《黎元洪抵沪后之反响》，季啸风、沈友益主编：《中华民国史史料外编——前日本末次研究所情报资料·中文部分》，第4册，广西师范大学出版社1997年版，第377页。

③ 《黎元洪抵沪后之反响》，季啸风、沈友益主编：《中华民国史史料外编——前日本末次研究所情报资料·中文部分》，第4册，广西师范大学出版社1997年版，第377页。

④ 《浙卢谓黎不能在沪组织政府》，季啸风、沈友益主编：《中华民国史史料外编——前日本末次研究所情报资料·中文部分》，第4册，广西师范大学出版社1997年版，第378页。

⑤ 《误黎者李饶金韩也》，季啸风、沈友益主编：《中华民国史史料外编——前日本末次研究所情报资料·中文部分》，第4册，广西师范大学出版社1997年版，第371页。

张：今被人逼迫下台，未尝非忠厚之美报。此来有无意思？

黎：以个人名义出来。

……

张：昨闻公来，银行大众即开会讨论应付保持方法，可见江浙人之爱和平而怕生事。

黎：我来第一决不破坏江浙和平公约；第二并且无报复之意。[①]

一句“以个人名义出来”，黎元洪向外界表明自己已经心灰意懒。此后，热闹一时的杜美路寓所再度归于安宁。“除章太炎、唐少川等三数人常往晤谈外，生客多不接见。中外新闻记者之访问，亦均谢绝”。[②] 可以说，黎元洪已经坦然接受了无法组织政府的事实。

第三阶段，东渡日本。10月5日，曹锟贿选成功。10日，曹就任大总统。此时，黎元洪留在上海已经毫无意义。黎元洪不愿返津，于是以治疗高血压和糖尿病的名义，决定东渡日本。11月8日，黎元洪偕如夫人黎本危等，在亲信李根源、饶汉祥、金永炎的送行告别声中，登上日轮“高丽丸”号，前往日本。

黎元洪的政治生涯到此结束。1925年5月11日，黎元洪自日返津，从此过上平民生活，不问政治。

第二节 国葬元勋

1928年5月25日，天津空气闷热，没有一丝风。英租界赛马场正在进行紧张刺激的比赛，黎元洪与夫人黎本危坐在贵宾包厢里目不转睛地看着自己押注的马，嘴里不断喊着“加油、加油”。突然，黎元洪身体一歪，跌坐在包厢的沙发椅上，不省人事。黎本危一看，大叫不好。身边仆从见状，早已奔上前去。众人七手八脚地把黎元洪弄上汽车，司机不待众人坐稳，急驶向离

① 《黎元洪果将离沪耶》，季啸风、沈友益主编：《中华民国史史料外编——前日本末次研究所情报资料·中文部分》，第4册，广西师范大学出版社1997年版，第382页。

② 《黎黄陂在沪之近况》，季啸风、沈友益主编：《中华民国史史料外编——前日本末次研究所情报资料·中文部分》，第4册，广西师范大学出版社1997年版，第449页。

赛马场最近的英租界维多利亚医院。

黎前大总统国葬典礼——黎府门前送殡民众

经医生诊断，是高血压症突发导致脑溢血，并向家属下发了病危通知。黎家请来“屈桂庭、关镕庭、梁宝鉴等各医会诊”，[①] 均束手无策。6月初，薛观澜前往黎宅看望病中的黎元洪，发现其“神识茫然，舌滞口吃”，[②] 深为其惋惜。

6月3日晚10时，黎元洪逝世，终年64岁。黎家遵照黎元洪意愿，通电发表其遗嘱。遗嘱内容共10项：

一、国民于济案，应以沉毅态度，求外交正义之解决，不得有轨外行动；

二、从速召集国民大会，解决时局纠纷；

三、实行垦殖政策，化兵为农工，勿使袍泽流离失所；

四、调剂劳资，应适应全民心理与世界经济趋势，统筹兼顾，预定详实法规，行之以渐，毋率尔破坏社会组织及家庭制度，幸免各趋极端，庶共产萌芽无从发现；

五、振兴实业，以法律保障人民权利；

六、正德、利用、厚生，不可偏废。毋忘数千年立国之根本精神、道德礼教，常较物质文明尤为注重；

七、革命为迫不得已之事，但愿一劳永逸，俾国民得以早日休

① 薛民见：《黎元洪年谱》，鲁永成主编：《民国大总统黎元洪》，中国文史出版社1991年版，第364页。

② 薛观澜：《黎元洪外史》，鲁永成主编：《民国大总统黎元洪》，中国文史出版社1991年版，第46页。

养生息，恢复元气；

八、参酌近今中外情况，以应采用国家社会主义，毋遽思废除国界，为外强所利用；

九、早定政治方针与教育宗旨，以法治范围全国，应持中至当，可大可久，毋以偏激，旷滋流弊；

十、民元以来，凡无抵触国体之创制，应仍旧保存，请勿轻议纷更。

最后说，“此外，立国大端，未能遍举。想我识时俊杰，必能度越前人。所幸南北宗旨既已相同，争执系无意义，尤在立时罢兵，化除畛域，共谋统一和平之实现，则外交困难自解，国民痛苦自除，元洪死亦瞑目。此则实望我同志同胞共相策励者也。”①

黎元洪二子参加其父国葬礼

这是一份政治遗嘱。黎元洪对国家之爱，殷殷可鉴。此外，另嘱家属子女：“丧葬从简，戒诸子潜心从事生产实业，毋问‘政治’。”②黎元洪对政治之憾，可见一斑。

黎元洪去世仅仅八小时后，中国近代史发生了另一件大事。北洋政府的最后一任领袖——安国军政府陆海军大元帅张作霖被蒋介石南京国民政府的北伐军打败，离京回奉。就在黎元洪去世后不到八个小时，奉天皇姑屯一声巨响，张作霖被日本人炸死。中国近代史上两位重要历史人物先后辞世。不同的是，南京国民政府给予黎元洪以国葬礼遇。

1928年6月26日，南京国民政府内政部长薛笃弼公布黎元洪优恤令细

① 贺鸿海：《黎元洪的晚年及安葬》，鲁永成主编：《民国大总统黎元洪》，中国文史出版社1991年版，第308页。

② 薛民见：《黎元洪年谱》，鲁永成主编：《民国大总统黎元洪》，中国文史出版社1991年版，第364页。

则，主要内容为：举行国葬；国葬费 1 万元（实际大大超过此数）；修建专墓；葬期由国府派员致祭。《国葬法》是由黎元洪第一次任大总统时颁布的，南京政府此时亦是依据该法办理国葬。对黎元洪来说，可谓自己栽树，自己乘凉。

黎元洪的国葬过程从 1928 年至 1935 年长达七年之久。主要分天津入殓发丧；北京北海追悼；武昌佛寺暂厝；南土宫山下葬四步。

第一步，天津入殓发丧。1928 年 6 月 4 日下午 2 时，黎宅一层大厅内布置得庄重肃穆，家人身着孝服，脸上都是失去亲人的哀伤。黎元洪的遗体安放在一尊黑漆楠木棺内，只见他“仍着生前大总统衣冠，身佩指挥刀，胸前佩总统金牌，背垫金币七枚，两手各执银元宝，身上覆盖衾褥、丝棉等；棺内还置炭屑、灯草、雄黄等防腐物品”。[①] 6 月 5 日，黎家送三。送三，丧礼习俗，就是孝家到土地庙，送别亡灵去西天极乐世界。这一天，确定 7 月 16—18 日开吊三天，19 日出殡。

16 日黎宅大厅设灵堂，四周摆满社会各界人士敬送的挽联、花圈。黎生前老友章炳麟发来唁电和挽联，唁电云：

闻大总统仙逝，天崩地坼，薄海同悲。国之兴亡，大节自在。所望山河之气，仍虽不朝思雄有灵，犹能杀贼。

挽联云：

继大明太祖而兴，玉步未更，倭寇岂能干正统；
与五色国旗同尽，鼎湖一去，谯周从此是元勋！[②]

与“五色国旗同尽”说的就是黎元洪去世那天正好是北洋政府倒台之时，可谓历史之巧合。

熊希龄的唁电云：

---

① 贺鸿海：《黎元洪的晚年及安葬》，鲁永成主编：《民国大总统黎元洪》，中国文史出版社 1991 年版，第 310 页。

② 《与黎绍基》，马勇编：《章太炎书信集》，河北人民出版社 2003 年版，第 886 页。

灵举将驾，待安窀穸。瞻望唏嘘，曷胜呜咽？徒以病后颓唐，未能躬亲执拂。恨戚之怀，中藏永矢。①

阎锡山的唁电云：

兹值统一之时，遽弃国人而逝，追维前烈，薄海同悲。锡山卫戍平津，仪型不远伫瞻折木，悼喟何如？本拟凫趋，藉伸鹤吊。适有采薪之感，不克亲临奠醊。特派李庆芳代表致祭，用表忱悃。②

16日，天津市各机关下半旗致哀。上午10时，天津市长南桂馨作为国民政府代表前往黎宅致祭。

17日上午9时，老对手段祺瑞亲临黎宅致祭，不知多少往事在心头。

18日，蒋介石代表蒋作宾、阎锡山代表李庆芳、李宗仁代表方本仁，以及警备司令傅作义，河北省主席商震，前往致祭。

19日上午8时出殡开始。“出殡时将灵柩置于特制的灵车上，有黎元洪子女及亲朋故旧唐仲寅等50余人披麻戴孝，挽灵车而行。因灵车需经过日、法、英租界，事先由市政府出面办妥武装通过手续。灵车前由天津埠警备队三个连、保安队、骑巡队、手枪队各一连护送，从英租界10号路黎宅出发，经法租界31号路转入日租界的福岛街、经旭街。11时许，灵柩抵达特别一区别墅，置厅堂暂厝待葬”。③

第二步，北京北海追悼。1928年10月中旬，蒋介石、冯玉祥、阎锡山、李宗仁、白崇禧、李济深以及王士珍、商震联名发布通电，决定10月26—28日3天在北京北海天王殿举行黎元洪追悼会。“北海公园门前新扎牌楼一座，上悬‘薄海同凄’四字，天王殿头门素彩牌楼，满缀素花，中横‘名垂千古’四字，两旁各为‘首义’‘护国’二字”。④追悼会于26日早8时举行，

① 《熊希龄吊唁黎元洪致黎绍基等函（1928年6月25日）》，张黎辉等编：《北洋军阀史料·黎元洪卷》，第10卷，天津古籍出版社1996年版，第1276页。

② 《阎锡山为派代表追悼黎元洪致黎宅治丧处电（1928年6月9日）》，张黎辉等编：《北洋军阀史料·黎元洪卷》，第10卷，天津古籍出版社1996年版，第1275页。

③ 贺鸿海：《黎元洪的晚年及安葬》，鲁永成主编：《民国大总统黎元洪》，中国文史出版社1991年版，第310页。

④ 贺鸿海：《黎元洪的晚年及安葬》，鲁永成主编：《民国大总统黎元洪》，中国文史出版社1991年版，第311页。

"到安徽省政府代表，第二集团总指挥参谋长阮肇昌，卫戍总司令部军乐第二队，国府代表周震麟，国民革命军第四军团总部代表许从纬，平津卫戍总司令部。兽医学校，汉口红十字会代表胡瑞霖，华北中学学生会代表，及私中学生联合会全乃森，北京学院，陈调元，周宗泽，彭养光，北平诸山道教联合会等约万余人"。① 会场中悬黎元洪巨幅遗像，像前摆满祭祀用的供果、点心，香火缭绕，四周布满各界敬送的花圈。军乐队两旁站立，致祭时军乐奏起，鸣礼炮12响。黎元洪次子黎绍业、长女黎绍芬在场答谢。9时30分，卫戍部队及各地军界开始致祭，朱绶光代表北平政治分会主席平津卫戍总司令阎锡山主祭，张荫梧、陈调元等参加。11时，由国府代表周震麟致祭。下午3时，驻京外国公使团致祭。27日，学界和各政党致祭。28日，北京各政府机关致祭。当时中国的政要蒋介石等致挽联如下：

蒋介石挽联：

明天不慭遗一老；期人自彪炳千秋。

国民政府挽联：

大业后黄炎，民族辉光彪历史；
义师起江汉，寰区底定溯元勋。

白崇禧挽联：

素简千秋，高标尊义；
生刍一束，薄尊元勋。

王士珍挽联：

惟大英雄能变时局；是真道德必重民彝。

段祺瑞挽联：

尚留黄扎忧当世；同为苍生惜此人。

谭延闿挽联：

夷险一节，以爱国为心，垂死病中犹苦语；

① 《盛京时报》，1928年11月2日。

艰危屡吏，赖我公相拯，难望台下接深谈。

阎锡山挽联：

鄂渚诞英豪，崛起义师，玄甲朱旗光薄海；

析津潜德望，追维往烈，椎轮大辂重先河。

阎锡山并发祭文一篇：

维中华民国十七年十月廿六日，北平政治分会主席平津卫戍总司令阎锡山致祭于前大总统黎公宋卿之灵曰：天运方启，诞生元勋，德动维络，义感编氓。鄂州崛起，鞠旅誓师，如响斯应，电发风驰。宏济艰难，造我华夏。两膺大位，遐迩默化。大盗移国，僭号遽起。艰贞不渝，孤忠是矢。解印释绶，析津潜曜，节效道广。身逸名即，壮功成躬。婴沈痗瞭，尚念邦家。遵言犹在，如何不予。梁木实摧，生面有荣，殷则弥哀。上瞻遗像，下临泉壤，神基来兮，鉴兹存想。尚飨。①

评价黎元洪："大盗移国，僭号遽起。艰贞不渝，孤忠是矢。"还是符合历史事实的。

第三步，武昌佛寺暂厝。1930 年，黎夫人吴敬君病逝。按其遗愿和家属要求，确定与黎元洪合葬于武昌。1933 年，国民政府将黎氏夫妇灵柩由天津迁往武昌，黎元洪二子黎绍基、黎绍业亲扶灵柩，一路相伴。湖北省政府官员和社会各界人士，列队两旁，隆重地将灵柩请上武昌洪山宝通寺法界宫的藏经石库内暂厝，并派军人负责看守保护。之后，于武昌卓刀泉南土宫山选定葬地，1935 年，黎元洪墓竣工。

第四步，南土宫山下葬。1935 年 11 月 24 日，黎元洪国葬大典之日。这天，全国下半旗，停止娱乐活动一天。黎元洪长子绍基、次子绍业、长女绍芬、次女绍芳等自津来汉参加典礼。各界参加送葬的来宾，有"国民政府主席林森的代表李书城，行政院的代表贾士毅，考试院的代表程其保，司法院的代表史延程，内政部的代表孟广澎，审计部的代表任应钟，海军部的代表

---

① 《盛京时报》1928 年 11 月 2 日。

陈武民，交通部的代表高廷梓，蒙藏会的代表萧飏曾，中赈会的代表贺衡夫，湘政府主席何键的代表胡燮槐，沈鸿烈的代表沈肇年，胡宗铎的代表严敬，马鸿逵的代表童宾秋，以及英、日、法、美等各国驻汉领事，各团体、学校、伤兵、民众等共达5万余人，蔚为大观。”①

宝通寺门前牌楼上书“黎前大总统国葬启灵处”，启灵祭堂设在法界宫停柩处。灵龛正面高悬黎元洪巨幅遗像，上有国民政府主席林森亲书的“民国元勋”四个大字。四周各界政要名流送来的挽联达数千副，其中，

居正的挽联是：

奠定河山，出为霖雨；
炳灵江汉，上应星辰。

孔祥熙的挽联是：

秉三民策略，崛起湖湘，运会启金瓯，牧野鹰扬光大业；
集五族衣冠，奉安丰沛，风云护华表，辽天鹤去有遗思。

何应钦的挽联是：

首义拥旌旄，墓路肇兴溯开国；
归葬安体魄，漆灯不灭识佳城。

李宗仁的挽联是：

党国重酬庸，汉水楚山，遥见元勋隆奠礼；
馨香贻祀典，报功崇德，怆怀先烈动哀思。

何成浚的挽联是：

生有来，逝有为，江汉一呼，顿还故国；
薨于津，葬于鄂，墓嗣千载，合配中山。

陈继承的挽联是：

仗剑扫胡尘，光我中华，光垂宇宙；

① 《北平晨报》1935年11月28日。

单刀临胜地，归公骸骨，气壮山河。[①]

上午 10 时，各界人士 5 万余人齐集洪山举行公祭，军乐队高奏哀乐。李书城作为国民政府主席林森的代表主祭，祭文云：

维中华民国二十四年十一月二十四日，国民政府主席林森特派湖北省政府委员李书城，敬荐馨香，致祭于黎前大总统之灵曰：

呜呼！两仪正气，海岳英云。郁数十年，闳杰挺生。
洸洸江汉，南国之纪。湛惟我公，应运而起。
雷雨艰屯，风云翕集。汉帜斯张，百城风霖。
奉迎先觉，大业不居。荆襄坐镇，遐迩瞻仰。
国位蜩螗，元黄再黩。执德不回，允膺天禄。
惟公德重，险夷一致。拨乱反正，卒申大义。
再执魁柄，宽裕温柔。视民如伤，仁泽滂流。
轩鼎升遐，于兹八祀。中外归仁，讴恩未已。
范金铸像，坠泪遗碑。庇民扶国，陟降在兹。
业昭炎黄，勋重民族。垂德报功，典宜优渥。
楚云蓊郁，汉树青葱。佳城式奠，今肉何穹。尚飨！[②]

祭毕，鸣礼炮 19 响。随后移灵柩往南土宫山墓地安葬。

下午 3 时整，国葬典礼在 101 响礼炮声中开始。李书城依然代表国民政府主祭，中央各部、院、会、各省代表和外宾陪祭。礼毕，扶灵柩入墓穴，将黎氏夫妇“两柩置于形似仰盂的墓椁内，椁内洒红色朱砂，取吉利之意，各置铜炉一个，谓可暖土。墓椁上再用水泥板盖顶封固”。[③] 全体执绋人员行三鞠躬礼后，在哀乐声中依次告退，至此国葬典礼告成。

黎氏安葬后，其墓地工程还在继续进行。不久，坟前竖起了由章太炎撰文、李根源手书的墓碑。整个墓园占地近百亩，直到 1938 年武汉沦陷时仍未

---

① 《北平晨报》1935 年 11 月 28 日。

② 《北平晨报》1935 年 11 月 28 日。

③ 贺鸿海：《黎元洪的晚年及安葬》，鲁永成主编：《民国大总统黎元洪》，中国文史出版社 1991 年版，第 313 页。

黎元洪墓前石坊

竣工。

1966年9月，黎元洪墓在“文化大革命”中被毁，黎氏夫妇的骨灰失踪。1981年，重新修建，但不久坍塌。1985年，武汉市政府拨款三建黎元洪墓。

2010年，武汉市政府为纪念辛亥革命百年，耗资2800万元四修黎元洪墓地。黎元洪墓地坐落于华中师范大学东南角，墓园为12亩。墓园门前的牌坊上书“共和磐石”四个大字，拾级而上，见一高10米的水磨石墓碑，上书“大总统黎元洪之墓”。墓后的一面碑墙上镌刻着黎元洪的生平事迹。

百年之中，黎墓两毁四修，希望这一次，首义元勋黎元洪可以安眠于此，不再被打扰。

黎元洪，这个与武昌起义的胜利紧密相关的名字，这个曾两任中华民国大总统三任副总统的名字，这个拒绝被袁世凯册封为武义亲王的名字，这个招来张勋入京却反对复辟的名字，他留给我们的精神遗产有哪些呢？笔者认为主要有以下七点：

（一）革命之初，敢担大任。武昌起义爆发后，革命党人按洪山宝通寺会议决议，找到躲在属下家中的黎元洪出任湖北军政府都督。黎元洪仅用一天时间，就决定剪去辫子，带领革命党人摧毁满清政府。黎元洪的决定不仅改变了他个人的命运，也

黎元洪之墓

是起义胜利与否的关键。黎元洪担任军政府都督后，对革命事态的良性发展，起到了重要作用。具体表现在，懂军事稳定部队。黎元洪是湖北第二十一混成协协统（相当于旅长），毕业于天津北洋水师学堂，参加过甲午海战，操练过湖北马队和水师，三赴日本考察军事，是湖北不可多得的军事人才。而革命党人基本出身士兵阶层，仅有的几个排长、班长无法带领大部队迎接即将到来的战争。而黎元洪由于在湖北军中知名度高、职务高，不仅可以带兵打仗，而且还能稳定军心。

享名声联络外省。黎元洪作为教官，训练过很多来湖北培训的各省军官，所以他在全国军界有一定的知名度。武昌起义后，黎元洪以大都督的名义檄文湖南、云南、南京、河南等省，均获得积极响应和支持。

聘士绅治理社会。起义后，武昌城内的社会秩序亟须稳定。由于黎元洪曾加入湖北铁路协会，与很多当地知名士绅有良好的关系。借助他们的帮助，军政府得以很快稳定民生。武昌城里得以建立保安队维持治安、卫生，战争中的伤员得以有赤十字会救治。

通外交后顾无忧。与清政府开战后，黎元洪第一时间派人与驻汉口外国领事接触，承诺保护他们在华的利益，很快就获得交战团体地位，使外国列强保持中立。试想如果列强与清政府站在一起的话，革命军能对付得了停泊在长江的13艘外国军舰吗？笔者认为“沟通外交”实是黎元洪在武昌起义中的第一功。

就连远在彰德的袁世凯都说：“湖北有黎元洪，不可谓无人。”

（二）**共和之路，勇当头兵**。民国成立前，黎元洪对来访的《独立报》记者丁格尔说：“中国必须建立一个以美国式联邦为样本的共和国。”民国成立后，面对种种困难和危险，黎元洪还是始终如一地坚持共和。

反对洪宪帝制。袁世凯帝制自为后，黎元洪拒绝接受武义亲王的封号，他没有选择与亲家袁世凯站在一起，而是采取了不合作的态度。当然，袁世凯在颁布《中华民国约法》《修正大总统选举法》时，黎元洪给予了非常大的支持，使袁得以抛弃责任内阁制顺利实行总统制，这是黎元洪在政治上的稚嫩表现。好在最后一刻，黎元洪坚定地反对帝制，重振共和。

反对张勋复辟。府院之争、督军秉政让初次就任大总统的黎元洪忙得焦头烂额。十省独立更是让他如坐针毡。张勋的调节承诺是黎元洪能抓住的唯一救命稻草，谁知却引狼入室，大厦将倾。黎元洪没有同张勋妥协，而是积极与远在南京的冯国璋、回到天津的段祺瑞沟通，促使他们出掌政局，挽民国于既倒。

（三）**军民之分，放弃军权**。中华民国成立后，黎元洪提出军民分治，主张各省督军只负责军事，民生事务由民政长管理。黎元洪率先做出表率，任命了湖北的民政长。可以说，这是一个历史性的进步。按照当时湖北的兵力以及黎元洪的人望，他完全可以成为割据一方的大军阀，可他并没有这么做。相反，他认为国家已经进入建设阶段，应该放弃战争思维。于是，黎元洪提倡裁军，以节省军饷，裁减下来的兵士还可以帮助农工生产，建设民国。黎元洪应袁世凯之召秘密进京前，手中尚有四个镇（师）的兵力，是当时长江流域最重要的军事力量。如果他想做一方军阀，袁世凯也无可奈何。而他毅然遵命前往北京，丝毫没有显示出恋权之态，甚至没有和袁世凯讨价还价，安排自己人坐镇湖北。

放弃自己手中的军权，是需要勇气的。张勋复辟后，黎元洪屡劝副总统、江苏督军冯国璋来京就职。冯国璋百般权衡，最后虽然北上，但也是在黎元洪答应安排冯的亲信李纯为江苏督军的条件下成行的。当然，冯国璋也许是看到黎元洪的前车之鉴，才会如此安排的吧。北洋政府中后期，很多省的督军不仅紧握军权，而且插手民政，身兼省长，可谓倒退。

（四）**废督之际，主张和平**。黎元洪第二次就任大总统之前，以废督裁兵为条件，希望改革督军制度，征伐权归国家掌握，军权统归陆军部所有，军费统由国赋开支。如果黎元洪的废督裁兵理想可以实现，那么可以想见的是中国大地上不会再有军阀割据的局面，中国的南北统一将会和平实现。当然，在当时错综复杂的局势下，废督裁兵只是一个乌托邦式的理想。它在北洋内部都无法实现，更不要说南方护法政府了。

黎元洪为了中国南北和平统一，做了很多工作。就职之初，黎元洪就在颜惠庆内阁中安排南方人物谭延闿为内务总长，以期缓和南北矛盾，促进和平统一。之后，更是提出唐绍仪为内阁总理，无奈唐不肯北上。由于黎元洪手无兵权，其和平统一的主张自然无法实现。

（五）**禁烟之功，维护民国**。黎元洪主张禁烟，始见于临时政府时期。当他第一次任大总统时，正赶上清政府与英国签署的《中英禁烟条件》规定的最后禁烟期限处于倒计时阶段。这是考验黎元洪外交承诺的时候。武昌起义时，湖北军政府为争取“交战团体”地位，曾经照会外国领事团，承诺“所有清国前此与各国缔造之条约，皆继续有效”。黎元洪没有食言，果断安排禁烟事宜，维护了中华民国的国家信誉。

（六）**空军之育，始肇元洪**。空军是战争中的决胜力量，各国都非常重视。早在湖北军政府期间，黎元洪就组建了中国第一支航空队。黎元洪在任参谋总长期间，支持并参与建设了北京南苑航空学校，为培养空军人才做出了贡献。张勋复辟期间，南苑航空学校校长秦国镛曾驾驶飞机向紫禁城内投弹，威慑了复辟分子，缩短了战争时间。黎元洪在第一任大总统期间，进一步完善航空教育，制定《航空学校条例》，条例明确规定：航空学校为养成陆海军航空人才并研究航空器制造学术之所。黎元洪步入中国政坛的这三个阶段，也是中国航空事业从无到有的阶段。尤其是南苑航空学校，为中国空军和航空事业的发展，培养了一些人才，这些如果没有黎元洪在各个阶段的支持，是不能办到的。

（七）**国葬之礼，崇德报功**。中国是礼仪之邦，历朝历代对葬礼仪式都非常重视。中华民国成立后，并没有马上制定丧仪制度。袁世凯病逝后，黎元洪继任大总统。在办理袁世凯葬礼期间，黎元洪认识到必须建立国葬制度，才能凸显国家崇德报功的胸怀。于是，他命人制定《国葬法》《国葬修建专墓事宜及致祭礼节》，形成了中华民国国葬制度的雏形。《国葬法》刚刚制定完毕，就先后传来共和元勋黄兴、蔡锷去世的消息。蔡锷成为依照中华民国《国葬法》进行国葬的第一人。国葬制度的建立，为中国礼仪之邦的美名做了最好的诠释。

纵观黎元洪的一生，可以用四个字概括：共和、和平。这四个字是他终生的理想和事业，他没有一刻放弃过。

黎元洪大事年表

1864年（清同治三年）

阴历九月十九日，即阳历10月19日，出生于湖北省黄陂县。父黎朝相，母陈氏。

1877年（清光绪三年）　13岁

由父母包办，聘吴敬君为妻。

1878年（清光绪四年）　14岁

6月13日，胞弟黎元泽出生。1901年，元泽卒，享年23岁。

11月10日，生母陈氏故。

1880年（清光绪六年）　16岁

父朝相娶继母崔氏。

1883年（清光绪九年）　19岁

考入天津北洋水师学堂。

1884年（清光绪十年）　20岁

正月十三，父朝相病故。

1888年（清光绪十四年）　24岁

黎元洪与吴敬君完婚。

冬，黎元洪于天津北洋水师学堂毕业。

1889 年（清光绪十五年）　25 岁

在北洋水师见习。

1891 年（清光绪十七年）　27 岁

在北洋水师广甲舰上实习。

黎氏夫妇第一个女儿出生后即夭折。

1892 年（清光绪十八年）　28 岁

任职广甲舰管轮，足迹南及琼崖、虎门、汕头等地。

1893 年（清光绪十九年）　29 岁

5 月，黎氏夫妇第二女出生后夭折。

8 月，广甲舰停泊广州。适逢孙中山上舰行医，黎元洪第一次见到孙中山。

1894 年（清光绪二十年）　30 岁

甲午海战起，广甲舰战败触礁，黎元洪跳海幸免于难。

1895 年（清光绪二十一年）　31 岁

2 月，黎元洪赴南京投奔两江总督张之洞，获张肯定，委以修建金陵狮子山、幕府山、清凉山、乌龙山炮台工程。

11 月，黎元洪随张之洞回湖北。

1896 年（清光绪二十二年）　32 岁

黎元洪任湖北新军马队管带。

1897 年（清光绪二十三年）　33 岁

正月，受张之洞之命，赴日本考察军事。

秋，夫人生儿（双胞胎），未及取名即夭折。

1899 年（**清光绪二十五年**）　35 **岁**

5 月，再度受命赴日考察军事。

1900 年（**清光绪二十六年**）　36 **岁**

4 月，自日本回国。

1901 年（**清光绪二十七年**）　37 **岁**

4 月，胞弟元泽去世。

5 月，长女黎绍芬出生。

7 月，继母崔氏病故。黎元洪待继母至孝，闻讯异常悲伤。

1902 年（**清光绪二十八年**）　38 **岁**

7 月，三赴日本，此行目的是考察仙台大操。

1903 年（**清光绪二十九年**）　39 **岁**

7 月 7 日，长子黎绍基出生。

升任清军协统，相当于副都统衔。

1904 年（**清光绪三十年**）　40 **岁**

7 月，升任湖北护军第二镇统制兼护统领事，并提调兵工、钢药二厂。

8 月，协助建设 2 座省城外火药库，兼理丝麻纱布四局会办。

12 月，与同僚饮花酒，认识妓女危红宝，后纳为妾，改名黎本危，亦称危文绣。

1905 年（**清光绪三十一年**）　41 **岁**

奉令管理六楚舰队及四湖雷艇。六楚，即楚材、楚同、楚豫、楚有、楚观、楚谦；四湖，即湖鹏、湖鹊、湖鹰、湖隼。

1906 年（**清光绪三十二年**）　42 **岁**

奉命镇压江西萍乡起义，比至，起义者早已溃散。

升任清新军第二十一混成协协统。

12 月 29 日，次女黎绍芳出生。

1908 年（清光绪三十四年）　44 岁

8 月，赴太湖秋操，表现出色。获清廷赏戴花翎。

1909 年（清宣统元年）　45 岁

兼任武昌陆军特别学堂会办。

8 月 21 日，张之洞在京去世，黎元洪闻讯哀伤不已。

1910 年（清宣统二年）　46 岁

3 月率六楚四湖舰队赴长沙镇压人民起义，5 月返鄂。

1911 年（清宣统三年）　47 岁

加入湖北铁路协会，成为会员。

7 月 31 日，次子黎绍业出生。

10 月 11 日，被武昌起义军人推举为湖北军政府都督。

12 月 4 日，各省代表在沪推举黎元洪为大元帅、黄兴为副元帅。

12 月 25 日，孙中山当选为临时大总统。

1912 年（民国元年）　48 岁

1 月 3 日，黎元洪当选为临时副总统，仍兼领鄂督及大元帅职务。

同盟会总部在南京举行大会，选举孙文为总理，黄兴、黎元洪为协理。

2 月 12 日，清帝退位。

2 月 13 日，孙中山辞临时大总统职务。

2 月 15 日，南京临时参议院选举袁世凯为临时大总统。

2 月 20 日，南京临时参议院选举黎元洪为临时副总统。

4 月 6 日，黎元洪请解大元帅一职。

4 月 9 日，黎元洪邀请孙中山赴武昌。

4 月 10 日，发表著名的“军民分治”通电。

4 月 13 日，北京政府任命黎元洪为副总统兼参谋总长，仍领湖北都督一职。

5 月，章炳麟赴武昌，与黎元洪颇相得，成为一生好友。

8月，密电袁世凯，杀张振武于北京。

9月29日，共和党成立，黎元洪被推举为党魁。袁世凯授黎元洪为陆军上将。

10月10日，中华民国第一次国庆，袁世凯授黎元洪“大勋位”。

1913年（民国二年）　49岁

6月9日，袁世凯罢免李烈钧，命黎元洪兼领江西都督一职。

10月19日，五十大寿，袁世凯派梁士诒为专使赴武昌祝贺。

12月，赴京，开始在京的政治生涯。

1914年（民国三年）　50岁

农历正月初五，黎元洪幼女黎绍芳与袁世凯九子袁克久定亲。

6月20日，参政院成立，黎元洪被选为参政院院长。

《黎副总统政书》刊印。

1915年（民国四年）　51岁

12月15日，袁世凯称帝后，封黎元洪为“武义亲王”，元洪拒受。

1916年（民国五年）　52岁

6月7日，因袁世凯病卒，黎元洪继任大总统。

1917年（民国六年）　53岁

7月11日，因张勋复辟，黎元洪避难日本公使馆。

7月16日，黎宅发生凶案，卫兵王德禄刀杀3人，伤2人。

8月1日，冯国璋进京，任大总统一职。

1918年（民国七年）　54岁

居于天津英租界自宅，不问政事。

1919年（民国八年）　55岁

12月28日，冯国璋去世，黎元洪亲书挽联。

1921 年（民国十年） 57 岁

8 月 13 日，长子黎绍基完婚。

1922 年（民国十一年） 58 岁

6 月 6 日，发表“废督裁兵”通电。

6 月 11 日，入京，第二次就任大总统。

1923 年（民国十二年） 59 岁

6 月 13 日，黎元洪在直系压力下黯然离京赴津，并遭直隶省长王承斌劫车夺印之辱。

9 月，赴沪欲组织政府，无人喝彩。

11 月，赴日本休养。

1924 年（民国十三年） 60 岁

5 月 11 日，自日本返回天津。

1925 年（民国十四年） 61 岁

3 月 12 日，孙中山逝世。黎元洪在家设祭。

1927 年（民国十六年） 63 岁

6 月，饶汉祥去世。黎元洪在家设祭哭之。

1928 年（民国十七年） 64 岁

6 月 3 日，突发脑溢血不治，逝于天津英租界自宅。

（完）